# 湖北经济普查年鉴 2018

Hubei Economic Census Yearbook

综 | 合 | 卷

湖北省第四次全国经济普查领导小组办公室 编著

图书在版编目（CIP）数据

湖北经济普查年鉴. 2018. 综合卷 / 湖北省第四次全国经济普查领导小组办公室编著. -- 北京 : 中国统计出版社, 2020.11
ISBN 978-7-5037-9245-8

Ⅰ. ①湖… Ⅱ. ①湖… Ⅲ. ①经济－普查－湖北－2018－年鉴 Ⅳ. ①F127.63-54

中国版本图书馆 CIP 数据核字(2020)第 169435 号

湖北经济普查年鉴—2018/综合卷

作　者/湖北省第四次全国经济普查领导小组办公室
责任编辑/冯燕玲
封面设计//黄俊杰　李雪燕　刘亚非
出版发行/中国统计出版社有限公司
通信地址/北京市丰台区西三环南路甲 6 号　邮政编码/100073
电　话/邮购（010）63376909　书店（010）68783171
网　址/http://www.zgtjcbs.com/
印　刷/武汉市盛宏源印务有限公司
经　销/新华书店
开　本/880mm×1230mm　1/16
字　数/435 千字
印　张/19.25
版　别/2020 年 11 月第 1 版
版　次/2020 年 11 月第 1 次印刷
定　价/780.00 元（全四册）

如有印装差错，由本社发行部调换。

# 《湖北经济普查年鉴—2018》编纂机构和人员组成

## 指导委员会

主　　任：朱　慧

副 主 任：叶　青　吴中志　张　静　蔡受清　崔永红　叶福生
李团中　王　博　刘　洪　马泽明

## 编辑委员会

总 编 辑：吴中志

副总编辑：谢名义

委　　员：盛少华　刘传勇　李良华　张利阳　吴晓秦　龙江舫
杜云波　倪群峰　王行刚　宋　雪　雷炳建　唐军华
魏尚平　卢　薇　汪　军　明　锋　谢余强　舒　猛
付春晖　陈志明　金　锐　乐友来　王兴华　贺　宾

执行编辑：刘艳丽

数据处理：王喜锋　鲍　耀

## 综　合　卷

第一篇　综合篇

第二篇　企业篇

责任编辑：谢名义　付春晖　雷炳建

编辑人员：胡红梅　王喜锋　刘　通

第三篇　文化及相关产业篇

责任编辑：唐军华

编辑人员：谢　涛

# 编者说明

为便于社会各界共同分享湖北省第四次全国经济普查的成果，更方便地开发利用普查资料，我们将经济普查资料编辑整理，汇编成《湖北经济普查年鉴—2018》一书。全书共三卷四册，即综合卷、第二产业卷和第三产业卷。《综合卷》分三篇：第一篇为“综合篇”，第二篇为“企业篇”，第三篇为“文化及相关产业篇”。《第二产业卷》按内容分为上、下两册。上册两篇：第一篇为“工业企业生产经营及财务状况篇”，第二篇为“主要工业产品产量篇”。下册两篇：第一篇为“规模以上工业企业科技情况篇”，第二篇为“建筑业企业生产经营及财务状况篇”。《第三产业卷》分六篇：第一篇为“批发和零售业企业基本情况及财务状况篇”，第二篇为“住宿和餐饮业企业基本情况及财务状况篇”，第三篇为“房地产开发经营业生产经营及财务状况篇”，第四篇为“服务业企业财务状况篇”，第五篇为“服务业行政事业及非企业法人单位篇”，第六篇为“企业信息化和电子商务交易情况篇”。为使读者能够更好地使用本资料，现对有关问题做如下说明：

一、第四次全国经济普查的标准时点为2018年12月31日，时期资料为2018年度；

二、综合卷中综合篇和企业篇汇总表，均不包含少量无分组标识的单位数据，其中单位数包含兼营二、三产业的农、林、牧、渔业法人单位，从业人员数不包含兼营二、三产业的农、林、牧、渔业法人单位，不包含人民银行、银保监会、证监会监管的金融业以及铁路运输部门单位数据；

三、本资料建筑业按法人单位注册地，其他行业按法人单位经营地进行汇总；

四、本资料部分数据由于单位取舍不同或四舍五入而产生的误差数均未作机械调整；

五、表中空格表示该项统计指标数值为零、不足最小单位、数据不详或无该项数据，“#”表示其中的主要项；

六、为了更准确地使用本年鉴，每卷后附有该卷详细的指标解释。

我们希望此书的面世，能使社会各界对湖北省第四次全国经济普查有一个全面的了解，更愿本书的内容，能为社会经济研究工作者提供有价值的参考。

湖北省第四次全国经济普查资料是全省普查工作者共同辛勤工作的成果，也是广大普查对象积极支持配合的结果。在此，我们向全省所有普查工作者、普查对象和所有参与和支持普查工作的人员致以崇高的敬意和衷心的感谢！

湖北省第四次全国经济普查领导小组办公室

2020年6月

# 综合卷　目录

## 第一篇　综合篇



## 第二篇　企业篇

## 第三篇 文化及相关产业篇

### A. 概况



### B. 文化制造业

C. 文化批零业



D. 文化服务业



E. 文化产业个体经营户



# 附　录

# 第1篇

# 综合篇

# 1-01 按地区、行业门类

| 地 区 | 法 人 单位数 (个) | 农、林、牧、渔业 | 采矿业 | 制造业 | 电力、热力、燃气及水生产和供应业 | 建筑业 | 批发和零售业 | 交通运输、仓储和邮政业 | 住宿和餐饮业 |
|---|---|---|---|---|---|---|---|---|---|
| **全 省** | **853168** | **13944** | **2579** | **92277** | **5520** | **57256** | **257986** | **22591** | **17622** |
| 武汉市 | 271440 | 702 | 47 | 19309 | 329 | 23780 | 77784 | 6652 | 5639 |
| 黄石市 | 31414 | 149 | 284 | 5417 | 305 | 2397 | 8096 | 945 | 699 |
| 十堰市 | 50226 | 1264 | 214 | 6795 | 484 | 2698 | 18238 | 883 | 1011 |
| 宜昌市 | 73391 | 1146 | 419 | 5791 | 697 | 4535 | 25539 | 2360 | 1467 |
| 襄阳市 | 85722 | 1037 | 418 | 10893 | 518 | 6138 | 27953 | 2652 | 2012 |
| 鄂州市 | 16931 | 152 | 58 | 2365 | 59 | 1627 | 4976 | 658 | 213 |
| 荆门市 | 35648 | 956 | 197 | 4144 | 267 | 1470 | 11155 | 1033 | 546 |
| 孝感市 | 42531 | 1124 | 79 | 6907 | 349 | 896 | 10551 | 1176 | 620 |
| 荆州市 | 52276 | 1959 | 75 | 7260 | 344 | 2844 | 16592 | 1595 | 1006 |
| 黄冈市 | 50845 | 1001 | 218 | 6886 | 711 | 3061 | 13365 | 1359 | 976 |
| 咸宁市 | 36294 | 601 | 192 | 4112 | 452 | 2209 | 8305 | 902 | 827 |
| 随州市 | 19179 | 408 | 94 | 2552 | 223 | 1353 | 5742 | 625 | 353 |
| 恩施州 | 48253 | 813 | 236 | 3222 | 414 | 2434 | 18106 | 902 | 1383 |
| 仙桃市 | 15667 | 1255 | 1 | 2910 | 58 | 602 | 4463 | 336 | 292 |
| 潜江市 | 10099 | 561 | 18 | 1589 | 54 | 650 | 2956 | 241 | 146 |
| 天门市 | 11422 | 731 | 6 | 2049 | 190 | 387 | 3826 | 215 | 344 |
| 神农架 | 1830 | 85 | 23 | 76 | 66 | 175 | 339 | 57 | 88 |

# 分组的法人单位数

| 信息传输、软件和信息技术服务业 | 金融业 | 房地产业 | 租赁和商务服务业 | 科学研究和技术服务业 | 水利、环境和公共设施管理业 | 居民服务、修理和其他服务业 | 教育 | 卫生和社会工作 | 文化、体育和娱乐业 | 公共管理、社会保障和社会组织 |
|---|---|---|---|---|---|---|---|---|---|---|
| **39431** | **2875** | **31427** | **93706** | **56306** | **8162** | **20009** | **25978** | **12539** | **23539** | **69421** |
| 23091 | 1423 | 13471 | 39887 | 26113 | 1657 | 6889 | 5869 | 2343 | 7611 | 8844 |
| 1004 | 103 | 1268 | 2561 | 1200 | 306 | 759 | 1468 | 433 | 890 | 3130 |
| 1028 | 92 | 1428 | 3125 | 2496 | 498 | 942 | 1752 | 1221 | 988 | 5069 |
| 2743 | 190 | 1966 | 8582 | 4083 | 863 | 1957 | 1801 | 1001 | 2357 | 5894 |
| 2771 | 156 | 2452 | 7094 | 5864 | 974 | 2166 | 2797 | 1294 | 1885 | 6648 |
| 360 | 40 | 951 | 1716 | 674 | 167 | 342 | 602 | 267 | 352 | 1352 |
| 901 | 112 | 1043 | 3621 | 3033 | 386 | 584 | 1020 | 500 | 991 | 3689 |
| 1078 | 119 | 1498 | 4103 | 2429 | 513 | 1192 | 1783 | 815 | 1559 | 5740 |
| 1017 | 144 | 1593 | 4211 | 2293 | 764 | 1002 | 1864 | 763 | 1370 | 5580 |
| 1144 | 109 | 1674 | 3952 | 1948 | 518 | 957 | 2085 | 938 | 1635 | 8278 |
| 1846 | 118 | 1503 | 5589 | 1477 | 469 | 732 | 1416 | 671 | 1104 | 3769 |
| 517 | 53 | 601 | 1397 | 985 | 180 | 388 | 739 | 314 | 440 | 2215 |
| 1223 | 131 | 1067 | 4643 | 1912 | 544 | 1332 | 1756 | 1429 | 1322 | 5384 |
| 273 | 30 | 340 | 1320 | 1044 | 126 | 319 | 442 | 129 | 328 | 1399 |
| 172 | 22 | 259 | 1086 | 396 | 51 | 174 | 290 | 139 | 344 | 951 |
| 241 | 28 | 265 | 654 | 305 | 75 | 197 | 264 | 206 | 298 | 1141 |
| 22 | 5 | 48 | 165 | 54 | 41 | 77 | 30 | 76 | 65 | 338 |

# 1-02 按地区分组的法人单位数及从业人员数

| 地区 | 法人单位数(个) | 单产业法人单位 | 多产业法人单位 | 从业人员数(人) | #女性 |
|---|---|---|---|---|---|
| **全省** | **853168** | **832522** | **20646** | **14736930** | **5392064** |
| 武汉市 | 271440 | 267828 | 3612 | 4872250 | 1719337 |
| 黄石市 | 31414 | 30498 | 916 | 677816 | 244669 |
| 十堰市 | 50226 | 48577 | 1649 | 800478 | 282827 |
| 宜昌市 | 73391 | 71308 | 2083 | 1145516 | 416165 |
| 襄阳市 | 85722 | 84488 | 1234 | 1460903 | 543931 |
| 鄂州市 | 16931 | 16540 | 391 | 332745 | 107857 |
| 荆门市 | 35648 | 34226 | 1422 | 524418 | 201061 |
| 孝感市 | 42531 | 40645 | 1886 | 861785 | 324795 |
| 荆州市 | 52276 | 50980 | 1296 | 826891 | 300810 |
| 黄冈市 | 50845 | 48603 | 2242 | 984467 | 330949 |
| 咸宁市 | 36294 | 35529 | 765 | 551119 | 213990 |
| 随州市 | 19179 | 18358 | 821 | 321271 | 126105 |
| 恩施州 | 48253 | 46579 | 1674 | 445051 | 183968 |
| 仙桃市 | 15667 | 15475 | 192 | 379455 | 176414 |
| 潜江市 | 10099 | 9858 | 241 | 265245 | 105039 |
| 天门市 | 11422 | 11313 | 109 | 270279 | 107683 |
| 神农架 | 1830 | 1717 | 113 | 17241 | 6464 |

# 1–03 按行业(中类)分组的法人单位数及从业人员数

| 行业中类 | 代码 | 法人单位数(个) | 单产业法人单位 | 多产业法人单位 | 从业人员数(人) | #女性 |
|---|---|---|---|---|---|---|
| **总　计** | **00** | **853168** | **832522** | **20646** | **14736930** | **5392064** |
| **农、林、牧、渔业** | **A** | **13944** | **13870** | **74** | **102410** | **33153** |
| 农业 | 01 | 10 | | 10 | | |
| 谷物种植 | 011 | 3 | | 3 | | |
| 豆类、油料和薯类种植 | 012 | | | | | |
| 棉、麻、糖、烟草种植 | 013 | | | | | |
| 蔬菜、食用菌及园艺作物种植 | 014 | 1 | | 1 | | |
| 水果种植 | 015 | 1 | | 1 | | |
| 坚果、含油果、香料和饮料作物种植 | 016 | 1 | | 1 | | |
| 中药材种植 | 017 | 1 | | 1 | | |
| 草种植及割草 | 018 | | | | | |
| 其他农业 | 019 | 3 | | 3 | | |
| 林业 | 02 | | | | | |
| 林木育种和育苗 | 021 | | | | | |
| 造林和更新 | 022 | | | | | |
| 森林经营、管护和改培 | 023 | | | | | |
| 木材和竹材采运 | 024 | | | | | |
| 林产品采集 | 025 | | | | | |
| 畜牧业 | 03 | 3 | | 3 | | |
| 牲畜饲养 | 031 | 1 | | 1 | | |
| 家禽饲养 | 032 | 1 | | 1 | | |
| 狩猎和捕捉动物 | 033 | | | | | |
| 其他畜牧业 | 039 | 1 | | 1 | | |
| 渔业 | 04 | | | | | |
| 水产养殖 | 041 | | | | | |
| 水产捕捞 | 042 | | | | | |
| 农、林、牧、渔专业及辅助性活动 | 05 | 13931 | 13870 | 61 | 102410 | 33153 |
| 农业专业及辅助性活动 | 051 | 10048 | 10009 | 39 | 72185 | 23615 |
| 林业专业及辅助性活动 | 052 | 901 | 889 | 12 | 6138 | 1951 |
| 畜牧专业及辅助性活动 | 053 | 909 | 905 | 4 | 7289 | 2438 |
| 渔业专业及辅助性活动 | 054 | 2073 | 2067 | 6 | 16798 | 5149 |
| **采矿业** | **B** | **2579** | **2497** | **82** | **113497** | **24141** |
| 煤炭开采和洗选业 | 06 | 146 | 136 | 10 | 6975 | 676 |
| 烟煤和无烟煤开采洗选 | 061 | 131 | 121 | 10 | 6630 | 654 |
| 褐煤开采洗选 | 062 | | | | | |
| 其他煤炭采选 | 069 | 15 | 15 | | 345 | 22 |
| 石油和天然气开采业 | 07 | 7 | 6 | 1 | 12962 | 4213 |
| 石油开采 | 071 | 4 | 3 | 1 | 12894 | 4202 |
| 天然气开采 | 072 | 3 | 3 | | 68 | 11 |
| 黑色金属矿采选业 | 08 | 240 | 232 | 8 | 19938 | 4127 |
| 铁矿采选 | 081 | 225 | 219 | 6 | 18805 | 3975 |
| 锰矿、铬矿采选 | 082 | 2 | 2 | | 617 | 37 |
| 其他黑色金属矿采选 | 089 | 13 | 11 | 2 | 516 | 115 |
| 有色金属矿采选业 | 09 | 108 | 107 | 1 | 7097 | 1572 |

1–03 续表 1

| 行业中类 | 代码 | 法人单位数(个) | 单产业法人单位 | 多产业法人单位 | 从业人员数(人) | #女性 |
|---|---|---|---|---|---|---|
| 常用有色金属矿采选 | 091 | 78 | 78 | | 4943 | 1043 |
| 贵金属矿采选 | 092 | 16 | 15 | 1 | 1657 | 379 |
| 稀有稀土金属矿采选 | 093 | 14 | 14 | | 497 | 150 |
| 非金属矿采选业 | 10 | 1878 | 1821 | 57 | 52258 | 8909 |
| 土砂石开采 | 101 | 1452 | 1429 | 23 | 32493 | 4998 |
| 化学矿开采 | 102 | 228 | 199 | 29 | 13735 | 2707 |
| 采盐 | 103 | 3 | 2 | 1 | 850 | 345 |
| 石棉及其他非金属矿采选 | 109 | 195 | 191 | 4 | 5180 | 859 |
| 开采专业及辅助性活动 | 11 | 60 | 57 | 3 | 11930 | 4244 |
| 煤炭开采和洗选专业及辅助性活动 | 111 | 15 | 15 | | 447 | 40 |
| 石油和天然气开采专业及辅助性活动 | 112 | 26 | 24 | 2 | 10902 | 4061 |
| 其他开采专业及辅助性活动 | 119 | 19 | 18 | 1 | 581 | 143 |
| 其他采矿业 | 12 | 140 | 138 | 2 | 2337 | 400 |
| 其他采矿业 | 120 | 140 | 138 | 2 | 2337 | 400 |
| **制造业** | **C** | **92277** | **90987** | **1290** | **3784347** | **1481731** |
| 农副食品加工业 | 13 | 7071 | 6911 | 160 | 236848 | 87892 |
| 谷物磨制 | 131 | 1818 | 1778 | 40 | 67779 | 15670 |
| 饲料加工 | 132 | 583 | 566 | 17 | 29025 | 7574 |
| 植物油加工 | 133 | 688 | 673 | 15 | 21051 | 5634 |
| 制糖业 | 134 | 16 | 16 | | 418 | 153 |
| 屠宰及肉类加工 | 135 | 972 | 938 | 34 | 33384 | 14381 |
| 水产品加工 | 136 | 299 | 293 | 6 | 20518 | 12317 |
| 蔬菜、菌类、水果和坚果加工 | 137 | 968 | 956 | 12 | 27475 | 14312 |
| 其他农副食品加工 | 139 | 1727 | 1691 | 36 | 37198 | 17851 |
| 食品制造业 | 14 | 2640 | 2582 | 58 | 109295 | 60841 |
| 焙烤食品制造 | 141 | 647 | 627 | 20 | 31959 | 20124 |
| 糖果、巧克力及蜜饯制造 | 142 | 90 | 89 | 1 | 6175 | 4067 |
| 方便食品制造 | 143 | 534 | 526 | 8 | 14488 | 7691 |
| 乳制品制造 | 144 | 38 | 37 | 1 | 5700 | 2839 |
| 罐头食品制造 | 145 | 107 | 104 | 3 | 14126 | 9802 |
| 调味品、发酵制品制造 | 146 | 260 | 258 | 2 | 11142 | 4210 |
| 其他食品制造 | 149 | 964 | 941 | 23 | 25705 | 12108 |
| 酒、饮料和精制茶制造业 | 15 | 4185 | 4078 | 107 | 109572 | 45578 |
| 酒的制造 | 151 | 886 | 867 | 19 | 40151 | 17092 |
| 饮料制造 | 152 | 919 | 889 | 30 | 30404 | 12239 |
| 精制茶加工 | 153 | 2380 | 2322 | 58 | 39017 | 16247 |
| 烟草制品业 | 16 | 70 | 69 | 1 | 7743 | 2221 |
| 烟叶复烤 | 161 | 51 | 50 | 1 | 687 | 190 |
| 卷烟制造 | 162 | 4 | 4 | | 6231 | 1782 |
| 其他烟草制品制造 | 169 | 15 | 15 | | 825 | 249 |
| 纺织业 | 17 | 3751 | 3694 | 57 | 273235 | 194978 |
| 棉纺织及印染精加工 | 171 | 2130 | 2110 | 20 | 168213 | 119883 |
| 毛纺织及染整精加工 | 172 | 27 | 25 | 2 | 1659 | 1072 |
| 麻纺织及染整精加工 | 173 | 41 | 41 | | 6027 | 4416 |
| 丝绢纺织及印染精加工 | 174 | 22 | 20 | 2 | 610 | 446 |
| 化纤织造及印染精加工 | 175 | 108 | 108 | | 5429 | 3530 |
| 针织或钩针编织物及其制品制造 | 176 | 141 | 140 | 1 | 4453 | 2997 |

1-03　续表 2

| 行业中类 | 代码 | 法人单位数(个) | 单产业法人单位 | 多产业法人单位 | 从业人员数(人) | #女性 |
|---|---|---|---|---|---|---|
| 家用纺织制成品制造 | 177 | 387 | 382 | 5 | 13226 | 9186 |
| 产业用纺织制成品制造 | 178 | 895 | 868 | 27 | 73618 | 53448 |
| 纺织服装、服饰业 | 18 | 6025 | 5970 | 55 | 263537 | 191667 |
| 机织服装制造 | 181 | 2762 | 2738 | 24 | 166054 | 122019 |
| 针织或钩针编织服装制造 | 182 | 163 | 159 | 4 | 11421 | 8295 |
| 服饰制造 | 183 | 3100 | 3073 | 27 | 86062 | 61353 |
| 皮革、毛皮、羽毛及其制品和制鞋业 | 19 | 917 | 909 | 8 | 46670 | 33032 |
| 皮革鞣制加工 | 191 | 53 | 52 | 1 | 790 | 459 |
| 皮革制品制造 | 192 | 144 | 143 | 1 | 3760 | 2514 |
| 毛皮鞣制及制品加工 | 193 | 281 | 280 | 1 | 7817 | 4097 |
| 羽毛(绒)加工及制品制造 | 194 | 23 | 23 | | 922 | 589 |
| 制鞋业 | 195 | 416 | 411 | 5 | 33381 | 25373 |
| 木材加工和木、竹、藤、棕、草制品业 | 20 | 2616 | 2594 | 22 | 62604 | 21229 |
| 木材加工 | 201 | 1267 | 1261 | 6 | 17847 | 5355 |
| 人造板制造 | 202 | 294 | 286 | 8 | 20915 | 7382 |
| 木质制品制造 | 203 | 797 | 790 | 7 | 19373 | 6450 |
| 竹、藤、棕、草等制品制造 | 204 | 258 | 257 | 1 | 4469 | 2042 |
| 家具制造业 | 21 | 1806 | 1786 | 20 | 40941 | 12693 |
| 木质家具制造 | 211 | 1367 | 1349 | 18 | 34431 | 10640 |
| 竹、藤家具制造 | 212 | 11 | 11 | | 139 | 47 |
| 金属家具制造 | 213 | 67 | 67 | | 1586 | 448 |
| 塑料家具制造 | 214 | 11 | 11 | | 70 | 21 |
| 其他家具制造 | 219 | 350 | 348 | 2 | 4715 | 1537 |
| 造纸和纸制品业 | 22 | 1426 | 1419 | 7 | 51121 | 20371 |
| 纸浆制造 | 221 | 14 | 14 | | 326 | 121 |
| 造纸 | 222 | 464 | 460 | 4 | 25414 | 9680 |
| 纸制品制造 | 223 | 948 | 945 | 3 | 25381 | 10570 |
| 印刷和记录媒介复制业 | 23 | 2469 | 2440 | 29 | 65706 | 30924 |
| 印刷 | 231 | 2080 | 2056 | 24 | 60492 | 28701 |
| 装订及印刷相关服务 | 232 | 382 | 377 | 5 | 4005 | 1568 |
| 记录媒介复制 | 233 | 7 | 7 | | 1209 | 655 |
| 文教、工美、体育和娱乐用品制造业 | 24 | 1931 | 1906 | 25 | 62765 | 29349 |
| 文教办公用品制造 | 241 | 180 | 179 | 1 | 2375 | 1080 |
| 乐器制造 | 242 | 32 | 31 | 1 | 3366 | 1337 |
| 工艺美术及礼仪用品制造 | 243 | 1399 | 1378 | 21 | 44435 | 19281 |
| 体育用品制造 | 244 | 115 | 114 | 1 | 3085 | 1762 |
| 玩具制造 | 245 | 147 | 147 | | 7611 | 5042 |
| 游艺器材及娱乐用品制造 | 246 | 58 | 57 | 1 | 1893 | 847 |
| 石油、煤炭及其他燃料加工业 | 25 | 310 | 303 | 7 | 12518 | 3281 |
| 精炼石油产品制造 | 251 | 142 | 136 | 6 | 9561 | 2669 |
| 煤炭加工 | 252 | 75 | 74 | 1 | 1828 | 329 |
| 核燃料加工 | 253 | 3 | 3 | | 23 | 3 |
| 生物质燃料加工 | 254 | 90 | 90 | | 1106 | 280 |
| 化学原料和化学制品制造业 | 26 | 4196 | 4108 | 88 | 218986 | 60604 |
| 基础化学原料制造 | 261 | 771 | 754 | 17 | 48370 | 11863 |
| 肥料制造 | 262 | 896 | 868 | 28 | 71420 | 18230 |

1-03 续表 3

| 行业中类 | 代码 | 法 人单位数(个) | 单产业法人单位 | 多产业法人单位 | 从 业人员数(人) | #女性 |
|---|---|---|---|---|---|---|
| 农药制造 | 263 | 82 | 80 | 2 | 6115 | 1563 |
| 涂料、油墨、颜料及类似产品制造 | 264 | 692 | 676 | 16 | 21082 | 6193 |
| 合成材料制造 | 265 | 275 | 271 | 4 | 10437 | 2975 |
| 专用化学产品制造 | 266 | 1063 | 1049 | 14 | 41210 | 11368 |
| 炸药、火工及焰火产品制造 | 267 | 62 | 58 | 4 | 9580 | 3336 |
| 日用化学产品制造 | 268 | 355 | 352 | 3 | 10772 | 5076 |
| 医药制造业 | 27 | 1696 | 1668 | 28 | 138194 | 65904 |
| 化学药品原料药制造 | 271 | 186 | 182 | 4 | 21586 | 7054 |
| 化学药品制剂制造 | 272 | 119 | 115 | 4 | 38791 | 17779 |
| 中药饮片加工 | 273 | 444 | 435 | 9 | 10603 | 4875 |
| 中成药生产 | 274 | 375 | 370 | 5 | 31287 | 17661 |
| 兽用药品制造 | 275 | 48 | 48 |  | 4050 | 1798 |
| 生物药品制品制造 | 276 | 263 | 262 | 1 | 12708 | 4967 |
| 卫生材料及医药用品制造 | 277 | 242 | 238 | 4 | 18259 | 11197 |
| 药用辅料及包装材料 | 278 | 19 | 18 | 1 | 910 | 573 |
| 化学纤维制造业 | 28 | 82 | 82 |  | 6911 | 3144 |
| 纤维素纤维原料及纤维制造 | 281 | 29 | 29 |  | 4705 | 1917 |
| 合成纤维制造 | 282 | 39 | 39 |  | 1886 | 1066 |
| 生物基材料制造 | 283 | 14 | 14 |  | 320 | 161 |
| 橡胶和塑料制品业 | 29 | 3641 | 3602 | 39 | 118463 | 50690 |
| 橡胶制品业 | 291 | 528 | 520 | 8 | 18621 | 6974 |
| 塑料制品业 | 292 | 3113 | 3082 | 31 | 99842 | 43716 |
| 非金属矿物制品业 | 30 | 11342 | 11175 | 167 | 355685 | 89408 |
| 水泥、石灰和石膏制造 | 301 | 817 | 791 | 26 | 53560 | 12591 |
| 石膏、水泥制品及类似制品制造 | 302 | 3466 | 3402 | 64 | 88382 | 18068 |
| 砖瓦、石材等建筑材料制造 | 303 | 4947 | 4898 | 49 | 121021 | 26609 |
| 玻璃制造 | 304 | 189 | 189 |  | 10683 | 2669 |
| 玻璃制品制造 | 305 | 459 | 457 | 2 | 20103 | 7609 |
| 玻璃纤维和玻璃纤维增强塑料制品制造 | 306 | 134 | 133 | 1 | 4217 | 1650 |
| 陶瓷制品制造 | 307 | 308 | 304 | 4 | 24285 | 9576 |
| 耐火材料制品制造 | 308 | 279 | 272 | 7 | 9935 | 3157 |
| 石墨及其他非金属矿物制品制造 | 309 | 743 | 729 | 14 | 23499 | 7479 |
| 黑色金属冶炼和压延加工业 | 31 | 575 | 564 | 11 | 74875 | 14760 |
| 炼铁 | 311 | 24 | 24 |  | 885 | 255 |
| 炼钢 | 312 | 21 | 20 | 1 | 1832 | 314 |
| 钢压延加工 | 313 | 483 | 474 | 9 | 67762 | 13208 |
| 铁合金冶炼 | 314 | 47 | 46 | 1 | 4396 | 983 |
| 有色金属冶炼和压延加工业 | 32 | 595 | 591 | 4 | 42384 | 12278 |
| 常用有色金属冶炼 | 321 | 79 | 77 | 2 | 15492 | 3161 |
| 贵金属冶炼 | 322 | 9 | 9 |  | 808 | 312 |
| 稀有稀土金属冶炼 | 323 | 13 | 13 |  | 253 | 55 |
| 有色金属合金制造 | 324 | 206 | 205 | 1 | 4020 | 1154 |
| 有色金属压延加工 | 325 | 288 | 287 | 1 | 21811 | 7596 |
| 金属制品业 | 33 | 6467 | 6391 | 76 | 178938 | 47965 |
| 结构性金属制品制造 | 331 | 3790 | 3745 | 45 | 83091 | 19689 |
| 金属工具制造 | 332 | 378 | 376 | 2 | 14722 | 5239 |

1-03　续表 4

| 行业中类 | 代码 | 法人单位数(个) | 单产业法人单位 | 多产业法人单位 | 从业人员数(人) | #女性 |
|---|---|---|---|---|---|---|
| 集装箱及金属包装容器制造 | 333 | 221 | 218 | 3 | 11167 | 3371 |
| 金属丝绳及其制品制造 | 334 | 86 | 86 | | 5914 | 1684 |
| 建筑、安全用金属制品制造 | 335 | 445 | 441 | 4 | 8288 | 2295 |
| 金属表面处理及热处理加工 | 336 | 211 | 210 | 1 | 5207 | 1334 |
| 搪瓷制品制造 | 337 | 14 | 14 | | 610 | 265 |
| 金属制日用品制造 | 338 | 250 | 247 | 3 | 9459 | 3642 |
| 铸造及其他金属制品制造 | 339 | 1072 | 1054 | 18 | 40480 | 10446 |
| 通用设备制造业 | 34 | 6282 | 6233 | 49 | 168097 | 43245 |
| 锅炉及原动设备制造 | 341 | 212 | 209 | 3 | 10094 | 2294 |
| 金属加工机械制造 | 342 | 1336 | 1328 | 8 | 34434 | 7574 |
| 物料搬运设备制造 | 343 | 208 | 204 | 4 | 9602 | 2044 |
| 泵、阀门、压缩机及类似机械制造 | 344 | 398 | 390 | 8 | 22581 | 5358 |
| 轴承、齿轮和传动部件制造 | 345 | 174 | 174 | | 9334 | 2718 |
| 烘炉、风机、包装等设备制造 | 346 | 518 | 511 | 7 | 20143 | 6056 |
| 文化、办公用机械制造 | 347 | 41 | 41 | | 1633 | 751 |
| 通用零部件制造 | 348 | 2631 | 2614 | 17 | 47940 | 13331 |
| 其他通用设备制造业 | 349 | 764 | 762 | 2 | 12336 | 3119 |
| 专用设备制造业 | 35 | 5394 | 5339 | 55 | 158368 | 42114 |
| 采矿、冶金、建筑专用设备制造 | 351 | 682 | 672 | 10 | 38134 | 9302 |
| 化工、木材、非金属加工专用设备制造 | 352 | 1465 | 1459 | 6 | 35666 | 9732 |
| 食品、饮料、烟草及饲料生产专用设备制造 | 353 | 195 | 190 | 5 | 9928 | 2083 |
| 印刷、制药、日化及日用品生产专用设备制造 | 354 | 153 | 152 | 1 | 6723 | 1992 |
| 纺织、服装和皮革加工专用设备制造 | 355 | 104 | 103 | 1 | 2697 | 921 |
| 电子和电工机械专用设备制造 | 356 | 364 | 361 | 3 | 11553 | 3400 |
| 农、林、牧、渔专用机械制造 | 357 | 406 | 402 | 4 | 7845 | 1818 |
| 医疗仪器设备及器械制造 | 358 | 406 | 399 | 7 | 9898 | 4362 |
| 环保、邮政、社会公共服务及其他专用设备制造 | 359 | 1619 | 1601 | 18 | 35924 | 8504 |
| 汽车制造业 | 36 | 6345 | 6260 | 85 | 480743 | 133701 |
| 汽车整车制造 | 361 | 114 | 111 | 3 | 88608 | 15302 |
| 汽车用发动机制造 | 362 | 22 | 22 | | 3790 | 643 |
| 改装汽车制造 | 363 | 169 | 160 | 9 | 24532 | 4505 |
| 低速汽车制造 | 364 | 2 | 2 | | 35 | 5 |
| 电车制造 | 365 | 10 | 10 | | 373 | 112 |
| 汽车车身、挂车制造 | 366 | 176 | 170 | 6 | 25466 | 7212 |
| 汽车零部件及配件制造 | 367 | 5852 | 5785 | 67 | 337939 | 105922 |
| 铁路、船舶、航空航天和其他运输设备制造业 | 37 | 540 | 530 | 10 | 42497 | 10192 |
| 铁路运输设备制造 | 371 | 114 | 114 | | 14782 | 3353 |
| 城市轨道交通设备制造 | 372 | 16 | 16 | | 1164 | 214 |
| 船舶及相关装置制造 | 373 | 262 | 253 | 9 | 15254 | 2995 |
| 航空、航天器及设备制造 | 374 | 61 | 60 | 1 | 4324 | 1302 |
| 摩托车制造 | 375 | 21 | 21 | | 3481 | 1216 |
| 自行车和残疾人座车制造 | 376 | 8 | 8 | | 1051 | 243 |
| 助动车制造 | 377 | 32 | 32 | | 1457 | 450 |
| 非公路休闲车及零配件制造 | 378 | 8 | 8 | | 102 | 36 |
| 潜水救捞及其他未列明运输设备制造 | 379 | 18 | 18 | | 882 | 383 |

1-03 续表 5

| 行业中类 | 代码 | 法人单位数(个) | 单产业法人单位 | 多产业法人单位 | 从业人员数(人) | #女性 |
|---|---|---|---|---|---|---|
| 电气机械和器材制造业 | 38 | 3205 | 3151 | 54 | 171863 | 63123 |
| 电机制造 | 381 | 273 | 272 | 1 | 18465 | 6730 |
| 输配电及控制设备制造 | 382 | 1223 | 1203 | 20 | 50873 | 18231 |
| 电线、电缆、光缆及电工器材制造 | 383 | 500 | 485 | 15 | 29186 | 9645 |
| 电池制造 | 384 | 221 | 216 | 5 | 27672 | 10297 |
| 家用电力器具制造 | 385 | 193 | 192 | 1 | 25103 | 9755 |
| 非电力家用器具制造 | 386 | 141 | 138 | 3 | 3481 | 1064 |
| 照明器具制造 | 387 | 332 | 328 | 4 | 10691 | 5407 |
| 其他电气机械及器材制造 | 389 | 322 | 317 | 5 | 6392 | 1994 |
| 计算机、通信和其他电子设备制造业 | 39 | 2576 | 2550 | 26 | 202448 | 81459 |
| 计算机制造 | 391 | 171 | 169 | 2 | 18934 | 8858 |
| 通信设备制造 | 392 | 302 | 300 | 2 | 34927 | 13701 |
| 广播电视设备制造 | 393 | 57 | 55 | 2 | 3905 | 2022 |
| 雷达及配套设备制造 | 394 | 4 | 4 | | 52 | 13 |
| 非专业视听设备制造 | 395 | 40 | 40 | | 4274 | 2517 |
| 智能消费设备制造 | 396 | 160 | 155 | 5 | 11025 | 4682 |
| 电子器件制造 | 397 | 476 | 469 | 7 | 83976 | 28136 |
| 电子元件及电子专用材料制造 | 398 | 1022 | 1014 | 8 | 34077 | 17104 |
| 其他电子设备制造 | 399 | 344 | 344 | | 11278 | 4426 |
| 仪器仪表制造业 | 40 | 1108 | 1093 | 15 | 32172 | 13443 |
| 通用仪器仪表制造 | 401 | 714 | 706 | 8 | 13473 | 4002 |
| 专用仪器仪表制造 | 402 | 204 | 201 | 3 | 8306 | 3773 |
| 钟表与计时仪器制造 | 403 | 17 | 16 | 1 | 3462 | 3082 |
| 光学仪器制造 | 404 | 81 | 81 | | 3973 | 1690 |
| 衡器制造 | 405 | 20 | 20 | | 995 | 405 |
| 其他仪器仪表制造业 | 409 | 72 | 69 | 3 | 1963 | 491 |
| 其他制造业 | 41 | 1236 | 1234 | 2 | 17745 | 7181 |
| 日用杂品制造 | 411 | 265 | 265 | | 5035 | 2847 |
| 核辐射加工 | 412 | 3 | 3 | | 141 | 56 |
| 其他未列明制造业 | 419 | 968 | 966 | 2 | 12569 | 4278 |
| 废弃资源综合利用业 | 42 | 600 | 589 | 11 | 16995 | 5001 |
| 金属废料和碎屑加工处理 | 421 | 246 | 238 | 8 | 11025 | 3360 |
| 非金属废料和碎屑加工处理 | 422 | 354 | 351 | 3 | 5970 | 1641 |
| 金属制品、机械和设备修理业 | 43 | 1180 | 1166 | 14 | 16428 | 3463 |
| 金属制品修理 | 431 | 39 | 39 | | 402 | 74 |
| 通用设备修理 | 432 | 188 | 187 | 1 | 2984 | 619 |
| 专用设备修理 | 433 | 187 | 184 | 3 | 1592 | 441 |
| 铁路、船舶、航空航天等运输设备修理 | 434 | 115 | 112 | 3 | 3274 | 484 |
| 电气设备修理 | 435 | 104 | 104 | | 900 | 194 |
| 仪器仪表修理 | 436 | 27 | 27 | | 244 | 67 |
| 其他机械和设备修理业 | 439 | 520 | 513 | 7 | 7032 | 1584 |
| **电力、热力、燃气及水生产和供应业** | **D** | **5520** | **5258** | **262** | **203891** | **59512** |
| 电力、热力生产和供应业 | 44 | 3526 | 3415 | 111 | 145191 | 37590 |
| 电力生产 | 441 | 3175 | 3082 | 93 | 57384 | 15088 |
| 电力供应 | 442 | 256 | 240 | 16 | 84975 | 21658 |

1-03　续表 6

| 行业中类 | 代码 | 法　人单位数（个） | 单产业法人单位 | 多产业法人单位 | 从　业人员数（人） | #女性 |
|---|---|---|---|---|---|---|
| 热力生产和供应 | 443 | 95 | 93 | 2 | 2832 | 844 |
| 燃气生产和供应业 | 45 | 364 | 300 | 64 | 13282 | 4736 |
| 燃气生产和供应业 | 451 | 323 | 260 | 63 | 12621 | 4535 |
| 生物质燃气生产和供应业 | 452 | 41 | 40 | 1 | 661 | 201 |
| 水的生产和供应业 | 46 | 1630 | 1543 | 87 | 45418 | 17186 |
| 自来水生产和供应 | 461 | 1268 | 1188 | 80 | 40050 | 15617 |
| 污水处理及其再生利用 | 462 | 351 | 344 | 7 | 5205 | 1527 |
| 海水淡化处理 | 463 | | | | | |
| 其他水的处理、利用与分配 | 469 | 11 | 11 | | 163 | 42 |
| **建筑业** | **E** | **57256** | **56042** | **1214** | **2512147** | **362171** |
| 房屋建筑业 | 47 | 14001 | 13415 | 586 | 1604597 | 191632 |
| 住宅房屋建筑 | 471 | 12461 | 11905 | 556 | 1543568 | 181192 |
| 体育场馆建筑 | 472 | 12 | 12 | | 1017 | 182 |
| 其他房屋建筑业 | 479 | 1528 | 1498 | 30 | 60012 | 10258 |
| 土木工程建筑业 | 48 | 12504 | 12173 | 331 | 478780 | 88626 |
| 铁路、道路、隧道和桥梁工程建筑 | 481 | 4801 | 4644 | 157 | 236313 | 40214 |
| 水利和水运工程建筑 | 482 | 618 | 574 | 44 | 98066 | 18576 |
| 海洋工程建筑 | 483 | 1 | 1 | | 60 | 10 |
| 工矿工程建筑 | 484 | 232 | 216 | 16 | 16009 | 2358 |
| 架线和管道工程建筑 | 485 | 854 | 825 | 29 | 30756 | 6913 |
| 节能环保工程施工 | 486 | 236 | 232 | 4 | 1844 | 508 |
| 电力工程施工 | 487 | 389 | 373 | 16 | 11661 | 2532 |
| 其他土木工程建筑 | 489 | 5373 | 5308 | 65 | 84071 | 17515 |
| 建筑安装业 | 49 | 8260 | 8165 | 95 | 156897 | 28259 |
| 电气安装 | 491 | 2129 | 2093 | 36 | 37435 | 7034 |
| 管道和设备安装 | 492 | 1999 | 1977 | 22 | 28552 | 6657 |
| 其他建筑安装业 | 499 | 4132 | 4095 | 37 | 90910 | 14568 |
| 建筑装饰、装修和其他建筑业 | 50 | 22491 | 22289 | 202 | 271873 | 53654 |
| 建筑装饰和装修业 | 501 | 14990 | 14853 | 137 | 153267 | 33238 |
| 建筑物拆除和场地准备活动 | 502 | 1619 | 1596 | 23 | 22103 | 4178 |
| 提供施工设备服务 | 503 | 548 | 542 | 6 | 9833 | 1395 |
| 其他未列明建筑业 | 509 | 5334 | 5298 | 36 | 86670 | 14843 |
| **批发和零售业** | **F** | **257986** | **254250** | **3736** | **2048709** | **880406** |
| 批发业 | 51 | 125533 | 124306 | 1227 | 1025954 | 380627 |
| 农、林、牧、渔产品批发 | 511 | 20565 | 20382 | 183 | 144347 | 48505 |
| 食品、饮料及烟草制品批发 | 512 | 23199 | 22985 | 214 | 224327 | 85897 |
| 纺织、服装及家庭用品批发 | 513 | 11095 | 11002 | 93 | 80722 | 40189 |
| 文化、体育用品及器材批发 | 514 | 3303 | 3254 | 49 | 26498 | 11819 |
| 医药及医疗器材批发 | 515 | 5735 | 5597 | 138 | 96328 | 45150 |
| 矿产品、建材及化工产品批发 | 516 | 31701 | 31414 | 287 | 255898 | 82832 |
| 机械设备、五金产品及电子产品批发 | 517 | 19695 | 19538 | 157 | 130735 | 43158 |
| 贸易经纪与代理 | 518 | 2308 | 2299 | 9 | 15079 | 5451 |
| 其他批发业 | 519 | 7932 | 7835 | 97 | 52020 | 17626 |
| 零售业 | 52 | 132453 | 129944 | 2509 | 1022755 | 499779 |
| 综合零售 | 521 | 18106 | 17711 | 395 | 255034 | 158267 |

1-03 续表 7

| 行业中类 | 代码 | 法人单位数(个) | 单产业法人单位 | 多产业法人单位 | 从业人员数(人) | #女性 |
|---|---|---|---|---|---|---|
| 食品、饮料及烟草制品专门零售 | 522 | 21222 | 20943 | 279 | 137901 | 58663 |
| 纺织、服装及日用品专门零售 | 523 | 12775 | 12518 | 257 | 81523 | 48673 |
| 文化、体育用品及器材专门零售 | 524 | 6906 | 6779 | 127 | 40686 | 20101 |
| 医药及医疗器材专门零售 | 525 | 10266 | 9764 | 502 | 77932 | 47469 |
| 汽车、摩托车、零配件和燃料及其他动力销售 | 526 | 14343 | 13917 | 426 | 147213 | 55396 |
| 家用电器及电子产品专门零售 | 527 | 16137 | 15890 | 247 | 102461 | 43893 |
| 五金、家具及室内装饰材料专门零售 | 528 | 17244 | 17146 | 98 | 97119 | 35287 |
| 货摊、无店铺及其他零售业 | 529 | 15454 | 15276 | 178 | 82886 | 32030 |
| **交通运输、仓储和邮政业** | **G** | **22591** | **21565** | **1026** | **495278** | **136826** |
| 铁路运输业 | 53 | 9 | 8 | 1 | | |
| 铁路旅客运输 | 531 | 4 | 4 | | | |
| 铁路货物运输 | 532 | 5 | 4 | 1 | | |
| 铁路运输辅助活动 | 533 | | | | | |
| 道路运输业 | 54 | 15084 | 14639 | 445 | 318163 | 80871 |
| 城市公共交通运输 | 541 | 571 | 529 | 42 | 91068 | 19293 |
| 公路旅客运输 | 542 | 777 | 670 | 107 | 38414 | 13510 |
| 道路货物运输 | 543 | 12530 | 12312 | 218 | 148790 | 33959 |
| 道路运输辅助活动 | 544 | 1206 | 1128 | 78 | 39891 | 14109 |
| 水上运输业 | 55 | 710 | 682 | 28 | 22677 | 4784 |
| 水上旅客运输 | 551 | 125 | 121 | 4 | 2628 | 722 |
| 水上货物运输 | 552 | 364 | 348 | 16 | 12067 | 2184 |
| 水上运输辅助活动 | 553 | 221 | 213 | 8 | 7982 | 1878 |
| 航空运输业 | 56 | 81 | 75 | 6 | 9286 | 3448 |
| 航空客货运输 | 561 | 23 | 21 | 2 | 3627 | 1517 |
| 通用航空服务 | 562 | 37 | 35 | 2 | 604 | 143 |
| 航空运输辅助活动 | 563 | 21 | 19 | 2 | 5055 | 1788 |
| 管道运输业 | 57 | 13 | 12 | 1 | 4286 | 1388 |
| 海底管道运输 | 571 | | | | | |
| 陆地管道运输 | 572 | 13 | 12 | 1 | 4286 | 1388 |
| 多式联运和运输代理业 | 58 | 2199 | 2159 | 40 | 20132 | 5745 |
| 多式联运 | 581 | 23 | 23 | | 319 | 65 |
| 运输代理业 | 582 | 2176 | 2136 | 40 | 19813 | 5680 |
| 装卸搬运和仓储业 | 59 | 3082 | 3012 | 70 | 44412 | 10806 |
| 装卸搬运 | 591 | 1729 | 1702 | 27 | 23192 | 4585 |
| 通用仓储 | 592 | 346 | 338 | 8 | 6566 | 1945 |
| 低温仓储 | 593 | 49 | 49 | | 917 | 237 |
| 危险品仓储 | 594 | 18 | 18 | | 488 | 121 |
| 谷物、棉花等农产品仓储 | 595 | 401 | 373 | 28 | 7382 | 2250 |
| 中药材仓储 | 596 | 10 | 10 | | 88 | 24 |
| 其他仓储业 | 599 | 529 | 522 | 7 | 5779 | 1644 |
| 邮政业 | 60 | 1413 | 978 | 435 | 76322 | 29784 |
| 邮政基本服务 | 601 | 72 | 58 | 14 | 43141 | 20951 |
| 快递服务 | 602 | 1334 | 914 | 420 | 33009 | 8807 |
| 其他寄递服务 | 609 | 7 | 6 | 1 | 172 | 26 |
| **住宿和餐饮业** | **H** | **17622** | **17060** | **562** | **279818** | **172880** |
| 住宿业 | 61 | 5269 | 5089 | 180 | 94357 | 61493 |

1-03 续表 8

| 行业中类 | 代码 | 法人单位数(个) | 单产业法人单位 | 多产业法人单位 | 从业人员数(人) | #女性 |
|---|---|---|---|---|---|---|
| 旅游饭店 | 611 | 1325 | 1260 | 65 | 47960 | 30555 |
| 一般旅馆 | 612 | 3140 | 3043 | 97 | 39123 | 26376 |
| 民宿服务 | 613 | 325 | 322 | 3 | 2004 | 1196 |
| 露营地服务 | 614 | 2 | 2 | | 11 | 4 |
| 其他住宿业 | 619 | 477 | 462 | 15 | 5259 | 3362 |
| 餐饮业 | 62 | 12353 | 11971 | 382 | 185461 | 111387 |
| 正餐服务 | 621 | 10852 | 10528 | 324 | 150734 | 90099 |
| 快餐服务 | 622 | 445 | 427 | 18 | 21041 | 13705 |
| 饮料及冷饮服务 | 623 | 196 | 183 | 13 | 4319 | 2649 |
| 餐饮配送及外卖送餐服务 | 624 | 151 | 148 | 3 | 4760 | 2483 |
| 其他餐饮业 | 629 | 709 | 685 | 24 | 4607 | 2451 |
| **信息传输、软件和信息技术服务业** | **I** | **39431** | **39154** | **277** | **411010** | **153797** |
| 电信、广播电视和卫星传输服务 | 63 | 1455 | 1364 | 91 | 62215 | 25655 |
| 电信 | 631 | 949 | 872 | 77 | 44838 | 19578 |
| 广播电视传输服务 | 632 | 461 | 449 | 12 | 16845 | 5883 |
| 卫星传输服务 | 633 | 45 | 43 | 2 | 532 | 194 |
| 互联网和相关服务 | 64 | 5003 | 4975 | 28 | 78871 | 34892 |
| 互联网接入及相关服务 | 641 | 414 | 410 | 4 | 2398 | 775 |
| 互联网信息服务 | 642 | 3195 | 3178 | 17 | 66910 | 30617 |
| 互联网平台 | 643 | 216 | 214 | 2 | 2946 | 1010 |
| 互联网安全服务 | 644 | 34 | 34 | | 228 | 80 |
| 互联网数据服务 | 645 | 93 | 93 | | 748 | 264 |
| 其他互联网服务 | 649 | 1051 | 1046 | 5 | 5641 | 2146 |
| 软件和信息技术服务业 | 65 | 32973 | 32815 | 158 | 269924 | 93250 |
| 软件开发 | 651 | 20821 | 20735 | 86 | 178814 | 61217 |
| 集成电路设计 | 652 | 152 | 151 | 1 | 3134 | 885 |
| 信息系统集成和物联网技术服务 | 653 | 1941 | 1931 | 10 | 21277 | 6837 |
| 运行维护服务 | 654 | 159 | 156 | 3 | 1866 | 523 |
| 信息处理和存储支持服务 | 655 | 209 | 208 | 1 | 1465 | 629 |
| 信息技术咨询服务 | 656 | 7345 | 7298 | 47 | 45671 | 16817 |
| 数字内容服务 | 657 | 648 | 645 | 3 | 5962 | 2436 |
| 其他信息技术服务业 | 659 | 1698 | 1691 | 7 | 11735 | 3906 |
| **金融业** | **J** | **2875** | **2110** | **765** | **21158** | **7238** |
| 货币金融服务 | 66 | 1114 | 785 | 329 | 5373 | 2153 |
| 中央银行服务 | 661 | 14 | 1 | 13 | | |
| 货币银行服务 | 662 | 385 | 91 | 294 | 39 | 15 |
| 非货币银行服务 | 663 | 715 | 693 | 22 | 5334 | 2138 |
| 银行理财服务 | 664 | | | | | |
| 银行监管服务 | 665 | | | | | |
| 资本市场服务 | 67 | 824 | 805 | 19 | 2240 | 978 |
| 证券市场服务 | 671 | 5 | 3 | 2 | 35 | 10 |
| 公开募集证券投资基金 | 672 | | | | | |
| 非公开募集证券投资基金 | 673 | 400 | 389 | 11 | | |
| 期货市场服务 | 674 | 3 | | 3 | | |
| 证券期货监管服务 | 675 | 1 | 1 | | | |

1-03 续表 9

| 行业中类 | 代码 | 法人单位数(个) | 单产业法人单位 | 多产业法人单位 | 从业人员数(人) | #女性 |
|---|---|---|---|---|---|---|
| 资本投资服务 | 676 | 247 | 247 | | 914 | 278 |
| 其他资本市场服务 | 679 | 168 | 165 | 3 | 1291 | 690 |
| 保险业 | 68 | 640 | 227 | 413 | 126 | 66 |
| 人身保险 | 681 | 262 | 82 | 180 | | |
| 财产保险 | 682 | 292 | 105 | 187 | | |
| 再保险 | 683 | | | | | |
| 商业养老金 | 684 | 8 | 8 | | | |
| 保险中介服务 | 685 | 55 | 12 | 43 | | |
| 保险资产管理 | 686 | | | | | |
| 保险监管服务 | 687 | | | | | |
| 其他保险活动 | 689 | 23 | 20 | 3 | 126 | 66 |
| 其他金融业 | 69 | 297 | 293 | 4 | 13419 | 4041 |
| 金融信托与管理服务 | 691 | 28 | 28 | | 239 | 103 |
| 控股公司服务 | 692 | 36 | 35 | 1 | 10477 | 2826 |
| 非金融机构支付服务 | 693 | 3 | 3 | | | |
| 金融信息服务 | 694 | 46 | 46 | | 283 | 138 |
| 金融资产管理公司 | 695 | 2 | 2 | | 53 | 22 |
| 其他未列明金融业 | 699 | 182 | 179 | 3 | 2367 | 952 |
| **房地产业** | **K** | **31427** | **29966** | **1461** | **542540** | **223621** |
| 房地产业 | 70 | 31427 | 29966 | 1461 | 542540 | 223621 |
| 房地产开发经营 | 701 | 8991 | 8656 | 335 | 193428 | 67492 |
| 物业管理 | 702 | 10870 | 10513 | 357 | 247038 | 113385 |
| 房地产中介服务 | 703 | 8257 | 7603 | 654 | 66220 | 29504 |
| 房地产租赁经营 | 704 | 2471 | 2383 | 88 | 27368 | 10374 |
| 其他房地产业 | 709 | 838 | 811 | 27 | 8486 | 2866 |
| **租赁和商务服务业** | **L** | **93706** | **92627** | **1079** | **872655** | **315652** |
| 租赁业 | 71 | 8684 | 8624 | 60 | 58773 | 14561 |
| 机械设备经营租赁 | 711 | 8387 | 8329 | 58 | 57314 | 13952 |
| 文体设备和用品出租 | 712 | 259 | 258 | 1 | 1246 | 521 |
| 日用品出租 | 713 | 38 | 37 | 1 | 213 | 88 |
| 商务服务业 | 72 | 85022 | 84003 | 1019 | 813882 | 301091 |
| 组织管理服务 | 721 | 10263 | 10108 | 155 | 106473 | 43528 |
| 综合管理服务 | 722 | 1933 | 1865 | 68 | 25681 | 10397 |
| 法律服务 | 723 | 2046 | 2032 | 14 | 16897 | 6027 |
| 咨询与调查 | 724 | 27312 | 27039 | 273 | 154310 | 69381 |
| 广告业 | 725 | 17423 | 17329 | 94 | 99608 | 38911 |
| 人力资源服务 | 726 | 12415 | 12341 | 74 | 243185 | 85245 |
| 安全保护服务 | 727 | 1127 | 1081 | 46 | 83451 | 10039 |
| 会议、展览及相关服务 | 728 | 2174 | 2149 | 25 | 14129 | 5736 |
| 其他商务服务业 | 729 | 10329 | 10059 | 270 | 70148 | 31827 |
| **科学研究和技术服务业** | **M** | **56306** | **55597** | **709** | **512308** | **155505** |
| 研究和试验发展 | 73 | 6137 | 6118 | 19 | 49013 | 15781 |
| 自然科学研究和试验发展 | 731 | 287 | 287 | | 3132 | 905 |
| 工程和技术研究和试验发展 | 732 | 3985 | 3976 | 9 | 30400 | 8841 |
| 农业科学研究和试验发展 | 733 | 665 | 659 | 6 | 6464 | 2148 |

1-03　续表 10

| 行业中类 | 代码 | 法　人单位数(个) | 单产业法人单位 | 多产业法人单位 | 从　业人员数(人) | #女性 |
|---|---|---|---|---|---|---|
| 医学研究和试验发展 | 734 | 1043 | 1039 | 4 | 7665 | 3374 |
| 社会人文科学研究 | 735 | 157 | 157 | | 1352 | 513 |
| 专业技术服务业 | 74 | 27945 | 27444 | 501 | 320309 | 92342 |
| 气象服务 | 741 | 324 | 306 | 18 | 2305 | 789 |
| 地震服务 | 742 | 36 | 34 | 2 | 556 | 157 |
| 海洋服务 | 743 | 5 | 5 | | 26 | 11 |
| 测绘地理信息服务 | 744 | 514 | 497 | 17 | 6491 | 1795 |
| 质检技术服务 | 745 | 1964 | 1918 | 46 | 31287 | 10600 |
| 环境与生态监测检测服务 | 746 | 561 | 553 | 8 | 6524 | 2442 |
| 地质勘查 | 747 | 318 | 309 | 9 | 8289 | 2144 |
| 工程技术与设计服务 | 748 | 14933 | 14610 | 323 | 195546 | 52264 |
| 工业与专业设计及其他专业技术服务 | 749 | 9290 | 9212 | 78 | 69285 | 22140 |
| 科技推广和应用服务业 | 75 | 22224 | 22035 | 189 | 142986 | 47382 |
| 技术推广服务 | 751 | 19648 | 19470 | 178 | 128512 | 41767 |
| 知识产权服务 | 752 | 448 | 447 | 1 | 2472 | 1160 |
| 科技中介服务 | 753 | 363 | 363 | | 2284 | 863 |
| 创业空间服务 | 754 | 258 | 256 | 2 | 1599 | 685 |
| 其他科技推广服务业 | 759 | 1507 | 1499 | 8 | 8119 | 2907 |
| **水利、环境和公共设施管理业** | **N** | **8162** | **7972** | **190** | **144906** | **57498** |
| 水利管理业 | 76 | 1653 | 1593 | 60 | 21116 | 6200 |
| 防洪除涝设施管理 | 761 | 372 | 356 | 16 | 6898 | 2121 |
| 水资源管理 | 762 | 463 | 444 | 19 | 4833 | 1402 |
| 天然水收集与分配 | 763 | 176 | 166 | 10 | 2293 | 693 |
| 水文服务 | 764 | 55 | 52 | 3 | 1781 | 491 |
| 其他水利管理业 | 769 | 587 | 575 | 12 | 5311 | 1493 |
| 生态保护和环境治理业 | 77 | 999 | 987 | 12 | 13234 | 3840 |
| 生态保护 | 771 | 315 | 307 | 8 | 4290 | 1394 |
| 环境治理业 | 772 | 684 | 680 | 4 | 8944 | 2446 |
| 公共设施管理业 | 78 | 5067 | 4958 | 109 | 106059 | 45920 |
| 市政设施管理 | 781 | 460 | 450 | 10 | 10223 | 3325 |
| 环境卫生管理 | 782 | 844 | 828 | 16 | 37297 | 19798 |
| 城乡市容管理 | 783 | 262 | 252 | 10 | 6662 | 2323 |
| 绿化管理 | 784 | 1617 | 1596 | 21 | 18378 | 6491 |
| 城市公园管理 | 785 | 202 | 197 | 5 | 4717 | 1804 |
| 游览景区管理 | 786 | 1682 | 1635 | 47 | 28782 | 12179 |
| 土地管理业 | 79 | 443 | 434 | 9 | 4497 | 1538 |
| 土地整治服务 | 791 | 66 | 65 | 1 | 1186 | 428 |
| 土地调查评估服务 | 792 | 55 | 48 | 7 | 755 | 267 |
| 土地登记服务 | 793 | 16 | 16 | | 242 | 96 |
| 土地登记代理服务 | 794 | 21 | 20 | 1 | 381 | 202 |
| 其他土地管理服务 | 799 | 285 | 285 | | 1933 | 545 |
| **居民服务、修理和其他服务业** | **O** | **20009** | **19714** | **295** | **165555** | **76652** |
| 居民服务业 | 80 | 8597 | 8443 | 154 | 69779 | 39450 |
| 家庭服务 | 801 | 2080 | 2059 | 21 | 20907 | 13673 |
| 托儿所服务 | 802 | 113 | 111 | 2 | 662 | 521 |

1-03 续表 11

| 行业中类 | 代码 | 法人单位数(个) | 单产业法人单位 | 多产业法人单位 | 从业人员数(人) | #女性 |
|---|---|---|---|---|---|---|
| 洗染服务 | 803 | 312 | 307 | 5 | 3359 | 1736 |
| 理发及美容服务 | 804 | 1276 | 1233 | 43 | 7788 | 5523 |
| 洗浴和保健养生服务 | 805 | 1034 | 1001 | 33 | 10332 | 6892 |
| 摄影扩印服务 | 806 | 800 | 788 | 12 | 4521 | 2178 |
| 婚姻服务 | 807 | 811 | 802 | 9 | 4570 | 2436 |
| 殡葬服务 | 808 | 412 | 398 | 14 | 5590 | 1947 |
| 其他居民服务业 | 809 | 1759 | 1744 | 15 | 12050 | 4544 |
| 机动车、电子产品和日用产品修理业 | 81 | 7286 | 7182 | 104 | 47709 | 12765 |
| 汽车、摩托车等修理与维护 | 811 | 5371 | 5285 | 86 | 37104 | 9487 |
| 计算机和办公设备维修 | 812 | 836 | 825 | 11 | 4816 | 1598 |
| 家用电器修理 | 813 | 849 | 843 | 6 | 4521 | 1328 |
| 其他日用产品修理业 | 819 | 230 | 229 | 1 | 1268 | 352 |
| 其他服务业 | 82 | 4126 | 4089 | 37 | 48067 | 24437 |
| 清洁服务 | 821 | 2625 | 2607 | 18 | 37753 | 20445 |
| 宠物服务 | 822 | 80 | 77 | 3 | 481 | 219 |
| 其他未列明服务业 | 829 | 1421 | 1405 | 16 | 9833 | 3773 |
| **教育** | **P** | **25978** | **24496** | **1482** | **884534** | **521468** |
| 教育 | 83 | 25978 | 24496 | 1482 | 884534 | 521468 |
| 学前教育 | 831 | 7618 | 7533 | 85 | 157274 | 136657 |
| 初等教育 | 832 | 5907 | 5342 | 565 | 201869 | 126300 |
| 中等教育 | 833 | 2847 | 2359 | 488 | 288237 | 139418 |
| 高等教育 | 834 | 182 | 154 | 28 | 135725 | 65348 |
| 特殊教育 | 835 | 113 | 110 | 3 | 2573 | 1708 |
| 技能培训、教育辅助及其他教育 | 839 | 9311 | 8998 | 313 | 98856 | 52037 |
| **卫生和社会工作** | **Q** | **12539** | **11825** | **714** | **502459** | **329383** |
| 卫生 | 84 | 9318 | 8650 | 668 | 470965 | 309980 |
| 医院 | 841 | 1273 | 1131 | 142 | 300395 | 202334 |
| 基层医疗卫生服务 | 842 | 6557 | 6101 | 456 | 121553 | 74213 |
| 专业公共卫生服务 | 843 | 1266 | 1211 | 55 | 43656 | 30159 |
| 其他卫生活动 | 849 | 222 | 207 | 15 | 5361 | 3274 |
| 社会工作 | 85 | 3221 | 3175 | 46 | 31494 | 19403 |
| 提供住宿社会工作 | 851 | 2647 | 2607 | 40 | 27312 | 17129 |
| 不提供住宿社会工作 | 852 | 574 | 568 | 6 | 4182 | 2274 |
| **文化、体育和娱乐业** | **R** | **23539** | **23255** | **284** | **195997** | **89914** |
| 新闻和出版业 | 86 | 418 | 413 | 5 | 20822 | 9197 |
| 新闻业 | 861 | 98 | 98 |  | 1814 | 819 |
| 出版业 | 862 | 320 | 315 | 5 | 19008 | 8378 |
| 广播、电视、电影和录音制作业 | 87 | 1756 | 1712 | 44 | 25553 | 11842 |
| 广播 | 871 | 95 | 90 | 5 | 2082 | 845 |
| 电视 | 872 | 74 | 72 | 2 | 4440 | 1904 |
| 影视节目制作 | 873 | 1059 | 1053 | 6 | 6634 | 2721 |
| 广播电视集成播控 | 874 | 22 | 20 | 2 | 3167 | 1405 |
| 电影和广播电视节目发行 | 875 | 32 | 30 | 2 | 577 | 264 |
| 电影放映 | 876 | 431 | 404 | 27 | 8475 | 4635 |
| 录音制作 | 877 | 43 | 43 |  | 178 | 68 |

1-03　续表 12

| 行业中类 | 代码 | 法人单位数（个） | 单产业法人单位 | 多产业法人单位 | 从业人员数（人） | #女性 |
|---|---|---|---|---|---|---|
| 文化艺术业 | 88 | 6391 | 6340 | 51 | 48242 | 23591 |
| 文艺创作与表演 | 881 | 1272 | 1262 | 10 | 13561 | 6947 |
| 艺术表演场馆 | 882 | 49 | 48 | 1 | 1311 | 539 |
| 图书馆与档案馆 | 883 | 539 | 531 | 8 | 5764 | 3405 |
| 文物及非物质文化遗产保护 | 884 | 209 | 203 | 6 | 2180 | 924 |
| 博物馆 | 885 | 168 | 167 | 1 | 2829 | 1424 |
| 烈士陵园、纪念馆 | 886 | 104 | 103 | 1 | 1100 | 516 |
| 群众文体活动 | 887 | 1621 | 1614 | 7 | 9133 | 4258 |
| 其他文化艺术业 | 889 | 2429 | 2412 | 17 | 12364 | 5578 |
| 体育 | 89 | 1627 | 1577 | 50 | 12803 | 5233 |
| 体育组织 | 891 | 407 | 403 | 4 | 3353 | 1268 |
| 体育场地设施管理 | 892 | 161 | 161 |  | 1513 | 614 |
| 健身休闲活动 | 893 | 983 | 940 | 43 | 7518 | 3167 |
| 其他体育 | 899 | 76 | 73 | 3 | 419 | 184 |
| 娱乐业 | 90 | 13347 | 13213 | 134 | 88577 | 40051 |
| 室内娱乐活动 | 901 | 6650 | 6582 | 68 | 35368 | 16043 |
| 游乐园 | 902 | 188 | 183 | 5 | 4939 | 2356 |
| 休闲观光活动 | 903 | 2287 | 2267 | 20 | 24376 | 10481 |
| 彩票活动 | 904 | 48 | 48 |  | 558 | 196 |
| 文化体育娱乐活动与经纪代理服务 | 905 | 4063 | 4023 | 40 | 22068 | 10400 |
| 其他娱乐业 | 909 | 111 | 110 | 1 | 1268 | 575 |
| **公共管理、社会保障和社会组织** | **S** | **69421** | **64277** | **5144** | **943711** | **310516** |
| 中国共产党机关 | 91 | 1406 | 1289 | 117 | 29289 | 7764 |
| 中国共产党机关 | 910 | 1406 | 1289 | 117 | 29289 | 7764 |
| 国家机构 | 92 | 22528 | 20202 | 2326 | 675266 | 210570 |
| 国家权力机构 | 921 | 547 | 510 | 37 | 9089 | 2192 |
| 国家行政机构 | 922 | 21474 | 19277 | 2197 | 632591 | 196419 |
| 人民法院和人民检察院 | 923 | 346 | 262 | 84 | 28364 | 10334 |
| 其他国家机构 | 929 | 161 | 153 | 8 | 5222 | 1625 |
| 人民政协、民主党派 | 93 | 250 | 237 | 13 | 4228 | 1096 |
| 人民政协 | 931 | 173 | 160 | 13 | 3798 | 874 |
| 民主党派 | 932 | 77 | 77 |  | 430 | 222 |
| 社会保障 | 94 | 510 | 504 | 6 | 7465 | 3967 |
| 基本保险 | 941 | 282 | 278 | 4 | 5674 | 3020 |
| 补充保险 | 942 |  |  |  |  |  |
| 其他社会保障 | 949 | 228 | 226 | 2 | 1791 | 947 |
| 群众团体、社会团体和其他成员组织 | 95 | 15798 | 15761 | 37 | 61253 | 25393 |
| 群众团体 | 951 | 924 | 902 | 22 | 5351 | 2779 |
| 社会团体 | 952 | 10629 | 10622 | 7 | 38934 | 14803 |
| 基金会 | 953 | 138 | 138 |  | 445 | 171 |
| 宗教组织 | 954 | 4107 | 4099 | 8 | 16523 | 7640 |
| 基层群众自治组织 | 96 | 28929 | 26284 | 2645 | 166210 | 61726 |
| 社区居民自治组织 | 961 | 4657 | 4382 | 275 | 46067 | 28361 |
| 村民自治组织 | 962 | 24272 | 21902 | 2370 | 120143 | 33365 |

# 1-04 按机构类型、从业人员组距分组的法人单位数及从业人员数

| 分组 | 法人单位数(个) | 单产业法人单位 | 多产业法人单位 | 从业人员数(人) | #女性 |
|---|---|---|---|---|---|
| **总计** | **853168** | **832522** | **20646** | **14736930** | **5392064** |
| **按机构类型分组** | | | | | |
| 企业 | 688373 | 675185 | 13188 | 11949162 | 4098990 |
| 事业单位 | 40602 | 38025 | 2577 | 1442081 | 754466 |
| 机关 | 9913 | 7938 | 1975 | 513202 | 149499 |
| 社会团体 | 11837 | 11804 | 33 | 46476 | 18465 |
| 民办非企业单位 | 17783 | 17661 | 122 | 257111 | 182343 |
| 基金会 | 138 | 138 | | 445 | 171 |
| 居委会 | 4657 | 4382 | 275 | 46067 | 28361 |
| 村委会 | 24272 | 21902 | 2370 | 120143 | 33365 |
| 其他法人 | 55593 | 55487 | 106 | 362243 | 126404 |
| **按从业人员组距分组** | | | | | |
| 7人及以下 | 562498 | 556683 | 5815 | 1744227 | 634346 |
| 8-19人 | 185377 | 180812 | 4565 | 2170457 | 810454 |
| 20-49人 | 65863 | 61979 | 3884 | 1938456 | 782040 |
| 50-99人 | 21222 | 18699 | 2523 | 1442346 | 588576 |
| 100-299人 | 12600 | 10388 | 2212 | 2032594 | 843842 |
| 300-499人 | 2598 | 1986 | 612 | 945249 | 363666 |
| 500-999人 | 1722 | 1206 | 516 | 1096665 | 394514 |
| 1000-4999人 | 1159 | 696 | 463 | 1999820 | 635876 |
| 5000-9999人 | 81 | 46 | 35 | 443423 | 139496 |
| 10000人及以上 | 48 | 27 | 21 | 923693 | 199254 |

# 1-05 按开业(成立)时间分组的法人单位数及从业人员数

| 开业(成立)时间 | 法人单位数(个) | 单产业法人单位 | 多产业法人单位 | 从业人员数(人) | #女性 |
|---|---|---|---|---|---|
| **总计** | **853168** | **832522** | **20646** | **14736930** | **5392064** |
| 1949年以前 | 1621 | 1377 | 244 | 180975 | 86401 |
| 1950-1977年 | 10441 | 9112 | 1329 | 713346 | 262793 |
| 1978-1991年 | 23440 | 21229 | 2211 | 770490 | 258097 |
| 1992-2000年 | 27828 | 25710 | 2118 | 1859430 | 576518 |
| 2001年 | 7964 | 7430 | 534 | 427564 | 130569 |
| 2002年 | 9564 | 8971 | 593 | 533559 | 159405 |
| 2003年 | 10189 | 9591 | 598 | 495501 | 166188 |
| 2004年 | 11638 | 10993 | 645 | 427445 | 154785 |
| 2005年 | 13138 | 12553 | 585 | 451820 | 154377 |
| 2006年 | 15594 | 14906 | 688 | 392909 | 143801 |
| 2007年 | 13010 | 12485 | 525 | 392604 | 145810 |
| 2008年 | 17260 | 16714 | 546 | 426408 | 165865 |
| 2009年 | 21535 | 20921 | 614 | 465632 | 176453 |
| 2010年 | 26751 | 25889 | 862 | 553159 | 214607 |
| 2011年 | 30384 | 29610 | 774 | 554250 | 215555 |
| 2012年 | 46312 | 44299 | 2013 | 1028059 | 426695 |
| 2013年 | 49162 | 48328 | 834 | 701322 | 267520 |
| 2014年 | 62999 | 61792 | 1207 | 699966 | 264241 |
| 2015年 | 74305 | 73311 | 994 | 736421 | 290728 |
| 2016年 | 103921 | 102809 | 1112 | 912800 | 359044 |
| 2017年 | 130962 | 129914 | 1048 | 1070210 | 407438 |
| 2018年 | 144381 | 143811 | 570 | 942155 | 364874 |
| 无开业年份 | 769 | 767 | 2 | 905 | 300 |

# 1-06　按登记注册类型分组的法人单位数及从业人员数

| 登记注册类型 | 法人单位数(个) | 单产业法人单位 | 多产业法人单位 | 从业人员数(人) | #女性 |
|---|---|---|---|---|---|
| **总　计** | **853168** | **832522** | **20646** | **14736930** | **5392064** |
| **内资** | **850786** | **830360** | **20426** | **14194947** | **5167141** |
| 国有 | 54726 | 49766 | 4960 | 2170509 | 952063 |
| 集体 | 8225 | 7855 | 370 | 122948 | 48770 |
| 股份合作 | 392 | 371 | 21 | 11140 | 5595 |
| 联营 | 933 | 888 | 45 | 13548 | 5980 |
| 国有联营 | 110 | 99 | 11 | 2596 | 1210 |
| 集体联营 | 364 | 348 | 16 | 5948 | 2724 |
| 国有与集体联营 | 101 | 92 | 9 | 2098 | 867 |
| 其他联营 | 358 | 349 | 9 | 2906 | 1179 |
| 有限责任公司 | 126718 | 123543 | 3175 | 3728575 | 1152954 |
| 国有独资公司 | 1585 | 1424 | 161 | 380197 | 98098 |
| 其他有限责任公司 | 125133 | 122119 | 3014 | 3348378 | 1054856 |
| 股份有限公司 | 10658 | 9787 | 871 | 735413 | 254217 |
| 私营 | 545702 | 537591 | 8111 | 6658480 | 2418659 |
| 私营独资 | 74951 | 74590 | 361 | 554349 | 259658 |
| 私营合伙 | 8407 | 8363 | 44 | 74231 | 36804 |
| 私营有限责任公司 | 453369 | 445895 | 7474 | 5757144 | 2030561 |
| 私营股份有限公司 | 8975 | 8743 | 232 | 272756 | 91636 |
| 其他 | 103432 | 100559 | 2873 | 754334 | 328903 |
| **港、澳、台商投资** | **1097** | **1001** | **96** | **254180** | **126540** |
| 合资经营企业（港或澳、台资） | 380 | 349 | 31 | 80915 | 35999 |
| 合作经营企业（港或澳、台资） | 15 | 15 |  | 956 | 464 |
| 港、澳、台商独资经营 | 620 | 566 | 54 | 161759 | 85777 |
| 港、澳、台商投资股份有限公司 | 39 | 32 | 7 | 3932 | 1647 |
| 其他港、澳、台商投资 | 43 | 39 | 4 | 6618 | 2653 |
| **外商投资** | **1285** | **1161** | **124** | **287803** | **98383** |
| 中外合资经营 | 595 | 522 | 73 | 167970 | 47831 |
| 中外合作经营 | 16 | 15 | 1 | 2947 | 1272 |
| 外资企业 | 501 | 458 | 43 | 101944 | 43483 |
| 外商投资股份有限公司 | 60 | 56 | 4 | 7708 | 2915 |
| 其他外商投资 | 113 | 110 | 3 | 7234 | 2882 |

# 1-07 按行业(大类)、

| 行业大类 | 代码 | 法人单位数(个) | 武汉市 | 黄石市 | 十堰市 | 宜昌市 | 襄阳市 |
|---|---|---|---|---|---|---|---|
| **总　计** | **00** | **853168** | **271440** | **31414** | **50226** | **73391** | **85722** |
| **农、林、牧、渔业** | **A** | **13944** | **702** | **149** | **1264** | **1146** | **1037** |
| 农业 | 01 | 10 | | | | 1 | 1 |
| 林业 | 02 | | | | | | |
| 畜牧业 | 03 | 3 | | | | | |
| 渔业 | 04 | | | | | | |
| 农、林、牧、渔专业及辅助性活动 | 05 | 13931 | 702 | 149 | 1264 | 1145 | 1036 |
| **采矿业** | **B** | **2579** | **47** | **284** | **214** | **419** | **418** |
| 煤炭开采和洗选业 | 06 | 146 | | 2 | 3 | 54 | 11 |
| 石油和天然气开采业 | 07 | 7 | 2 | | | 1 | |
| 黑色金属矿采选业 | 08 | 240 | 3 | 96 | 28 | 12 | 19 |
| 有色金属矿采选业 | 09 | 108 | | 54 | 10 | 16 | 11 |
| 非金属矿采选业 | 10 | 1878 | 36 | 120 | 164 | 304 | 343 |
| 开采专业及辅助性活动 | 11 | 60 | 2 | 4 | 1 | 5 | 5 |
| 其他采矿业 | 12 | 140 | 4 | 8 | 8 | 27 | 29 |
| **制造业** | **C** | **92277** | **19309** | **5417** | **6795** | **5791** | **10893** |
| 农副食品加工业 | 13 | 7071 | 569 | 154 | 471 | 527 | 752 |
| 食品制造业 | 14 | 2640 | 485 | 101 | 90 | 183 | 346 |
| 酒、饮料和精制茶制造业 | 15 | 4185 | 135 | 78 | 546 | 596 | 289 |

# 地区分组的法人单位数

| 鄂州市 | 荆门市 | 孝感市 | 荆州市 | 黄冈市 | 咸宁市 | 随州市 | 恩施州 | 仙桃市 | 潜江市 | 天门市 | 神农架 | 代码 |
|---|---|---|---|---|---|---|---|---|---|---|---|---|
| **16931** | **35648** | **42531** | **52276** | **50845** | **36294** | **19179** | **48253** | **15667** | **10099** | **11422** | **1830** | **00** |
| **152** | **956** | **1124** | **1959** | **1001** | **601** | **408** | **813** | **1255** | **561** | **731** | **85** | **A** |
| | | | 1 | 1 | 1 | 1 | | | 3 | | 1 | 01 |
| | | | | | | | | | | | | 02 |
| 1 | | | | | 2 | | | | | | | 03 |
| | | | | | | | | | | | | 04 |
| 151 | 956 | 1124 | 1958 | 1000 | 598 | 407 | 813 | 1255 | 558 | 731 | 84 | 05 |
| **58** | **197** | **79** | **75** | **218** | **192** | **94** | **236** | **1** | **18** | **6** | **23** | **B** |
| | 8 | 1 | 5 | | 14 | 1 | 46 | | 1 | | | 06 |
| | | | 1 | | | 2 | | | 1 | | | 07 |
| 28 | 9 | 1 | 2 | 19 | 2 | 13 | 8 | | | | | 08 |
| | 2 | | | 3 | 6 | 4 | 2 | | | | | 09 |
| 25 | 161 | 73 | 62 | 174 | 160 | 68 | 161 | | | 5 | 22 | 10 |
| 1 | 2 | 1 | 5 | 1 | 6 | 1 | 9 | 1 | 15 | 1 | | 11 |
| 4 | 15 | 3 | | 21 | 4 | 5 | 10 | | 1 | | 1 | 12 |
| **2365** | **4144** | **6907** | **7260** | **6886** | **4112** | **2552** | **3222** | **2910** | **1589** | **2049** | **76** | **C** |
| 125 | 590 | 591 | 936 | 719 | 232 | 280 | 576 | 183 | 150 | 197 | 19 | 13 |
| 74 | 162 | 232 | 231 | 186 | 153 | 69 | 105 | 85 | 64 | 67 | 7 | 14 |
| 22 | 89 | 315 | 223 | 457 | 230 | 84 | 1008 | 23 | 34 | 39 | 17 | 15 |

1-07 续表 1

| 行业大类 | 代码 | 法 人单位数(个) | 武汉市 | 黄石市 | 十堰市 | 宜昌市 | 襄阳市 |
|---|---|---|---|---|---|---|---|
| 烟草制品业 | 16 | 70 | 5 | | 51 | 3 | |
| 纺织业 | 17 | 3751 | 378 | 76 | 47 | 118 | 726 |
| 纺织服装、服饰业 | 18 | 6025 | 881 | 701 | 98 | 192 | 316 |
| 皮革、毛皮、羽毛及其制品和制鞋业 | 19 | 917 | 70 | 103 | 20 | 21 | 101 |
| 木材加工和木、竹、藤、棕、草制品业 | 20 | 2616 | 355 | 95 | 153 | 110 | 371 |
| 家具制造业 | 21 | 1806 | 423 | 90 | 47 | 113 | 179 |
| 造纸和纸制品业 | 22 | 1426 | 375 | 69 | 54 | 91 | 115 |
| 印刷和记录媒介复制业 | 23 | 2469 | 702 | 88 | 92 | 273 | 243 |
| 文教、工美、体育和娱乐用品制造业 | 24 | 1931 | 295 | 177 | 219 | 122 | 213 |
| 石油、煤炭及其他燃料加工业 | 25 | 310 | 74 | 14 | 16 | 14 | 16 |
| 化学原料和化学制品制造业 | 26 | 4196 | 693 | 147 | 130 | 302 | 585 |
| 医药制造业 | 27 | 1696 | 296 | 48 | 109 | 110 | 103 |
| 化学纤维制造业 | 28 | 82 | 9 | 3 | 2 | 5 | 17 |
| 橡胶和塑料制品业 | 29 | 3641 | 868 | 160 | 132 | 241 | 357 |
| 非金属矿物制品业 | 30 | 11342 | 1685 | 651 | 521 | 897 | 1451 |
| 黑色金属冶炼和压延加工业 | 31 | 575 | 195 | 124 | 49 | 25 | 23 |
| 有色金属冶炼和压延加工业 | 32 | 595 | 94 | 90 | 38 | 20 | 54 |
| 金属制品业 | 33 | 6467 | 2151 | 505 | 284 | 471 | 513 |
| 通用设备制造业 | 34 | 6282 | 1835 | 662 | 372 | 330 | 892 |

| 鄂州市 | 荆门市 | 孝感市 | 荆州市 | 黄冈市 | 咸宁市 | 随州市 | 恩施州 | 仙桃市 | 潜江市 | 天门市 | 神农架 | 代码 |
|---|---|---|---|---|---|---|---|---|---|---|---|---|
| | | 1 | 1 | | | | 9 | | | | | 16 |
| 22 | 89 | 330 | 431 | 310 | 180 | 76 | 37 | 693 | 96 | 141 | 1 | 17 |
| 140 | 121 | 1028 | 561 | 526 | 153 | 85 | 57 | 410 | 331 | 424 | 1 | 18 |
| 15 | 36 | 267 | 44 | 82 | 43 | 18 | 50 | 24 | 14 | 9 | | 19 |
| 24 | 110 | 193 | 312 | 166 | 289 | 56 | 101 | 62 | 102 | 116 | 1 | 20 |
| 19 | 71 | 152 | 138 | 175 | 133 | 29 | 93 | 24 | 48 | 72 | | 21 |
| 30 | 36 | 202 | 116 | 67 | 61 | 32 | 27 | 104 | 16 | 31 | | 22 |
| 38 | 120 | 169 | 186 | 173 | 124 | 61 | 77 | 59 | 38 | 23 | 3 | 23 |
| 18 | 75 | 187 | 80 | 242 | 78 | 29 | 114 | 32 | 19 | 23 | 8 | 24 |
| 5 | 31 | 33 | 34 | 16 | 21 | 4 | 12 | | 8 | 12 | | 25 |
| 81 | 407 | 303 | 480 | 199 | 255 | 143 | 89 | 157 | 105 | 118 | 2 | 26 |
| 34 | 70 | 78 | 84 | 430 | 61 | 33 | 100 | 60 | 27 | 50 | 3 | 27 |
| 1 | 5 | 5 | 5 | 6 | 10 | 2 | | 4 | 2 | 6 | | 28 |
| 112 | 154 | 412 | 315 | 151 | 164 | 115 | 49 | 263 | 45 | 103 | | 29 |
| 391 | 641 | 828 | 827 | 1305 | 836 | 469 | 336 | 156 | 172 | 165 | 11 | 30 |
| 35 | 12 | 23 | 17 | 19 | 19 | 10 | 12 | 8 | 1 | 3 | | 31 |
| 23 | 17 | 42 | 61 | 43 | 63 | 11 | 19 | 10 | 6 | 4 | | 32 |
| 313 | 228 | 401 | 468 | 391 | 182 | 155 | 128 | 106 | 60 | 109 | 2 | 33 |
| 380 | 335 | 205 | 447 | 283 | 145 | 103 | 37 | 112 | 53 | 91 | | 34 |

1-07 续表 2

| 行业大类 | 代码 | 法人单位数(个) | 武汉市 | 黄石市 | 十堰市 | 宜昌市 | 襄阳市 |
|---|---|---|---|---|---|---|---|
| 专用设备制造业 | 35 | 5394 | 1809 | 715 | 259 | 248 | 467 |
| 汽车制造业 | 36 | 6345 | 1090 | 69 | 2669 | 46 | 1309 |
| 铁路、船舶、航空航天和其他运输设备制造业 | 37 | 540 | 186 | 23 | 22 | 57 | 82 |
| 电气机械和器材制造业 | 38 | 3205 | 1098 | 116 | 93 | 202 | 587 |
| 计算机、通信和其他电子设备制造业 | 39 | 2576 | 1030 | 138 | 70 | 124 | 287 |
| 仪器仪表制造业 | 40 | 1108 | 706 | 39 | 23 | 80 | 69 |
| 其他制造业 | 41 | 1236 | 216 | 53 | 38 | 111 | 295 |
| 废弃资源综合利用业 | 42 | 600 | 81 | 46 | 23 | 53 | 55 |
| 金属制品、机械和设备修理业 | 43 | 1180 | 520 | 82 | 57 | 106 | 80 |
| **电力、热力、燃气及水生产和供应业** | **D** | **5520** | **329** | **305** | **484** | **697** | **518** |
| 电力、热力生产和供应业 | 44 | 3526 | 156 | 234 | 365 | 484 | 312 |
| 燃气生产和供应业 | 45 | 364 | 38 | 19 | 12 | 36 | 26 |
| 水的生产和供应业 | 46 | 1630 | 135 | 52 | 107 | 177 | 180 |
| **建筑业** | **E** | **57256** | **23780** | **2397** | **2698** | **4535** | **6138** |
| 房屋建筑业 | 47 | 14001 | 5561 | 626 | 869 | 915 | 1588 |
| 土木工程建筑业 | 48 | 12504 | 5719 | 511 | 631 | 805 | 1035 |
| 建筑安装业 | 49 | 8260 | 3585 | 367 | 357 | 676 | 1002 |
| 建筑装饰、装修和其他建筑业 | 50 | 22491 | 8915 | 893 | 841 | 2139 | 2513 |
| **批发和零售业** | **F** | **257986** | **77784** | **8096** | **18238** | **25539** | **27953** |
| 批发业 | 51 | 125533 | 40232 | 3618 | 8053 | 13001 | 10773 |

| 鄂州市 | 荆门市 | 孝感市 | 荆州市 | 黄冈市 | 咸宁市 | 随州市 | 恩施州 | 仙桃市 | 潜江市 | 天门市 | 神农架 | 代码 |
|---|---|---|---|---|---|---|---|---|---|---|---|---|
| 158 | 196 | 281 | 445 | 245 | 152 | 107 | 25 | 105 | 91 | 90 | 1 | 35 |
| 24 | 101 | 75 | 277 | 123 | 70 | 387 | 5 | 48 | 32 | 20 |  | 36 |
| 32 | 15 | 20 | 25 | 53 | 12 | 4 | 1 | 2 | 1 | 5 |  | 37 |
| 64 | 137 | 173 | 180 | 161 | 166 | 61 | 47 | 56 | 21 | 43 |  | 38 |
| 94 | 131 | 156 | 121 | 131 | 106 | 61 | 33 | 42 | 9 | 43 |  | 39 |
| 21 | 24 | 27 | 33 | 27 | 26 | 11 | 5 | 4 | 8 | 5 |  | 40 |
| 37 | 39 | 80 | 70 | 92 | 88 | 23 | 17 | 46 | 11 | 20 |  | 41 |
| 11 | 53 | 61 | 68 | 44 | 37 | 14 | 15 | 16 | 7 | 16 |  | 42 |
| 22 | 49 | 37 | 44 | 64 | 23 | 20 | 38 | 16 | 18 | 4 |  | 43 |
| **59** | **267** | **349** | **344** | **711** | **452** | **223** | **414** | **58** | **54** | **190** | **66** | **D** |
| 21 | 141 | 141 | 126 | 477 | 356 | 152 | 325 | 26 | 13 | 135 | 62 | 44 |
| 8 | 15 | 28 | 45 | 40 | 15 | 14 | 35 | 11 | 2 | 20 |  | 45 |
| 30 | 111 | 180 | 173 | 194 | 81 | 57 | 54 | 21 | 39 | 35 | 4 | 46 |
| **1627** | **1470** | **896** | **2844** | **3061** | **2209** | **1353** | **2434** | **602** | **650** | **387** | **175** | **E** |
| 339 | 275 | 333 | 664 | 1019 | 502 | 261 | 566 | 138 | 177 | 113 | 55 | 47 |
| 339 | 348 | 232 | 577 | 464 | 488 | 372 | 619 | 131 | 152 | 53 | 28 | 48 |
| 225 | 263 | 160 | 286 | 448 | 268 | 188 | 237 | 64 | 81 | 44 | 9 | 49 |
| 724 | 584 | 171 | 1317 | 1130 | 951 | 532 | 1012 | 269 | 240 | 177 | 83 | 50 |
| **4976** | **11155** | **10551** | **16592** | **13365** | **8305** | **5742** | **18106** | **4463** | **2956** | **3826** | **339** | **F** |
| 3555 | 6187 | 5231 | 9639 | 4971 | 2971 | 1850 | 8963 | 2401 | 2035 | 1968 | 85 | 51 |

1-07 续表 3

| 行业大类 | 代码 | 法人单位数(个) | 武汉市 | 黄石市 | 十堰市 | 宜昌市 | 襄阳市 |
|---|---|---|---|---|---|---|---|
| 零售业 | 52 | 132453 | 37552 | 4478 | 10185 | 12538 | 17180 |
| **交通运输、仓储和邮政业** | **G** | **22591** | **6652** | **945** | **883** | **2360** | **2652** |
| 铁路运输业 | 53 | 9 | 7 | | | 1 | |
| 道路运输业 | 54 | 15084 | 3916 | 688 | 687 | 1489 | 1987 |
| 水上运输业 | 55 | 710 | 147 | 42 | 11 | 196 | 17 |
| 航空运输业 | 56 | 81 | 31 | | 2 | 6 | 8 |
| 管道运输业 | 57 | 13 | 7 | | | | 1 |
| 多式联运和运输代理业 | 58 | 2199 | 1234 | 72 | 34 | 160 | 163 |
| 装卸搬运和仓储业 | 59 | 3082 | 913 | 101 | 84 | 388 | 338 |
| 邮政业 | 60 | 1413 | 397 | 42 | 65 | 120 | 138 |
| **住宿和餐饮业** | **H** | **17622** | **5639** | **699** | **1011** | **1467** | **2012** |
| 住宿业 | 61 | 5269 | 1698 | 151 | 246 | 467 | 399 |
| 餐饮业 | 62 | 12353 | 3941 | 548 | 765 | 1000 | 1613 |
| **信息传输、软件和信息技术服务业** | **I** | **39431** | **23091** | **1004** | **1028** | **2743** | **2771** |
| 电信、广播电视和卫星传输服务 | 63 | 1455 | 418 | 71 | 61 | 113 | 145 |
| 互联网和相关服务 | 64 | 5003 | 1468 | 218 | 325 | 477 | 644 |
| 软件和信息技术服务业 | 65 | 32973 | 21205 | 715 | 642 | 2153 | 1982 |
| **金融业** | **J** | **2875** | **1423** | **103** | **92** | **190** | **156** |
| 货币金融服务 | 66 | 1114 | 374 | 51 | 50 | 99 | 87 |

| 鄂州市 | 荆门市 | 孝感市 | 荆州市 | 黄冈市 | 咸宁市 | 随州市 | 恩施州 | 仙桃市 | 潜江市 | 天门市 | 神农架 | 代码 |
|---|---|---|---|---|---|---|---|---|---|---|---|---|
| 1421 | 4968 | 5320 | 6953 | 8394 | 5334 | 3892 | 9143 | 2062 | 921 | 1858 | 254 | 52 |
| **658** | **1033** | **1176** | **1595** | **1359** | **902** | **625** | **902** | **336** | **241** | **215** | **57** | **G** |
|  |  |  | 1 |  |  |  |  |  |  |  |  | 53 |
| 460 | 687 | 829 | 1102 | 874 | 643 | 448 | 684 | 231 | 182 | 137 | 40 | 54 |
| 30 | 16 | 22 | 105 | 52 | 30 | 4 | 22 | 7 | 2 | 7 |  | 55 |
| 1 | 5 | 3 | 10 | 5 | 2 | 2 | 1 | 1 |  | 3 | 1 | 56 |
|  | 1 |  | 2 |  |  |  | 1 |  |  | 1 |  | 57 |
| 61 | 63 | 61 | 68 | 76 | 43 | 60 | 39 | 32 | 17 | 12 | 4 | 58 |
| 79 | 206 | 171 | 223 | 218 | 101 | 78 | 62 | 50 | 27 | 39 | 4 | 59 |
| 27 | 55 | 90 | 84 | 134 | 83 | 33 | 93 | 15 | 13 | 16 | 8 | 60 |
| **213** | **546** | **620** | **1006** | **976** | **827** | **353** | **1383** | **292** | **146** | **344** | **88** | **H** |
| 50 | 155 | 180 | 289 | 318 | 259 | 107 | 641 | 148 | 44 | 45 | 72 | 61 |
| 163 | 391 | 440 | 717 | 658 | 568 | 246 | 742 | 144 | 102 | 299 | 16 | 62 |
| **360** | **901** | **1078** | **1017** | **1144** | **1846** | **517** | **1223** | **273** | **172** | **241** | **22** | **I** |
| 31 | 30 | 60 | 61 | 124 | 54 | 33 | 179 | 18 | 17 | 36 | 4 | 63 |
| 73 | 220 | 189 | 223 | 335 | 243 | 137 | 316 | 45 | 17 | 64 | 9 | 64 |
| 256 | 651 | 829 | 733 | 685 | 1549 | 347 | 728 | 210 | 138 | 141 | 9 | 65 |
| **40** | **112** | **119** | **144** | **109** | **118** | **53** | **131** | **30** | **22** | **28** | **5** | **J** |
| 22 | 52 | 64 | 66 | 57 | 45 | 27 | 71 | 19 | 9 | 16 | 5 | 66 |

1-07 续表 4

| 行业大类 | 代码 | 法人单位数(个) | 武汉市 | 黄石市 | 十堰市 | 宜昌市 | 襄阳市 |
|---|---|---|---|---|---|---|---|
| 资本市场服务 | 67 | 824 | 722 | 4 | 5 | 27 | 11 |
| 保险业 | 68 | 640 | 174 | 40 | 36 | 51 | 52 |
| 其他金融业 | 69 | 297 | 153 | 8 | 1 | 13 | 6 |
| **房地产业** | **K** | **31427** | **13471** | **1268** | **1428** | **1966** | **2452** |
| 房地产业 | 70 | 31427 | 13471 | 1268 | 1428 | 1966 | 2452 |
| **租赁和商务服务业** | **L** | **93706** | **39887** | **2561** | **3125** | **8582** | **7094** |
| 租赁业 | 71 | 8684 | 2857 | 285 | 301 | 851 | 983 |
| 商务服务业 | 72 | 85022 | 37030 | 2276 | 2824 | 7731 | 6111 |
| **科学研究和技术服务业** | **M** | **56306** | **26113** | **1200** | **2496** | **4083** | **5864** |
| 研究和试验发展 | 73 | 6137 | 4381 | 96 | 118 | 373 | 196 |
| 专业技术服务业 | 74 | 27945 | 14584 | 767 | 935 | 2396 | 1548 |
| 科技推广和应用服务业 | 75 | 22224 | 7148 | 337 | 1443 | 1314 | 4120 |
| **水利、环境和公共设施管理业** | **N** | **8162** | **1657** | **306** | **498** | **863** | **974** |
| 水利管理业 | 76 | 1653 | 196 | 59 | 50 | 161 | 241 |
| 生态保护和环境治理业 | 77 | 999 | 244 | 42 | 57 | 118 | 107 |
| 公共设施管理业 | 78 | 5067 | 1172 | 189 | 391 | 569 | 600 |
| 土地管理业 | 79 | 443 | 45 | 16 |  | 15 | 26 |
| **居民服务、修理和其他服务业** | **O** | **20009** | **6889** | **759** | **942** | **1957** | **2166** |
| 居民服务业 | 80 | 8597 | 2981 | 344 | 403 | 892 | 754 |

| 鄂州市 | 荆门市 | 孝感市 | 荆州市 | 黄冈市 | 咸宁市 | 随州市 | 恩施州 | 仙桃市 | 潜江市 | 天门市 | 神农架 | 代码 |
|---|---|---|---|---|---|---|---|---|---|---|---|---|
|  | 10 | 4 | 17 | 1 | 12 |  | 3 | 6 | 1 | 1 |  | 67 |
| 17 | 39 | 34 | 49 | 44 | 29 | 20 | 35 | 3 | 12 | 5 |  | 68 |
| 1 | 11 | 17 | 12 | 7 | 32 | 6 | 22 | 2 |  | 6 |  | 69 |
| **951** | **1043** | **1498** | **1593** | **1674** | **1503** | **601** | **1067** | **340** | **259** | **265** | **48** | **K** |
| 951 | 1043 | 1498 | 1593 | 1674 | 1503 | 601 | 1067 | 340 | 259 | 265 | 48 | 70 |
| **1716** | **3621** | **4103** | **4211** | **3952** | **5589** | **1397** | **4643** | **1320** | **1086** | **654** | **165** | **L** |
| 204 | 461 | 336 | 664 | 478 | 277 | 183 | 467 | 113 | 129 | 85 | 10 | 71 |
| 1512 | 3160 | 3767 | 3547 | 3474 | 5312 | 1214 | 4176 | 1207 | 957 | 569 | 155 | 72 |
| **674** | **3033** | **2429** | **2293** | **1948** | **1477** | **985** | **1912** | **1044** | **396** | **305** | **54** | **M** |
| 95 | 148 | 133 | 188 | 100 | 96 | 44 | 72 | 35 | 39 | 19 | 4 | 73 |
| 267 | 1093 | 1437 | 1103 | 1057 | 758 | 336 | 1115 | 167 | 216 | 130 | 36 | 74 |
| 312 | 1792 | 859 | 1002 | 791 | 623 | 605 | 725 | 842 | 141 | 156 | 14 | 75 |
| **167** | **386** | **513** | **764** | **548** | **469** | **180** | **544** | **126** | **51** | **75** | **41** | **N** |
| 43 | 138 | 188 | 146 | 130 | 92 | 41 | 94 | 37 | 18 | 16 | 3 | 76 |
| 22 | 40 | 75 | 62 | 68 | 54 | 18 | 63 | 9 | 7 | 9 | 4 | 77 |
| 97 | 201 | 238 | 312 | 328 | 313 | 115 | 363 | 75 | 23 | 48 | 33 | 78 |
| 5 | 7 | 12 | 244 | 22 | 10 | 6 | 24 | 5 | 3 | 2 | 1 | 79 |
| **342** | **584** | **1192** | **1002** | **957** | **732** | **388** | **1332** | **319** | **174** | **197** | **77** | **O** |
| 111 | 243 | 590 | 413 | 411 | 339 | 148 | 643 | 114 | 79 | 89 | 43 | 80 |

1-07 续表 5

| 行业大类 | 代码 | 法人单位数(个) | 武汉市 | 黄石市 | 十堰市 | 宜昌市 | 襄阳市 |
|---|---|---|---|---|---|---|---|
| 机动车、电子产品和日用产品修理业 | 81 | 7286 | 2388 | 299 | 389 | 605 | 893 |
| 其他服务业 | 82 | 4126 | 1520 | 116 | 150 | 460 | 519 |
| **教育** | **P** | **25978** | **5869** | **1468** | **1752** | **1801** | **2797** |
| 教育 | 83 | 25978 | 5869 | 1468 | 1752 | 1801 | 2797 |
| **卫生和社会工作** | **Q** | **12539** | **2343** | **433** | **1221** | **1001** | **1294** |
| 卫生 | 84 | 9318 | 1733 | 326 | 989 | 665 | 987 |
| 社会工作 | 85 | 3221 | 610 | 107 | 232 | 336 | 307 |
| **文化、体育和娱乐业** | **R** | **23539** | **7611** | **890** | **988** | **2357** | **1885** |
| 新闻和出版业 | 86 | 418 | 224 | 12 | 12 | 22 | 22 |
| 广播、电视、电影和录音制作业 | 87 | 1756 | 560 | 38 | 68 | 234 | 122 |
| 文化艺术业 | 88 | 6391 | 1744 | 265 | 247 | 823 | 571 |
| 体育 | 89 | 1627 | 826 | 44 | 72 | 86 | 72 |
| 娱乐业 | 90 | 13347 | 4257 | 531 | 589 | 1192 | 1098 |
| **公共管理、社会保障和社会组织** | **S** | **69421** | **8844** | **3130** | **5069** | **5894** | **6648** |
| 中国共产党机关 | 91 | 1406 | 159 | 60 | 145 | 197 | 114 |
| 国家机构 | 92 | 22528 | 2464 | 991 | 2106 | 2368 | 2098 |
| 人民政协、民主党派 | 93 | 250 | 43 | 8 | 12 | 36 | 32 |
| 社会保障 | 94 | 510 | 82 | 15 | 29 | 25 | 63 |
| 群众团体、社会团体和其他成员组织 | 95 | 15798 | 2625 | 1071 | 788 | 1574 | 1510 |
| 基层群众自治组织 | 96 | 28929 | 3471 | 985 | 1989 | 1694 | 2831 |

| 鄂州市 | 荆门市 | 孝感市 | 荆州市 | 黄冈市 | 咸宁市 | 随州市 | 恩施州 | 仙桃市 | 潜江市 | 天门市 | 神农架 | 代码 |
|---|---|---|---|---|---|---|---|---|---|---|---|---|
| 109 | 232 | 402 | 345 | 349 | 267 | 148 | 547 | 149 | 60 | 84 | 20 | 81 |
| 122 | 109 | 200 | 244 | 197 | 126 | 92 | 142 | 56 | 35 | 24 | 14 | 82 |
| **602** | **1020** | **1783** | **1864** | **2085** | **1416** | **739** | **1756** | **442** | **290** | **264** | **30** | **P** |
| 602 | 1020 | 1783 | 1864 | 2085 | 1416 | 739 | 1756 | 442 | 290 | 264 | 30 | 83 |
| **267** | **500** | **815** | **763** | **938** | **671** | **314** | **1429** | **129** | **139** | **206** | **76** | **Q** |
| 215 | 349 | 567 | 479 | 669 | 503 | 197 | 1219 | 92 | 102 | 164 | 62 | 84 |
| 52 | 151 | 248 | 284 | 269 | 168 | 117 | 210 | 37 | 37 | 42 | 14 | 85 |
| **352** | **991** | **1559** | **1370** | **1635** | **1104** | **440** | **1322** | **328** | **344** | **298** | **65** | **R** |
| 7 | 26 | 8 | 19 | 7 | 20 | 6 | 28 | 3 | 1 |  | 1 | 86 |
| 13 | 109 | 163 | 94 | 68 | 87 | 26 | 86 | 29 | 43 | 14 | 2 | 87 |
| 89 | 260 | 544 | 364 | 424 | 328 | 115 | 385 | 65 | 65 | 69 | 33 | 88 |
| 22 | 50 | 50 | 75 | 78 | 55 | 32 | 100 | 21 | 12 | 15 | 17 | 89 |
| 221 | 546 | 794 | 818 | 1058 | 614 | 261 | 723 | 210 | 223 | 200 | 12 | 90 |
| **1352** | **3689** | **5740** | **5580** | **8278** | **3769** | **2215** | **5384** | **1399** | **951** | **1141** | **338** | **S** |
| 35 | 65 | 103 | 128 | 130 | 83 | 42 | 91 | 14 | 12 | 7 | 21 | 91 |
| 518 | 1344 | 1490 | 1887 | 2093 | 1346 | 817 | 1875 | 439 | 351 | 202 | 139 | 92 |
| 11 | 6 | 7 | 27 | 20 | 13 | 3 | 20 | 1 | 2 | 3 | 6 | 93 |
| 9 | 28 | 45 | 62 | 43 | 24 | 24 | 35 | 10 | 2 | 14 |  | 94 |
| 390 | 655 | 964 | 1494 | 1799 | 1237 | 324 | 827 | 176 | 178 | 95 | 91 | 95 |
| 389 | 1591 | 3131 | 1982 | 4193 | 1066 | 1005 | 2536 | 759 | 406 | 820 | 81 | 96 |

# 1-08 按行业(大类)、地区

| 行业大类 | 代码 | 从业人员数(人) | 武汉市 | 黄石市 | 十堰市 | 宜昌市 | 襄阳市 | 鄂州市 |
|---|---|---|---|---|---|---|---|---|
| **总　　计** | **00** | **14736930** | **4872250** | **677816** | **800478** | **1145516** | **1460903** | **332745** |
| **农、林、牧、渔业** | **A** | **102410** | **4929** | **887** | **6345** | **8235** | **8858** | **1109** |
| 农业 | 01 | | | | | | | |
| 林业 | 02 | | | | | | | |
| 畜牧业 | 03 | | | | | | | |
| 渔业 | 04 | | | | | | | |
| 农、林、牧、渔专业及辅助性活动 | 05 | 102410 | 4929 | 887 | 6345 | 8235 | 8858 | 1109 |
| **采矿业** | **B** | **113497** | **2129** | **20107** | **3236** | **16764** | **9681** | **6157** |
| 煤炭开采和洗选业 | 06 | 6975 | | 15 | 29 | 1946 | 215 | |
| 石油和天然气开采业 | 07 | 12962 | 4 | | | 59 | | |
| 黑色金属矿采选业 | 08 | 19938 | 212 | 11278 | 217 | 1023 | 508 | 5600 |
| 有色金属矿采选业 | 09 | 7097 | | 5305 | 213 | 299 | 103 | |
| 非金属矿采选业 | 10 | 52258 | 767 | 3307 | 2715 | 12963 | 8206 | 513 |
| 开采专业及辅助性活动 | 11 | 11930 | 331 | 160 | | 63 | 274 | 8 |
| 其他采矿业 | 12 | 2337 | 815 | 42 | 62 | 411 | 375 | 36 |
| **制造业** | **C** | **3784347** | **836348** | **213331** | **231365** | **287416** | **427391** | **95540** |
| 农副食品加工业 | 13 | 236848 | 24378 | 3775 | 9027 | 19889 | 26697 | 2498 |
| 食品制造业 | 14 | 109295 | 18181 | 1752 | 1722 | 20094 | 8819 | 1544 |
| 酒、饮料和精制茶制造业 | 15 | 109572 | 12493 | 8044 | 8324 | 21247 | 10342 | 512 |

# 分组的法人单位从业人员数

| 荆门市 | 孝感市 | 荆州市 | 黄冈市 | 咸宁市 | 随州市 | 恩施州 | 仙桃市 | 潜江市 | 天门市 | 神农架 | 代码 |
|---|---|---|---|---|---|---|---|---|---|---|---|
| **524418** | **861785** | **826891** | **984467** | **551119** | **321271** | **445051** | **379455** | **265245** | **270279** | **17241** | **00** |
| **5977** | **9509** | **14776** | **6784** | **5945** | **2998** | **3041** | **9263** | **5294** | **8117** | **343** | **A** |
| | | | | | | | | | | | 01 |
| | | | | | | | | | | | 02 |
| | | | | | | | | | | | 03 |
| | | | | | | | | | | | 04 |
| 5977 | 9509 | 14776 | 6784 | 5945 | 2998 | 3041 | 9263 | 5294 | 8117 | 343 | 05 |
| **6517** | **3043** | **1495** | **5367** | **6231** | **2852** | **5862** | **17** | **23361** | **111** | **567** | **B** |
| 915 | 5 | 84 | | 623 | 3 | 3130 | | 10 | | | 06 |
| | | 35 | | | 12 | | | 12852 | | | 07 |
| 21 | 5 | 119 | 604 | 21 | 290 | 40 | | | | | 08 |
| 130 | | | 86 | 784 | 177 | | | | | | 09 |
| 5336 | 3007 | 1218 | 4379 | 4661 | 2334 | 2194 | | | 91 | 567 | 10 |
| 2 | 5 | 39 | 5 | 93 | 6 | 414 | 17 | 10493 | 20 | | 11 |
| 113 | 21 | | 293 | 49 | 30 | 84 | | 6 | | | 12 |
| **191521** | **288926** | **243069** | **239940** | **165378** | **110003** | **42987** | **175327** | **99437** | **135804** | **564** | **C** |
| 30377 | 18766 | 30598 | 15826 | 4662 | 12927 | 7489 | 6878 | 10371 | 12633 | 57 | 13 |
| 3628 | 14203 | 8256 | 7500 | 4073 | 4025 | 1520 | 9136 | 2687 | 2115 | 40 | 14 |
| 3064 | 8497 | 7887 | 8099 | 6948 | 1394 | 8829 | 885 | 2307 | 402 | 298 | 15 |

1-08 续表 1

| 行业大类 | 代码 | 从业人员数(人) | 武汉市 | 黄石市 | 十堰市 | 宜昌市 | 襄阳市 | 鄂州市 |
|---|---|---|---|---|---|---|---|---|
| 烟草制品业 | 16 | 7743 | 6733 | | 268 | 110 | | |
| 纺织业 | 17 | 273235 | 12252 | 3752 | 1992 | 11109 | 45585 | 2538 |
| 纺织服装、服饰业 | 18 | 263537 | 29558 | 21040 | 3643 | 8242 | 11078 | 6402 |
| 皮革、毛皮、羽毛及其制品和制鞋业 | 19 | 46670 | 1481 | 10592 | 600 | 2441 | 4600 | 985 |
| 木材加工和木、竹、藤、棕、草制品业 | 20 | 62604 | 6485 | 820 | 1858 | 3186 | 6486 | 528 |
| 家具制造业 | 21 | 40941 | 5635 | 611 | 404 | 1787 | 2958 | 371 |
| 造纸和纸制品业 | 22 | 51121 | 8686 | 1095 | 625 | 5775 | 3350 | 861 |
| 印刷和记录媒介复制业 | 23 | 65706 | 15786 | 2008 | 922 | 9185 | 5692 | 1933 |
| 文教、工美、体育和娱乐用品制造业 | 24 | 62765 | 5629 | 3729 | 3793 | 8077 | 6828 | 471 |
| 石油、煤炭及其他燃料加工业 | 25 | 12518 | 4236 | 649 | 188 | 189 | 399 | 446 |
| 化学原料和化学制品制造业 | 26 | 218986 | 20350 | 4618 | 3996 | 43759 | 24683 | 2173 |
| 医药制造业 | 27 | 138194 | 43257 | 5302 | 3240 | 14459 | 4917 | 2499 |
| 化学纤维制造业 | 28 | 6911 | 261 | 17 | 24 | 306 | 4105 | |
| 橡胶和塑料制品业 | 29 | 118463 | 24030 | 3702 | 5094 | 8968 | 7433 | 4591 |
| 非金属矿物制品业 | 30 | 355685 | 45480 | 32397 | 9555 | 44493 | 33201 | 15206 |
| 黑色金属冶炼和压延加工业 | 31 | 74875 | 38118 | 13840 | 1129 | 2025 | 2790 | 7458 |
| 有色金属冶炼和压延加工业 | 32 | 42384 | 2328 | 21932 | 2744 | 761 | 1547 | 433 |
| 金属制品业 | 33 | 178938 | 52867 | 12002 | 5473 | 12203 | 11428 | 11074 |
| 通用设备制造业 | 34 | 168097 | 41729 | 15758 | 7490 | 9992 | 20520 | 12187 |
| 专用设备制造业 | 35 | 158368 | 49186 | 15969 | 6374 | 6948 | 13616 | 6420 |

| 荆门市 | 孝感市 | 荆州市 | 黄冈市 | 咸宁市 | 随州市 | 恩施州 | 仙桃市 | 潜江市 | 天门市 | 神农架 | 代码 |
|---|---|---|---|---|---|---|---|---|---|---|---|
| | 9 | 4 | | | | 619 | | | | | 16 |
| 7889 | 39090 | 22280 | 18761 | 14399 | 5545 | 469 | 65499 | 9884 | 12191 | | 17 |
| 13745 | 48809 | 19139 | 21265 | 8225 | 5381 | 1296 | 18537 | 28411 | 18766 | | 18 |
| 6173 | 8539 | 1723 | 4144 | 1059 | 1764 | 1468 | 633 | 239 | 229 | | 19 |
| 4398 | 5674 | 5666 | 6756 | 9236 | 1102 | 1201 | 2052 | 2678 | 4478 | | 20 |
| 1557 | 3392 | 2402 | 7408 | 5042 | 449 | 1448 | 751 | 3277 | 3449 | | 21 |
| 854 | 9024 | 5132 | 1838 | 2333 | 1237 | 584 | 4976 | 1721 | 3030 | | 22 |
| 2207 | 7248 | 3321 | 4030 | 4288 | 2461 | 622 | 3091 | 1049 | 1851 | 12 | 23 |
| 3610 | 9605 | 1464 | 9625 | 2798 | 1853 | 1851 | 903 | 548 | 1937 | 44 | 24 |
| 3040 | 664 | 512 | 180 | 240 | 24 | 129 | | 1406 | 216 | | 25 |
| 28470 | 18833 | 20024 | 8066 | 8222 | 6418 | 1650 | 9803 | 8279 | 9607 | 35 | 26 |
| 3663 | 4849 | 7353 | 21301 | 6144 | 2634 | 1417 | 3939 | 3133 | 10051 | 36 | 27 |
| 293 | 525 | 67 | 60 | 749 | 3 | | 134 | 88 | 279 | | 28 |
| 6013 | 11692 | 8931 | 4997 | 5500 | 4578 | 789 | 11153 | 1297 | 9695 | | 29 |
| 21025 | 20164 | 21338 | 44446 | 29952 | 17217 | 6181 | 3712 | 6157 | 5125 | 36 | 30 |
| 341 | 874 | 1100 | 543 | 4321 | 1899 | 81 | 313 | 5 | 38 | | 31 |
| 936 | 1585 | 1378 | 2034 | 2188 | 356 | 81 | 309 | 3726 | 46 | | 32 |
| 4809 | 13413 | 12996 | 14150 | 6921 | 6027 | 1091 | 5209 | 2979 | 6291 | 5 | 33 |
| 12354 | 4814 | 12384 | 7630 | 3632 | 4296 | 382 | 3674 | 1354 | 9901 | | 34 |
| 6645 | 6920 | 12881 | 5592 | 5536 | 2431 | 154 | 4311 | 3721 | 11663 | 1 | 35 |

1-08 续表 2

| 行业大类 | 代码 | 从业人员数(人) | 武汉市 | 黄石市 | 十堰市 | 宜昌市 | 襄阳市 | 鄂州市 |
|---|---|---|---|---|---|---|---|---|
| 汽车制造业 | 36 | 480743 | 139934 | 4085 | 145064 | 1489 | 115436 | 1204 |
| 铁路、船舶、航空航天和其他运输设备制造业 | 37 | 42497 | 15138 | 1496 | 248 | 5775 | 8976 | 2248 |
| 电气机械和器材制造业 | 38 | 171863 | 65627 | 8708 | 3932 | 8672 | 28617 | 3088 |
| 计算机、通信和其他电子设备制造业 | 39 | 202448 | 117431 | 9957 | 2136 | 8947 | 9179 | 5331 |
| 仪器仪表制造业 | 40 | 32172 | 16293 | 1698 | 419 | 3294 | 2087 | 418 |
| 其他制造业 | 41 | 17745 | 2479 | 669 | 374 | 1949 | 3847 | 570 |
| 废弃资源综合利用业 | 42 | 16995 | 2923 | 2495 | 263 | 783 | 705 | 1040 |
| 金属制品、机械和设备修理业 | 43 | 16428 | 7384 | 819 | 444 | 1262 | 1470 | 511 |
| **电力、热力、燃气及水生产和供应业** | **D** | **203891** | **94780** | **4413** | **16698** | **18599** | **11546** | **2184** |
| 电力、热力生产和供应业 | 44 | 145191 | 77147 | 2068 | 13508 | 13996 | 7224 | 777 |
| 燃气生产和供应业 | 45 | 13282 | 4557 | 559 | 646 | 1243 | 877 | 172 |
| 水的生产和供应业 | 46 | 45418 | 13076 | 1786 | 2544 | 3360 | 3445 | 1235 |
| **建筑业** | **E** | **2512147** | **989965** | **133313** | **109008** | **171734** | **223126** | **70011** |
| 房屋建筑业 | 47 | 1604597 | 605152 | 81764 | 69183 | 96563 | 130758 | 42343 |
| 土木工程建筑业 | 48 | 478780 | 210377 | 29836 | 21864 | 41924 | 40565 | 10570 |
| 建筑安装业 | 49 | 156897 | 69407 | 4106 | 6089 | 10075 | 26824 | 6686 |
| 建筑装饰、装修和其他建筑业 | 50 | 271873 | 105029 | 17607 | 11872 | 23172 | 24979 | 10412 |
| **批发和零售业** | **F** | **2048709** | **622524** | **78829** | **148750** | **201637** | **236056** | **46732** |
| 批发业 | 51 | 1025954 | 317725 | 34982 | 64372 | 112183 | 102894 | 35266 |

| 荆门市 | 孝感市 | 荆州市 | 黄冈市 | 咸宁市 | 随州市 | 恩施州 | 仙桃市 | 潜江市 | 天门市 | 神农架 | 代码 |
|---|---|---|---|---|---|---|---|---|---|---|---|
| 8239 | 5472 | 18749 | 7171 | 5202 | 17212 | 107 | 6813 | 1803 | 2763 | | 36 |
| 2457 | 1693 | 1726 | 1919 | 300 | 249 | 20 | 19 | 37 | 196 | | 37 |
| 7410 | 10350 | 8698 | 6965 | 7893 | 2417 | 1416 | 3735 | 1038 | 3297 | | 38 |
| 4961 | 10346 | 4064 | 5154 | 11158 | 4710 | 844 | 6787 | 314 | 1129 | | 39 |
| 432 | 866 | 489 | 518 | 1320 | 865 | 764 | 233 | 145 | 2331 | | 40 |
| 436 | 1092 | 953 | 1508 | 1779 | 319 | 193 | 1088 | 152 | 337 | | 41 |
| 2279 | 1363 | 1125 | 1340 | 891 | 114 | 129 | 509 | 312 | 724 | | 42 |
| 216 | 555 | 429 | 1114 | 367 | 96 | 163 | 245 | 319 | 1034 | | 43 |
| **6814** | **8742** | **7389** | **8733** | **8808** | **2405** | **6779** | **1991** | **1718** | **1283** | **1009** | **D** |
| 4456 | 4752 | 3086 | 3993 | 6377 | 1136 | 4278 | 406 | 608 | 397 | 982 | 44 |
| 412 | 770 | 983 | 988 | 322 | 298 | 713 | 299 | 45 | 398 | | 45 |
| 1946 | 3220 | 3320 | 3752 | 2109 | 971 | 1788 | 1286 | 1065 | 488 | 27 | 46 |
| **54582** | **150092** | **98706** | **272362** | **56580** | **43935** | **48072** | **30655** | **33806** | **22914** | **3286** | **E** |
| 30781 | 112432 | 50053 | 231785 | 33320 | 30327 | 28273 | 18506 | 21243 | 19545 | 2569 | 47 |
| 16588 | 11495 | 27886 | 19200 | 11614 | 7912 | 13053 | 4761 | 9451 | 1301 | 383 | 48 |
| 3727 | 9378 | 3568 | 7550 | 2607 | 1593 | 1256 | 2166 | 1391 | 449 | 25 | 49 |
| 3486 | 16787 | 17199 | 13827 | 9039 | 4103 | 5490 | 5222 | 1721 | 1619 | 309 | 50 |
| **71211** | **87055** | **130163** | **89725** | **68869** | **46482** | **90707** | **60055** | **28772** | **39534** | **1608** | **F** |
| 35405 | 45771 | 81487 | 35815 | 29442 | 13980 | 45753 | 29321 | 19031 | 21996 | 531 | 51 |

1-08 续表 3

| 行业大类 | 代码 | 从业人员数(人) | 武汉市 | 黄石市 | 十堰市 | 宜昌市 | 襄阳市 | 鄂州市 |
|---|---|---|---|---|---|---|---|---|
| 零售业 | 52 | 1022755 | 304799 | 43847 | 84378 | 89454 | 133162 | 11466 |
| **交通运输、仓储和邮政业** | **G** | **495278** | **208216** | **20581** | **18813** | **43725** | **46423** | **13634** |
| 铁路运输业 | 53 | | | | | | | |
| 道路运输业 | 54 | 318163 | 116439 | 14606 | 16032 | 27387 | 34638 | 9622 |
| 水上运输业 | 55 | 22677 | 10894 | 1554 | 132 | 4494 | 375 | 786 |
| 航空运输业 | 56 | 9286 | 7709 | | 4 | 463 | 255 | 10 |
| 管道运输业 | 57 | 4286 | 4172 | | | | 2 | |
| 多式联运和运输代理业 | 58 | 20132 | 10874 | 735 | 287 | 1722 | 1693 | 893 |
| 装卸搬运和仓储业 | 59 | 44412 | 13768 | 2041 | 1160 | 6137 | 5163 | 1318 |
| 邮政业 | 60 | 76322 | 44360 | 1645 | 1198 | 3522 | 4297 | 1005 |
| **住宿和餐饮业** | **H** | **279818** | **117430** | **10820** | **13511** | **18591** | **23183** | **4291** |
| 住宿业 | 61 | 94357 | 31375 | 3143 | 5208 | 9291 | 7121 | 1509 |
| 餐饮业 | 62 | 185461 | 86055 | 7677 | 8303 | 9300 | 16062 | 2782 |
| **信息传输、软件和信息技术服务业** | **I** | **411010** | **279685** | **9707** | **7803** | **18168** | **29980** | **3342** |
| 电信、广播电视和卫星传输服务 | 63 | 62215 | 27581 | 2071 | 2032 | 3998 | 4329 | 1499 |
| 互联网和相关服务 | 64 | 78871 | 56482 | 1905 | 1785 | 2873 | 6222 | 372 |
| 软件和信息技术服务业 | 65 | 269924 | 195622 | 5731 | 3986 | 11297 | 19429 | 1471 |
| **金融业** | **J** | **21158** | **15895** | **514** | **183** | **616** | **551** | **59** |
| 货币金融服务 | 66 | 5373 | 2228 | 186 | 160 | 419 | 459 | 38 |
| 资本市场服务 | 67 | 2240 | 1814 | 36 | 17 | 52 | 27 | |

| 荆门市 | 孝感市 | 荆州市 | 黄冈市 | 咸宁市 | 随州市 | 恩施州 | 仙桃市 | 潜江市 | 天门市 | 神农架 | 代码 |
|---|---|---|---|---|---|---|---|---|---|---|---|
| 35806 | 41284 | 48676 | 53910 | 39427 | 32502 | 44954 | 30734 | 9741 | 17538 | 1077 | 52 |
| **13652** | **23911** | **25264** | **24362** | **17836** | **7765** | **12916** | **6972** | **6081** | **4578** | **549** | **G** |
| | | | | | | | | | | | 53 |
| 8515 | 16705 | 17178 | 16493 | 13155 | 4866 | 9700 | 4990 | 4758 | 2715 | 364 | 54 |
| 164 | 544 | 2043 | 551 | 507 | 124 | 140 | 161 | 24 | 184 | | 55 |
| 135 | 15 | 260 | 47 | 30 | 7 | 225 | 21 | | 33 | 72 | 56 |
| | | 103 | | | | | | | 9 | | 57 |
| 450 | 710 | 549 | 572 | 327 | 387 | 147 | 468 | 190 | 111 | 17 | 58 |
| 2538 | 2503 | 2608 | 2736 | 1332 | 952 | 447 | 632 | 462 | 608 | 7 | 59 |
| 1850 | 3434 | 2523 | 3963 | 2485 | 1429 | 2257 | 700 | 647 | 918 | 89 | 60 |
| **9506** | **11877** | **13827** | **14256** | **10160** | **6944** | **14347** | **4214** | **2053** | **3659** | **1149** | **H** |
| 3396 | 4818 | 4595 | 5067 | 4777 | 2127 | 7527 | 2129 | 816 | 467 | 991 | 61 |
| 6110 | 7059 | 9232 | 9189 | 5383 | 4817 | 6820 | 2085 | 1237 | 3192 | 158 | 62 |
| **5077** | **9076** | **9448** | **9760** | **12528** | **3054** | **6028** | **3627** | **2123** | **1457** | **147** | **I** |
| 1617 | 2946 | 3197 | 4812 | 2253 | 1209 | 2753 | 843 | 592 | 389 | 94 | 63 |
| 678 | 1261 | 1881 | 1537 | 1281 | 535 | 1030 | 444 | 215 | 336 | 34 | 64 |
| 2782 | 4869 | 4370 | 3411 | 8994 | 1310 | 2245 | 2340 | 1316 | 732 | 19 | 65 |
| **319** | **626** | **479** | **226** | **399** | **146** | **678** | **248** | **109** | **108** | **2** | **J** |
| 170 | 347 | 277 | 119 | 111 | 88 | 479 | 142 | 93 | 55 | 2 | 66 |
| 76 | 10 | 92 | 12 | 14 | | | 73 | 16 | 1 | | 67 |

1-08 续表 4

| 行业大类 | 代码 | 从业人员数(人) | 武汉市 | 黄石市 | 十堰市 | 宜昌市 | 襄阳市 | 鄂州市 |
|---|---|---|---|---|---|---|---|---|
| 保险业 | 68 | 126 | 45 | 19 | | 10 | 16 | |
| 其他金融业 | 69 | 13419 | 11808 | 273 | 6 | 135 | 49 | 21 |
| **房地产业** | **K** | **542540** | **275332** | **18484** | **21347** | **31259** | **45842** | **12374** |
| 房地产业 | 70 | 542540 | 275332 | 18484 | 21347 | 31259 | 45842 | 12374 |
| **租赁和商务服务业** | **L** | **872655** | **391846** | **29927** | **29454** | **89246** | **74347** | **19911** |
| 租赁业 | 71 | 58773 | 19319 | 2515 | 1866 | 5552 | 7963 | 1824 |
| 商务服务业 | 72 | 813882 | 372527 | 27412 | 27588 | 83694 | 66384 | 18087 |
| **科学研究和技术服务业** | **M** | **512308** | **268769** | **14118** | **18383** | **33150** | **55233** | **5429** |
| 研究和试验发展 | 73 | 49013 | 36173 | 750 | 967 | 2062 | 2058 | 778 |
| 专业技术服务业 | 74 | 320309 | 188656 | 10600 | 9015 | 22794 | 19051 | 2808 |
| 科技推广和应用服务业 | 75 | 142986 | 43940 | 2768 | 8401 | 8294 | 34124 | 1843 |
| **水利、环境和公共设施管理业** | **N** | **144906** | **47096** | **5609** | **6035** | **13586** | **15586** | **2783** |
| 水利管理业 | 76 | 21116 | 4691 | 552 | 467 | 1023 | 2904 | 452 |
| 生态保护和环境治理业 | 77 | 13234 | 4604 | 479 | 619 | 2121 | 1305 | 335 |
| 公共设施管理业 | 78 | 106059 | 36905 | 4289 | 4949 | 10032 | 10883 | 1923 |
| 土地管理业 | 79 | 4497 | 896 | 289 | | 410 | 494 | 73 |
| **居民服务、修理和其他服务业** | **O** | **165555** | **60119** | **7748** | **8160** | **14605** | **20595** | **3300** |
| 居民服务业 | 80 | 69779 | 23786 | 4030 | 3885 | 5723 | 7299 | 1061 |
| 机动车、电子产品和日用产品修理业 | 81 | 47709 | 14208 | 2364 | 2493 | 4097 | 7630 | 640 |
| 其他服务业 | 82 | 48067 | 22125 | 1354 | 1782 | 4785 | 5666 | 1599 |

| 荆门市 | 孝感市 | 荆州市 | 黄冈市 | 咸宁市 | 随州市 | 恩施州 | 仙桃市 | 潜江市 | 天门市 | 神农架 | 代码 |
|---|---|---|---|---|---|---|---|---|---|---|---|
| 4 | | 23 | 1 | | | 5 | | | 3 | | 68 |
| 69 | 269 | 87 | 94 | 274 | 58 | 194 | 33 | | 49 | | 69 |
| **14285** | **22275** | **19743** | **23468** | **18148** | **6865** | **16542** | **7978** | **4081** | **4122** | **395** | **K** |
| 14285 | 22275 | 19743 | 23468 | 18148 | 6865 | 16542 | 7978 | 4081 | 4122 | 395 | 70 |
| **20687** | **38243** | **33005** | **28347** | **35314** | **10661** | **32837** | **17622** | **14739** | **5790** | **679** | **L** |
| 1817 | 2386 | 4302 | 2905 | 1910 | 774 | 1782 | 1294 | 1262 | 1239 | 63 | 71 |
| 18870 | 35857 | 28703 | 25442 | 33404 | 9887 | 31055 | 16328 | 13477 | 4551 | 616 | 72 |
| **16436** | **19935** | **19048** | **15188** | **10817** | **6072** | **10791** | **9901** | **5799** | **3066** | **173** | **M** |
| 559 | 958 | 1549 | 966 | 704 | 255 | 226 | 495 | 320 | 184 | 9 | 73 |
| 8185 | 13521 | 11090 | 9479 | 6441 | 3061 | 7609 | 2644 | 4106 | 1098 | 151 | 74 |
| 7692 | 5456 | 6409 | 4743 | 3672 | 2756 | 2956 | 6762 | 1373 | 1784 | 13 | 75 |
| **5326** | **8772** | **10568** | **9947** | **7040** | **1862** | **4946** | **1861** | **1117** | **1436** | **1336** | **N** |
| 1400 | 1863 | 2688 | 1919 | 793 | 444 | 262 | 543 | 641 | 470 | 4 | 76 |
| 392 | 630 | 569 | 930 | 510 | 88 | 375 | 82 | 66 | 122 | 7 | 77 |
| 3439 | 6088 | 5958 | 6786 | 5636 | 1305 | 4212 | 1179 | 312 | 838 | 1325 | 78 |
| 95 | 191 | 1353 | 312 | 101 | 25 | 97 | 57 | 98 | 6 | | 79 |
| **3277** | **9258** | **8820** | **6637** | **5227** | **2788** | **7180** | **4523** | **1594** | **1534** | **190** | **O** |
| 1615 | 4995 | 3712 | 3264 | 2641 | 1407 | 3432 | 1366 | 713 | 730 | 120 | 80 |
| 1102 | 2121 | 2490 | 1583 | 1708 | 768 | 3032 | 2309 | 557 | 557 | 50 | 81 |
| 560 | 2142 | 2618 | 1790 | 878 | 613 | 716 | 848 | 324 | 247 | 20 | 82 |

1-08 续表 5

| 行业大类 | 代码 | 从业人员数(人) | 武汉市 | 黄石市 | 十堰市 | 宜昌市 | 襄阳市 | 鄂州市 |
|---|---|---|---|---|---|---|---|---|
| **教育** | **P** | **884534** | **258294** | **39681** | **51073** | **50120** | **78355** | **15508** |
| 教育 | 83 | 884534 | 258294 | 39681 | 51073 | 50120 | 78355 | 15508 |
| **卫生和社会工作** | **Q** | **502459** | **143619** | **20719** | **33567** | **35961** | **42819** | **8683** |
| 卫生 | 84 | 470965 | 134553 | 19400 | 31801 | 33304 | 39986 | 7967 |
| 社会工作 | 85 | 31494 | 9066 | 1319 | 1766 | 2657 | 2833 | 716 |
| **文化、体育和娱乐业** | **R** | **195997** | **70310** | **7865** | **8937** | **21833** | **17963** | **2915** |
| 新闻和出版业 | 86 | 20822 | 16315 | 471 | 425 | 990 | 588 | 160 |
| 广播、电视、电影和录音制作业 | 87 | 25553 | 9915 | 564 | 935 | 2542 | 2270 | 179 |
| 文化艺术业 | 88 | 48242 | 13626 | 2388 | 1949 | 5268 | 5258 | 668 |
| 体育 | 89 | 12803 | 6326 | 480 | 550 | 673 | 763 | 231 |
| 娱乐业 | 90 | 88577 | 24128 | 3962 | 5078 | 12360 | 9084 | 1677 |
| **公共管理、社会保障和社会组织** | **S** | **943711** | **184964** | **41163** | **67810** | **70271** | **93368** | **18783** |
| 中国共产党机关 | 91 | 29289 | 6652 | 1417 | 2136 | 2980 | 1874 | 1350 |
| 国家机构 | 92 | 675266 | 136753 | 29818 | 51286 | 49740 | 64414 | 13050 |
| 人民政协、民主党派 | 93 | 4228 | 711 | 137 | 238 | 481 | 771 | 88 |
| 社会保障 | 94 | 7465 | 1017 | 319 | 343 | 475 | 899 | 152 |
| 群众团体、社会团体和其他成员组织 | 95 | 61253 | 11046 | 3243 | 3149 | 5115 | 6535 | 1296 |
| 基层群众自治组织 | 96 | 166210 | 28785 | 6229 | 10658 | 11480 | 18875 | 2847 |

| 荆门市 | 孝感市 | 荆州市 | 黄冈市 | 咸宁市 | 随州市 | 恩施州 | 仙桃市 | 潜江市 | 天门市 | 神农架 | 代码 |
|---|---|---|---|---|---|---|---|---|---|---|---|
| **29320** | **56820** | **65478** | **81145** | **40314** | **24764** | **48596** | **17805** | **11474** | **14949** | **838** | **P** |
| 29320 | 56820 | 65478 | 81145 | 40314 | 24764 | 48596 | 17805 | 11474 | 14949 | 838 | 83 |
| **20923** | **33151** | **36349** | **41660** | **21190** | **14101** | **27144** | **7589** | **7438** | **6791** | **755** | **Q** |
| 19678 | 31109 | 33746 | 39569 | 19780 | 13175 | 25984 | 7090 | 6794 | 6312 | 717 | 84 |
| 1245 | 2042 | 2603 | 2091 | 1410 | 926 | 1160 | 499 | 644 | 479 | 38 | 85 |
| **6137** | **10966** | **10555** | **10773** | **9284** | **2716** | **8164** | **3218** | **2245** | **1686** | **430** | **R** |
| 303 | 69 | 385 | 110 | 321 | 128 | 389 | 89 | 60 | | 19 | 86 |
| 1043 | 1663 | 1870 | 935 | 1168 | 386 | 910 | 551 | 365 | 223 | 34 | 87 |
| 1580 | 3665 | 2861 | 3310 | 2765 | 811 | 2232 | 649 | 595 | 458 | 159 | 88 |
| 318 | 400 | 672 | 612 | 510 | 225 | 468 | 235 | 56 | 98 | 186 | 89 |
| 2893 | 5169 | 4767 | 5806 | 4520 | 1166 | 4165 | 1694 | 1169 | 907 | 32 | 90 |
| **42851** | **69508** | **78709** | **95787** | **51051** | **24858** | **57434** | **16589** | **14004** | **13340** | **3221** | **S** |
| 1195 | 1793 | 2225 | 2468 | 1497 | 776 | 1724 | 420 | 352 | 226 | 204 | 91 |
| 30527 | 48846 | 55890 | 65717 | 36529 | 17067 | 42414 | 11350 | 10440 | 8882 | 2543 | 92 |
| 179 | 204 | 279 | 391 | 246 | 113 | 259 | 27 | 39 | 37 | 28 | 93 |
| 465 | 746 | 839 | 804 | 333 | 308 | 341 | 224 | 23 | 177 | | 94 |
| 2273 | 3859 | 6922 | 6047 | 6084 | 1265 | 2223 | 992 | 802 | 320 | 82 | 95 |
| 8212 | 14060 | 12554 | 20360 | 6362 | 5329 | 10473 | 3576 | 2348 | 3698 | 364 | 96 |

# 1-09 按地区、机构类型分组的法人单位数

| 地区 | 法人单位数(个) | 企业 | 事业单位 | 机关 | 社会团体 | 民办非企业单位 | 基金会 | 居委会 | 村委会 | 其他法人 |
|---|---|---|---|---|---|---|---|---|---|---|
| **全省** | **853168** | **688373** | **40602** | **9913** | **11837** | **17783** | **138** | **4657** | **24272** | **55593** |
| 武汉市 | 271440 | 252509 | 5215 | 1192 | 2083 | 3475 | 67 | 1429 | 2042 | 3428 |
| 黄石市 | 31414 | 26099 | 1679 | 469 | 386 | 816 | 7 | 194 | 791 | 973 |
| 十堰市 | 50226 | 36010 | 3446 | 814 | 721 | 1404 | 8 | 167 | 1822 | 5834 |
| 宜昌市 | 73391 | 57512 | 3359 | 1134 | 1516 | 1364 | 10 | 332 | 1362 | 6802 |
| 襄阳市 | 85722 | 69163 | 4097 | 977 | 1412 | 2025 | 5 | 484 | 2347 | 5212 |
| 鄂州市 | 16931 | 13257 | 931 | 332 | 202 | 309 | 2 | 61 | 328 | 1509 |
| 荆门市 | 35648 | 25270 | 2211 | 510 | 581 | 708 | 2 | 220 | 1371 | 4775 |
| 孝感市 | 42531 | 30953 | 3228 | 702 | 768 | 1375 | 5 | 370 | 2761 | 2369 |
| 荆州市 | 52276 | 37399 | 3159 | 771 | 1144 | 1465 | 7 | 351 | 1631 | 6349 |
| 黄冈市 | 50845 | 35800 | 3757 | 943 | 840 | 1226 | 16 | 309 | 3884 | 4070 |
| 咸宁市 | 36294 | 28634 | 2417 | 577 | 732 | 836 | 2 | 161 | 905 | 2030 |
| 随州市 | 19179 | 14492 | 1323 | 281 | 229 | 589 | 2 | 151 | 854 | 1258 |
| 恩施州 | 48253 | 30798 | 3792 | 756 | 813 | 1414 | 3 | 177 | 2359 | 8141 |
| 仙桃市 | 15667 | 12666 | 777 | 168 | 118 | 252 | 1 | 92 | 667 | 926 |
| 潜江市 | 10099 | 8032 | 601 | 97 | 140 | 225 |  | 49 | 357 | 598 |
| 天门市 | 11422 | 8546 | 432 | 87 | 64 | 268 |  | 96 | 724 | 1205 |
| 神农架 | 1830 | 1233 | 178 | 103 | 88 | 32 | 1 | 14 | 67 | 114 |

# 1-10　按地区、机构类型分组的法人单位从业人员数

| 地　区 | 从　业人员数(人) | 企业 | 事业单位 | 机关 | 社会团体 | 民办非企业单位 | 基金会 | 居委会 | 村委会 | 其他法人 |
|---|---|---|---|---|---|---|---|---|---|---|
| **全　省** | **14736930** | **11949162** | **1442081** | **513202** | **46476** | **257111** | **445** | **46067** | **120143** | **362243** |
| 武汉市 | 4872250 | 4216762 | 397697 | 118519 | 8654 | 76686 | 234 | 18016 | 10769 | 24913 |
| 黄石市 | 677816 | 577284 | 52940 | 22805 | 1663 | 13073 | 48 | 2014 | 4215 | 3774 |
| 十堰市 | 800478 | 607542 | 91941 | 34322 | 2870 | 15246 | 11 | 1303 | 9355 | 37888 |
| 宜昌市 | 1145516 | 931630 | 89733 | 38172 | 4851 | 15389 | 14 | 3094 | 8386 | 54247 |
| 襄阳市 | 1460903 | 1193250 | 130173 | 47859 | 5979 | 24275 | 27 | 5714 | 13161 | 40465 |
| 鄂州市 | 332745 | 278918 | 25055 | 10509 | 599 | 4443 | 5 | 675 | 2172 | 10369 |
| 荆门市 | 524418 | 404052 | 58561 | 22505 | 1912 | 6894 |  | 1654 | 6558 | 22282 |
| 孝感市 | 861785 | 677101 | 98224 | 37241 | 3039 | 16114 | 2 | 2603 | 11457 | 16004 |
| 荆州市 | 826891 | 591496 | 115946 | 38088 | 5622 | 16784 | 31 | 2696 | 9858 | 46370 |
| 黄冈市 | 984467 | 738986 | 134523 | 48051 | 3264 | 18214 | 60 | 2612 | 17748 | 21009 |
| 咸宁市 | 551119 | 423650 | 62823 | 27817 | 3550 | 11655 | 3 | 1482 | 4880 | 15259 |
| 随州市 | 321271 | 249636 | 39830 | 10909 | 720 | 8278 | 2 | 1159 | 4170 | 6567 |
| 恩施州 | 445051 | 273635 | 75517 | 33110 | 2167 | 14149 | 1 | 1257 | 9216 | 35999 |
| 仙桃市 | 379455 | 328860 | 25437 | 7911 | 665 | 5701 | 7 | 646 | 2930 | 7298 |
| 潜江市 | 265245 | 223541 | 19894 | 6745 | 642 | 5087 |  | 395 | 1953 | 6988 |
| 天门市 | 270279 | 221277 | 21194 | 6359 | 202 | 5003 |  | 675 | 3023 | 12546 |
| 神农架 | 17241 | 11542 | 2593 | 2280 | 77 | 120 |  | 72 | 292 | 265 |

# 1-11 按地区、开业(成立)

| 地区 | 法人单位数(个) | | | | | | | | | |
|---|---|---|---|---|---|---|---|---|---|---|
| | | 1949年以前 | 1950-1977年 | 1978-1991年 | 1992-2000年 | 2001年 | 2002年 | 2003年 | 2004年 | 2005年 | 2006年 |
| **全省** | **853168** | **1621** | **10441** | **23440** | **27828** | **7964** | **9564** | **10189** | **11638** | **13138** | **15594** |
| 武汉市 | 271440 | 261 | 1092 | 3421 | 8711 | 2669 | 3068 | 3695 | 4099 | 4226 | 4276 |
| 黄石市 | 31414 | 58 | 408 | 821 | 1107 | 304 | 312 | 334 | 421 | 652 | 655 |
| 十堰市 | 50226 | 95 | 643 | 1725 | 1737 | 600 | 650 | 742 | 722 | 987 | 1198 |
| 宜昌市 | 73391 | 86 | 365 | 1037 | 2152 | 769 | 1040 | 985 | 1052 | 1027 | 1014 |
| 襄阳市 | 85722 | 88 | 738 | 1837 | 2064 | 731 | 765 | 782 | 903 | 1234 | 2597 |
| 鄂州市 | 16931 | 20 | 249 | 626 | 636 | 173 | 205 | 279 | 263 | 289 | 492 |
| 荆门市 | 35648 | 121 | 829 | 1637 | 1265 | 395 | 373 | 409 | 428 | 614 | 444 |
| 孝感市 | 42531 | 199 | 840 | 2596 | 2163 | 354 | 397 | 409 | 483 | 728 | 602 |
| 荆州市 | 52276 | 127 | 854 | 1497 | 1939 | 504 | 728 | 639 | 853 | 795 | 1049 |
| 黄冈市 | 50845 | 276 | 1772 | 2998 | 2503 | 394 | 493 | 526 | 707 | 851 | 1063 |
| 咸宁市 | 36294 | 61 | 580 | 977 | 988 | 282 | 434 | 353 | 479 | 524 | 484 |
| 随州市 | 19179 | 21 | 228 | 405 | 410 | 163 | 238 | 235 | 424 | 307 | 372 |
| 恩施州 | 48253 | 120 | 948 | 2292 | 973 | 269 | 446 | 332 | 362 | 433 | 758 |
| 仙桃市 | 15667 | 10 | 391 | 432 | 387 | 146 | 169 | 166 | 158 | 165 | 192 |
| 潜江市 | 10099 | 5 | 220 | 402 | 358 | 89 | 120 | 117 | 140 | 124 | 224 |
| 天门市 | 11422 | 73 | 258 | 665 | 368 | 97 | 106 | 102 | 104 | 146 | 129 |
| 神农架 | 1830 | | 26 | 72 | 67 | 25 | 20 | 84 | 40 | 36 | 45 |

# 时间分组的法人单位数

| 2007年 | 2008年 | 2009年 | 2010年 | 2011年 | 2012年 | 2013年 | 2014年 | 2015年 | 2016年 | 2017年 | 2018年 | 无开业年份 |
|---|---|---|---|---|---|---|---|---|---|---|---|---|
| **13010** | **17260** | **21535** | **26751** | **30384** | **46312** | **49162** | **62999** | **74305** | **103921** | **130962** | **144381** | **769** |
| 4877 | 5982 | 7535 | 9058 | 11030 | 12662 | 14543 | 22347 | 24992 | 34288 | 43609 | 44785 | 214 |
| 494 | 755 | 756 | 892 | 1017 | 1620 | 2832 | 2321 | 2536 | 3750 | 4642 | 4716 | 11 |
| 713 | 877 | 1167 | 1340 | 1397 | 2598 | 2162 | 3320 | 3726 | 4751 | 7985 | 11044 | 47 |
| 991 | 1298 | 1617 | 2176 | 2393 | 4999 | 6266 | 5087 | 5984 | 9801 | 11032 | 12176 | 44 |
| 1256 | 1887 | 2024 | 2894 | 3413 | 5905 | 7718 | 7017 | 7648 | 10666 | 12054 | 11484 | 17 |
| 320 | 474 | 486 | 630 | 728 | 814 | 985 | 1290 | 1516 | 1828 | 2241 | 2377 | 10 |
| 470 | 638 | 1167 | 1153 | 1217 | 1408 | 1718 | 2373 | 3180 | 3999 | 5710 | 6097 | 3 |
| 579 | 758 | 1057 | 1343 | 1368 | 3092 | 2045 | 2533 | 3387 | 4292 | 6478 | 6820 | 8 |
| 795 | 1318 | 1326 | 1748 | 1861 | 2957 | 2414 | 3561 | 4300 | 5811 | 7481 | 9632 | 87 |
| 762 | 1058 | 1122 | 1565 | 1566 | 2448 | 2198 | 3610 | 4458 | 6159 | 7654 | 6643 | 19 |
| 520 | 610 | 696 | 858 | 1020 | 1837 | 1302 | 2429 | 2964 | 4251 | 5778 | 8855 | 12 |
| 257 | 359 | 868 | 703 | 738 | 1075 | 928 | 1342 | 1747 | 2515 | 2860 | 2971 | 13 |
| 506 | 668 | 805 | 1182 | 1292 | 2756 | 1989 | 3148 | 4715 | 6167 | 7210 | 10617 | 265 |
| 201 | 218 | 324 | 430 | 530 | 1098 | 687 | 829 | 1245 | 2770 | 2460 | 2658 | 1 |
| 134 | 149 | 279 | 412 | 386 | 473 | 492 | 753 | 826 | 1311 | 1683 | 1395 | 7 |
| 107 | 169 | 265 | 314 | 358 | 421 | 791 | 903 | 931 | 1390 | 1893 | 1824 | 8 |
| 28 | 42 | 41 | 53 | 70 | 149 | 92 | 136 | 150 | 172 | 192 | 287 | 3 |

# 1-12 按地区、开业(成立)时间

| 地区 | 从业人员数(人) | 1949年以前 | 1950-1977年 | 1978-1991年 | 1992-2000年 |
|---|---|---|---|---|---|
| **全省** | **14736930** | **180975** | **713346** | **770490** | **1859430** |
| 武汉市 | 4872250 | 94856 | 256742 | 276356 | 767523 |
| 黄石市 | 677816 | 4959 | 39989 | 38006 | 97435 |
| 十堰市 | 800478 | 4262 | 43513 | 39701 | 77786 |
| 宜昌市 | 1145516 | 4680 | 24844 | 22281 | 137533 |
| 襄阳市 | 1460903 | 11218 | 60623 | 67304 | 153365 |
| 鄂州市 | 332745 | 2317 | 19302 | 28104 | 31904 |
| 荆门市 | 524418 | 4811 | 28635 | 41358 | 59720 |
| 孝感市 | 861785 | 9359 | 25254 | 59086 | 95223 |
| 荆州市 | 826891 | 11027 | 42433 | 37847 | 97019 |
| 黄冈市 | 984467 | 12320 | 84523 | 61490 | 165642 |
| 咸宁市 | 551119 | 5845 | 20452 | 27550 | 34581 |
| 随州市 | 321271 | 3223 | 10242 | 16678 | 16987 |
| 恩施州 | 445051 | 9685 | 23194 | 25912 | 26295 |
| 仙桃市 | 379455 | 563 | 8516 | 7459 | 35422 |
| 潜江市 | 265245 | 574 | 10600 | 12098 | 40943 |
| 天门市 | 270279 | 1276 | 13953 | 8490 | 20832 |
| 神农架 | 17241 | | 531 | 770 | 1220 |

# 分组的法人单位从业人员数

| 2001年 | 2002年 | 2003年 | 2004年 | 2005年 | 2006年 | 2007年 |
|---|---|---|---|---|---|---|
| **427564** | **533559** | **495501** | **427445** | **451820** | **392909** | **392604** |
| 150771 | 248774 | 202620 | 162082 | 136887 | 122678 | 133560 |
| 16737 | 16593 | 26975 | 14155 | 27799 | 14758 | 13116 |
| 25957 | 21035 | 38274 | 27498 | 26418 | 20474 | 14207 |
| 42841 | 48029 | 47132 | 32129 | 36487 | 28068 | 22654 |
| 43521 | 37679 | 40587 | 30132 | 33265 | 36910 | 30256 |
| 5097 | 6803 | 9196 | 9192 | 11856 | 10792 | 12243 |
| 12695 | 19906 | 15650 | 17826 | 20474 | 8624 | 22693 |
| 20975 | 26928 | 18426 | 26449 | 31804 | 26330 | 21041 |
| 26887 | 19469 | 16895 | 25117 | 17723 | 26119 | 24251 |
| 30875 | 29291 | 17238 | 17613 | 37184 | 33136 | 21774 |
| 9014 | 8400 | 10516 | 12266 | 21506 | 13314 | 16203 |
| 6094 | 18839 | 9481 | 16904 | 11762 | 10009 | 6665 |
| 8564 | 6194 | 11683 | 10388 | 9536 | 10798 | 12136 |
| 12711 | 13615 | 13406 | 12670 | 10180 | 9688 | 9285 |
| 7663 | 5286 | 5693 | 6843 | 3704 | 7446 | 19812 |
| 5821 | 6602 | 11130 | 5762 | 14849 | 13319 | 12479 |
| 1341 | 116 | 599 | 419 | 386 | 446 | 229 |

1–12 续表

| 地　区 | 2008年 | 2009年 | 2010年 | 2011年 | 2012年 |
|---|---|---|---|---|---|
| **全　省** | **426408** | **465632** | **553159** | **554250** | **1028059** |
| 武汉市 | 130569 | 166700 | 153316 | 160768 | 260072 |
| 黄石市 | 23665 | 16279 | 23378 | 25751 | 40227 |
| 十堰市 | 21293 | 20924 | 23656 | 19120 | 57505 |
| 宜昌市 | 38154 | 37640 | 48770 | 44753 | 102585 |
| 襄阳市 | 43364 | 45014 | 67603 | 66388 | 122653 |
| 鄂州市 | 15042 | 9200 | 11958 | 13606 | 15243 |
| 荆门市 | 17341 | 19849 | 19424 | 22819 | 21689 |
| 孝感市 | 23673 | 27166 | 34106 | 33339 | 98999 |
| 荆州市 | 25062 | 22419 | 32918 | 32434 | 74587 |
| 黄冈市 | 23744 | 24564 | 38211 | 38672 | 64051 |
| 咸宁市 | 15028 | 17524 | 20158 | 21885 | 42533 |
| 随州市 | 10877 | 17701 | 13778 | 14753 | 26417 |
| 恩施州 | 10443 | 13329 | 17594 | 14335 | 40955 |
| 仙桃市 | 9764 | 11429 | 23485 | 14340 | 33463 |
| 潜江市 | 10230 | 4622 | 12449 | 11465 | 13204 |
| 天门市 | 7908 | 10444 | 10758 | 19304 | 12030 |
| 神农架 | 251 | 828 | 1597 | 518 | 1846 |

| 2013年 | 2014年 | 2015年 | 2016年 | 2017年 | 2018年 | 无开业年份 |
|---|---|---|---|---|---|---|
| **701322** | **699966** | **736421** | **912800** | **1070210** | **942155** | **905** |
| 196161 | 211095 | 232033 | 271828 | 302719 | 233965 | 175 |
| 36198 | 31516 | 33111 | 44966 | 50530 | 41649 | 24 |
| 56612 | 43382 | 34761 | 43339 | 63566 | 76959 | 236 |
| 72983 | 50613 | 57116 | 75199 | 88934 | 81979 | 112 |
| 84338 | 80713 | 83076 | 103502 | 118700 | 100661 | 31 |
| 18528 | 16117 | 20617 | 21078 | 24422 | 20115 | 13 |
| 22776 | 28619 | 22881 | 31860 | 37947 | 26818 | 3 |
| 32826 | 34053 | 39796 | 47410 | 71417 | 58119 | 6 |
| 33754 | 38431 | 41361 | 50224 | 62340 | 68350 | 224 |
| 38691 | 47696 | 40871 | 52479 | 59547 | 44844 | 11 |
| 30034 | 34666 | 33390 | 42524 | 46640 | 67087 | 3 |
| 17543 | 16492 | 16489 | 20298 | 22479 | 17543 | 17 |
| 21207 | 24361 | 32155 | 37499 | 38661 | 40106 | 21 |
| 18089 | 15189 | 22026 | 34215 | 35967 | 27953 | 20 |
| 9621 | 12955 | 12938 | 19075 | 22061 | 15962 | 1 |
| 11180 | 12713 | 12795 | 16168 | 23277 | 19181 | 8 |
| 781 | 1355 | 1005 | 1136 | 1003 | 864 | |

# 1-13 按行业(大类)、开业(成立)

| 行业大类 | 代码 | 法人单位数(个) | 1949年以前 | 1950–1977年 | 1978–1991年 |
|---|---|---|---|---|---|
| **总　计** | **00** | **853168** | **1621** | **10441** | **23440** |
| **农、林、牧、渔业** | **A** | **13944** | **2** | **88** | **111** |
| 农业 | 01 | 10 | | 1 | 1 |
| 林业 | 02 | | | | |
| 畜牧业 | 03 | 3 | | | |
| 渔业 | 04 | | | | |
| 农、林、牧、渔专业及辅助性活动 | 05 | 13931 | 2 | 87 | 110 |
| **采矿业** | **B** | **2579** | | **5** | **35** |
| 煤炭开采和洗选业 | 06 | 146 | | 2 | 2 |
| 石油和天然气开采业 | 07 | 7 | | | |
| 黑色金属矿采选业 | 08 | 240 | | | 5 |
| 有色金属矿采选业 | 09 | 108 | | | 3 |
| 非金属矿采选业 | 10 | 1878 | | 2 | 25 |
| 开采专业及辅助性活动 | 11 | 60 | | | |
| 其他采矿业 | 12 | 140 | | 1 | |
| **制造业** | **C** | **92277** | **7** | **142** | **835** |
| 农副食品加工业 | 13 | 7071 | | 15 | 65 |
| 食品制造业 | 14 | 2640 | 2 | 2 | 14 |
| 酒、饮料和精制茶制造业 | 15 | 4185 | | 27 | 68 |
| 烟草制品业 | 16 | 70 | 1 | | 3 |
| 纺织业 | 17 | 3751 | | 4 | 41 |
| 纺织服装、服饰业 | 18 | 6025 | 1 | 2 | 32 |
| 皮革、毛皮、羽毛及其制品和制鞋业 | 19 | 917 | | | 4 |
| 木材加工和木、竹、藤、棕、草制品业 | 20 | 2616 | | 2 | 10 |
| 家具制造业 | 21 | 1806 | | 2 | 8 |
| 造纸和纸制品业 | 22 | 1426 | | 1 | 10 |
| 印刷和记录媒介复制业 | 23 | 2469 | 1 | 1 | 63 |
| 文教、工美、体育和娱乐用品制造业 | 24 | 1931 | | 1 | 5 |
| 石油、煤炭及其他燃料加工业 | 25 | 310 | | 1 | 3 |
| 化学原料和化学制品制造业 | 26 | 4196 | | 7 | 25 |
| 医药制造业 | 27 | 1696 | | 7 | 9 |
| 化学纤维制造业 | 28 | 82 | | | |
| 橡胶和塑料制品业 | 29 | 3641 | | 1 | 31 |
| 非金属矿物制品业 | 30 | 11342 | | 20 | 164 |
| 黑色金属冶炼和压延加工业 | 31 | 575 | | 3 | 12 |
| 有色金属冶炼和压延加工业 | 32 | 595 | | 1 | 8 |
| 金属制品业 | 33 | 6467 | | 9 | 60 |
| 通用设备制造业 | 34 | 6282 | | 9 | 58 |

# 时间分组的法人单位数

| 1992–2000年 | 2001年 | 2002年 | 2003年 | 2004年 | 2005年 | 2006年 | 2007年 | 2008年 | 代码 |
|---|---|---|---|---|---|---|---|---|---|
| **27828** | **7964** | **9564** | **10189** | **11638** | **13138** | **15594** | **13010** | **17260** | **00** |
| **122** | **43** | **62** | **56** | **72** | **118** | **111** | **131** | **229** | **A** |
| 2 | | 1 | | | 1 | 1 | | | 01 |
| | | | | | | | | | 02 |
| | | | | | | | 1 | | 03 |
| | | | | | | | | | 04 |
| 120 | 43 | 61 | 56 | 72 | 117 | 110 | 130 | 229 | 05 |
| **130** | **40** | **58** | **106** | **124** | **99** | **114** | **84** | **132** | **B** |
| 11 | | 6 | 38 | 22 | 10 | 8 | 4 | 5 | 06 |
| 1 | | | | | | | | | 07 |
| 17 | 6 | 5 | 11 | 20 | 15 | 13 | 14 | 22 | 08 |
| 10 | 4 | 6 | 7 | 6 | 7 | 13 | 7 | 3 | 09 |
| 81 | 26 | 38 | 44 | 70 | 57 | 73 | 55 | 99 | 10 |
| 5 | 1 | | 2 | 1 | 3 | 2 | 1 | 1 | 11 |
| 5 | 3 | 3 | 4 | 5 | 7 | 5 | 3 | 2 | 12 |
| **4003** | **1354** | **1916** | **2031** | **2227** | **2281** | **2496** | **2477** | **2833** | **C** |
| 340 | 117 | 141 | 194 | 190 | 235 | 227 | 233 | 256 | 13 |
| 102 | 29 | 52 | 46 | 52 | 51 | 59 | 72 | 71 | 14 |
| 190 | 40 | 69 | 71 | 74 | 80 | 75 | 84 | 125 | 15 |
| 1 | 2 | 1 | 1 | | | | | | 16 |
| 180 | 81 | 153 | 172 | 156 | 136 | 152 | 107 | 118 | 17 |
| 161 | 40 | 64 | 57 | 79 | 72 | 95 | 96 | 110 | 18 |
| 23 | 10 | 5 | 11 | 9 | 10 | 11 | 9 | 15 | 19 |
| 62 | 14 | 26 | 30 | 40 | 44 | 39 | 53 | 61 | 20 |
| 45 | 14 | 10 | 14 | 13 | 13 | 18 | 28 | 20 | 21 |
| 71 | 20 | 42 | 41 | 62 | 49 | 43 | 33 | 39 | 22 |
| 178 | 47 | 87 | 93 | 81 | 80 | 55 | 86 | 79 | 23 |
| 69 | 23 | 26 | 20 | 32 | 34 | 33 | 32 | 43 | 24 |
| 22 | 4 | 7 | 3 | 2 | 5 | 10 | 6 | 8 | 25 |
| 305 | 97 | 171 | 128 | 140 | 151 | 169 | 132 | 158 | 26 |
| 101 | 38 | 47 | 45 | 36 | 52 | 28 | 28 | 32 | 27 |
| 1 | 2 | 3 | 4 | 2 | 2 | 1 | | 1 | 28 |
| 202 | 71 | 103 | 81 | 105 | 112 | 118 | 111 | 119 | 29 |
| 451 | 116 | 156 | 211 | 218 | 242 | 385 | 335 | 427 | 30 |
| 30 | 9 | 18 | 23 | 19 | 18 | 26 | 18 | 22 | 31 |
| 30 | 13 | 16 | 16 | 20 | 15 | 22 | 15 | 20 | 32 |
| 252 | 86 | 112 | 116 | 143 | 136 | 172 | 161 | 201 | 33 |
| 288 | 92 | 144 | 162 | 185 | 178 | 193 | 185 | 261 | 34 |

1-13 续表 1

| 行业大类 | 代码 | 法人单位数(个) | 1949年以前 | 1950-1977年 | 1978-1991年 |
|---|---|---|---|---|---|
| 专用设备制造业 | 35 | 5394 | | 6 | 26 |
| 汽车制造业 | 36 | 6345 | 1 | 10 | 34 |
| 铁路、船舶、航空航天和其他运输设备制造业 | 37 | 540 | 1 | 3 | 13 |
| 电气机械和器材制造业 | 38 | 3205 | | 6 | 25 |
| 计算机、通信和其他电子设备制造业 | 39 | 2576 | | 1 | 5 |
| 仪器仪表制造业 | 40 | 1108 | | 1 | 10 |
| 其他制造业 | 41 | 1236 | | | 8 |
| 废弃资源综合利用业 | 42 | 600 | | | 5 |
| 金属制品、机械和设备修理业 | 43 | 1180 | | | 16 |
| **电力、热力、燃气及水生产和供应业** | **D** | **5520** | | **42** | **211** |
| 电力、热力生产和供应业 | 44 | 3526 | | 26 | 81 |
| 燃气生产和供应业 | 45 | 364 | | | 2 |
| 水的生产和供应业 | 46 | 1630 | | 16 | 128 |
| **建筑业** | **E** | **57256** | **2** | **137** | **306** |
| 房屋建筑业 | 47 | 14001 | 2 | 89 | 191 |
| 土木工程建筑业 | 48 | 12504 | | 36 | 73 |
| 建筑安装业 | 49 | 8260 | | 11 | 22 |
| 建筑装饰、装修和其他建筑业 | 50 | 22491 | | 1 | 20 |
| **批发和零售业** | **F** | **257986** | **7** | **168** | **996** |
| 批发业 | 51 | 125533 | 2 | 66 | 428 |
| 零售业 | 52 | 132453 | 5 | 102 | 568 |
| **交通运输、仓储和邮政业** | **G** | **22591** | **5** | **81** | **265** |
| 铁路运输业 | 53 | 9 | | | |
| 道路运输业 | 54 | 15084 | 1 | 41 | 140 |
| 水上运输业 | 55 | 710 | 3 | 15 | 25 |
| 航空运输业 | 56 | 81 | | | 1 |
| 管道运输业 | 57 | 13 | | | |
| 多式联运和运输代理业 | 58 | 2199 | | | 7 |
| 装卸搬运和仓储业 | 59 | 3082 | | 24 | 85 |
| 邮政业 | 60 | 1413 | 1 | 1 | 7 |
| **住宿和餐饮业** | **H** | **17622** | **1** | **64** | **146** |
| 住宿业 | 61 | 5269 | | 7 | 63 |
| 餐饮业 | 62 | 12353 | 1 | 57 | 83 |
| **信息传输、软件和信息技术服务业** | **I** | **39431** | | **33** | **81** |
| 电信、广播电视和卫星传输服务 | 63 | 1455 | | 28 | 60 |
| 互联网和相关服务 | 64 | 5003 | | 1 | 4 |
| 软件和信息技术服务业 | 65 | 32973 | | 4 | 17 |
| **金融业** | **J** | **2875** | **8** | **6** | **55** |
| 货币金融服务 | 66 | 1114 | 8 | 5 | 53 |
| 资本市场服务 | 67 | 824 | | | 1 |
| 保险业 | 68 | 640 | | | |

| 1992–2000年 | 2001年 | 2002年 | 2003年 | 2004年 | 2005年 | 2006年 | 2007年 | 2008年 | 代码 |
|---|---|---|---|---|---|---|---|---|---|
| 178 | 91 | 112 | 115 | 137 | 160 | 158 | 171 | 174 | 35 |
| 278 | 121 | 184 | 196 | 208 | 202 | 189 | 196 | 189 | 36 |
| 33 | 11 | 9 | 12 | 15 | 26 | 19 | 19 | 22 | 37 |
| 154 | 76 | 74 | 68 | 81 | 69 | 72 | 122 | 89 | 38 |
| 67 | 34 | 22 | 35 | 43 | 44 | 46 | 60 | 74 | 39 |
| 54 | 17 | 21 | 31 | 36 | 27 | 37 | 38 | 36 | 40 |
| 66 | 25 | 17 | 12 | 14 | 7 | 19 | 15 | 17 | 41 |
| 9 | 4 | 4 | 10 | 13 | 11 | 11 | 12 | 15 | 42 |
| 60 | 10 | 20 | 13 | 22 | 20 | 14 | 20 | 31 | 43 |
| **346** | **61** | **77** | **144** | **156** | **136** | **131** | **123** | **168** | **D** |
| 188 | 31 | 43 | 84 | 98 | 87 | 86 | 68 | 73 | 44 |
| 11 | 4 | 13 | 22 | 10 | 10 | 8 | 13 | 8 | 45 |
| 147 | 26 | 21 | 38 | 48 | 39 | 37 | 42 | 87 | 46 |
| **1365** | **428** | **495** | **593** | **714** | **684** | **597** | **668** | **804** | **E** |
| 429 | 164 | 124 | 147 | 166 | 177 | 138 | 162 | 174 | 47 |
| 310 | 75 | 111 | 120 | 150 | 139 | 122 | 134 | 160 | 48 |
| 264 | 71 | 88 | 120 | 129 | 124 | 100 | 142 | 187 | 49 |
| 362 | 118 | 172 | 206 | 269 | 244 | 237 | 230 | 283 | 50 |
| **4466** | **1566** | **2043** | **2430** | **2538** | **2537** | **2968** | **3377** | **4749** | **F** |
| 2313 | 811 | 1078 | 1313 | 1338 | 1312 | 1600 | 1819 | 2598 | 51 |
| 2153 | 755 | 965 | 1117 | 1200 | 1225 | 1368 | 1558 | 2151 | 52 |
| **659** | **221** | **299** | **327** | **406** | **350** | **374** | **365** | **471** | **G** |
| 1 |  |  |  | 1 | 3 | 1 |  |  | 53 |
| 358 | 127 | 219 | 220 | 272 | 241 | 255 | 245 | 312 | 54 |
| 64 | 16 | 20 | 23 | 36 | 24 | 24 | 18 | 16 | 55 |
| 5 | 3 | 2 | 2 | 4 | 4 | 1 | 2 | 1 | 56 |
|  | 1 |  |  | 1 | 1 |  |  |  | 57 |
| 52 | 26 | 20 | 22 | 51 | 33 | 30 | 39 | 55 | 58 |
| 141 | 43 | 32 | 54 | 38 | 39 | 54 | 55 | 76 | 59 |
| 38 | 5 | 6 | 6 | 3 | 5 | 9 | 6 | 11 | 60 |
| **358** | **100** | **119** | **138** | **183** | **210** | **218** | **208** | **302** | **H** |
| 146 | 31 | 53 | 60 | 71 | 79 | 93 | 98 | 127 | 61 |
| 212 | 69 | 66 | 78 | 112 | 131 | 125 | 110 | 175 | 62 |
| **366** | **135** | **155** | **171** | **277** | **259** | **298** | **368** | **458** | **I** |
| 90 | 25 | 32 | 27 | 54 | 50 | 70 | 31 | 53 | 63 |
| 32 | 10 | 12 | 16 | 30 | 26 | 25 | 35 | 39 | 64 |
| 244 | 100 | 111 | 128 | 193 | 183 | 203 | 302 | 366 | 65 |
| **108** | **20** | **48** | **60** | **43** | **67** | **82** | **78** | **116** | **J** |
| 65 | 3 | 14 | 9 | 4 | 10 | 18 | 24 | 35 | 66 |
| 14 | 1 | 1 |  | 4 | 2 | 4 | 6 | 8 | 67 |
| 18 | 14 | 30 | 43 | 26 | 49 | 50 | 40 | 60 | 68 |

1-13 续表 2

| 行业大类 | 代码 | 法人单位数(个) | | | |
|---|---|---|---|---|---|
| | | | 1949年以前 | 1950–1977年 | 1978–1991年 |
| 其他金融业 | 69 | 297 | | 1 | 1 |
| **房地产业** | **K** | **31427** | | **44** | **294** |
| 房地产业 | 70 | 31427 | | 44 | 294 |
| **租赁和商务服务业** | **L** | **93706** | **7** | **77** | **493** |
| 租赁业 | 71 | 8684 | | 1 | 9 |
| 商务服务业 | 72 | 85022 | 7 | 76 | 484 |
| **科学研究和技术服务业** | **M** | **56306** | **7** | **346** | **817** |
| 研究和试验发展 | 73 | 6137 | 1 | 35 | 54 |
| 专业技术服务业 | 74 | 27945 | 2 | 187 | 441 |
| 科技推广和应用服务业 | 75 | 22224 | 4 | 124 | 322 |
| **水利、环境和公共设施管理业** | **N** | **8162** | **8** | **220** | **322** |
| 水利管理业 | 76 | 1653 | 5 | 178 | 160 |
| 生态保护和环境治理业 | 77 | 999 | | 19 | 31 |
| 公共设施管理业 | 78 | 5067 | 3 | 22 | 122 |
| 土地管理业 | 79 | 443 | | 1 | 9 |
| **居民服务、修理和其他服务业** | **O** | **20009** | | **27** | **108** |
| 居民服务业 | 80 | 8597 | | 22 | 55 |
| 机动车、电子产品和日用产品修理业 | 81 | 7286 | | 2 | 31 |
| 其他服务业 | 82 | 4126 | | 3 | 22 |
| **教育** | **P** | **25978** | **434** | **2318** | **1647** |
| 教育 | 83 | 25978 | 434 | 2318 | 1647 |
| **卫生和社会工作** | **Q** | **12539** | **43** | **1112** | **1386** |
| 卫生 | 84 | 9318 | 38 | 1058 | 1017 |
| 社会工作 | 85 | 3221 | 5 | 54 | 369 |
| **文化、体育和娱乐业** | **R** | **23539** | **24** | **176** | **460** |
| 新闻和出版业 | 86 | 418 | 4 | 5 | 40 |
| 广播、电视、电影和录音制作业 | 87 | 1756 | 1 | 15 | 55 |
| 文化艺术业 | 88 | 6391 | 17 | 143 | 325 |
| 体育 | 89 | 1627 | | 1 | 14 |
| 娱乐业 | 90 | 13347 | 2 | 12 | 26 |
| **公共管理、社会保障和社会组织** | **S** | **69421** | **1066** | **5355** | **14872** |
| 中国共产党机关 | 91 | 1406 | 75 | 132 | 339 |
| 国家机构 | 92 | 22528 | 245 | 1131 | 3321 |
| 人民政协、民主党派 | 93 | 250 | 3 | 31 | 70 |
| 社会保障 | 94 | 510 | 1 | 3 | 42 |
| 群众团体、社会团体和其他成员组织 | 95 | 15798 | 111 | 311 | 1445 |
| 基层群众自治组织 | 96 | 28929 | 631 | 3747 | 9655 |

| 1992–2000年 | 2001年 | 2002年 | 2003年 | 2004年 | 2005年 | 2006年 | 2007年 | 2008年 | 代码 |
|---|---|---|---|---|---|---|---|---|---|
| 11 | 2 | 3 | 8 | 9 | 6 | 10 | 8 | 13 | 69 |
| **1504** | **436** | **511** | **678** | **703** | **712** | **702** | **918** | **798** | **K** |
| 1504 | 436 | 511 | 678 | 703 | 712 | 702 | 918 | 798 | 70 |
| **1586** | **434** | **481** | **611** | **770** | **914** | **937** | **1023** | **1396** | **L** |
| 64 | 25 | 24 | 30 | 48 | 50 | 41 | 52 | 92 | 71 |
| 1522 | 409 | 457 | 581 | 722 | 864 | 896 | 971 | 1304 | 72 |
| **1403** | **419** | **449** | **519** | **698** | **1147** | **1161** | **776** | **1094** | **M** |
| 127 | 39 | 35 | 37 | 50 | 51 | 70 | 91 | 111 | 73 |
| 878 | 273 | 320 | 365 | 427 | 619 | 657 | 422 | 538 | 74 |
| 398 | 107 | 94 | 117 | 221 | 477 | 434 | 263 | 445 | 75 |
| **387** | **102** | **106** | **94** | **133** | **195** | **199** | **106** | **171** | **N** |
| 148 | 33 | 26 | 16 | 45 | 65 | 67 | 15 | 45 | 76 |
| 36 | 8 | 10 | 13 | 17 | 19 | 10 | 14 | 21 | 77 |
| 190 | 54 | 67 | 56 | 62 | 97 | 109 | 69 | 101 | 78 |
| 13 | 7 | 3 | 9 | 9 | 14 | 13 | 8 | 4 | 79 |
| **369** | **113** | **124** | **159** | **177** | **214** | **235** | **249** | **346** | **O** |
| 145 | 39 | 49 | 48 | 68 | 82 | 92 | 85 | 131 | 80 |
| 160 | 55 | 48 | 75 | 77 | 89 | 94 | 87 | 120 | 81 |
| 64 | 19 | 27 | 36 | 32 | 43 | 49 | 77 | 95 | 82 |
| **1673** | **305** | **407** | **395** | **388** | **471** | **552** | **358** | **583** | **P** |
| 1673 | 305 | 407 | 395 | 388 | 471 | 552 | 358 | 583 | 83 |
| **1037** | **270** | **236** | **237** | **260** | **357** | **290** | **194** | **316** | **Q** |
| 742 | 219 | 186 | 154 | 163 | 280 | 216 | 152 | 242 | 84 |
| 295 | 51 | 50 | 83 | 97 | 77 | 74 | 42 | 74 | 85 |
| **463** | **119** | **135** | **198** | **367** | **491** | **468** | **435** | **532** | **R** |
| 55 | 10 | 11 | 10 | 12 | 8 | 11 | 9 | 14 | 86 |
| 48 | 8 | 18 | 6 | 12 | 25 | 21 | 17 | 30 | 87 |
| 213 | 49 | 32 | 35 | 68 | 172 | 157 | 45 | 100 | 88 |
| 28 | 6 | 6 | 7 | 10 | 9 | 19 | 17 | 23 | 89 |
| 119 | 46 | 68 | 140 | 265 | 277 | 260 | 347 | 365 | 90 |
| **7483** | **1798** | **1843** | **1242** | **1402** | **1896** | **3661** | **1072** | **1762** | **S** |
| 188 | 51 | 53 | 10 | 7 | 5 | 6 | 7 | 11 | 91 |
| 2639 | 571 | 550 | 335 | 364 | 493 | 363 | 357 | 517 | 92 |
| 36 | 4 | 4 |  | 1 | 6 |  | 1 | 4 | 93 |
| 56 | 12 | 19 | 11 | 18 | 13 | 26 | 17 | 18 | 94 |
| 1949 | 314 | 331 | 325 | 373 | 588 | 476 | 440 | 784 | 95 |
| 2615 | 846 | 886 | 561 | 639 | 791 | 2790 | 250 | 428 | 96 |

1-13 续表 3

| 行业大类 | 代码 | 2009年 | 2010年 | 2011年 | 2012年 |
|---|---|---|---|---|---|
| **总　　计** | **00** | **21535** | **26751** | **30384** | **46312** |
| **农、林、牧、渔业** | **A** | **401** | **473** | **522** | **864** |
| 农业 | 01 |  | 1 |  |  |
| 林业 | 02 |  |  |  |  |
| 畜牧业 | 03 | 1 |  |  |  |
| 渔业 | 04 |  |  |  |  |
| 农、林、牧、渔专业及辅助性活动 | 05 | 400 | 472 | 522 | 864 |
| **采矿业** | **B** | **145** | **163** | **163** | **158** |
| 煤炭开采和洗选业 | 06 | 5 | 4 | 8 | 6 |
| 石油和天然气开采业 | 07 |  |  | 1 |  |
| 黑色金属矿采选业 | 08 | 24 | 20 | 15 | 12 |
| 有色金属矿采选业 | 09 | 5 | 9 | 4 | 3 |
| 非金属矿采选业 | 10 | 101 | 119 | 126 | 122 |
| 开采专业及辅助性活动 | 11 | 4 | 4 | 3 | 4 |
| 其他采矿业 | 12 | 6 | 7 | 6 | 11 |
| **制造业** | **C** | **3386** | **4304** | **4925** | **5098** |
| 农副食品加工业 | 13 | 257 | 312 | 393 | 466 |
| 食品制造业 | 14 | 72 | 98 | 107 | 197 |
| 酒、饮料和精制茶制造业 | 15 | 128 | 174 | 172 | 220 |
| 烟草制品业 | 16 |  | 5 |  | 3 |
| 纺织业 | 17 | 148 | 213 | 238 | 185 |
| 纺织服装、服饰业 | 18 | 141 | 214 | 279 | 287 |
| 皮革、毛皮、羽毛及其制品和制鞋业 | 19 | 16 | 20 | 46 | 73 |
| 木材加工和木、竹、藤、棕、草制品业 | 20 | 77 | 100 | 105 | 127 |
| 家具制造业 | 21 | 47 | 79 | 78 | 89 |
| 造纸和纸制品业 | 22 | 60 | 57 | 65 | 64 |
| 印刷和记录媒介复制业 | 23 | 99 | 101 | 119 | 115 |
| 文教、工美、体育和娱乐用品制造业 | 24 | 44 | 79 | 83 | 92 |
| 石油、煤炭及其他燃料加工业 | 25 | 8 | 12 | 19 | 11 |
| 化学原料和化学制品制造业 | 26 | 205 | 196 | 229 | 215 |
| 医药制造业 | 27 | 48 | 54 | 60 | 67 |
| 化学纤维制造业 | 28 | 4 | 3 | 8 | 6 |
| 橡胶和塑料制品业 | 29 | 143 | 158 | 189 | 214 |
| 非金属矿物制品业 | 30 | 474 | 604 | 795 | 765 |
| 黑色金属冶炼和压延加工业 | 31 | 28 | 28 | 44 | 24 |
| 有色金属冶炼和压延加工业 | 32 | 26 | 25 | 31 | 34 |
| 金属制品业 | 33 | 238 | 291 | 344 | 344 |
| 通用设备制造业 | 34 | 301 | 355 | 393 | 345 |
| 专用设备制造业 | 35 | 204 | 243 | 280 | 273 |

| 2013年 | 2014年 | 2015年 | 2016年 | 2017年 | 2018年 | 无开业年份 | 代码 |
|---|---|---|---|---|---|---|---|
| **49162** | **62999** | **74305** | **103921** | **130962** | **144381** | **769** | **00** |
| **1111** | **1014** | **1351** | **2222** | **2042** | **2791** | **8** | **A** |
| | | | 1 | 1 | | | 01 |
| | | | | | | | 02 |
| | | | 1 | | | | 03 |
| | | | | | | | 04 |
| 1111 | 1014 | 1351 | 2220 | 2041 | 2791 | 8 | 05 |
| **150** | **170** | **165** | **153** | **176** | **208** | **1** | **B** |
| 4 | 2 | 2 | 2 | 3 | 2 | | 06 |
| 1 | | 1 | 1 | 2 | | | 07 |
| 7 | 3 | 1 | 5 | 4 | 21 | | 08 |
| 5 | 5 | 2 | 3 | 5 | 1 | | 09 |
| 125 | 142 | 142 | 129 | 149 | 152 | 1 | 10 |
| 3 | 5 | 4 | 3 | 4 | 10 | | 11 |
| 5 | 13 | 13 | 10 | 9 | 22 | | 12 |
| **6505** | **6835** | **7348** | **8650** | **11328** | **11230** | **66** | **C** |
| 549 | 408 | 580 | 681 | 668 | 733 | 11 | 13 |
| 233 | 174 | 275 | 329 | 319 | 282 | 2 | 14 |
| 361 | 273 | 428 | 463 | 542 | 506 | 15 | 15 |
| | 5 | 1 | 1 | 38 | 8 | | 16 |
| 195 | 197 | 244 | 328 | 388 | 315 | | 17 |
| 656 | 457 | 462 | 623 | 1016 | 1077 | 4 | 18 |
| 85 | 102 | 71 | 82 | 111 | 204 | | 19 |
| 155 | 195 | 253 | 326 | 440 | 457 | | 20 |
| 149 | 152 | 172 | 208 | 312 | 334 | 1 | 21 |
| 100 | 106 | 112 | 123 | 180 | 148 | | 22 |
| 154 | 163 | 184 | 163 | 255 | 265 | | 23 |
| 181 | 178 | 185 | 193 | 287 | 290 | 1 | 24 |
| 11 | 14 | 28 | 37 | 51 | 47 | 1 | 25 |
| 213 | 306 | 300 | 311 | 388 | 349 | 1 | 26 |
| 100 | 126 | 143 | 203 | 257 | 212 | 3 | 27 |
| 6 | 3 | 6 | 10 | 9 | 11 | | 28 |
| 209 | 290 | 295 | 324 | 362 | 401 | 2 | 29 |
| 877 | 902 | 867 | 989 | 1189 | 1150 | 5 | 30 |
| 26 | 33 | 34 | 48 | 58 | 54 | | 31 |
| 37 | 37 | 38 | 36 | 68 | 87 | | 32 |
| 442 | 524 | 525 | 618 | 846 | 840 | 7 | 33 |
| 420 | 461 | 454 | 479 | 672 | 646 | 1 | 34 |
| 354 | 405 | 397 | 496 | 671 | 742 | 1 | 35 |

1-13 续表 4

| 行业大类 | 代码 | 2009年 | 2010年 | 2011年 | 2012年 |
|---|---|---|---|---|---|
| 汽车制造业 | 36 | 251 | 418 | 380 | 316 |
| 铁路、船舶、航空航天和其他运输设备制造业 | 37 | 32 | 43 | 32 | 35 |
| 电气机械和器材制造业 | 38 | 139 | 171 | 167 | 160 |
| 计算机、通信和其他电子设备制造业 | 39 | 78 | 103 | 121 | 140 |
| 仪器仪表制造业 | 40 | 45 | 46 | 41 | 55 |
| 其他制造业 | 41 | 23 | 33 | 33 | 80 |
| 废弃资源综合利用业 | 42 | 11 | 21 | 29 | 39 |
| 金属制品、机械和设备修理业 | 43 | 39 | 48 | 45 | 57 |
| **电力、热力、燃气及水生产和供应业** | **D** | **149** | **145** | **132** | **182** |
| 电力、热力生产和供应业 | 44 | 64 | 66 | 45 | 67 |
| 燃气生产和供应业 | 45 | 15 | 15 | 18 | 29 |
| 水的生产和供应业 | 46 | 70 | 64 | 69 | 86 |
| **建筑业** | **E** | **1077** | **1328** | **1784** | **1904** |
| 房屋建筑业 | 47 | 231 | 306 | 405 | 471 |
| 土木工程建筑业 | 48 | 270 | 300 | 362 | 416 |
| 建筑安装业 | 49 | 220 | 282 | 370 | 348 |
| 建筑装饰、装修和其他建筑业 | 50 | 356 | 440 | 647 | 669 |
| **批发和零售业** | **F** | **6554** | **8183** | **9735** | **11896** |
| 批发业 | 51 | 3529 | 4316 | 5143 | 6229 |
| 零售业 | 52 | 3025 | 3867 | 4592 | 5667 |
| **交通运输、仓储和邮政业** | **G** | **666** | **847** | **888** | **1103** |
| 铁路运输业 | 53 | 1 | | | |
| 道路运输业 | 54 | 398 | 458 | 506 | 730 |
| 水上运输业 | 55 | 54 | 37 | 31 | 22 |
| 航空运输业 | 56 | 1 | 3 | | |
| 管道运输业 | 57 | 2 | | 2 | 1 |
| 多式联运和运输代理业 | 58 | 73 | 85 | 98 | 112 |
| 装卸搬运和仓储业 | 59 | 97 | 130 | 142 | 168 |
| 邮政业 | 60 | 40 | 134 | 109 | 70 |
| **住宿和餐饮业** | **H** | **346** | **478** | **569** | **741** |
| 住宿业 | 61 | 117 | 183 | 197 | 288 |
| 餐饮业 | 62 | 229 | 295 | 372 | 453 |
| **信息传输、软件和信息技术服务业** | **I** | **539** | **746** | **852** | **1072** |
| 电信、广播电视和卫星传输服务 | 63 | 22 | 43 | 42 | 71 |
| 互联网和相关服务 | 64 | 57 | 62 | 98 | 103 |
| 软件和信息技术服务业 | 65 | 460 | 641 | 712 | 898 |
| **金融业** | **J** | **94** | **107** | **203** | **218** |
| 货币金融服务 | 66 | 48 | 48 | 110 | 109 |
| 资本市场服务 | 67 | 10 | 17 | 29 | 48 |
| 保险业 | 68 | 27 | 31 | 47 | 52 |
| 其他金融业 | 69 | 9 | 11 | 17 | 9 |

| 2013年 | 2014年 | 2015年 | 2016年 | 2017年 | 2018年 | 无开业年份 | 代码 |
|---|---|---|---|---|---|---|---|
| 378 | 483 | 420 | 500 | 715 | 668 | 8 | 36 |
| 18 | 38 | 35 | 36 | 51 | 37 | | 37 |
| 197 | 242 | 222 | 260 | 453 | 358 | | 38 |
| 164 | 194 | 224 | 292 | 413 | 415 | 1 | 39 |
| 58 | 87 | 94 | 100 | 134 | 138 | 2 | 40 |
| 81 | 132 | 124 | 174 | 173 | 183 | | 41 |
| 31 | 38 | 59 | 69 | 106 | 103 | | 42 |
| 65 | 110 | 116 | 148 | 156 | 170 | | 43 |
| **180** | **219** | **341** | **780** | **1167** | **629** | **1** | **D** |
| 55 | 98 | 177 | 625 | 995 | 468 | 1 | 44 |
| 17 | 35 | 37 | 37 | 32 | 28 | | 45 |
| 108 | 86 | 127 | 118 | 140 | 133 | | 46 |
| **2617** | **4306** | **4567** | **8104** | **11114** | **13588** | **74** | **E** |
| 693 | 944 | 939 | 1830 | 2786 | 3422 | 11 | 47 |
| 546 | 871 | 928 | 1789 | 2460 | 3115 | 17 | 48 |
| 422 | 764 | 681 | 1129 | 1310 | 1469 | 7 | 49 |
| 956 | 1727 | 2019 | 3356 | 4558 | 5582 | 39 | 50 |
| **18076** | **20968** | **26047** | **37875** | **43838** | **46757** | **212** | **F** |
| 8701 | 10195 | 12468 | 17755 | 20511 | 21901 | 107 | 51 |
| 9375 | 10773 | 13579 | 20120 | 23327 | 24856 | 105 | 52 |
| **1361** | **1859** | **2435** | **2854** | **3320** | **3424** | **11** | **G** |
| 1 | | 1 | | | | | 53 |
| 889 | 1206 | 1575 | 1935 | 2410 | 2538 | 8 | 54 |
| 12 | 38 | 40 | 55 | 74 | 63 | | 55 |
| 3 | 3 | 5 | 14 | 14 | 13 | | 56 |
| | 1 | 1 | 2 | 1 | | | 57 |
| 136 | 205 | 257 | 254 | 313 | 330 | 1 | 58 |
| 215 | 302 | 352 | 331 | 341 | 363 | | 59 |
| 105 | 104 | 204 | 263 | 167 | 117 | 2 | 60 |
| **1403** | **1400** | **1812** | **2534** | **2685** | **3575** | **32** | **H** |
| 368 | 402 | 582 | 612 | 688 | 990 | 14 | 61 |
| 1035 | 998 | 1230 | 1922 | 1997 | 2585 | 18 | 62 |
| **1334** | **2757** | **3860** | **5865** | **8802** | **10938** | **65** | **I** |
| 64 | 125 | 129 | 127 | 164 | 148 | | 63 |
| 145 | 329 | 530 | 745 | 1116 | 1579 | 9 | 64 |
| 1125 | 2303 | 3201 | 4993 | 7522 | 9211 | 56 | 65 |
| **249** | **248** | **382** | **235** | **241** | **206** | **1** | **J** |
| 134 | 106 | 99 | 48 | 63 | 101 | | 66 |
| 55 | 90 | 202 | 134 | 128 | 69 | 1 | 67 |
| 41 | 26 | 23 | 24 | 24 | 15 | | 68 |
| 19 | 26 | 58 | 29 | 26 | 21 | | 69 |

1-13 续表 5

| 行业大类 | 代码 | 2009年 | 2010年 | 2011年 | 2012年 |
|---|---|---|---|---|---|
| **房地产业** | **K** | **1095** | **1628** | **1684** | **1531** |
| 房地产业 | 70 | 1095 | 1628 | 1684 | 1531 |
| **租赁和商务服务业** | **L** | **1774** | **2307** | **2795** | **3586** |
| 租赁业 | 71 | 157 | 198 | 257 | 286 |
| 商务服务业 | 72 | 1617 | 2109 | 2538 | 3300 |
| **科学研究和技术服务业** | **M** | **1379** | **1567** | **2033** | **2848** |
| 研究和试验发展 | 73 | 131 | 180 | 242 | 305 |
| 专业技术服务业 | 74 | 676 | 754 | 990 | 1435 |
| 科技推广和应用服务业 | 75 | 572 | 633 | 801 | 1108 |
| **水利、环境和公共设施管理业** | **N** | **176** | **194** | **238** | **831** |
| 水利管理业 | 76 | 44 | 39 | 35 | 378 |
| 生态保护和环境治理业 | 77 | 22 | 15 | 32 | 76 |
| 公共设施管理业 | 78 | 108 | 127 | 163 | 359 |
| 土地管理业 | 79 | 2 | 13 | 8 | 18 |
| **居民服务、修理和其他服务业** | **O** | **417** | **511** | **656** | **746** |
| 居民服务业 | 80 | 164 | 176 | 260 | 291 |
| 机动车、电子产品和日用产品修理业 | 81 | 153 | 213 | 241 | 254 |
| 其他服务业 | 82 | 100 | 122 | 155 | 201 |
| **教育** | **P** | **579** | **733** | **791** | **3338** |
| 教育 | 83 | 579 | 733 | 791 | 3338 |
| **卫生和社会工作** | **Q** | **311** | **321** | **278** | **1270** |
| 卫生 | 84 | 227 | 244 | 216 | 1009 |
| 社会工作 | 85 | 84 | 77 | 62 | 261 |
| **文化、体育和娱乐业** | **R** | **942** | **678** | **586** | **1131** |
| 新闻和出版业 | 86 | 13 | 15 | 12 | 58 |
| 广播、电视、电影和录音制作业 | 87 | 30 | 30 | 50 | 69 |
| 文化艺术业 | 88 | 115 | 138 | 124 | 452 |
| 体育 | 89 | 32 | 19 | 31 | 56 |
| 娱乐业 | 90 | 752 | 476 | 369 | 496 |
| **公共管理、社会保障和社会组织** | **S** | **1505** | **2038** | **1550** | **7795** |
| 中国共产党机关 | 91 | 17 | 36 | 15 | 295 |
| 国家机构 | 92 | 539 | 838 | 613 | 5995 |
| 人民政协、民主党派 | 93 | 4 | 1 | 5 | 54 |
| 社会保障 | 94 | 12 | 32 | 34 | 133 |
| 群众团体、社会团体和其他成员组织 | 95 | 443 | 715 | 532 | 935 |
| 基层群众自治组织 | 96 | 490 | 416 | 351 | 383 |

| 2013年 | 2014年 | 2015年 | 2016年 | 2017年 | 2018年 | 无开业年份 | 代码 |
|---|---|---|---|---|---|---|---|
| **1950** | **2197** | **1927** | **3030** | **4316** | **4737** | **32** | **K** |
| 1950 | 2197 | 1927 | 3030 | 4316 | 4737 | 32 | 70 |
| **4599** | **7712** | **9410** | **12002** | **18837** | **21816** | **139** | **L** |
| 476 | 733 | 905 | 1280 | 1848 | 2097 | 11 | 71 |
| 4123 | 6979 | 8505 | 10722 | 16989 | 19719 | 128 | 72 |
| **3205** | **4584** | **5152** | **7216** | **9359** | **10078** | **49** | **M** |
| 342 | 510 | 600 | 856 | 1127 | 1136 | 7 | 73 |
| 1365 | 2381 | 2642 | 3390 | 4442 | 4719 | 22 | 74 |
| 1498 | 1693 | 1910 | 2970 | 3790 | 4223 | 20 | 75 |
| **414** | **506** | **644** | **839** | **1106** | **1164** | **7** | **N** |
| 69 | 79 | 40 | 64 | 54 | 48 |  | 76 |
| 43 | 55 | 89 | 106 | 164 | 197 | 2 | 77 |
| 289 | 352 | 498 | 653 | 805 | 756 | 5 | 78 |
| 13 | 20 | 17 | 16 | 83 | 163 |  | 79 |
| **1124** | **1708** | **2193** | **3031** | **3546** | **3934** | **22** | **O** |
| 497 | 683 | 850 | 1324 | 1669 | 1860 | 7 | 80 |
| 425 | 641 | 873 | 1128 | 1224 | 1290 | 6 | 81 |
| 202 | 384 | 470 | 579 | 653 | 784 | 9 | 82 |
| **1131** | **1197** | **1601** | **2248** | **2373** | **2441** | **15** | **P** |
| 1131 | 1197 | 1601 | 2248 | 2373 | 2441 | 15 | 83 |
| **558** | **560** | **656** | **888** | **984** | **972** | **3** | **Q** |
| 373 | 359 | 434 | 624 | 685 | 678 | 2 | 84 |
| 185 | 201 | 222 | 264 | 299 | 294 | 1 | 85 |
| **1036** | **1532** | **2365** | **3403** | **3871** | **4104** | **23** | **R** |
| 22 | 20 | 18 | 20 | 18 | 33 |  | 86 |
| 60 | 113 | 157 | 215 | 397 | 375 | 4 | 87 |
| 253 | 384 | 482 | 817 | 1049 | 1215 | 6 | 88 |
| 52 | 81 | 163 | 274 | 385 | 388 | 6 | 89 |
| 649 | 934 | 1545 | 2077 | 2022 | 2093 | 7 | 90 |
| **2159** | **3227** | **2049** | **1992** | **1857** | **1789** | **8** | **S** |
| 35 | 12 | 20 | 39 | 28 | 25 |  | 91 |
| 737 | 770 | 519 | 694 | 523 | 412 | 2 | 92 |
| 7 | 2 |  | 6 | 8 | 3 |  | 93 |
| 13 | 15 | 6 | 16 | 6 | 7 |  | 94 |
| 1137 | 1032 | 1033 | 964 | 819 | 738 | 3 | 95 |
| 230 | 1396 | 471 | 273 | 473 | 604 | 3 | 96 |

# 1-14 按行业(大类)、开业(成立)时间

| 行业大类 | 代码 | 从业人员数(人) | 1949年以前 | 1950-1977年 | 1978-1991年 |
|---|---|---|---|---|---|
| **总　　计** | **00** | **14736930** | **180975** | **713346** | **770490** |
| **农、林、牧、渔业** | **A** | **102410** | **9** | **1352** | **963** |
| 农业 | 01 | | | | |
| 林业 | 02 | | | | |
| 畜牧业 | 03 | | | | |
| 渔业 | 04 | | | | |
| 农、林、牧、渔专业及辅助性活动 | 05 | 102410 | 9 | 1352 | 963 |
| **采矿业** | **B** | **113497** | | **1306** | **6531** |
| 煤炭开采和洗选业 | 06 | 6975 | | 454 | 30 |
| 石油和天然气开采业 | 07 | 12962 | | | |
| 黑色金属矿采选业 | 08 | 19938 | | | 3950 |
| 有色金属矿采选业 | 09 | 7097 | | | 117 |
| 非金属矿采选业 | 10 | 52258 | | 173 | 2434 |
| 开采专业及辅助性活动 | 11 | 11930 | | | |
| 其他采矿业 | 12 | 2337 | | 679 | |
| **制造业** | **C** | **3784347** | **7835** | **64324** | **90906** |
| 农副食品加工业 | 13 | 236848 | | 284 | 1362 |
| 食品制造业 | 14 | 109295 | 12 | 795 | 119 |
| 酒、饮料和精制茶制造业 | 15 | 109572 | | 1188 | 2275 |
| 烟草制品业 | 16 | 7743 | 6220 | | 303 |
| 纺织业 | 17 | 273235 | | 1506 | 8409 |
| 纺织服装、服饰业 | 18 | 263537 | 891 | 19 | 1678 |
| 皮革、毛皮、羽毛及其制品和制鞋业 | 19 | 46670 | | | 22 |
| 木材加工和木、竹、藤、棕、草制品业 | 20 | 62604 | | 22 | 165 |
| 家具制造业 | 21 | 40941 | | 42 | 1353 |
| 造纸和纸制品业 | 22 | 51121 | | 45 | 261 |
| 印刷和记录媒介复制业 | 23 | 65706 | 75 | 3 | 946 |
| 文教、工美、体育和娱乐用品制造业 | 24 | 62765 | | 153 | 29 |
| 石油、煤炭及其他燃料加工业 | 25 | 12518 | | | 21 |
| 化学原料和化学制品制造业 | 26 | 218986 | | 4664 | 8020 |
| 医药制造业 | 27 | 138194 | | 1866 | 9586 |
| 化学纤维制造业 | 28 | 6911 | | | |
| 橡胶和塑料制品业 | 29 | 118463 | | 5 | 1135 |
| 非金属矿物制品业 | 30 | 355685 | | 1721 | 3184 |
| 黑色金属冶炼和压延加工业 | 31 | 74875 | | 23649 | 19079 |
| 有色金属冶炼和压延加工业 | 32 | 42384 | | 10433 | 434 |
| 金属制品业 | 33 | 178938 | | 2730 | 4026 |
| 通用设备制造业 | 34 | 168097 | | 1267 | 5607 |
| 专用设备制造业 | 35 | 158368 | | 1376 | 939 |

# 分组的法人单位从业人员数

| 1992–2000年 | 2001年 | 2002年 | 2003年 | 2004年 | 2005年 | 2006年 | 2007年 | 2008年 | 代码 |
|---|---|---|---|---|---|---|---|---|---|
| **1859430** | **427564** | **533559** | **495501** | **427445** | **451820** | **392909** | **392604** | **426408** | **00** |
| **1262** | **400** | **407** | **444** | **872** | **1518** | **496** | **1175** | **1908** | **A** |
| | | | | | | | | | 01 |
| | | | | | | | | | 02 |
| | | | | | | | | | 03 |
| | | | | | | | | | 04 |
| 1262 | 400 | 407 | 444 | 872 | 1518 | 496 | 1175 | 1908 | 05 |
| **28753** | **2252** | **3096** | **5927** | **6941** | **5724** | **3681** | **3074** | **3849** | **B** |
| 807 | | 47 | 1917 | 1646 | 362 | 360 | 135 | 66 | 06 |
| 12852 | | | | | | | | | 07 |
| 2527 | 455 | 61 | 1653 | 933 | 2519 | 257 | 510 | 781 | 08 |
| 2144 | 841 | 734 | 811 | 463 | 391 | 334 | 383 | 91 | 09 |
| 4201 | 874 | 2215 | 1485 | 3750 | 2165 | 2676 | 2031 | 2757 | 10 |
| 6186 | 42 | | 14 | 5 | 228 | 18 | | 138 | 11 |
| 36 | 40 | 39 | 47 | 144 | 59 | 36 | 15 | 16 | 12 |
| **494726** | **122390** | **158348** | **175075** | **155293** | **174947** | **159800** | **156111** | **170480** | **C** |
| 18857 | 7475 | 11412 | 11961 | 12237 | 12731 | 11941 | 12392 | 12032 | 13 |
| 16033 | 2039 | 3533 | 4287 | 3711 | 7726 | 6157 | 5129 | 5596 | 14 |
| 26310 | 2912 | 4447 | 4252 | 3047 | 5666 | 4072 | 3342 | 4886 | 15 |
| 7 | 281 | 4 | 93 | | | | | | 16 |
| 29051 | 17437 | 14272 | 21019 | 16108 | 21422 | 22406 | 10389 | 8947 | 17 |
| 19426 | 2311 | 10362 | 3651 | 7198 | 6889 | 6584 | 13043 | 6874 | 18 |
| 667 | 110 | 147 | 762 | 542 | 469 | 778 | 331 | 12345 | 19 |
| 5249 | 419 | 2337 | 955 | 1383 | 2336 | 4272 | 2167 | 2729 | 20 |
| 2719 | 235 | 158 | 974 | 623 | 390 | 550 | 646 | 373 | 21 |
| 5202 | 1583 | 1651 | 1485 | 5377 | 1720 | 4394 | 2923 | 2476 | 22 |
| 8092 | 1741 | 5198 | 3790 | 3745 | 3596 | 1804 | 3020 | 3938 | 23 |
| 6314 | 1762 | 2164 | 1847 | 2422 | 2117 | 1327 | 2607 | 2041 | 24 |
| 7179 | 29 | 360 | 16 | 37 | 187 | 682 | 239 | 100 | 25 |
| 46956 | 4869 | 11233 | 10721 | 8564 | 13439 | 11489 | 6414 | 14548 | 26 |
| 32936 | 17223 | 17876 | 6062 | 6012 | 6104 | 1833 | 1863 | 2278 | 27 |
| 40 | 33 | 433 | 464 | 15 | 38 | 636 | | 26 | 28 |
| 13145 | 5734 | 4969 | 4131 | 4798 | 6665 | 6538 | 5378 | 6347 | 29 |
| 39386 | 2777 | 6276 | 13636 | 8505 | 8788 | 14085 | 18282 | 19076 | 30 |
| 3909 | 359 | 1776 | 4243 | 617 | 660 | 677 | 1810 | 1961 | 31 |
| 6146 | 1125 | 1585 | 1183 | 1319 | 1058 | 724 | 1452 | 1115 | 32 |
| 17460 | 3994 | 6735 | 4820 | 12268 | 6590 | 10265 | 5637 | 10460 | 33 |
| 22545 | 9338 | 7522 | 6332 | 6307 | 11001 | 6174 | 5722 | 8394 | 34 |
| 10485 | 5797 | 6096 | 9119 | 5022 | 11264 | 5860 | 8523 | 7157 | 35 |

1-14 续表 1

| 行业大类 | 代码 | 从业人员数(人) | 1949年以前 | 1950-1977年 | 1978-1991年 |
|---|---|---|---|---|---|
| 汽车制造业 | 36 | 480743 | 91 | 10666 | 10815 |
| 铁路、船舶、航空航天和其他运输设备制造业 | 37 | 42497 | 546 | 219 | 830 |
| 电气机械和器材制造业 | 38 | 171863 | | 1669 | 5589 |
| 计算机、通信和其他电子设备制造业 | 39 | 202448 | | 1 | 2696 |
| 仪器仪表制造业 | 40 | 32172 | | 1 | 559 |
| 其他制造业 | 41 | 17745 | | | 70 |
| 废弃资源综合利用业 | 42 | 16995 | | | 835 |
| 金属制品、机械和设备修理业 | 43 | 16428 | | | 559 |
| **电力、热力、燃气及水生产和供应业** | **D** | **203891** | | **8607** | **8971** |
| 电力、热力生产和供应业 | 44 | 145191 | | 6007 | 978 |
| 燃气生产和供应业 | 45 | 13282 | | | 17 |
| 水的生产和供应业 | 46 | 45418 | | 2600 | 7976 |
| **建筑业** | **E** | **2512147** | **2760** | **207764** | **209487** |
| 房屋建筑业 | 47 | 1604597 | 2760 | 115265 | 151014 |
| 土木工程建筑业 | 48 | 478780 | | 71294 | 54239 |
| 建筑安装业 | 49 | 156897 | | 21025 | 904 |
| 建筑装饰、装修和其他建筑业 | 50 | 271873 | | 180 | 3330 |
| **批发和零售业** | **F** | **2048709** | **133** | **13974** | **56329** |
| 批发业 | 51 | 1025954 | 4 | 1982 | 16909 |
| 零售业 | 52 | 1022755 | 129 | 11992 | 39420 |
| **交通运输、仓储和邮政业** | **G** | **495278** | **898** | **7279** | **18724** |
| 铁路运输业 | 53 | | | | |
| 道路运输业 | 54 | 318163 | 417 | 6259 | 14305 |
| 水上运输业 | 55 | 22677 | 479 | 405 | 1037 |
| 航空运输业 | 56 | 9286 | | | 56 |
| 管道运输业 | 57 | 4286 | | | |
| 多式联运和运输代理业 | 58 | 20132 | | | 117 |
| 装卸搬运和仓储业 | 59 | 44412 | | 610 | 3126 |
| 邮政业 | 60 | 76322 | 2 | 5 | 83 |
| **住宿和餐饮业** | **H** | **279818** | **6** | **1170** | **3040** |
| 住宿业 | 61 | 94357 | | 679 | 2077 |
| 餐饮业 | 62 | 185461 | 6 | 491 | 963 |
| **信息传输、软件和信息技术服务业** | **I** | **411010** | | **456** | **10060** |
| 电信、广播电视和卫星传输服务 | 63 | 62215 | | 357 | 9862 |
| 互联网和相关服务 | 64 | 78871 | | 2 | 54 |
| 软件和信息技术服务业 | 65 | 269924 | | 97 | 144 |
| **金融业** | **J** | **21158** | | **22** | **15** |
| 货币金融服务 | 66 | 5373 | | | 15 |
| 资本市场服务 | 67 | 2240 | | | |
| 保险业 | 68 | 126 | | | |

| 1992–2000年 | 2001年 | 2002年 | 2003年 | 2004年 | 2005年 | 2006年 | 2007年 | 2008年 | 代码 |
|---|---|---|---|---|---|---|---|---|---|
| 91093 | 13094 | 22596 | 47893 | 20468 | 23009 | 18839 | 17869 | 10869 | 36 |
| 6082 | 1810 | 1492 | 473 | 620 | 3631 | 8016 | 1880 | 2529 | 37 |
| 20316 | 5939 | 10872 | 2941 | 10909 | 11087 | 3511 | 6810 | 4510 | 38 |
| 27941 | 9672 | 1485 | 2562 | 7167 | 3823 | 4682 | 15662 | 16077 | 39 |
| 5779 | 453 | 543 | 2122 | 4290 | 1793 | 819 | 990 | 893 | 40 |
| 708 | 345 | 261 | 725 | 246 | 126 | 218 | 481 | 398 | 41 |
| 1662 | 155 | 276 | 1912 | 496 | 276 | 322 | 128 | 1194 | 42 |
| 3031 | 1339 | 277 | 644 | 1240 | 346 | 145 | 982 | 311 | 43 |
| **95334** | **1022** | **5948** | **7669** | **4908** | **2509** | **3468** | **8292** | **9800** | **D** |
| 84261 | 644 | 4335 | 2901 | 3514 | 1212 | 2160 | 6227 | 7614 | 44 |
| 491 | 80 | 1272 | 3639 | 278 | 431 | 447 | 369 | 963 | 45 |
| 10582 | 298 | 341 | 1129 | 1116 | 866 | 861 | 1696 | 1223 | 46 |
| **584458** | **170038** | **200832** | **110941** | **87763** | **108079** | **59841** | **63650** | **45031** | **E** |
| 446633 | 131085 | 161341 | 79577 | 50525 | 82246 | 43561 | 40251 | 25921 | 47 |
| 82345 | 17918 | 17282 | 19471 | 18917 | 16682 | 6830 | 14062 | 7943 | 48 |
| 28514 | 13807 | 4510 | 6104 | 6701 | 3801 | 2104 | 3176 | 4225 | 49 |
| 26966 | 7228 | 17699 | 5789 | 11620 | 5350 | 7346 | 6161 | 6942 | 50 |
| **143820** | **25556** | **34285** | **40670** | **33746** | **39790** | **34005** | **36676** | **53977** | **F** |
| 72260 | 13768 | 19232 | 18139 | 15392 | 20139 | 16985 | 20319 | 29556 | 51 |
| 71560 | 11788 | 15053 | 22531 | 18354 | 19651 | 17020 | 16357 | 24421 | 52 |
| **74072** | **14424** | **14846** | **45146** | **14639** | **10153** | **8246** | **8913** | **18246** | **G** |
|  |  |  |  |  |  |  |  |  | 53 |
| 42806 | 8259 | 8345 | 41098 | 12581 | 7653 | 6276 | 6227 | 13405 | 54 |
| 3444 | 971 | 2496 | 1205 | 766 | 375 | 699 | 244 | 633 | 55 |
| 2261 | 30 | 2576 | 53 | 86 | 853 | 32 | 1366 | 722 | 56 |
|  | 3431 |  |  | 73 | 75 |  |  |  | 57 |
| 875 | 628 | 217 | 215 | 485 | 396 | 385 | 331 | 1274 | 58 |
| 4960 | 1017 | 1139 | 1946 | 616 | 729 | 746 | 688 | 2051 | 59 |
| 19726 | 88 | 73 | 629 | 32 | 72 | 108 | 57 | 161 | 60 |
| **36289** | **3590** | **4261** | **4672** | **6288** | **6056** | **6112** | **11931** | **7569** | **H** |
| 6600 | 1146 | 2205 | 2792 | 2274 | 3295 | 2865 | 3771 | 3881 | 61 |
| 29689 | 2444 | 2056 | 1880 | 4014 | 2761 | 3247 | 8160 | 3688 | 62 |
| **18167** | **7913** | **12051** | **2963** | **16820** | **4441** | **11622** | **7737** | **5799** | **I** |
| 10456 | 4906 | 9063 | 336 | 13685 | 318 | 342 | 908 | 1051 | 63 |
| 300 | 164 | 531 | 287 | 154 | 260 | 281 | 310 | 922 | 64 |
| 7411 | 2843 | 2457 | 2340 | 2981 | 3863 | 10999 | 6519 | 3826 | 65 |
| **607** | **27** | **303** | **430** | **142** | **280** | **912** | **227** | **411** | **J** |
| 37 |  | 113 | 67 | 9 | 41 | 100 | 78 | 122 | 66 |
| 25 |  | 4 |  | 17 |  | 12 | 9 | 40 | 67 |
|  |  |  |  |  |  |  |  |  | 68 |

1-14 续表 2

| 行业大类 | 代码 | 从业人员数(人) | 1949年以前 | 1950–1977年 | 1978–1991年 |
|---|---|---|---|---|---|
| 其他金融业 | 69 | 13419 | | 22 | |
| **房地产业** | **K** | **542540** | | **1045** | **5136** |
| 房地产业 | 70 | 542540 | | 1045 | 5136 |
| **租赁和商务服务业** | **L** | **872655** | **49** | **3198** | **10254** |
| 租赁业 | 71 | 58773 | | | 50 |
| 商务服务业 | 72 | 813882 | 49 | 3198 | 10204 |
| **科学研究和技术服务业** | **M** | **512308** | **438** | **24455** | **25041** |
| 研究和试验发展 | 73 | 49013 | 345 | 4273 | 2013 |
| 专业技术服务业 | 74 | 320309 | 3 | 18524 | 20549 |
| 科技推广和应用服务业 | 75 | 142986 | 90 | 1658 | 2479 |
| **水利、环境和公共设施管理业** | **N** | **144906** | **287** | **7397** | **10342** |
| 水利管理业 | 76 | 21116 | 48 | 5154 | 2147 |
| 生态保护和环境治理业 | 77 | 13234 | | 614 | 613 |
| 公共设施管理业 | 78 | 106059 | 239 | 1629 | 7498 |
| 土地管理业 | 79 | 4497 | | | 84 |
| **居民服务、修理和其他服务业** | **O** | **165555** | | **562** | **1799** |
| 居民服务业 | 80 | 69779 | | 432 | 1118 |
| 机动车、电子产品和日用产品修理业 | 81 | 47709 | | 54 | 253 |
| 其他服务业 | 82 | 48067 | | 76 | 428 |
| **教育** | **P** | **884534** | **64854** | **135376** | **86339** |
| 教育 | 83 | 884534 | 64854 | 135376 | 86339 |
| **卫生和社会工作** | **Q** | **502459** | **53059** | **137412** | **47108** |
| 卫生 | 84 | 470965 | 52777 | 135859 | 43478 |
| 社会工作 | 85 | 31494 | 282 | 1553 | 3630 |
| **文化、体育和娱乐业** | **R** | **195997** | **9105** | **3883** | **6884** |
| 新闻和出版业 | 86 | 20822 | 8698 | 136 | 1559 |
| 广播、电视、电影和录音制作业 | 87 | 25553 | 3 | 291 | 1449 |
| 文化艺术业 | 88 | 48242 | 345 | 3359 | 3604 |
| 体育 | 89 | 12803 | | | 156 |
| 娱乐业 | 90 | 88577 | 59 | 97 | 116 |
| **公共管理、社会保障和社会组织** | **S** | **943711** | **41542** | **93764** | **172561** |
| 中国共产党机关 | 91 | 29289 | 3147 | 2863 | 7728 |
| 国家机构 | 92 | 675266 | 34689 | 69870 | 109856 |
| 人民政协、民主党派 | 93 | 4228 | 88 | 843 | 1345 |
| 社会保障 | 94 | 7465 | 7 | 10 | 1034 |
| 群众团体、社会团体和其他成员组织 | 95 | 61253 | 593 | 1680 | 6271 |
| 基层群众自治组织 | 96 | 166210 | 3018 | 18498 | 46327 |

| 1992–2000年 | 2001年 | 2002年 | 2003年 | 2004年 | 2005年 | 2006年 | 2007年 | 2008年 | 代码 |
|---|---|---|---|---|---|---|---|---|---|
| 545 | 27 | 186 | 363 | 116 | 239 | 800 | 140 | 249 | 69 |
| **67407** | **13360** | **16864** | **21149** | **18363** | **23517** | **17960** | **22881** | **18198** | **K** |
| 67407 | 13360 | 16864 | 21149 | 18363 | 23517 | 17960 | 22881 | 18198 | 70 |
| **37846** | **5983** | **14393** | **16863** | **25765** | **18177** | **15230** | **24223** | **24320** | **L** |
| 1453 | 305 | 301 | 371 | 411 | 213 | 489 | 475 | 920 | 71 |
| 36393 | 5678 | 14092 | 16492 | 25354 | 17964 | 14741 | 23748 | 23400 | 72 |
| **42701** | **8305** | **9264** | **13885** | **11653** | **12874** | **13973** | **9776** | **13315** | **M** |
| 2189 | 340 | 672 | 733 | 585 | 456 | 499 | 1410 | 1197 | 73 |
| 37166 | 7223 | 7987 | 12141 | 9709 | 9937 | 10801 | 5868 | 8843 | 74 |
| 3346 | 742 | 605 | 1011 | 1359 | 2481 | 2673 | 2498 | 3275 | 75 |
| **13791** | **2601** | **5009** | **4013** | **2579** | **2894** | **2308** | **3027** | **2430** | **N** |
| 2853 | 395 | 453 | 108 | 399 | 423 | 200 | 424 | 251 | 76 |
| 1271 | 73 | 179 | 337 | 769 | 239 | 221 | 218 | 338 | 77 |
| 9459 | 2056 | 4358 | 3362 | 1067 | 1940 | 1681 | 2278 | 1767 | 78 |
| 208 | 77 | 19 | 206 | 344 | 292 | 206 | 107 | 74 | 79 |
| **5175** | **1857** | **1494** | **4748** | **2147** | **2390** | **3407** | **6001** | **5080** | **O** |
| 1988 | 338 | 473 | 2275 | 762 | 1241 | 1847 | 1375 | 3409 | 80 |
| 1456 | 494 | 546 | 750 | 658 | 735 | 829 | 748 | 840 | 81 |
| 1731 | 1025 | 475 | 1723 | 727 | 414 | 731 | 3878 | 831 | 82 |
| **71741** | **19066** | **23006** | **17700** | **15534** | **12427** | **19565** | **10521** | **15553** | **P** |
| 71741 | 19066 | 23006 | 17700 | 15534 | 12427 | 19565 | 10521 | 15553 | 83 |
| **23399** | **4547** | **4866** | **6375** | **6161** | **6862** | **4422** | **5173** | **11118** | **Q** |
| 21257 | 4316 | 4478 | 5411 | 5411 | 6230 | 3931 | 4913 | 10635 | 84 |
| 2142 | 231 | 388 | 964 | 750 | 632 | 491 | 260 | 483 | 85 |
| **7777** | **1075** | **1873** | **1651** | **2677** | **2893** | **3725** | **3317** | **3702** | **R** |
| 2165 | 336 | 261 | 136 | 237 | 770 | 1326 | 231 | 386 | 86 |
| 1306 | 81 | 426 | 39 | 632 | 264 | 165 | 328 | 301 | 87 |
| 2287 | 369 | 241 | 315 | 327 | 548 | 487 | 428 | 586 | 88 |
| 315 | 26 | 51 | 249 | 52 | 55 | 361 | 50 | 303 | 89 |
| 1704 | 263 | 894 | 912 | 1429 | 1256 | 1386 | 2280 | 2126 | 90 |
| **112105** | **23158** | **22413** | **15180** | **15154** | **16289** | **24136** | **9899** | **15622** | **S** |
| 4197 | 590 | 621 | 140 | 31 | 81 | 37 | 44 | 257 | 91 |
| 80739 | 15456 | 14225 | 9600 | 8970 | 9018 | 5353 | 5932 | 9332 | 92 |
| 510 | 49 | 100 | | | | | 41 | 10 | 93 |
| 1642 | 163 | 325 | 98 | 140 | 71 | 96 | 185 | 235 | 94 |
| 7821 | 1286 | 1241 | 1070 | 1630 | 2055 | 1571 | 1819 | 2892 | 95 |
| 17196 | 5614 | 5901 | 4272 | 4383 | 5064 | 17079 | 1878 | 2896 | 96 |

1–14 续表 3

| 行业大类 | 代码 | 2009年 | 2010年 | 2011年 | 2012年 |
|---|---|---|---|---|---|
| **总　计** | **00** | **465632** | **553159** | **554250** | **1028059** |
| **农、林、牧、渔业** | **A** | **3133** | **3737** | **3991** | **6485** |
| 农业 | 01 | | | | |
| 林业 | 02 | | | | |
| 畜牧业 | 03 | | | | |
| 渔业 | 04 | | | | |
| 农、林、牧、渔专业及辅助性活动 | 05 | 3133 | 3737 | 3991 | 6485 |
| **采矿业** | **B** | **4589** | **3935** | **4815** | **8455** |
| 煤炭开采和洗选业 | 06 | 178 | 119 | 369 | 280 |
| 石油和天然气开采业 | 07 | | | 4 | |
| 黑色金属矿采选业 | 08 | 741 | 309 | 463 | 490 |
| 有色金属矿采选业 | 09 | 199 | 161 | 122 | 18 |
| 非金属矿采选业 | 10 | 3051 | 3052 | 3711 | 3382 |
| 开采专业及辅助性活动 | 11 | 346 | 221 | 98 | 4170 |
| 其他采矿业 | 12 | 74 | 73 | 48 | 115 |
| **制造业** | **C** | **158423** | **218473** | **225224** | **204021** |
| 农副食品加工业 | 13 | 14503 | 15304 | 16202 | 14247 |
| 食品制造业 | 14 | 3217 | 8751 | 7437 | 7937 |
| 酒、饮料和精制茶制造业 | 15 | 5013 | 3878 | 6156 | 4323 |
| 烟草制品业 | 16 | | 561 | | 13 |
| 纺织业 | 17 | 11012 | 17075 | 17487 | 8332 |
| 纺织服装、服饰业 | 18 | 11397 | 19080 | 20146 | 11701 |
| 皮革、毛皮、羽毛及其制品和制鞋业 | 19 | 2309 | 918 | 3410 | 4557 |
| 木材加工和木、竹、藤、棕、草制品业 | 20 | 1803 | 5694 | 4220 | 3455 |
| 家具制造业 | 21 | 3563 | 3851 | 3008 | 1870 |
| 造纸和纸制品业 | 22 | 3403 | 3089 | 1722 | 1603 |
| 印刷和记录媒介复制业 | 23 | 2338 | 3380 | 4157 | 3258 |
| 文教、工美、体育和娱乐用品制造业 | 24 | 2866 | 3955 | 4008 | 4168 |
| 石油、煤炭及其他燃料加工业 | 25 | 316 | 292 | 386 | 506 |
| 化学原料和化学制品制造业 | 26 | 9695 | 8993 | 12560 | 6857 |
| 医药制造业 | 27 | 3697 | 4382 | 3463 | 3153 |
| 化学纤维制造业 | 28 | 231 | 147 | 452 | 239 |
| 橡胶和塑料制品业 | 29 | 5358 | 5429 | 8842 | 7724 |
| 非金属矿物制品业 | 30 | 20750 | 27554 | 33971 | 25445 |
| 黑色金属冶炼和压延加工业 | 31 | 1077 | 4159 | 1710 | 496 |
| 有色金属冶炼和压延加工业 | 32 | 2874 | 2024 | 2260 | 1574 |
| 金属制品业 | 33 | 8503 | 10734 | 10257 | 8919 |
| 通用设备制造业 | 34 | 7457 | 8337 | 11194 | 8542 |
| 专用设备制造业 | 35 | 7069 | 7547 | 8205 | 14920 |

| 2013年 | 2014年 | 2015年 | 2016年 | 2017年 | 2018年 | 无开业年　份 | 代码 |
|---|---|---|---|---|---|---|---|
| **701322** | **699966** | **736421** | **912800** | **1070210** | **942155** | **905** | **00** |
| **8182** | **7864** | **10327** | **16596** | **15037** | **16240** | **12** | **A** |
| | | | | | | | 01 |
| | | | | | | | 02 |
| | | | | | | | 03 |
| | | | | | | | 04 |
| 8182 | 7864 | 10327 | 16596 | 15037 | 16240 | 12 | 05 |
| **3225** | **3414** | **4520** | **4416** | **2847** | **2147** | | **B** |
| 106 | 10 | 6 | 37 | 32 | 14 | | 06 |
| | | 9 | 59 | 38 | | | 07 |
| 86 | 30 | 1713 | 2205 | 70 | 185 | | 08 |
| 97 | 66 | 41 | 23 | 43 | 18 | | 09 |
| 2707 | 3105 | 2500 | 1905 | 2549 | 1535 | | 10 |
| 133 | 61 | 53 | 25 | 58 | 134 | | 11 |
| 96 | 142 | 198 | 162 | 57 | 261 | | 12 |
| **214120** | **172935** | **154344** | **169118** | **199095** | **138230** | **129** | **C** |
| 13108 | 11621 | 9344 | 11247 | 10109 | 8466 | 13 | 13 |
| 6728 | 3877 | 4398 | 4790 | 4263 | 2757 | 3 | 14 |
| 7024 | 4326 | 4533 | 4330 | 4205 | 3379 | 8 | 15 |
| | 59 | | 6 | 156 | 40 | | 16 |
| 7090 | 7931 | 7117 | 8529 | 10948 | 6748 | | 17 |
| 17208 | 15002 | 14682 | 18999 | 30206 | 26171 | 19 | 18 |
| 3258 | 2954 | 2189 | 2073 | 4656 | 4173 | | 19 |
| 2925 | 3853 | 3843 | 5078 | 5500 | 4199 | | 20 |
| 2166 | 5629 | 2632 | 3093 | 3628 | 3438 | | 21 |
| 2532 | 3000 | 2239 | 1963 | 2987 | 1466 | | 22 |
| 4439 | 2832 | 2556 | 1986 | 2737 | 2075 | | 23 |
| 3448 | 5824 | 4685 | 3321 | 4807 | 2900 | | 24 |
| 161 | 169 | 275 | 396 | 673 | 493 | 1 | 25 |
| 8600 | 7598 | 7946 | 5341 | 7036 | 3443 | | 26 |
| 5866 | 2319 | 3167 | 3158 | 3498 | 1844 | 8 | 27 |
| 237 | 262 | 3205 | 85 | 268 | 100 | | 28 |
| 5646 | 6343 | 5156 | 4821 | 5646 | 4647 | 6 | 29 |
| 20858 | 21940 | 17117 | 20898 | 17874 | 13559 | 3 | 30 |
| 5144 | 380 | 1111 | 1046 | 653 | 359 | | 31 |
| 2293 | 1175 | 1073 | 359 | 1063 | 1115 | | 32 |
| 11927 | 9180 | 6913 | 8775 | 10800 | 7905 | 40 | 33 |
| 7294 | 6055 | 6020 | 6867 | 8955 | 7162 | 5 | 34 |
| 10094 | 7653 | 5538 | 8490 | 10298 | 6916 | | 35 |

1-14 续表 4

| 行业大类 | 代码 | | | | |
|---|---|---|---|---|---|
| | | 2009年 | 2010年 | 2011年 | 2012年 |
| 汽车制造业 | 36 | 14220 | 21393 | 17511 | 23003 |
| 铁路、船舶、航空航天和其他运输设备制造业 | 37 | 1309 | 3842 | 3024 | 1174 |
| 电气机械和器材制造业 | 38 | 8662 | 15283 | 11663 | 14025 |
| 计算机、通信和其他电子设备制造业 | 39 | 2244 | 10871 | 8316 | 15598 |
| 仪器仪表制造业 | 40 | 1507 | 797 | 1019 | 2345 |
| 其他制造业 | 41 | 1009 | 340 | 700 | 1789 |
| 废弃资源综合利用业 | 42 | 297 | 406 | 1158 | 1779 |
| 金属制品、机械和设备修理业 | 43 | 724 | 407 | 580 | 469 |
| **电力、热力、燃气及水生产和供应业** | **D** | **3717** | **3900** | **3927** | **3086** |
| 电力、热力生产和供应业 | 44 | 2271 | 2199 | 1673 | 1114 |
| 燃气生产和供应业 | 45 | 437 | 410 | 491 | 834 |
| 水的生产和供应业 | 46 | 1009 | 1291 | 1763 | 1138 |
| **建筑业** | **E** | **65032** | **58149** | **47747** | **51690** |
| 房屋建筑业 | 47 | 39662 | 34517 | 25202 | 27151 |
| 土木工程建筑业 | 48 | 12808 | 11118 | 9309 | 11618 |
| 建筑安装业 | 49 | 3198 | 3508 | 4953 | 4528 |
| 建筑装饰、装修和其他建筑业 | 50 | 9364 | 9006 | 8283 | 8393 |
| **批发和零售业** | **F** | **71324** | **80306** | **79229** | **93818** |
| 批发业 | 51 | 34947 | 37179 | 39017 | 50906 |
| 零售业 | 52 | 36377 | 43127 | 40212 | 42912 |
| **交通运输、仓储和邮政业** | **G** | **12589** | **14930** | **16765** | **20609** |
| 铁路运输业 | 53 | | | | |
| 道路运输业 | 54 | 6553 | 6939 | 10875 | 15779 |
| 水上运输业 | 55 | 835 | 748 | 417 | 561 |
| 航空运输业 | 56 | 4 | 57 | | |
| 管道运输业 | 57 | 298 | | 27 | 2 |
| 多式联运和运输代理业 | 58 | 699 | 791 | 932 | 1285 |
| 装卸搬运和仓储业 | 59 | 1180 | 1752 | 2288 | 1632 |
| 邮政业 | 60 | 3020 | 4643 | 2226 | 1350 |
| **住宿和餐饮业** | **H** | **8799** | **12474** | **14064** | **16149** |
| 住宿业 | 61 | 3469 | 4678 | 4392 | 6996 |
| 餐饮业 | 62 | 5330 | 7796 | 9672 | 9153 |
| **信息传输、软件和信息技术服务业** | **I** | **8845** | **12798** | **9500** | **29102** |
| 电信、广播电视和卫星传输服务 | 63 | 167 | 968 | 463 | 1057 |
| 互联网和相关服务 | 64 | 788 | 507 | 1074 | 1038 |
| 软件和信息技术服务业 | 65 | 7890 | 11323 | 7963 | 27007 |
| **金融业** | **J** | **495** | **393** | **859** | **1011** |
| 货币金融服务 | 66 | 316 | 302 | 540 | 742 |
| 资本市场服务 | 67 | 7 | 18 | 51 | 76 |
| 保险业 | 68 | | | 4 | 28 |
| 其他金融业 | 69 | 172 | 73 | 264 | 165 |

| 2013年 | 2014年 | 2015年 | 2016年 | 2017年 | 2018年 | 无开业年份 | 代码 |
|---|---|---|---|---|---|---|---|
| 44354 | 20045 | 12419 | 14919 | 16841 | 8718 | 18 | 36 |
| 761 | 886 | 1225 | 545 | 1339 | 264 | | 37 |
| 7017 | 6436 | 6884 | 4556 | 8002 | 5182 | | 38 |
| 10299 | 11041 | 14177 | 17275 | 15136 | 5723 | | 39 |
| 1633 | 1267 | 886 | 1416 | 1886 | 1169 | 5 | 40 |
| 1039 | 1888 | 1451 | 2355 | 1874 | 1722 | | 41 |
| 563 | 567 | 772 | 1444 | 1962 | 791 | | 42 |
| 408 | 823 | 791 | 957 | 1089 | 1306 | | 43 |
| **2999** | **2719** | **8530** | **5897** | **7789** | **4799** | | **D** |
| 873 | 951 | 2736 | 4459 | 5682 | 3380 | | 44 |
| 1118 | 502 | 523 | 398 | 389 | 193 | | 45 |
| 1008 | 1266 | 5271 | 1040 | 1718 | 1226 | | 46 |
| **53824** | **63630** | **53620** | **85642** | **97098** | **84981** | **90** | **E** |
| 28457 | 23732 | 17456 | 26147 | 27162 | 24905 | 27 | 47 |
| 9810 | 16514 | 12662 | 22612 | 25582 | 19757 | 7 | 48 |
| 4978 | 7257 | 5822 | 9786 | 9370 | 8623 | 3 | 49 |
| 10579 | 16127 | 17680 | 27097 | 34984 | 31696 | 53 | 50 |
| **138777** | **149828** | **172016** | **238846** | **266478** | **244926** | **200** | **F** |
| 70404 | 74699 | 88285 | 119342 | 139370 | 126988 | 132 | 51 |
| 68373 | 75129 | 83731 | 119504 | 127108 | 117938 | 68 | 52 |
| **24680** | **26794** | **52061** | **28585** | **37555** | **25120** | **4** | **G** |
| | | | | | | | 53 |
| 14467 | 17246 | 17873 | 19680 | 22894 | 18225 | 1 | 54 |
| 323 | 2489 | 2524 | 599 | 967 | 460 | | 55 |
| 112 | 29 | 34 | 465 | 101 | 449 | | 56 |
| | 12 | | 338 | 30 | | | 57 |
| 1217 | 1632 | 2152 | 2206 | 1951 | 2344 | | 58 |
| 3597 | 3814 | 3743 | 2670 | 3411 | 2697 | | 59 |
| 4964 | 1572 | 25735 | 2627 | 8201 | 945 | 3 | 60 |
| **21582** | **18684** | **18952** | **25503** | **28422** | **24174** | **31** | **H** |
| 5758 | 6963 | 7666 | 7681 | 9317 | 5826 | 26 | 61 |
| 15824 | 11721 | 11286 | 17822 | 19105 | 18348 | 5 | 62 |
| **16550** | **22410** | **30506** | **39438** | **56494** | **87294** | **44** | **I** |
| 1642 | 2399 | 1848 | 558 | 1166 | 663 | | 63 |
| 1363 | 2448 | 7531 | 4820 | 9594 | 46438 | 5 | 64 |
| 13545 | 17563 | 21127 | 34060 | 45734 | 40193 | 39 | 65 |
| **1282** | **837** | **1109** | **878** | **10185** | **733** | | **J** |
| 1104 | 608 | 360 | 223 | 265 | 331 | | 66 |
| 98 | 115 | 288 | 319 | 955 | 206 | | 67 |
| | 15 | 17 | 21 | 17 | 24 | | 68 |
| 80 | 99 | 444 | 315 | 8948 | 172 | | 69 |

1-14 续表 5

| 行业大类 | 代码 | 2009年 | 2010年 | 2011年 | 2012年 |
|---|---|---|---|---|---|
| **房地产业** | **K** | **27224** | **35052** | **31757** | **29435** |
| 房地产业 | 70 | 27224 | 35052 | 31757 | 29435 |
| **租赁和商务服务业** | **L** | **28676** | **26671** | **35250** | **57201** |
| 租赁业 | 71 | 1495 | 1593 | 1932 | 1736 |
| 商务服务业 | 72 | 27181 | 25078 | 33318 | 55465 |
| **科学研究和技术服务业** | **M** | **13938** | **14949** | **18704** | **26949** |
| 研究和试验发展 | 73 | 1565 | 1498 | 2230 | 2676 |
| 专业技术服务业 | 74 | 8192 | 6694 | 9920 | 15051 |
| 科技推广和应用服务业 | 75 | 4181 | 6757 | 6554 | 9222 |
| **水利、环境和公共设施管理业** | **N** | **3164** | **3431** | **4851** | **18857** |
| 水利管理业 | 76 | 291 | 206 | 462 | 4715 |
| 生态保护和环境治理业 | 77 | 397 | 124 | 387 | 725 |
| 公共设施管理业 | 78 | 2456 | 2890 | 3958 | 13249 |
| 土地管理业 | 79 | 20 | 211 | 44 | 168 |
| **居民服务、修理和其他服务业** | **O** | **4909** | **5361** | **6152** | **7904** |
| 居民服务业 | 80 | 1507 | 1946 | 2057 | 2963 |
| 机动车、电子产品和日用产品修理业 | 81 | 1276 | 1454 | 2392 | 1885 |
| 其他服务业 | 82 | 2126 | 1961 | 1703 | 3056 |
| **教育** | **P** | **15490** | **17696** | **18142** | **160839** |
| 教育 | 83 | 15490 | 17696 | 18142 | 160839 |
| **卫生和社会工作** | **Q** | **8882** | **7853** | **5776** | **95048** |
| 卫生 | 84 | 8040 | 7092 | 4975 | 91905 |
| 社会工作 | 85 | 842 | 761 | 801 | 3143 |
| **文化、体育和娱乐业** | **R** | **8172** | **5397** | **6054** | **19590** |
| 新闻和出版业 | 86 | 167 | 271 | 184 | 1529 |
| 广播、电视、电影和录音制作业 | 87 | 945 | 501 | 1976 | 5204 |
| 文化艺术业 | 88 | 1089 | 919 | 981 | 6951 |
| 体育 | 89 | 469 | 451 | 207 | 1456 |
| 娱乐业 | 90 | 5502 | 3255 | 2706 | 4450 |
| **公共管理、社会保障和社会组织** | **S** | **18231** | **27654** | **21443** | **177810** |
| 中国共产党机关 | 91 | 187 | 629 | 215 | 6160 |
| 国家机构 | 92 | 12662 | 21535 | 16197 | 161010 |
| 人民政协、民主党派 | 93 | 76 | 33 | 32 | 843 |
| 社会保障 | 94 | 122 | 217 | 239 | 2152 |
| 群众团体、社会团体和其他成员组织 | 95 | 1824 | 2593 | 2111 | 4345 |
| 基层群众自治组织 | 96 | 3360 | 2647 | 2649 | 3300 |

| 2013年 | 2014年 | 2015年 | 2016年 | 2017年 | 2018年 | 无开业年份 | 代码 |
|---|---|---|---|---|---|---|---|
| **33011** | **29424** | **25576** | **30613** | **42556** | **31982** | **30** | **K** |
| 33011 | 29424 | 25576 | 30613 | 42556 | 31982 | 30 | 70 |
| **66449** | **71266** | **69192** | **86266** | **119864** | **115384** | **135** | **L** |
| 3386 | 4430 | 6365 | 8299 | 13209 | 11315 | 25 | 71 |
| 63063 | 66836 | 62827 | 77967 | 106655 | 104069 | 110 | 72 |
| **25710** | **34349** | **36896** | **49233** | **57501** | **48279** | **120** | **M** |
| 2697 | 3347 | 3558 | 5255 | 6607 | 4861 | 7 | 73 |
| 12218 | 20367 | 21310 | 25576 | 28861 | 23285 | 84 | 74 |
| 10795 | 10635 | 12028 | 18402 | 22033 | 20133 | 29 | 75 |
| **7984** | **7967** | **8037** | **11718** | **11198** | **11014** | **7** | **N** |
| 461 | 495 | 430 | 500 | 293 | 408 |  | 76 |
| 400 | 814 | 685 | 2201 | 1286 | 1341 | 2 | 77 |
| 6779 | 6575 | 6511 | 8751 | 9121 | 8430 | 5 | 78 |
| 344 | 83 | 411 | 266 | 498 | 835 |  | 79 |
| **10592** | **14199** | **15693** | **20394** | **24150** | **21526** | **15** | **O** |
| 4139 | 5076 | 6425 | 9082 | 11217 | 10100 | 9 | 80 |
| 2858 | 4600 | 5446 | 7001 | 7289 | 6145 |  | 81 |
| 3595 | 4523 | 3822 | 4311 | 5644 | 5281 | 6 | 82 |
| **28322** | **23129** | **27873** | **41098** | **35315** | **24886** | **62** | **P** |
| 28322 | 23129 | 27873 | 41098 | 35315 | 24886 | 62 | 83 |
| **11048** | **12579** | **12493** | **16765** | **11866** | **9644** | **3** | **Q** |
| 9349 | 10428 | 10217 | 13946 | 9216 | 7101 |  | 84 |
| 1699 | 2151 | 2276 | 2819 | 2650 | 2543 | 3 | 85 |
| **9342** | **11862** | **17750** | **22615** | **26079** | **20565** | **9** | **R** |
| 698 | 330 | 461 | 556 | 268 | 117 |  | 86 |
| 934 | 1566 | 1670 | 2015 | 3343 | 2114 |  | 87 |
| 1837 | 2704 | 3824 | 4839 | 6486 | 5710 | 6 | 88 |
| 419 | 600 | 1228 | 1902 | 2621 | 1830 | 2 | 89 |
| 5454 | 6662 | 10567 | 13303 | 13361 | 10794 | 1 | 90 |
| **23643** | **26076** | **16926** | **19179** | **20681** | **30231** | **14** | **S** |
| 526 | 199 | 410 | 613 | 427 | 187 |  | 91 |
| 17534 | 13805 | 8932 | 12774 | 14366 | 23409 | 2 | 92 |
| 56 | 14 |  | 107 | 81 |  |  | 93 |
| 126 | 167 | 65 | 232 | 64 | 75 |  | 94 |
| 3712 | 3955 | 3872 | 3528 | 2922 | 2461 | 1 | 95 |
| 1689 | 7936 | 3647 | 1925 | 2821 | 4099 | 11 | 96 |

## 1-15　按地区、从业人员

| 地　区 | 法人单位数(个) | 7人及以下 | 8-19人 | 20-49人 | 50-99人 |
|---|---|---|---|---|---|
| **全　省** | **853168** | **562498** | **185377** | **65863** | **21222** |
| 武汉市 | 271440 | 199891 | 43802 | 16614 | 5650 |
| 黄石市 | 31414 | 17045 | 9795 | 2904 | 922 |
| 十堰市 | 50226 | 30964 | 13740 | 3508 | 1104 |
| 宜昌市 | 73391 | 49824 | 14233 | 6147 | 1789 |
| 襄阳市 | 85722 | 43813 | 31277 | 7298 | 1760 |
| 鄂州市 | 16931 | 9292 | 4422 | 2134 | 633 |
| 荆门市 | 35648 | 26705 | 5120 | 2044 | 907 |
| 孝感市 | 42531 | 26640 | 8825 | 4202 | 1623 |
| 荆州市 | 52276 | 31403 | 14128 | 4214 | 1400 |
| 黄冈市 | 50845 | 34307 | 9351 | 4115 | 1705 |
| 咸宁市 | 36294 | 21590 | 9750 | 3257 | 989 |
| 随州市 | 19179 | 13285 | 3136 | 1536 | 688 |
| 恩施州 | 48253 | 38389 | 6065 | 2310 | 877 |
| 仙桃市 | 15667 | 6345 | 5739 | 2694 | 425 |
| 潜江市 | 10099 | 5272 | 2641 | 1426 | 434 |
| 天门市 | 11422 | 6263 | 3165 | 1361 | 276 |
| 神农架 | 1830 | 1470 | 188 | 99 | 40 |

# 组距分组的法人单位数

| 100–299人 | 300–499人 | 500–999人 | 1000–4999人 | 5000–9999人 | 10000人及以上 |
|---|---|---|---|---|---|
| **12600** | **2598** | **1722** | **1159** | **81** | **48** |
| 3648 | 771 | 521 | 466 | 44 | 33 |
| 475 | 116 | 91 | 59 | 5 | 2 |
| 615 | 142 | 94 | 55 | 3 | 1 |
| 955 | 213 | 132 | 92 | 6 | |
| 1113 | 226 | 135 | 90 | 6 | 4 |
| 328 | 59 | 39 | 22 | 2 | |
| 651 | 98 | 69 | 52 | 2 | |
| 888 | 173 | 108 | 66 | 3 | 3 |
| 806 | 163 | 112 | 47 | 3 | |
| 1001 | 197 | 102 | 61 | 3 | 3 |
| 513 | 98 | 67 | 30 | | |
| 393 | 75 | 44 | 22 | | |
| 462 | 76 | 50 | 23 | 1 | |
| 304 | 69 | 64 | 25 | 2 | |
| 206 | 59 | 41 | 17 | 1 | 2 |
| 214 | 60 | 51 | 32 | | |
| 28 | 3 | 2 | | | |

# 1–16 按地区、从业人员组距

| 地 区 | 从业人员数(人) | 7人及以下 | 8–19人 | 20–49人 | 50–99人 |
|---|---|---|---|---|---|
| **全 省** | **14736930** | **1744227** | **2170457** | **1938456** | **1442346** |
| 武汉市 | 4872250 | 494924 | 512670 | 488321 | 383645 |
| 黄石市 | 677816 | 70002 | 114653 | 83384 | 62868 |
| 十堰市 | 800478 | 119647 | 154412 | 103343 | 74218 |
| 宜昌市 | 1145516 | 162275 | 169032 | 183019 | 119606 |
| 襄阳市 | 1460903 | 184723 | 369995 | 205707 | 120844 |
| 鄂州市 | 332745 | 28908 | 53785 | 64344 | 42930 |
| 荆门市 | 524418 | 76994 | 59046 | 60989 | 62013 |
| 孝感市 | 861785 | 85258 | 106506 | 127195 | 110059 |
| 荆州市 | 826891 | 115169 | 162352 | 121593 | 95718 |
| 黄冈市 | 984467 | 114393 | 108820 | 123579 | 116718 |
| 咸宁市 | 551119 | 79207 | 112206 | 97149 | 66680 |
| 随州市 | 321271 | 43092 | 36311 | 46166 | 47776 |
| 恩施州 | 445051 | 95710 | 69771 | 68758 | 59252 |
| 仙桃市 | 379455 | 26907 | 69269 | 77127 | 29499 |
| 潜江市 | 265245 | 20134 | 30713 | 45394 | 28739 |
| 天门市 | 270279 | 24196 | 38569 | 39467 | 19108 |
| 神农架 | 17241 | 2688 | 2347 | 2921 | 2673 |

# 分组的法人单位从业人员数

| 100-299人 | 300-499人 | 500-999人 | 1000-4999人 | 5000-9999人 | 10000人及以上 |
| ---: | ---: | ---: | ---: | ---: | ---: |
| **2032594** | **945249** | **1096665** | **1999820** | **443423** | **923693** |
| 594165 | 287184 | 337764 | 858899 | 256194 | 658484 |
| 78752 | 40442 | 54799 | 114912 | 31167 | 26837 |
| 96787 | 51894 | 61251 | 95556 | 21594 | 21776 |
| 155633 | 77511 | 83640 | 167537 | 27263 | |
| 179004 | 84037 | 89560 | 145020 | 32398 | 49615 |
| 50442 | 21086 | 23321 | 37236 | 10693 | |
| 103840 | 34619 | 40999 | 79237 | 6681 | |
| 142851 | 62087 | 68250 | 108010 | 19130 | 32439 |
| 129987 | 58688 | 68918 | 69403 | 5063 | |
| 159397 | 69757 | 64694 | 105135 | 13092 | 108882 |
| 82442 | 33447 | 40444 | 39544 | | |
| 64427 | 26944 | 25487 | 31068 | | |
| 69458 | 26724 | 28112 | 27266 | | |
| 51842 | 25862 | 45377 | 39566 | 14006 | |
| 33064 | 21506 | 26386 | 27507 | 6142 | 25660 |
| 36254 | 22418 | 36343 | 53924 | | |
| 4249 | 1043 | 1320 | | | |

# 1-17 按行业(大类)、从业人员组距

| 行业大类 | 代码 | 法人单位数(个) | 7人及以下 | 8-19人 | 20-49人 |
|---|---|---|---|---|---|
| **总　计** | **00** | **853168** | **562498** | **185377** | **65863** |
| **农、林、牧、渔业** | **A** | **13944** | **9564** | **3815** | **472** |
| 农业 | 01 | 10 | 10 | | |
| 林业 | 02 | | | | |
| 畜牧业 | 03 | 3 | 3 | | |
| 渔业 | 04 | | | | |
| 农、林、牧、渔专业及辅助性活动 | 05 | 13931 | 9551 | 3815 | 472 |
| **采矿业** | **B** | **2579** | **910** | **732** | **523** |
| 煤炭开采和洗选业 | 06 | 146 | 48 | 27 | 21 |
| 石油和天然气开采业 | 07 | 7 | 3 | 1 | 1 |
| 黑色金属矿采选业 | 08 | 240 | 96 | 49 | 48 |
| 有色金属矿采选业 | 09 | 108 | 31 | 28 | 15 |
| 非金属矿采选业 | 10 | 1878 | 648 | 557 | 403 |
| 开采专业及辅助性活动 | 11 | 60 | 24 | 14 | 14 |
| 其他采矿业 | 12 | 140 | 60 | 56 | 21 |
| **制造业** | **C** | **92277** | **37154** | **25755** | **15986** |
| 农副食品加工业 | 13 | 7071 | 2942 | 1956 | 1074 |
| 食品制造业 | 14 | 2640 | 1174 | 723 | 388 |
| 酒、饮料和精制茶制造业 | 15 | 4185 | 2377 | 1068 | 406 |
| 烟草制品业 | 16 | 70 | 54 | 9 | |
| 纺织业 | 17 | 3751 | 1010 | 873 | 925 |
| 纺织服装、服饰业 | 18 | 6025 | 1445 | 1789 | 1670 |
| 皮革、毛皮、羽毛及其制品和制鞋业 | 19 | 917 | 267 | 252 | 238 |
| 木材加工和木、竹、藤、棕、草制品业 | 20 | 2616 | 1093 | 878 | 408 |
| 家具制造业 | 21 | 1806 | 871 | 538 | 246 |
| 造纸和纸制品业 | 22 | 1426 | 552 | 446 | 220 |
| 印刷和记录媒介复制业 | 23 | 2469 | 1246 | 617 | 339 |
| 文教、工美、体育和娱乐用品制造业 | 24 | 1931 | 934 | 475 | 252 |
| 石油、煤炭及其他燃料加工业 | 25 | 310 | 140 | 92 | 52 |
| 化学原料和化学制品制造业 | 26 | 4196 | 1539 | 1091 | 798 |
| 医药制造业 | 27 | 1696 | 644 | 385 | 284 |
| 化学纤维制造业 | 28 | 82 | 25 | 18 | 20 |
| 橡胶和塑料制品业 | 29 | 3641 | 1356 | 1078 | 709 |
| 非金属矿物制品业 | 30 | 11342 | 4271 | 3178 | 2281 |
| 黑色金属冶炼和压延加工业 | 31 | 575 | 267 | 139 | 74 |
| 有色金属冶炼和压延加工业 | 32 | 595 | 212 | 184 | 94 |
| 金属制品业 | 33 | 6467 | 3061 | 1725 | 943 |
| 通用设备制造业 | 34 | 6282 | 2715 | 2002 | 932 |
| 专用设备制造业 | 35 | 5394 | 2280 | 1570 | 899 |

# 分组的法人单位数

| 50-99人 | 100-299人 | 300-499人 | 500-999人 | 1000-4999人 | 5000-9999人 | 10000人及以上 | 代码 |
|---|---|---|---|---|---|---|---|
| **21222** | **12600** | **2598** | **1722** | **1159** | **81** | **48** | **00** |
| **66** | **22** | **5** | | | | | **A** |
| | | | | | | | 01 |
| | | | | | | | 02 |
| | | | | | | | 03 |
| | | | | | | | 04 |
| 66 | 22 | 5 | | | | | 05 |
| **242** | **131** | **23** | **10** | **6** | **1** | **1** | **B** |
| 31 | 16 | 3 | | | | | 06 |
| 1 | | | | | | 1 | 07 |
| 17 | 17 | 4 | 5 | 4 | | | 08 |
| 15 | 13 | 3 | 2 | 1 | | | 09 |
| 175 | 81 | 12 | 2 | | | | 10 |
| 2 | 3 | 1 | | 1 | 1 | | 11 |
| 1 | 1 | | 1 | | | | 12 |
| **6762** | **4745** | **971** | **574** | **299** | **21** | **10** | **C** |
| 580 | 402 | 81 | 26 | 10 | | | 13 |
| 154 | 129 | 42 | 19 | 11 | | | 14 |
| 161 | 117 | 29 | 14 | 12 | 1 | | 15 |
| 3 | 2 | 1 | | | 1 | | 16 |
| 324 | 399 | 127 | 68 | 25 | | | 17 |
| 678 | 318 | 72 | 34 | 19 | | | 18 |
| 83 | 61 | 5 | 6 | 4 | 1 | | 19 |
| 120 | 101 | 5 | 9 | 2 | | | 20 |
| 74 | 65 | 6 | 3 | 3 | | | 21 |
| 112 | 64 | 15 | 14 | 3 | | | 22 |
| 128 | 106 | 18 | 12 | 3 | | | 23 |
| 119 | 117 | 20 | 12 | 2 | | | 24 |
| 13 | 8 | 1 | 1 | 3 | | | 25 |
| 397 | 252 | 59 | 34 | 23 | 3 | | 26 |
| 151 | 158 | 35 | 21 | 15 | 2 | 1 | 27 |
| 7 | 9 | 1 | 1 | 1 | | | 28 |
| 254 | 187 | 32 | 23 | 2 | | | 29 |
| 988 | 496 | 82 | 35 | 10 | | 1 | 30 |
| 43 | 25 | 7 | 10 | 7 | 1 | 2 | 31 |
| 44 | 35 | 14 | 7 | 4 | | 1 | 32 |
| 422 | 248 | 31 | 25 | 12 | | | 33 |
| 335 | 231 | 33 | 22 | 12 | | | 34 |
| 387 | 196 | 31 | 20 | 10 | 1 | | 35 |

1-17 续表 1

| 行业大类 | 代码 | 法人单位数(个) | 7人及以下 | 8-19人 | 20-49人 |
|---|---|---|---|---|---|
| 汽车制造业 | 36 | 6345 | 1845 | 2024 | 1143 |
| 铁路、船舶、航空航天和其他运输设备制造业 | 37 | 540 | 179 | 117 | 111 |
| 电气机械和器材制造业 | 38 | 3205 | 1267 | 813 | 561 |
| 计算机、通信和其他电子设备制造业 | 39 | 2576 | 1119 | 630 | 408 |
| 仪器仪表制造业 | 40 | 1108 | 598 | 246 | 140 |
| 其他制造业 | 41 | 1236 | 569 | 432 | 189 |
| 废弃资源综合利用业 | 42 | 600 | 295 | 162 | 93 |
| 金属制品、机械和设备修理业 | 43 | 1180 | 807 | 245 | 89 |
| **电力、热力、燃气及水生产和供应业** | **D** | **5520** | **3241** | **1288** | **615** |
| 电力、热力生产和供应业 | 44 | 3526 | 2304 | 699 | 346 |
| 燃气生产和供应业 | 45 | 364 | 152 | 93 | 52 |
| 水的生产和供应业 | 46 | 1630 | 785 | 496 | 217 |
| **建筑业** | **E** | **57256** | **34421** | **13922** | **5170** |
| 房屋建筑业 | 47 | 14001 | 7076 | 3487 | 1551 |
| 土木工程建筑业 | 48 | 12504 | 6966 | 3268 | 1343 |
| 建筑安装业 | 49 | 8260 | 5284 | 1945 | 678 |
| 建筑装饰、装修和其他建筑业 | 50 | 22491 | 15095 | 5222 | 1598 |
| **批发和零售业** | **F** | **257986** | **191427** | **52796** | **10722** |
| 批发业 | 51 | 125533 | 88844 | 28839 | 6381 |
| 零售业 | 52 | 132453 | 102583 | 23957 | 4341 |
| **交通运输、仓储和邮政业** | **G** | **22591** | **13191** | **5889** | **2212** |
| 铁路运输业 | 53 | 9 | 1 |  | 3 |
| 道路运输业 | 54 | 15084 | 8881 | 3967 | 1367 |
| 水上运输业 | 55 | 710 | 344 | 187 | 103 |
| 航空运输业 | 56 | 81 | 37 | 19 | 9 |
| 管道运输业 | 57 | 13 | 3 | 3 | 1 |
| 多式联运和运输代理业 | 58 | 2199 | 1495 | 495 | 158 |
| 装卸搬运和仓储业 | 59 | 3082 | 1756 | 814 | 347 |
| 邮政业 | 60 | 1413 | 674 | 404 | 224 |
| **住宿和餐饮业** | **H** | **17622** | **10162** | **4732** | **1797** |
| 住宿业 | 61 | 5269 | 2773 | 1493 | 621 |
| 餐饮业 | 62 | 12353 | 7389 | 3239 | 1176 |
| **信息传输、软件和信息技术服务业** | **I** | **39431** | **30886** | **6224** | **1631** |
| 电信、广播电视和卫星传输服务 | 63 | 1455 | 1025 | 239 | 70 |
| 互联网和相关服务 | 64 | 5003 | 3752 | 934 | 249 |
| 软件和信息技术服务业 | 65 | 32973 | 26109 | 5051 | 1312 |
| **金融业** | **J** | **2875** | **1406** | **487** | **264** |
| 货币金融服务 | 66 | 1114 | 470 | 230 | 129 |
| 资本市场服务 | 67 | 824 | 662 | 135 | 18 |
| 保险业 | 68 | 640 | 101 | 52 | 82 |
| 其他金融业 | 69 | 297 | 173 | 70 | 35 |

| 50-99人 | 100-299人 | 300-499人 | 500-999人 | 1000-4999人 | 5000-9999人 | 10000人及以上 | 代码 |
|---|---|---|---|---|---|---|---|
| 566 | 507 | 124 | 80 | 48 | 5 | 3 | 36 |
| 56 | 50 | 14 | 7 | 5 | 1 |  | 37 |
| 257 | 213 | 45 | 29 | 18 | 2 |  | 38 |
| 171 | 154 | 30 | 30 | 29 | 3 | 2 | 39 |
| 67 | 42 | 7 | 5 | 3 |  |  | 40 |
| 29 | 16 |  | 1 |  |  |  | 41 |
| 22 | 21 | 2 | 4 | 1 |  |  | 42 |
| 17 | 16 | 2 | 2 | 2 |  |  | 43 |
| **189** | **123** | **33** | **18** | **11** | **1** | **1** | **D** |
| 86 | 53 | 17 | 11 | 9 |  | 1 | 44 |
| 45 | 16 | 4 | 1 | 1 |  |  | 45 |
| 58 | 54 | 12 | 6 | 1 | 1 |  | 46 |
| **1356** | **1144** | **443** | **409** | **349** | **20** | **22** | **E** |
| 496 | 552 | 262 | 292 | 250 | 16 | 19 | 47 |
| 346 | 318 | 115 | 75 | 71 |  | 2 | 48 |
| 183 | 112 | 28 | 13 | 14 | 2 | 1 | 49 |
| 331 | 162 | 38 | 29 | 14 | 2 |  | 50 |
| **2034** | **799** | **81** | **61** | **58** | **5** | **3** | **F** |
| 1031 | 360 | 31 | 24 | 20 | 2 | 1 | 51 |
| 1003 | 439 | 50 | 37 | 38 | 3 | 2 | 52 |
| **752** | **379** | **85** | **39** | **39** | **1** | **4** | **G** |
| 2 | 1 | 1 |  |  |  | 1 | 53 |
| 474 | 282 | 63 | 26 | 22 |  | 2 | 54 |
| 45 | 18 | 7 | 3 | 3 |  |  | 55 |
| 5 | 4 | 3 | 1 | 3 |  |  | 56 |
| 3 | 1 | 1 |  | 1 |  |  | 57 |
| 37 | 12 | 2 |  |  |  |  | 58 |
| 113 | 44 | 4 | 3 | 1 |  |  | 59 |
| 73 | 17 | 4 | 6 | 9 | 1 | 1 | 60 |
| **583** | **290** | **39** | **11** | **6** | **2** |  | **H** |
| 215 | 143 | 22 | 2 |  |  |  | 61 |
| 368 | 147 | 17 | 9 | 6 | 2 |  | 62 |
| **370** | **208** | **46** | **39** | **23** | **2** | **2** | **I** |
| 43 | 32 | 16 | 16 | 13 | 1 |  | 63 |
| 35 | 21 | 3 | 6 | 2 |  | 1 | 64 |
| 292 | 155 | 27 | 17 | 8 | 1 | 1 | 65 |
| **133** | **214** | **106** | **129** | **118** | **15** | **3** | **J** |
| 54 | 94 | 62 | 52 | 23 |  |  | 66 |
| 3 | 1 | 2 | 1 | 1 | 1 |  | 67 |
| 68 | 112 | 40 | 75 | 94 | 13 | 3 | 68 |
| 8 | 7 | 2 | 1 |  | 1 |  | 69 |

1-17 续表 2

| 行业大类 | 代码 | 法人单位数(个) | 7人及以下 | 8-19人 | 20-49人 |
|---|---|---|---|---|---|
| **房地产业** | **K** | **31427** | **17022** | **8462** | **4178** |
| 房地产业 | 70 | 31427 | 17022 | 8462 | 4178 |
| **租赁和商务服务业** | **L** | **93706** | **70074** | **17623** | **4541** |
| 租赁业 | 71 | 8684 | 6448 | 1792 | 374 |
| 商务服务业 | 72 | 85022 | 63626 | 15831 | 4167 |
| **科学研究和技术服务业** | **M** | **56306** | **40389** | **11665** | **3131** |
| 研究和试验发展 | 73 | 6137 | 4684 | 1008 | 321 |
| 专业技术服务业 | 74 | 27945 | 19159 | 5820 | 2141 |
| 科技推广和应用服务业 | 75 | 22224 | 16546 | 4837 | 669 |
| **水利、环境和公共设施管理业** | **N** | **8162** | **4675** | **2049** | **892** |
| 水利管理业 | 76 | 1653 | 1042 | 374 | 158 |
| 生态保护和环境治理业 | 77 | 999 | 605 | 241 | 120 |
| 公共设施管理业 | 78 | 5067 | 2750 | 1325 | 572 |
| 土地管理业 | 79 | 443 | 278 | 109 | 42 |
| **居民服务、修理和其他服务业** | **O** | **20009** | **14351** | **4298** | **1032** |
| 居民服务业 | 80 | 8597 | 6257 | 1701 | 488 |
| 机动车、电子产品和日用产品修理业 | 81 | 7286 | 5312 | 1661 | 267 |
| 其他服务业 | 82 | 4126 | 2782 | 936 | 277 |
| **教育** | **P** | **25978** | **8963** | **7534** | **5521** |
| 教育 | 83 | 25978 | 8963 | 7534 | 5521 |
| **卫生和社会工作** | **Q** | **12539** | **7631** | **1872** | **1153** |
| 卫生 | 84 | 9318 | 5623 | 966 | 922 |
| 社会工作 | 85 | 3221 | 2008 | 906 | 231 |
| **文化、体育和娱乐业** | **R** | **23539** | **17585** | **4338** | **1144** |
| 新闻和出版业 | 86 | 418 | 219 | 93 | 37 |
| 广播、电视、电影和录音制作业 | 87 | 1756 | 1086 | 397 | 189 |
| 文化艺术业 | 88 | 6391 | 4669 | 1261 | 343 |
| 体育 | 89 | 1627 | 1184 | 318 | 88 |
| 娱乐业 | 90 | 13347 | 10427 | 2269 | 487 |
| **公共管理、社会保障和社会组织** | **S** | **69421** | **49446** | **11896** | **4879** |
| 中国共产党机关 | 91 | 1406 | 560 | 432 | 277 |
| 国家机构 | 92 | 22528 | 10365 | 5172 | 4013 |
| 人民政协、民主党派 | 93 | 250 | 121 | 24 | 95 |
| 社会保障 | 94 | 510 | 250 | 127 | 108 |
| 群众团体、社会团体和其他成员组织 | 95 | 15798 | 13796 | 1814 | 148 |
| 基层群众自治组织 | 96 | 28929 | 24354 | 4327 | 238 |

| 50-99人 | 100-299人 | 300-499人 | 500-999人 | 1000-4999人 | 5000-9999人 | 10000人及以上 | 代码 |
|---|---|---|---|---|---|---|---|
| **1153** | **463** | **73** | **45** | **30** | **1** | | **K** |
| 1153 | 463 | 73 | 45 | 30 | 1 | | 70 |
| **808** | **412** | **116** | **77** | **50** | **5** | | **L** |
| 54 | 13 | 2 | | 1 | | | 71 |
| 754 | 399 | 114 | 77 | 49 | 5 | | 72 |
| **714** | **311** | **53** | **22** | **20** | **1** | | **M** |
| 88 | 28 | 4 | 3 | 1 | | | 73 |
| 507 | 236 | 44 | 19 | 18 | 1 | | 74 |
| 119 | 47 | 5 | | 1 | | | 75 |
| **325** | **168** | **33** | **14** | **6** | | | **N** |
| 55 | 19 | 4 | 1 | | | | 76 |
| 22 | 8 | 1 | 1 | 1 | | | 77 |
| 238 | 137 | 28 | 12 | 5 | | | 78 |
| 10 | 4 | | | | | | 79 |
| **213** | **82** | **21** | **11** | **1** | | | **O** |
| 94 | 44 | 10 | 3 | | | | 80 |
| 41 | 3 | 1 | 1 | | | | 81 |
| 78 | 35 | 10 | 7 | 1 | | | 82 |
| **2301** | **1394** | **155** | **72** | **34** | **3** | **1** | **P** |
| 2301 | 1394 | 155 | 72 | 34 | 3 | 1 | 83 |
| **1009** | **596** | **106** | **97** | **72** | **2** | **1** | **Q** |
| 962 | 571 | 102 | 97 | 72 | 2 | 1 | 84 |
| 47 | 25 | 4 | | | | | 85 |
| **333** | **116** | **14** | **3** | **5** | **1** | | **R** |
| 42 | 19 | 4 | 1 | 2 | 1 | | 86 |
| 60 | 17 | 4 | 1 | 2 | | | 87 |
| 84 | 32 | 2 | | | | | 88 |
| 27 | 10 | | | | | | 89 |
| 120 | 38 | 4 | 1 | 1 | | | 90 |
| **1879** | **1003** | **195** | **91** | **32** | | | **S** |
| 109 | 23 | 2 | 3 | | | | 91 |
| 1700 | 967 | 191 | 88 | 32 | | | 92 |
| 8 | 2 | | | | | | 93 |
| 24 | 1 | | | | | | 94 |
| 28 | 10 | 2 | | | | | 95 |
| 10 | | | | | | | 96 |

# 1-18 按行业(大类)、从业人员

| 行业大类 | 代码 | 从业人员数(人) | 7人及以下 | 8-19人 | 20-49人 |
|---|---|---|---|---|---|
| **总 计** | **00** | **14736930** | **1744227** | **2170457** | **1938456** |
| **农、林、牧、渔业** | **A** | **102410** | **34200** | **45037** | **13648** |
| 农业 | 01 | | | | |
| 林业 | 02 | | | | |
| 畜牧业 | 03 | | | | |
| 渔业 | 04 | | | | |
| 农、林、牧、渔专业及辅助性活动 | 05 | 102410 | 34200 | 45037 | 13648 |
| **采矿业** | **B** | **113497** | **3116** | **9206** | **15511** |
| 煤炭开采和洗选业 | 06 | 6975 | 123 | 359 | 711 |
| 石油和天然气开采业 | 07 | 12962 | 7 | 9 | 35 |
| 黑色金属矿采选业 | 08 | 19938 | 340 | 572 | 1405 |
| 有色金属矿采选业 | 09 | 7097 | 99 | 344 | 455 |
| 非金属矿采选业 | 10 | 52258 | 2263 | 7049 | 11821 |
| 开采专业及辅助性活动 | 11 | 11930 | 99 | 156 | 508 |
| 其他采矿业 | 12 | 2337 | 185 | 717 | 576 |
| **制造业** | **C** | **3784347** | **126894** | **316224** | **484137** |
| 农副食品加工业 | 13 | 236848 | 10197 | 23949 | 33018 |
| 食品制造业 | 14 | 109295 | 4039 | 8827 | 11594 |
| 酒、饮料和精制茶制造业 | 15 | 109572 | 8541 | 12454 | 12318 |
| 烟草制品业 | 16 | 7743 | 213 | 116 | |
| 纺织业 | 17 | 273235 | 3262 | 11218 | 28551 |
| 纺织服装、服饰业 | 18 | 263537 | 4971 | 22849 | 49914 |
| 皮革、毛皮、羽毛及其制品和制鞋业 | 19 | 46670 | 694 | 3318 | 7290 |
| 木材加工和木、竹、藤、棕、草制品业 | 20 | 62604 | 3670 | 10709 | 12134 |
| 家具制造业 | 21 | 40941 | 2963 | 6323 | 7421 |
| 造纸和纸制品业 | 22 | 51121 | 1921 | 5521 | 6646 |
| 印刷和记录媒介复制业 | 23 | 65706 | 4414 | 7512 | 10067 |
| 文教、工美、体育和娱乐用品制造业 | 24 | 62765 | 3238 | 5675 | 7801 |
| 石油、煤炭及其他燃料加工业 | 25 | 12518 | 457 | 1128 | 1482 |
| 化学原料和化学制品制造业 | 26 | 218986 | 4812 | 13594 | 24364 |
| 医药制造业 | 27 | 138194 | 2028 | 4794 | 8979 |
| 化学纤维制造业 | 28 | 6911 | 69 | 210 | 634 |
| 橡胶和塑料制品业 | 29 | 118463 | 4717 | 13474 | 20966 |
| 非金属矿物制品业 | 30 | 355685 | 15057 | 39037 | 70072 |
| 黑色金属冶炼和压延加工业 | 31 | 74875 | 901 | 1610 | 2232 |
| 有色金属冶炼和压延加工业 | 32 | 42384 | 724 | 2366 | 2706 |
| 金属制品业 | 33 | 178938 | 10463 | 20906 | 28406 |
| 通用设备制造业 | 34 | 168097 | 9947 | 24309 | 27991 |
| 专用设备制造业 | 35 | 158368 | 7794 | 19030 | 27406 |

# 组距分组的法人单位从业人员数

| 50-99人 | 100-299人 | 300-499人 | 500-999人 | 1000-4999人 | 5000-9999人 | 10000人及以上 | 代码 |
|---|---|---|---|---|---|---|---|
| **1442346** | **2032594** | **945249** | **1096665** | **1999820** | **443423** | **923693** | **00** |
| **4093** | **3473** | **1959** | | | | | **A** |
| | | | | | | | 01 |
| | | | | | | | 02 |
| | | | | | | | 03 |
| | | | | | | | 04 |
| 4093 | 3473 | 1959 | | | | | 05 |
| **16924** | **20773** | **8458** | **6354** | **14161** | **6142** | **12852** | **B** |
| 2288 | 2282 | 1212 | | | | | 06 |
| 59 | | | | | | 12852 | 07 |
| 1239 | 3258 | 1458 | 3103 | 8563 | | | 08 |
| 1026 | 1695 | 951 | 1053 | 1474 | | | 09 |
| 12071 | 13025 | 4510 | 1519 | | | | 10 |
| 181 | 393 | 327 | | 4124 | 6142 | | 11 |
| 60 | 120 | | 679 | | | | 12 |
| **472090** | **783301** | **364641** | **391809** | **545946** | **138150** | **161155** | **C** |
| 40720 | 64747 | 30458 | 19051 | 14708 | | | 13 |
| 10928 | 21849 | 15475 | 12948 | 23635 | | | 14 |
| 11205 | 19046 | 10805 | 8904 | 19909 | 6390 | | 15 |
| 251 | 513 | 430 | | | 6220 | | 16 |
| 22802 | 69430 | 48724 | 47098 | 42150 | | | 17 |
| 45974 | 52745 | 27510 | 22241 | 37333 | | | 18 |
| 5844 | 9507 | 1674 | 4204 | 7741 | 6398 | | 19 |
| 8199 | 16049 | 1935 | 6011 | 3897 | | | 20 |
| 5164 | 9937 | 2012 | 1804 | 5317 | | | 21 |
| 7705 | 10511 | 5584 | 9358 | 3875 | | | 22 |
| 8886 | 16777 | 6855 | 7684 | 3511 | | | 23 |
| 8521 | 18563 | 7307 | 8091 | 3569 | | | 24 |
| 850 | 1075 | 362 | 539 | 6625 | | | 25 |
| 28402 | 41969 | 21216 | 23767 | 42530 | 18332 | | 26 |
| 10668 | 27410 | 13668 | 14396 | 27315 | 14354 | 14582 | 27 |
| 457 | 1562 | 305 | 636 | 3038 | | | 28 |
| 17129 | 30954 | 12038 | 16842 | 2343 | | | 29 |
| 68095 | 80071 | 30467 | 23399 | 13083 | | 16404 | 30 |
| 2958 | 4505 | 2822 | 5707 | 17391 | 5269 | 31480 | 31 |
| 2963 | 6260 | 5559 | 4963 | 6410 | | 10433 | 32 |
| 29967 | 40158 | 11156 | 17885 | 19997 | | | 33 |
| 23812 | 36461 | 12415 | 14106 | 19056 | | | 34 |
| 26133 | 32604 | 11364 | 13142 | 15126 | 5769 | | 35 |

1-18 续表 1

| 行业大类 | 代码 | 从业人员数（人） | 7人及以下 | 8-19人 | 20-49人 |
|---|---|---|---|---|---|
| 汽车制造业 | 36 | 480743 | 6907 | 24697 | 34155 |
| 铁路、船舶、航空航天和其他运输设备制造业 | 37 | 42497 | 547 | 1490 | 3403 |
| 电气机械和器材制造业 | 38 | 171863 | 4027 | 10033 | 16964 |
| 计算机、通信和其他电子设备制造业 | 39 | 202448 | 3203 | 7866 | 12254 |
| 仪器仪表制造业 | 40 | 32172 | 1795 | 2980 | 4293 |
| 其他制造业 | 41 | 17745 | 1842 | 5300 | 5542 |
| 废弃资源综合利用业 | 42 | 16995 | 930 | 1965 | 2853 |
| 金属制品、机械和设备修理业 | 43 | 16428 | 2551 | 2964 | 2681 |
| **电力、热力、燃气及水生产和供应业** | **D** | **203891** | **9378** | **15797** | **17614** |
| 电力、热力生产和供应业 | 44 | 145191 | 5928 | 8664 | 9735 |
| 燃气生产和供应业 | 45 | 13282 | 572 | 1132 | 1567 |
| 水的生产和供应业 | 46 | 45418 | 2878 | 6001 | 6312 |
| **建筑业** | **E** | **2512147** | **105014** | **164080** | **147518** |
| 房屋建筑业 | 47 | 1604597 | 21103 | 41163 | 44908 |
| 土木工程建筑业 | 48 | 478780 | 20747 | 39145 | 38201 |
| 建筑安装业 | 49 | 156897 | 16907 | 22854 | 20048 |
| 建筑装饰、装修和其他建筑业 | 50 | 271873 | 46257 | 60918 | 44361 |
| **批发和零售业** | **F** | **2048709** | **605235** | **597707** | **308896** |
| 批发业 | 51 | 1025954 | 282525 | 334260 | 184207 |
| 零售业 | 52 | 1022755 | 322710 | 263447 | 124689 |
| **交通运输、仓储和邮政业** | **G** | **495278** | **44476** | **69572** | **64862** |
| 铁路运输业 | 53 | | | | |
| 道路运输业 | 54 | 318163 | 30382 | 46715 | 39774 |
| 水上运输业 | 55 | 22677 | 1170 | 2294 | 3172 |
| 航空运输业 | 56 | 9286 | 107 | 195 | 263 |
| 管道运输业 | 57 | 4286 | 2 | 39 | 30 |
| 多式联运和运输代理业 | 58 | 20132 | 4619 | 5742 | 4454 |
| 装卸搬运和仓储业 | 59 | 44412 | 5808 | 9679 | 10369 |
| 邮政业 | 60 | 76322 | 2388 | 4908 | 6800 |
| **住宿和餐饮业** | **H** | **279818** | **34870** | **55052** | **52274** |
| 住宿业 | 61 | 94357 | 9040 | 17882 | 18162 |
| 餐饮业 | 62 | 185461 | 25830 | 37170 | 34112 |
| **信息传输、软件和信息技术服务业** | **I** | **411010** | **82229** | **71833** | **46095** |
| 电信、广播电视和卫星传输服务 | 63 | 62215 | 2953 | 2695 | 2167 |
| 互联网和相关服务 | 64 | 78871 | 11289 | 10900 | 6831 |
| 软件和信息技术服务业 | 65 | 269924 | 67987 | 58238 | 37097 |
| **金融业** | **J** | **21158** | **2754** | **3635** | **2493** |
| 货币金融服务 | 66 | 5373 | 1518 | 2244 | 1171 |
| 资本市场服务 | 67 | 2240 | 702 | 468 | 289 |
| 保险业 | 68 | 126 | 48 | 55 | 23 |
| 其他金融业 | 69 | 13419 | 486 | 868 | 1010 |

| 50-99人 | 100-299人 | 300-499人 | 500-999人 | 1000-4999人 | 5000-9999人 | 10000人及以上 | 代码 |
|---|---|---|---|---|---|---|---|
| 40909 | 83151 | 46678 | 55315 | 91724 | 36620 | 60587 | 36 |
| 4054 | 8051 | 4982 | 5075 | 7888 | 7007 | | 37 |
| 18044 | 36196 | 17100 | 19957 | 37166 | 12376 | | 38 |
| 11838 | 26951 | 11603 | 20704 | 60945 | 19415 | 27669 | 39 |
| 4822 | 6902 | 2451 | 3129 | 5800 | | | 40 |
| 2013 | 2526 | | 522 | | | | 41 |
| 1627 | 4012 | 836 | 2972 | 1800 | | | 42 |
| 1150 | 2809 | 850 | 1359 | 2064 | | | 43 |
| **13423** | **20708** | **12705** | **12299** | **24870** | **5174** | **71923** | **D** |
| 6200 | 9303 | 6417 | 7745 | 19276 | | 71923 | 44 |
| 3098 | 2523 | 1609 | 737 | 2044 | | | 45 |
| 4125 | 8882 | 4679 | 3817 | 3550 | 5174 | | 46 |
| **92982** | **199087** | **173288** | **287587** | **739142** | **128597** | **474852** | **E** |
| 34918 | 100424 | 102506 | 206901 | 548124 | 103663 | 400887 | 47 |
| 23350 | 56040 | 45318 | 53169 | 141640 | | 61170 | 48 |
| 12344 | 16934 | 10904 | 8327 | 22433 | 13351 | 12795 | 49 |
| 22370 | 25689 | 14560 | 19190 | 26945 | 11583 | | 50 |
| **134054** | **123999** | **31056** | **40733** | **114521** | **32301** | **60207** | **F** |
| 67041 | 54984 | 11765 | 15242 | 39495 | 12608 | 23827 | 51 |
| 67013 | 69015 | 19291 | 25491 | 75026 | 19693 | 36380 | 52 |
| **50247** | **62939** | **31649** | **26315** | **71938** | **6760** | **66520** | **G** |
| | | | | | | | 53 |
| 31725 | 47703 | 23476 | 16884 | 38282 | | 43222 | 54 |
| 3122 | 2927 | 2651 | 1938 | 5403 | | | 55 |
| 298 | 853 | 1087 | 722 | 5761 | | | 56 |
| 224 | 222 | 338 | | 3431 | | | 57 |
| 2456 | 2038 | 823 | | | | | 58 |
| 7707 | 6434 | 1651 | 1704 | 1060 | | | 59 |
| 4715 | 2762 | 1623 | 5067 | 18001 | 6760 | 23298 | 60 |
| **39996** | **49105** | **14380** | **6740** | **10953** | **16448** | | **H** |
| 15168 | 24931 | 8162 | 1012 | | | | 61 |
| 24828 | 24174 | 6218 | 5728 | 10953 | 16448 | | 62 |
| **24398** | **34372** | **17415** | **27163** | **36620** | **17634** | **53251** | **I** |
| 2970 | 5835 | 5768 | 11068 | 19799 | 8960 | | 63 |
| 2367 | 2960 | 956 | 4224 | 2167 | | 37177 | 64 |
| 19061 | 25577 | 10691 | 11871 | 14654 | 8674 | 16074 | 65 |
| **578** | **1162** | **349** | **1381** | | **8806** | | **J** |
| 132 | 308 | | | | | | 66 |
| | | | 781 | | | | 67 |
| | | | | | | | 68 |
| 446 | 854 | 349 | 600 | | 8806 | | 69 |

1-18 续表 2

| 行业大类 | 代码 | 从业人员数(人) | 7人及以下 | 8-19人 | 20-49人 |
|---|---|---|---|---|---|
| **房地产业** | **K** | **542540** | **52754** | **101557** | **121793** |
| 房地产业 | 70 | 542540 | 52754 | 101557 | 121793 |
| **租赁和商务服务业** | **L** | **872655** | **200305** | **203385** | **126716** |
| 租赁业 | 71 | 58773 | 20402 | 20623 | 10160 |
| 商务服务业 | 72 | 813882 | 179903 | 182762 | 116556 |
| **科学研究和技术服务业** | **M** | **512308** | **116599** | **135253** | **89625** |
| 研究和试验发展 | 73 | 49013 | 11716 | 11714 | 9142 |
| 专业技术服务业 | 74 | 320309 | 55199 | 67699 | 61777 |
| 科技推广和应用服务业 | 75 | 142986 | 49684 | 55840 | 18706 |
| **水利、环境和公共设施管理业** | **N** | **144906** | **14184** | **24206** | **26507** |
| 水利管理业 | 76 | 21116 | 2877 | 4468 | 4806 |
| 生态保护和环境治理业 | 77 | 13234 | 1757 | 2850 | 3391 |
| 公共设施管理业 | 78 | 106059 | 8758 | 15671 | 17037 |
| 土地管理业 | 79 | 4497 | 792 | 1217 | 1273 |
| **居民服务、修理和其他服务业** | **O** | **165555** | **44367** | **49384** | **27939** |
| 居民服务业 | 80 | 69779 | 17987 | 19751 | 13398 |
| 机动车、电子产品和日用产品修理业 | 81 | 47709 | 17859 | 18945 | 6906 |
| 其他服务业 | 82 | 48067 | 8521 | 10688 | 7635 |
| **教育** | **P** | **884534** | **28968** | **95469** | **169287** |
| 教育 | 83 | 884534 | 28968 | 95469 | 169287 |
| **卫生和社会工作** | **Q** | **502459** | **19648** | **21782** | **37618** |
| 卫生 | 84 | 470965 | 12883 | 11453 | 31079 |
| 社会工作 | 85 | 31494 | 6765 | 10329 | 6539 |
| **文化、体育和娱乐业** | **R** | **195997** | **52799** | **49702** | **32297** |
| 新闻和出版业 | 86 | 20822 | 604 | 1192 | 1019 |
| 广播、电视、电影和录音制作业 | 87 | 25553 | 3431 | 4548 | 5291 |
| 文化艺术业 | 88 | 48242 | 12979 | 14546 | 9635 |
| 体育 | 89 | 12803 | 3298 | 3725 | 2547 |
| 娱乐业 | 90 | 88577 | 32487 | 25691 | 13805 |
| **公共管理、社会保障和社会组织** | **S** | **943711** | **166437** | **141576** | **153626** |
| 中国共产党机关 | 91 | 29289 | 1095 | 5564 | 8556 |
| 国家机构 | 92 | 675266 | 21205 | 65018 | 128336 |
| 人民政协、民主党派 | 93 | 4228 | 147 | 337 | 2866 |
| 社会保障 | 94 | 7465 | 688 | 1614 | 3420 |
| 群众团体、社会团体和其他成员组织 | 95 | 61253 | 32646 | 20341 | 4154 |
| 基层群众自治组织 | 96 | 166210 | 110656 | 48702 | 6294 |

| 50-99人 | 100-299人 | 300-499人 | 500-999人 | 1000-4999人 | 5000-9999人 | 10000人及以上 | 代码 |
|---|---|---|---|---|---|---|---|
| **77064** | **73302** | **28729** | **31733** | **48248** | **7360** | | **K** |
| 77064 | 73302 | 28729 | 31733 | 48248 | 7360 | | 70 |
| **53198** | **67442** | **43113** | **51499** | **96980** | **30017** | | **L** |
| 3580 | 1844 | 685 | | 1479 | | | 71 |
| 49618 | 65598 | 42428 | 51499 | 95501 | 30017 | | 72 |
| **47623** | **49437** | **20424** | **15049** | **31585** | **6713** | | **M** |
| 6043 | 4482 | 1404 | 1702 | 2810 | | | 73 |
| 33422 | 38109 | 17140 | 13347 | 26903 | 6713 | | 74 |
| 8158 | 6846 | 1880 | | 1872 | | | 75 |
| **22432** | **28314** | **11784** | **9192** | **8287** | | | **N** |
| 3980 | 3156 | 1296 | 533 | | | | 76 |
| 1487 | 1324 | 428 | 725 | 1272 | | | 77 |
| 16290 | 23294 | 10060 | 7934 | 7015 | | | 78 |
| 675 | 540 | | | | | | 79 |
| **13745** | **12947** | **7850** | **7417** | **1906** | | | **O** |
| 6069 | 6789 | 3706 | 2079 | | | | 80 |
| 2405 | 529 | 380 | 685 | | | | 81 |
| 5271 | 5629 | 3764 | 4653 | 1906 | | | 82 |
| **158320** | **227194** | **57201** | **49249** | **65940** | **20243** | **12663** | **P** |
| 158320 | 227194 | 57201 | 49249 | 65940 | 20243 | 12663 | 83 |
| **71372** | **94082** | **40688** | **69416** | **124010** | **13573** | **10270** | **Q** |
| 68356 | 90544 | 39381 | 69416 | 124010 | 13573 | 10270 | 84 |
| 3016 | 3538 | 1307 | | | | | 85 |
| **21511** | **18026** | **5319** | **1679** | **9159** | **5505** | | **R** |
| 2955 | 3260 | 1476 | 599 | 4212 | 5505 | | 86 |
| 3978 | 2636 | 1600 | 545 | 3524 | | | 87 |
| 5369 | 5018 | 695 | | | | | 88 |
| 1827 | 1406 | | | | | | 89 |
| 7382 | 5706 | 1548 | 535 | 1423 | | | 90 |
| **128296** | **162931** | **74241** | **61050** | **55554** | | | **S** |
| 7366 | 3902 | 768 | 2038 | | | | 91 |
| 116435 | 156913 | 72793 | 59012 | 55554 | | | 92 |
| 515 | 363 | | | | | | 93 |
| 1576 | 167 | | | | | | 94 |
| 1846 | 1586 | 680 | | | | | 95 |
| 558 | | | | | | | 96 |

# 1-19 按行业门类分组的个体经营户数和从业人员数

| 行业 | 个体经营户数(万个) | 从业人员数(万人) |
|---|---|---|
| **总计** | **309.54** | **793.64** |
| 采矿业 | 0.04 | 0.19 |
| 制造业 | 17.02 | 61.10 |
| 电力、热力、燃气及水生产和供应业 | 0.09 | 0.22 |
| 建筑业 | 27.36 | 86.15 |
| 批发和零售业 | 135.78 | 322.02 |
| 交通运输、仓储和邮政业 | 34.38 | 62.11 |
| 住宿和餐饮业 | 35.02 | 109.98 |
| 信息传输、软件和信息技术服务业 | 1.90 | 4.50 |
| 金融业 | – | – |
| 房地产业 | 0.55 | 1.57 |
| 租赁和商务服务业 | 8.87 | 22.74 |
| 科学研究和技术服务业 | 1.95 | 5.61 |
| 水利、环境和公共设施管理业 | 0.11 | 0.32 |
| 居民服务、修理和其他服务业 | 31.75 | 78.53 |
| 教育 | 1.72 | 7.32 |
| 卫生和社会工作 | 2.36 | 5.93 |
| 文化、体育和娱乐业 | 6.02 | 15.23 |
| 公共管理、社会保障和社会组织 | – | – |

注：本表数据为样本推算数，合计数含从事农、林、牧、渔专业及辅助性活动的个体经营户数据。

# 第2篇

# 企业篇

# 2-01　按地区分组的企业法人单位数及从业人员数

| 地　区 | 法人单位数(个) | 单产业法人单位 | 多产业法人单位 | 从业人员数(人) | #女性 |
|---|---|---|---|---|---|
| **全　省** | **688373** | **675185** | **13188** | **11949162** | **4098990** |
| 武汉市 | 252509 | 249234 | 3275 | 4216762 | 1378871 |
| 黄石市 | 26099 | 25446 | 653 | 577284 | 195732 |
| 十堰市 | 36010 | 35178 | 832 | 607542 | 195996 |
| 宜昌市 | 57512 | 55912 | 1600 | 931630 | 317781 |
| 襄阳市 | 69163 | 68256 | 907 | 1193250 | 422343 |
| 鄂州市 | 13257 | 12957 | 300 | 278918 | 82233 |
| 荆门市 | 25270 | 24593 | 677 | 404052 | 146805 |
| 孝感市 | 30953 | 30185 | 768 | 677101 | 245217 |
| 荆州市 | 37399 | 36556 | 843 | 591496 | 202407 |
| 黄冈市 | 35800 | 34948 | 852 | 738986 | 222900 |
| 咸宁市 | 28634 | 28176 | 458 | 423650 | 157278 |
| 随州市 | 14492 | 14079 | 413 | 249636 | 92460 |
| 恩施州 | 30798 | 29645 | 1153 | 273635 | 106611 |
| 仙桃市 | 12666 | 12495 | 171 | 328860 | 155275 |
| 潜江市 | 8032 | 7871 | 161 | 223541 | 86783 |
| 天门市 | 8546 | 8493 | 53 | 221277 | 86143 |
| 神农架 | 1233 | 1161 | 72 | 11542 | 4155 |

# 2-02 按控股情况、运营状态、开业(成立)时间分组的企业法人单位数及从业人员数

| 分组 | 法人单位数(个) | 单产业法人单位 | 多产业法人单位 | 从业人员数(人) | #女性 |
|---|---|---|---|---|---|
| **总计** | **688373** | **675185** | **13188** | **11949162** | **4098990** |
| 按企业控股情况分组 | | | | | |
| 国有控股 | 9089 | 7672 | 1417 | 1636478 | 469429 |
| 集体控股 | 7142 | 6632 | 510 | 260345 | 82943 |
| 私人控股 | 636098 | 625918 | 10180 | 8864874 | 3082782 |
| 港澳台商控股 | 1087 | 995 | 92 | 247570 | 126012 |
| 外商控股 | 882 | 808 | 74 | 179423 | 73209 |
| 其他 | 34075 | 33160 | 915 | 760472 | 264615 |
| 按运营状态分组 | | | | | |
| 正常运营 | 576466 | 563955 | 12511 | 11591617 | 3980891 |
| 停业(歇业) | 51570 | 51210 | 360 | 157266 | 51324 |
| 筹建 | 31669 | 31589 | 80 | 71007 | 21603 |
| 当年关闭 | 8905 | 8832 | 73 | 41863 | 13773 |
| 当年破产 | 529 | 522 | 7 | 2833 | 1046 |
| 当年注销 | 8892 | 8847 | 45 | 36635 | 13065 |
| 当年吊销 | 752 | 749 | 3 | 2613 | 968 |
| 其他 | 9590 | 9481 | 109 | 45328 | 16320 |
| 按开业(成立)时间分组 | | | | | |
| 1949年以前 | 23 | 21 | 2 | 11639 | 3203 |
| 1950-1977年 | 760 | 649 | 111 | 318759 | 64984 |
| 1978-1991年 | 3638 | 3168 | 470 | 433009 | 115642 |
| 1992-2000年 | 15861 | 14586 | 1275 | 1619786 | 467302 |
| 2001年 | 5140 | 4770 | 370 | 374715 | 107369 |
| 2002年 | 6712 | 6263 | 449 | 477310 | 131941 |
| 2003年 | 8048 | 7545 | 503 | 453965 | 145137 |
| 2004年 | 9196 | 8667 | 529 | 390059 | 135794 |
| 2005年 | 9240 | 8769 | 471 | 410568 | 135104 |
| 2006年 | 9924 | 9451 | 473 | 339209 | 119639 |
| 2007年 | 10765 | 10282 | 483 | 361574 | 130636 |
| 2008年 | 13295 | 12855 | 440 | 375003 | 139771 |
| 2009年 | 17079 | 16542 | 537 | 409393 | 150922 |
| 2010年 | 21364 | 20624 | 740 | 482560 | 182714 |
| 2011年 | 25250 | 24581 | 669 | 489624 | 185988 |
| 2012年 | 28529 | 27845 | 684 | 528801 | 194152 |
| 2013年 | 40589 | 39851 | 738 | 607366 | 223447 |
| 2014年 | 54102 | 53212 | 890 | 615982 | 226218 |
| 2015年 | 65348 | 64426 | 922 | 653555 | 250942 |
| 2016年 | 91799 | 90772 | 1027 | 791837 | 301605 |
| 2017年 | 118032 | 117102 | 930 | 960120 | 360499 |
| 2018年 | 132962 | 132489 | 473 | 843513 | 325722 |
| 无开业年份 | 717 | 715 | 2 | 815 | 259 |

# 2-03　按行业(中类)分组的企业法人单位数及从业人员数

| 行业中类 | 代码 | 法人单位数(个) | 单产业法人单位 | 多产业法人单位 | 从业人员数(人) | #女性 |
|---|---|---|---|---|---|---|
| **总　计** | **00** | **688373** | **675185** | **13188** | **11949162** | **4098990** |
| **农、林、牧、渔业** | **A** | **4491** | **4440** | **51** | **34103** | **11709** |
| 农业 | 01 | 8 | | 8 | | |
| 谷物种植 | 011 | 3 | | 3 | | |
| 豆类、油料和薯类种植 | 012 | | | | | |
| 棉、麻、糖、烟草种植 | 013 | | | | | |
| 蔬菜、食用菌及园艺作物种植 | 014 | 1 | | 1 | | |
| 水果种植 | 015 | | | | | |
| 坚果、含油果、香料和饮料作物种植 | 016 | 1 | | 1 | | |
| 中药材种植 | 017 | | | | | |
| 草种植及割草 | 018 | | | | | |
| 其他农业 | 019 | 3 | | 3 | | |
| 林业 | 02 | | | | | |
| 林木育种和育苗 | 021 | | | | | |
| 造林和更新 | 022 | | | | | |
| 森林经营、管护和改培 | 023 | | | | | |
| 木材和竹材采运 | 024 | | | | | |
| 林产品采集 | 025 | | | | | |
| 畜牧业 | 03 | 2 | | 2 | | |
| 牲畜饲养 | 031 | 1 | | 1 | | |
| 家禽饲养 | 032 | 1 | | 1 | | |
| 狩猎和捕捉动物 | 033 | | | | | |
| 其他畜牧业 | 039 | | | | | |
| 渔业 | 04 | | | | | |
| 水产养殖 | 041 | | | | | |
| 水产捕捞 | 042 | | | | | |
| 农、林、牧、渔专业及辅助性活动 | 05 | 4481 | 4440 | 41 | 34103 | 11709 |
| 农业专业及辅助性活动 | 051 | 3264 | 3235 | 29 | 24006 | 8451 |
| 林业专业及辅助性活动 | 052 | 359 | 353 | 6 | 2670 | 865 |
| 畜牧专业及辅助性活动 | 053 | 232 | 230 | 2 | 2537 | 829 |
| 渔业专业及辅助性活动 | 054 | 626 | 622 | 4 | 4890 | 1564 |
| **采矿业** | **B** | **2579** | **2497** | **82** | **113497** | **24141** |
| 煤炭开采和洗选业 | 06 | 146 | 136 | 10 | 6975 | 676 |
| 烟煤和无烟煤开采洗选 | 061 | 131 | 121 | 10 | 6630 | 654 |
| 褐煤开采洗选 | 062 | | | | | |
| 其他煤炭采选 | 069 | 15 | 15 | | 345 | 22 |
| 石油和天然气开采业 | 07 | 7 | 6 | 1 | 12962 | 4213 |
| 石油开采 | 071 | 4 | 3 | 1 | 12894 | 4202 |
| 天然气开采 | 072 | 3 | 3 | | 68 | 11 |
| 黑色金属矿采选业 | 08 | 240 | 232 | 8 | 19938 | 4127 |
| 铁矿采选 | 081 | 225 | 219 | 6 | 18805 | 3975 |
| 锰矿、铬矿采选 | 082 | 2 | 2 | | 617 | 37 |
| 其他黑色金属矿采选 | 089 | 13 | 11 | 2 | 516 | 115 |

2–03 续表 1

| 行业中类 | 代码 | 法人单位数(个) | 单产业法人单位 | 多产业法人单位 | 从业人员数(人) | #女性 |
|---|---|---|---|---|---|---|
| 有色金属矿采选业 | 09 | 108 | 107 | 1 | 7097 | 1572 |
| 常用有色金属矿采选 | 091 | 78 | 78 | | 4943 | 1043 |
| 贵金属矿采选 | 092 | 16 | 15 | 1 | 1657 | 379 |
| 稀有稀土金属矿采选 | 093 | 14 | 14 | | 497 | 150 |
| 非金属矿采选业 | 10 | 1878 | 1821 | 57 | 52258 | 8909 |
| 土砂石开采 | 101 | 1452 | 1429 | 23 | 32493 | 4998 |
| 化学矿开采 | 102 | 228 | 199 | 29 | 13735 | 2707 |
| 采盐 | 103 | 3 | 2 | 1 | 850 | 345 |
| 石棉及其他非金属矿采选 | 109 | 195 | 191 | 4 | 5180 | 859 |
| 开采专业及辅助性活动 | 11 | 60 | 57 | 3 | 11930 | 4244 |
| 煤炭开采和洗选专业及辅助性活动 | 111 | 15 | 15 | | 447 | 40 |
| 石油和天然气开采专业及辅助性活动 | 112 | 26 | 24 | 2 | 10902 | 4061 |
| 其他开采专业及辅助性活动 | 119 | 19 | 18 | 1 | 581 | 143 |
| 其他采矿业 | 12 | 140 | 138 | 2 | 2337 | 400 |
| 其他采矿业 | 120 | 140 | 138 | 2 | 2337 | 400 |
| **制造业** | **C** | **90511** | **89223** | **1288** | **3771807** | **1476882** |
| 农副食品加工业 | 13 | 6487 | 6327 | 160 | 232190 | 86136 |
| 谷物磨制 | 131 | 1767 | 1727 | 40 | 67333 | 15520 |
| 饲料加工 | 132 | 572 | 555 | 17 | 28915 | 7550 |
| 植物油加工 | 133 | 630 | 615 | 15 | 20591 | 5476 |
| 制糖业 | 134 | 16 | 16 | | 418 | 153 |
| 屠宰及肉类加工 | 135 | 827 | 793 | 34 | 32377 | 14043 |
| 水产品加工 | 136 | 278 | 272 | 6 | 20379 | 12277 |
| 蔬菜、菌类、水果和坚果加工 | 137 | 757 | 745 | 12 | 25731 | 13552 |
| 其他农副食品加工 | 139 | 1640 | 1604 | 36 | 36446 | 17565 |
| 食品制造业 | 14 | 2615 | 2557 | 58 | 109060 | 60745 |
| 焙烤食品制造 | 141 | 646 | 626 | 20 | 31948 | 20122 |
| 糖果、巧克力及蜜饯制造 | 142 | 86 | 85 | 1 | 6134 | 4057 |
| 方便食品制造 | 143 | 532 | 524 | 8 | 14478 | 7685 |
| 乳制品制造 | 144 | 38 | 37 | 1 | 5700 | 2839 |
| 罐头食品制造 | 145 | 104 | 101 | 3 | 14093 | 9784 |
| 调味品、发酵制品制造 | 146 | 258 | 256 | 2 | 11141 | 4210 |
| 其他食品制造 | 149 | 951 | 928 | 23 | 25566 | 12048 |
| 酒、饮料和精制茶制造业 | 15 | 3322 | 3216 | 106 | 104459 | 43688 |
| 酒的制造 | 151 | 861 | 842 | 19 | 40009 | 17035 |
| 饮料制造 | 152 | 912 | 882 | 30 | 30362 | 12221 |
| 精制茶加工 | 153 | 1549 | 1492 | 57 | 34088 | 14432 |
| 烟草制品业 | 16 | 54 | 53 | 1 | 7521 | 2128 |
| 烟叶复烤 | 161 | 42 | 41 | 1 | 598 | 155 |
| 卷烟制造 | 162 | 4 | 4 | | 6231 | 1782 |
| 其他烟草制品制造 | 169 | 8 | 8 | | 692 | 191 |
| 纺织业 | 17 | 3743 | 3687 | 56 | 273153 | 194954 |
| 棉纺织及印染精加工 | 171 | 2126 | 2106 | 20 | 168152 | 119865 |
| 毛纺织及染整精加工 | 172 | 27 | 25 | 2 | 1659 | 1072 |

2-03　续表　2

| 行业中类 | 代码 | 法人单位数(个) | 单产业法人单位 | 多产业法人单位 | 从业人员数(人) | #女性 |
|---|---|---|---|---|---|---|
| 麻纺织及染整精加工 | 173 | 41 | 41 | | 6027 | 4416 |
| 丝绢纺织及印染精加工 | 174 | 20 | 19 | 1 | 601 | 443 |
| 化纤织造及印染精加工 | 175 | 108 | 108 | | 5429 | 3530 |
| 针织或钩针编织物及其制品制造 | 176 | 141 | 140 | 1 | 4453 | 2997 |
| 家用纺织制成品制造 | 177 | 386 | 381 | 5 | 13221 | 9184 |
| 产业用纺织制成品制造 | 178 | 894 | 867 | 27 | 73611 | 53447 |
| 纺织服装、服饰业 | 18 | 6025 | 5970 | 55 | 263537 | 191667 |
| 机织服装制造 | 181 | 2762 | 2738 | 24 | 166054 | 122019 |
| 针织或钩针编织服装制造 | 182 | 163 | 159 | 4 | 11421 | 8295 |
| 服饰制造 | 183 | 3100 | 3073 | 27 | 86062 | 61353 |
| 皮革、毛皮、羽毛及其制品和制鞋业 | 19 | 915 | 907 | 8 | 46658 | 33021 |
| 皮革鞣制加工 | 191 | 53 | 52 | 1 | 790 | 459 |
| 皮革制品制造 | 192 | 144 | 143 | 1 | 3760 | 2514 |
| 毛皮鞣制及制品加工 | 193 | 281 | 280 | 1 | 7817 | 4097 |
| 羽毛(绒)加工及制品制造 | 194 | 23 | 23 | | 922 | 589 |
| 制鞋业 | 195 | 414 | 409 | 5 | 33369 | 25362 |
| 木材加工和木、竹、藤、棕、草制品业 | 20 | 2591 | 2569 | 22 | 62409 | 21169 |
| 木材加工 | 201 | 1257 | 1251 | 6 | 17772 | 5332 |
| 人造板制造 | 202 | 294 | 286 | 8 | 20915 | 7382 |
| 木质制品制造 | 203 | 796 | 789 | 7 | 19363 | 6446 |
| 竹、藤、棕、草等制品制造 | 204 | 244 | 243 | 1 | 4359 | 2009 |
| 家具制造业 | 21 | 1806 | 1786 | 20 | 40941 | 12693 |
| 木质家具制造 | 211 | 1367 | 1349 | 18 | 34431 | 10640 |
| 竹、藤家具制造 | 212 | 11 | 11 | | 139 | 47 |
| 金属家具制造 | 213 | 67 | 67 | | 1586 | 448 |
| 塑料家具制造 | 214 | 11 | 11 | | 70 | 21 |
| 其他家具制造 | 219 | 350 | 348 | 2 | 4715 | 1537 |
| 造纸和纸制品业 | 22 | 1426 | 1419 | 7 | 51121 | 20371 |
| 纸浆制造 | 221 | 14 | 14 | | 326 | 121 |
| 造纸 | 222 | 464 | 460 | 4 | 25414 | 9680 |
| 纸制品制造 | 223 | 948 | 945 | 3 | 25381 | 10570 |
| 印刷和记录媒介复制业 | 23 | 2469 | 2440 | 29 | 65706 | 30924 |
| 印刷 | 231 | 2080 | 2056 | 24 | 60492 | 28701 |
| 装订及印刷相关服务 | 232 | 382 | 377 | 5 | 4005 | 1568 |
| 记录媒介复制 | 233 | 7 | 7 | | 1209 | 655 |
| 文教、工美、体育和娱乐用品制造业 | 24 | 1907 | 1882 | 25 | 62479 | 29222 |
| 文教办公用品制造 | 241 | 180 | 179 | 1 | 2375 | 1080 |
| 乐器制造 | 242 | 32 | 31 | 1 | 3366 | 1337 |
| 工艺美术及礼仪用品制造 | 243 | 1375 | 1354 | 21 | 44149 | 19154 |
| 体育用品制造 | 244 | 115 | 114 | 1 | 3085 | 1762 |
| 玩具制造 | 245 | 147 | 147 | | 7611 | 5042 |
| 游艺器材及娱乐用品制造 | 246 | 58 | 57 | 1 | 1893 | 847 |
| 石油、煤炭及其他燃料加工业 | 25 | 302 | 295 | 7 | 12449 | 3257 |
| 精炼石油产品制造 | 251 | 142 | 136 | 6 | 9561 | 2669 |

2-03 续表 3

| 行业中类 | 代码 | 法人单位数(个) | 单产业法人单位 | 多产业法人单位 | 从业人员数(人) | #女性 |
|---|---|---|---|---|---|---|
| 煤炭加工 | 252 | 75 | 74 | 1 | 1828 | 329 |
| 核燃料加工 | 253 | 3 | 3 | | 23 | 3 |
| 生物质燃料加工 | 254 | 82 | 82 | | 1037 | 256 |
| 化学原料和化学制品制造业 | 26 | 4182 | 4094 | 88 | 218891 | 60580 |
| 基础化学原料制造 | 261 | 769 | 752 | 17 | 48366 | 11861 |
| 肥料制造 | 262 | 890 | 862 | 28 | 71371 | 18225 |
| 农药制造 | 263 | 82 | 80 | 2 | 6115 | 1563 |
| 涂料、油墨、颜料及类似产品制造 | 264 | 692 | 676 | 16 | 21082 | 6193 |
| 合成材料制造 | 265 | 275 | 271 | 4 | 10437 | 2975 |
| 专用化学产品制造 | 266 | 1059 | 1045 | 14 | 41177 | 11358 |
| 炸药、火工及焰火产品制造 | 267 | 62 | 58 | 4 | 9580 | 3336 |
| 日用化学产品制造 | 268 | 353 | 350 | 3 | 10763 | 5069 |
| 医药制造业 | 27 | 1530 | 1502 | 28 | 136796 | 65228 |
| 化学药品原料药制造 | 271 | 184 | 180 | 4 | 21574 | 7050 |
| 化学药品制剂制造 | 272 | 119 | 115 | 4 | 38791 | 17779 |
| 中药饮片加工 | 273 | 300 | 291 | 9 | 9413 | 4311 |
| 中成药生产 | 274 | 355 | 350 | 5 | 31091 | 17553 |
| 兽用药品制造 | 275 | 48 | 48 | | 4050 | 1798 |
| 生物药品制品制造 | 276 | 263 | 262 | 1 | 12708 | 4967 |
| 卫生材料及医药用品制造 | 277 | 242 | 238 | 4 | 18259 | 11197 |
| 药用辅料及包装材料 | 278 | 19 | 18 | 1 | 910 | 573 |
| 化学纤维制造业 | 28 | 82 | 82 | | 6911 | 3144 |
| 纤维素纤维原料及纤维制造 | 281 | 29 | 29 | | 4705 | 1917 |
| 合成纤维制造 | 282 | 39 | 39 | | 1886 | 1066 |
| 生物基材料制造 | 283 | 14 | 14 | | 320 | 161 |
| 橡胶和塑料制品业 | 29 | 3641 | 3602 | 39 | 118463 | 50690 |
| 橡胶制品业 | 291 | 528 | 520 | 8 | 18621 | 6974 |
| 塑料制品业 | 292 | 3113 | 3082 | 31 | 99842 | 43716 |
| 非金属矿物制品业 | 30 | 11341 | 11174 | 167 | 355683 | 89407 |
| 水泥、石灰和石膏制造 | 301 | 817 | 791 | 26 | 53560 | 12591 |
| 石膏、水泥制品及类似制品制造 | 302 | 3466 | 3402 | 64 | 88382 | 18068 |
| 砖瓦、石材等建筑材料制造 | 303 | 4946 | 4897 | 49 | 121019 | 26608 |
| 玻璃制造 | 304 | 189 | 189 | | 10683 | 2669 |
| 玻璃制品制造 | 305 | 459 | 457 | 2 | 20103 | 7609 |
| 玻璃纤维和玻璃纤维增强塑料制品制造 | 306 | 134 | 133 | 1 | 4217 | 1650 |
| 陶瓷制品制造 | 307 | 308 | 304 | 4 | 24285 | 9576 |
| 耐火材料制品制造 | 308 | 279 | 272 | 7 | 9935 | 3157 |
| 石墨及其他非金属矿物制品制造 | 309 | 743 | 729 | 14 | 23499 | 7479 |
| 黑色金属冶炼和压延加工业 | 31 | 575 | 564 | 11 | 74875 | 14760 |
| 炼铁 | 311 | 24 | 24 | | 885 | 255 |
| 炼钢 | 312 | 21 | 20 | 1 | 1832 | 314 |
| 钢压延加工 | 313 | 483 | 474 | 9 | 67762 | 13208 |
| 铁合金冶炼 | 314 | 47 | 46 | 1 | 4396 | 983 |
| 有色金属冶炼和压延加工业 | 32 | 595 | 591 | 4 | 42384 | 12278 |

2-03　续表　4

| 行业中类 | 代码 | 法人单位数(个) | 单产业法人单位 | 多产业法人单位 | 从业人员数(人) | #女性 |
|---|---|---|---|---|---|---|
| 常用有色金属冶炼 | 321 | 79 | 77 | 2 | 15492 | 3161 |
| 贵金属冶炼 | 322 | 9 | 9 | | 808 | 312 |
| 稀有稀土金属冶炼 | 323 | 13 | 13 | | 253 | 55 |
| 有色金属合金制造 | 324 | 206 | 205 | 1 | 4020 | 1154 |
| 有色金属压延加工 | 325 | 288 | 287 | 1 | 21811 | 7596 |
| 金属制品业 | 33 | 6467 | 6391 | 76 | 178938 | 47965 |
| 结构性金属制品制造 | 331 | 3790 | 3745 | 45 | 83091 | 19689 |
| 金属工具制造 | 332 | 378 | 376 | 2 | 14722 | 5239 |
| 集装箱及金属包装容器制造 | 333 | 221 | 218 | 3 | 11167 | 3371 |
| 金属丝绳及其制品制造 | 334 | 86 | 86 | | 5914 | 1684 |
| 建筑、安全用金属制品制造 | 335 | 445 | 441 | 4 | 8288 | 2295 |
| 金属表面处理及热处理加工 | 336 | 211 | 210 | 1 | 5207 | 1334 |
| 搪瓷制品制造 | 337 | 14 | 14 | | 610 | 265 |
| 金属制日用品制造 | 338 | 250 | 247 | 3 | 9459 | 3642 |
| 铸造及其他金属制品制造 | 339 | 1072 | 1054 | 18 | 40480 | 10446 |
| 通用设备制造业 | 34 | 6282 | 6233 | 49 | 168097 | 43245 |
| 锅炉及原动设备制造 | 341 | 212 | 209 | 3 | 10094 | 2294 |
| 金属加工机械制造 | 342 | 1336 | 1328 | 8 | 34434 | 7574 |
| 物料搬运设备制造 | 343 | 208 | 204 | 4 | 9602 | 2044 |
| 泵、阀门、压缩机及类似机械制造 | 344 | 398 | 390 | 8 | 22581 | 5358 |
| 轴承、齿轮和传动部件制造 | 345 | 174 | 174 | | 9334 | 2718 |
| 烘炉、风机、包装等设备制造 | 346 | 518 | 511 | 7 | 20143 | 6056 |
| 文化、办公用机械制造 | 347 | 41 | 41 | | 1633 | 751 |
| 通用零部件制造 | 348 | 2631 | 2614 | 17 | 47940 | 13331 |
| 其他通用设备制造业 | 349 | 764 | 762 | 2 | 12336 | 3119 |
| 专用设备制造业 | 35 | 5374 | 5319 | 55 | 158254 | 42077 |
| 采矿、冶金、建筑专用设备制造 | 351 | 682 | 672 | 10 | 38134 | 9302 |
| 化工、木材、非金属加工专用设备制造 | 352 | 1465 | 1459 | 6 | 35666 | 9732 |
| 食品、饮料、烟草及饲料生产专用设备制造 | 353 | 193 | 188 | 5 | 9924 | 2081 |
| 印刷、制药、日化及日用品生产专用设备制造 | 354 | 153 | 152 | 1 | 6723 | 1992 |
| 纺织、服装和皮革加工专用设备制造 | 355 | 104 | 103 | 1 | 2697 | 921 |
| 电子和电工机械专用设备制造 | 356 | 364 | 361 | 3 | 11553 | 3400 |
| 农、林、牧、渔专用机械制造 | 357 | 390 | 386 | 4 | 7747 | 1785 |
| 医疗仪器设备及器械制造 | 358 | 406 | 399 | 7 | 9898 | 4362 |
| 环保、邮政、社会公共服务及其他专用设备制造 | 359 | 1617 | 1599 | 18 | 35912 | 8502 |
| 汽车制造业 | 36 | 6345 | 6260 | 85 | 480743 | 133701 |
| 汽车整车制造 | 361 | 114 | 111 | 3 | 88608 | 15302 |
| 汽车用发动机制造 | 362 | 22 | 22 | | 3790 | 643 |
| 改装汽车制造 | 363 | 169 | 160 | 9 | 24532 | 4505 |
| 低速汽车制造 | 364 | 2 | 2 | | 35 | 5 |
| 电车制造 | 365 | 10 | 10 | | 373 | 112 |
| 汽车车身、挂车制造 | 366 | 176 | 170 | 6 | 25466 | 7212 |
| 汽车零部件及配件制造 | 367 | 5852 | 5785 | 67 | 337939 | 105922 |
| 铁路、船舶、航空航天和其他运输设备制造业 | 37 | 540 | 530 | 10 | 42497 | 10192 |

2-03 续表 5

| 行业中类 | 代码 | 法人单位数(个) | 单产业法人单位 | 多产业法人单位 | 从业人员数(人) | #女性 |
|---|---|---|---|---|---|---|
| 铁路运输设备制造 | 371 | 114 | 114 | | 14782 | 3353 |
| 城市轨道交通设备制造 | 372 | 16 | 16 | | 1164 | 214 |
| 船舶及相关装置制造 | 373 | 262 | 253 | 9 | 15254 | 2995 |
| 航空、航天器及设备制造 | 374 | 61 | 60 | 1 | 4324 | 1302 |
| 摩托车制造 | 375 | 21 | 21 | | 3481 | 1216 |
| 自行车和残疾人座车制造 | 376 | 8 | 8 | | 1051 | 243 |
| 助动车制造 | 377 | 32 | 32 | | 1457 | 450 |
| 非公路休闲车及零配件制造 | 378 | 8 | 8 | | 102 | 36 |
| 潜水救捞及其他未列明运输设备制造 | 379 | 18 | 18 | | 882 | 383 |
| 电气机械和器材制造业 | 38 | 3204 | 3150 | 54 | 171860 | 63122 |
| 电机制造 | 381 | 273 | 272 | 1 | 18465 | 6730 |
| 输配电及控制设备制造 | 382 | 1223 | 1203 | 20 | 50873 | 18231 |
| 电线、电缆、光缆及电工器材制造 | 383 | 500 | 485 | 15 | 29186 | 9645 |
| 电池制造 | 384 | 221 | 216 | 5 | 27672 | 10297 |
| 家用电力器具制造 | 385 | 193 | 192 | 1 | 25103 | 9755 |
| 非电力家用器具制造 | 386 | 140 | 137 | 3 | 3478 | 1063 |
| 照明器具制造 | 387 | 332 | 328 | 4 | 10691 | 5407 |
| 其他电气机械及器材制造 | 389 | 322 | 317 | 5 | 6392 | 1994 |
| 计算机、通信和其他电子设备制造业 | 39 | 2576 | 2550 | 26 | 202448 | 81459 |
| 计算机制造 | 391 | 171 | 169 | 2 | 18934 | 8858 |
| 通信设备制造 | 392 | 302 | 300 | 2 | 34927 | 13701 |
| 广播电视设备制造 | 393 | 57 | 55 | 2 | 3905 | 2022 |
| 雷达及配套设备制造 | 394 | 4 | 4 | | 52 | 13 |
| 非专业视听设备制造 | 395 | 40 | 40 | | 4274 | 2517 |
| 智能消费设备制造 | 396 | 160 | 155 | 5 | 11025 | 4682 |
| 电子器件制造 | 397 | 476 | 469 | 7 | 83976 | 28136 |
| 电子元件及电子专用材料制造 | 398 | 1022 | 1014 | 8 | 34077 | 17104 |
| 其他电子设备制造 | 399 | 344 | 344 | | 11278 | 4426 |
| 仪器仪表制造业 | 40 | 1108 | 1093 | 15 | 32172 | 13443 |
| 通用仪器仪表制造 | 401 | 714 | 706 | 8 | 13473 | 4002 |
| 专用仪器仪表制造 | 402 | 204 | 201 | 3 | 8306 | 3773 |
| 钟表与计时仪器制造 | 403 | 17 | 16 | 1 | 3462 | 3082 |
| 光学仪器制造 | 404 | 81 | 81 | | 3973 | 1690 |
| 衡器制造 | 405 | 20 | 20 | | 995 | 405 |
| 其他仪器仪表制造业 | 409 | 72 | 69 | 3 | 1963 | 491 |
| 其他制造业 | 41 | 1235 | 1233 | 2 | 17725 | 7170 |
| 日用杂品制造 | 411 | 265 | 265 | | 5035 | 2847 |
| 核辐射加工 | 412 | 3 | 3 | | 141 | 56 |
| 其他未列明制造业 | 419 | 967 | 965 | 2 | 12549 | 4267 |
| 废弃资源综合利用业 | 42 | 595 | 584 | 11 | 16964 | 4985 |
| 金属废料和碎屑加工处理 | 421 | 246 | 238 | 8 | 11025 | 3360 |
| 非金属废料和碎屑加工处理 | 422 | 349 | 346 | 3 | 5939 | 1625 |
| 金属制品、机械和设备修理业 | 43 | 1177 | 1163 | 14 | 16423 | 3461 |
| 金属制品修理 | 431 | 39 | 39 | | 402 | 74 |

2–03　续表　6

| 行业中类 | 代码 | 法人单位数(个) | 单产业法人单位 | 多产业法人单位 | 从业人员数(人) | #女性 |
|---|---|---|---|---|---|---|
| 通用设备修理 | 432 | 188 | 187 | 1 | 2984 | 619 |
| 专用设备修理 | 433 | 184 | 181 | 3 | 1587 | 439 |
| 铁路、船舶、航空航天等运输设备修理 | 434 | 115 | 112 | 3 | 3274 | 484 |
| 电气设备修理 | 435 | 104 | 104 | | 900 | 194 |
| 仪器仪表修理 | 436 | 27 | 27 | | 244 | 67 |
| 其他机械和设备修理业 | 439 | 520 | 513 | 7 | 7032 | 1584 |
| **电力、热力、燃气及水生产和供应业** | **D** | **5334** | **5072** | **262** | **203311** | **59378** |
| 电力、热力生产和供应业 | 44 | 3360 | 3249 | 111 | 144793 | 37516 |
| 电力生产 | 441 | 3013 | 2920 | 93 | 57035 | 15024 |
| 电力供应 | 442 | 252 | 236 | 16 | 84926 | 21648 |
| 热力生产和供应 | 443 | 95 | 93 | 2 | 2832 | 844 |
| 燃气生产和供应业 | 45 | 350 | 286 | 64 | 13185 | 4710 |
| 燃气生产和供应业 | 451 | 322 | 259 | 63 | 12618 | 4535 |
| 生物质燃气生产和供应业 | 452 | 28 | 27 | 1 | 567 | 175 |
| 水的生产和供应业 | 46 | 1624 | 1537 | 87 | 45333 | 17152 |
| 自来水生产和供应 | 461 | 1265 | 1185 | 80 | 40035 | 15613 |
| 污水处理及其再生利用 | 462 | 348 | 341 | 7 | 5135 | 1497 |
| 海水淡化处理 | 463 | | | | | |
| 其他水的处理、利用与分配 | 469 | 11 | 11 | | 163 | 42 |
| **建筑业** | **E** | **57255** | **56041** | **1214** | **2511945** | **362155** |
| 房屋建筑业 | 47 | 14000 | 13414 | 586 | 1604395 | 191616 |
| 住宅房屋建筑 | 471 | 12460 | 11904 | 556 | 1543366 | 181176 |
| 体育场馆建筑 | 472 | 12 | 12 | | 1017 | 182 |
| 其他房屋建筑业 | 479 | 1528 | 1498 | 30 | 60012 | 10258 |
| 土木工程建筑业 | 48 | 12504 | 12173 | 331 | 478780 | 88626 |
| 铁路、道路、隧道和桥梁工程建筑 | 481 | 4801 | 4644 | 157 | 236313 | 40214 |
| 水利和水运工程建筑 | 482 | 618 | 574 | 44 | 98066 | 18576 |
| 海洋工程建筑 | 483 | 1 | 1 | | 60 | 10 |
| 工矿工程建筑 | 484 | 232 | 216 | 16 | 16009 | 2358 |
| 架线和管道工程建筑 | 485 | 854 | 825 | 29 | 30756 | 6913 |
| 节能环保工程施工 | 486 | 236 | 232 | 4 | 1844 | 508 |
| 电力工程施工 | 487 | 389 | 373 | 16 | 11661 | 2532 |
| 其他土木工程建筑 | 489 | 5373 | 5308 | 65 | 84071 | 17515 |
| 建筑安装业 | 49 | 8260 | 8165 | 95 | 156897 | 28259 |
| 电气安装 | 491 | 2129 | 2093 | 36 | 37435 | 7034 |
| 管道和设备安装 | 492 | 1999 | 1977 | 22 | 28552 | 6657 |
| 其他建筑安装业 | 499 | 4132 | 4095 | 37 | 90910 | 14568 |
| 建筑装饰、装修和其他建筑业 | 50 | 22491 | 22289 | 202 | 271873 | 53654 |
| 建筑装饰和装修业 | 501 | 14990 | 14853 | 137 | 153267 | 33238 |
| 建筑物拆除和场地准备活动 | 502 | 1619 | 1596 | 23 | 22103 | 4178 |
| 提供施工设备服务 | 503 | 548 | 542 | 6 | 9833 | 1395 |
| 其他未列明建筑业 | 509 | 5334 | 5298 | 36 | 86670 | 14843 |
| **批发和零售业** | **F** | **228674** | **224996** | **3678** | **1851709** | **811238** |
| 批发业 | 51 | 104006 | 102820 | 1186 | 876606 | 328199 |

2-03 续表 7

| 行业中类 | 代码 | 法人单位数(个) | 单产业法人单位 | 多产业法人单位 | 从业人员数(人) | #女性 |
|---|---|---|---|---|---|---|
| 农、林、牧、渔产品批发 | 511 | 11078 | 10912 | 166 | 87415 | 29809 |
| 食品、饮料及烟草制品批发 | 512 | 13425 | 13228 | 197 | 147335 | 57382 |
| 纺织、服装及家庭用品批发 | 513 | 11069 | 10976 | 93 | 80525 | 40112 |
| 文化、体育用品及器材批发 | 514 | 3222 | 3174 | 48 | 25914 | 11608 |
| 医药及医疗器材批发 | 515 | 4538 | 4403 | 135 | 88522 | 42158 |
| 矿产品、建材及化工产品批发 | 516 | 31511 | 31226 | 285 | 254688 | 82458 |
| 机械设备、五金产品及电子产品批发 | 517 | 19558 | 19402 | 156 | 129752 | 42953 |
| 贸易经纪与代理 | 518 | 1936 | 1927 | 9 | 11948 | 4582 |
| 其他批发业 | 519 | 7669 | 7572 | 97 | 50507 | 17137 |
| 零售业 | 52 | 124668 | 122176 | 2492 | 975103 | 483039 |
| 综合零售 | 521 | 17948 | 17554 | 394 | 254105 | 157907 |
| 食品、饮料及烟草制品专门零售 | 522 | 14988 | 14720 | 268 | 99622 | 45288 |
| 纺织、服装及日用品专门零售 | 523 | 12683 | 12427 | 256 | 81059 | 48504 |
| 文化、体育用品及器材专门零售 | 524 | 6794 | 6669 | 125 | 39635 | 19705 |
| 医药及医疗器材专门零售 | 525 | 9584 | 9084 | 500 | 73874 | 46009 |
| 汽车、摩托车、零配件和燃料及其他动力销售 | 526 | 14338 | 13912 | 426 | 147193 | 55389 |
| 家用电器及电子产品专门零售 | 527 | 16133 | 15886 | 247 | 102422 | 43885 |
| 五金、家具及室内装饰材料专门零售 | 528 | 17217 | 17119 | 98 | 96961 | 35238 |
| 货摊、无店铺及其他零售业 | 529 | 14983 | 14805 | 178 | 80232 | 31114 |
| **交通运输、仓储和邮政业** | **G** | **22059** | **21082** | **977** | **472242** | **129112** |
| 铁路运输业 | 53 | 9 | 8 | 1 | | |
| 铁路旅客运输 | 531 | 4 | 4 | | | |
| 铁路货物运输 | 532 | 5 | 4 | 1 | | |
| 铁路运输辅助活动 | 533 | | | | | |
| 道路运输业 | 54 | 14683 | 14285 | 398 | 298229 | 74028 |
| 城市公共交通运输 | 541 | 556 | 514 | 42 | 90755 | 19209 |
| 公路旅客运输 | 542 | 768 | 661 | 107 | 38273 | 13459 |
| 道路货物运输 | 543 | 12500 | 12282 | 218 | 148496 | 33877 |
| 道路运输辅助活动 | 544 | 859 | 828 | 31 | 20705 | 7483 |
| 水上运输业 | 55 | 672 | 646 | 26 | 20957 | 4311 |
| 水上旅客运输 | 551 | 119 | 115 | 4 | 2415 | 665 |
| 水上货物运输 | 552 | 353 | 337 | 16 | 11827 | 2109 |
| 水上运输辅助活动 | 553 | 200 | 194 | 6 | 6715 | 1537 |
| 航空运输业 | 56 | 76 | 70 | 6 | 8844 | 3336 |
| 航空客货运输 | 561 | 23 | 21 | 2 | 3627 | 1517 |
| 通用航空服务 | 562 | 35 | 33 | 2 | 593 | 140 |
| 航空运输辅助活动 | 563 | 18 | 16 | 2 | 4624 | 1679 |
| 管道运输业 | 57 | 13 | 12 | 1 | 4286 | 1388 |
| 海底管道运输 | 571 | | | | | |
| 陆地管道运输 | 572 | 13 | 12 | 1 | 4286 | 1388 |
| 多式联运和运输代理业 | 58 | 2191 | 2151 | 40 | 20073 | 5728 |
| 多式联运 | 581 | 23 | 23 | | 319 | 65 |
| 运输代理业 | 582 | 2168 | 2128 | 40 | 19754 | 5663 |
| 装卸搬运和仓储业 | 59 | 3017 | 2947 | 70 | 43622 | 10581 |

2-03 续表 8

| 行业中类 | 代码 | 法人单位数(个) | 单产业法人单位 | 多产业法人单位 | 从业人员数(人) | #女性 |
|---|---|---|---|---|---|---|
| 装卸搬运 | 591 | 1722 | 1695 | 27 | 23148 | 4573 |
| 通用仓储 | 592 | 341 | 333 | 8 | 6434 | 1902 |
| 低温仓储 | 593 | 48 | 48 | | 910 | 237 |
| 危险品仓储 | 594 | 17 | 17 | | 446 | 109 |
| 谷物、棉花等农产品仓储 | 595 | 361 | 333 | 28 | 7140 | 2184 |
| 中药材仓储 | 596 | 6 | 6 | | 61 | 13 |
| 其他仓储业 | 599 | 522 | 515 | 7 | 5483 | 1563 |
| 邮政业 | 60 | 1398 | 963 | 435 | 76231 | 29740 |
| 邮政基本服务 | 601 | 62 | 48 | 14 | 43073 | 20920 |
| 快递服务 | 602 | 1329 | 909 | 420 | 32986 | 8794 |
| 其他寄递服务 | 609 | 7 | 6 | 1 | 172 | 26 |
| **住宿和餐饮业** | **H** | **17423** | **16862** | **561** | **277982** | **171763** |
| 住宿业 | 61 | 5231 | 5051 | 180 | 93704 | 61084 |
| 旅游饭店 | 611 | 1315 | 1250 | 65 | 47505 | 30275 |
| 一般旅馆 | 612 | 3127 | 3030 | 97 | 39011 | 26300 |
| 民宿服务 | 613 | 311 | 308 | 3 | 1928 | 1153 |
| 露营地服务 | 614 | 2 | 2 | | 11 | 4 |
| 其他住宿业 | 619 | 476 | 461 | 15 | 5249 | 3352 |
| 餐饮业 | 62 | 12192 | 11811 | 381 | 184278 | 110679 |
| 正餐服务 | 621 | 10723 | 10400 | 323 | 149743 | 89500 |
| 快餐服务 | 622 | 422 | 404 | 18 | 20899 | 13627 |
| 饮料及冷饮服务 | 623 | 195 | 182 | 13 | 4309 | 2646 |
| 餐饮配送及外卖送餐服务 | 624 | 151 | 148 | 3 | 4760 | 2483 |
| 其他餐饮业 | 629 | 701 | 677 | 24 | 4567 | 2423 |
| **信息传输、软件和信息技术服务业** | **I** | **38930** | **38661** | **269** | **405613** | **151584** |
| 电信、广播电视和卫星传输服务 | 63 | 1102 | 1018 | 84 | 58222 | 24062 |
| 电信 | 631 | 942 | 865 | 77 | 44612 | 19495 |
| 广播电视传输服务 | 632 | 137 | 131 | 6 | 13388 | 4498 |
| 卫星传输服务 | 633 | 23 | 22 | 1 | 222 | 69 |
| 互联网和相关服务 | 64 | 4950 | 4923 | 27 | 78307 | 34637 |
| 互联网接入及相关服务 | 641 | 412 | 408 | 4 | 2397 | 775 |
| 互联网信息服务 | 642 | 3153 | 3137 | 16 | 66451 | 30410 |
| 互联网平台 | 643 | 214 | 212 | 2 | 2916 | 985 |
| 互联网安全服务 | 644 | 34 | 34 | | 228 | 80 |
| 互联网数据服务 | 645 | 90 | 90 | | 742 | 261 |
| 其他互联网服务 | 649 | 1047 | 1042 | 5 | 5573 | 2126 |
| 软件和信息技术服务业 | 65 | 32878 | 32720 | 158 | 269084 | 92885 |
| 软件开发 | 651 | 20815 | 20729 | 86 | 178778 | 61207 |
| 集成电路设计 | 652 | 151 | 150 | 1 | 3128 | 882 |
| 信息系统集成和物联网技术服务 | 653 | 1933 | 1923 | 10 | 21039 | 6751 |
| 运行维护服务 | 654 | 158 | 155 | 3 | 1862 | 523 |
| 信息处理和存储支持服务 | 655 | 203 | 202 | 1 | 1435 | 615 |
| 信息技术咨询服务 | 656 | 7281 | 7234 | 47 | 45201 | 16593 |
| 数字内容服务 | 657 | 647 | 644 | 3 | 5962 | 2436 |
| 其他信息技术服务业 | 659 | 1690 | 1683 | 7 | 11679 | 3878 |

2-03 续表 9

| 行业中类 | 代码 | 法人单位数(个) | 单产业法人单位 | 多产业法人单位 | 从业人员数(人) | #女性 |
|---|---|---|---|---|---|---|
| **金融业** | **J** | **2860** | **2108** | **752** | **21158** | **7238** |
| 货币金融服务 | 66 | 1100 | 784 | 316 | 5373 | 2153 |
| 中央银行服务 | 661 | | | | | |
| 货币银行服务 | 662 | 385 | 91 | 294 | 39 | 15 |
| 非货币银行服务 | 663 | 715 | 693 | 22 | 5334 | 2138 |
| 银行理财服务 | 664 | | | | | |
| 银行监管服务 | 665 | | | | | |
| 资本市场服务 | 67 | 823 | 804 | 19 | 2240 | 978 |
| 证券市场服务 | 671 | 5 | 3 | 2 | 35 | 10 |
| 公开募集证券投资基金 | 672 | | | | | |
| 非公开募集证券投资基金 | 673 | 400 | 389 | 11 | | |
| 期货市场服务 | 674 | 3 | | 3 | | |
| 证券期货监管服务 | 675 | | | | | |
| 资本投资服务 | 676 | 247 | 247 | | 914 | 278 |
| 其他资本市场服务 | 679 | 168 | 165 | 3 | 1291 | 690 |
| 保险业 | 68 | 640 | 227 | 413 | 126 | 66 |
| 人身保险 | 681 | 262 | 82 | 180 | | |
| 财产保险 | 682 | 292 | 105 | 187 | | |
| 再保险 | 683 | | | | | |
| 商业养老金 | 684 | 8 | 8 | | | |
| 保险中介服务 | 685 | 55 | 12 | 43 | | |
| 保险资产管理 | 686 | | | | | |
| 保险监管服务 | 687 | | | | | |
| 其他保险活动 | 689 | 23 | 20 | 3 | 126 | 66 |
| 其他金融业 | 69 | 297 | 293 | 4 | 13419 | 4041 |
| 金融信托与管理服务 | 691 | 28 | 28 | | 239 | 103 |
| 控股公司服务 | 692 | 36 | 35 | 1 | 10477 | 2826 |
| 非金融机构支付服务 | 693 | 3 | 3 | | | |
| 金融信息服务 | 694 | 46 | 46 | | 283 | 138 |
| 金融资产管理公司 | 695 | 2 | 2 | | 53 | 22 |
| 其他未列明金融业 | 699 | 182 | 179 | 3 | 2367 | 952 |
| **房地产业** | **K** | **31201** | **29745** | **1456** | **539596** | **222358** |
| 房地产业 | 70 | 31201 | 29745 | 1456 | 539596 | 222358 |
| 房地产开发经营 | 701 | 8991 | 8656 | 335 | 193428 | 67492 |
| 物业管理 | 702 | 10796 | 10442 | 354 | 246039 | 112923 |
| 房地产中介服务 | 703 | 8206 | 7552 | 654 | 65907 | 29385 |
| 房地产租赁经营 | 704 | 2431 | 2344 | 87 | 26663 | 10048 |
| 其他房地产业 | 709 | 777 | 751 | 26 | 7559 | 2510 |
| **租赁和商务服务业** | **L** | **88050** | **87018** | **1032** | **824436** | **296688** |
| 租赁业 | 71 | 8117 | 8057 | 60 | 55338 | 13744 |
| 机械设备经营租赁 | 711 | 7835 | 7777 | 58 | 53937 | 13158 |

2-03 续表 10

| 行业中类 | 代码 | 法人单位数（个） | 单产业法人单位 | 多产业法人单位 | 从业人员数（人） | #女性 |
|---|---|---|---|---|---|---|
| 文体设备和用品出租 | 712 | 244 | 243 | 1 | 1188 | 498 |
| 日用品出租 | 713 | 38 | 37 | 1 | 213 | 88 |
| 商务服务业 | 72 | 79933 | 78961 | 972 | 769098 | 282944 |
| 组织管理服务 | 721 | 8437 | 8298 | 139 | 92720 | 38293 |
| 综合管理服务 | 722 | 1679 | 1630 | 49 | 18987 | 7287 |
| 法律服务 | 723 | 519 | 511 | 8 | 3601 | 1439 |
| 咨询与调查 | 724 | 26893 | 26624 | 269 | 150873 | 67669 |
| 广告业 | 725 | 17408 | 17314 | 94 | 98960 | 38643 |
| 人力资源服务 | 726 | 11922 | 11849 | 73 | 239627 | 83469 |
| 安全保护服务 | 727 | 1078 | 1032 | 46 | 83187 | 9987 |
| 会议、展览及相关服务 | 728 | 2130 | 2106 | 24 | 13333 | 5353 |
| 其他商务服务业 | 729 | 9867 | 9597 | 270 | 67810 | 30804 |
| **科学研究和技术服务业** | **M** | **44863** | **44294** | **569** | **408143** | **123875** |
| 研究和试验发展 | 73 | 5770 | 5755 | 15 | 38196 | 13002 |
| 自然科学研究和试验发展 | 731 | 262 | 262 |  | 1446 | 481 |
| 工程和技术研究和试验发展 | 732 | 3919 | 3910 | 9 | 26229 | 8246 |
| 农业科学研究和试验发展 | 733 | 507 | 505 | 2 | 3059 | 1032 |
| 医学研究和试验发展 | 734 | 1010 | 1006 | 4 | 7095 | 3089 |
| 社会人文科学研究 | 735 | 72 | 72 |  | 367 | 154 |
| 专业技术服务业 | 74 | 25104 | 24665 | 439 | 282214 | 80706 |
| 气象服务 | 741 | 49 | 44 | 5 | 406 | 135 |
| 地震服务 | 742 | 1 | 1 |  | 8 | 2 |
| 海洋服务 | 743 | 5 | 5 |  | 26 | 11 |
| 测绘地理信息服务 | 744 | 474 | 457 | 17 | 5277 | 1430 |
| 质检技术服务 | 745 | 1382 | 1349 | 33 | 23086 | 7703 |
| 环境与生态监测检测服务 | 746 | 348 | 341 | 7 | 3724 | 1335 |
| 地质勘查 | 747 | 256 | 250 | 6 | 4027 | 1085 |
| 工程技术与设计服务 | 748 | 14093 | 13787 | 306 | 184249 | 48688 |
| 工业与专业设计及其他专业技术服务 | 749 | 8496 | 8431 | 65 | 61411 | 20317 |
| 科技推广和应用服务业 | 75 | 13989 | 13874 | 115 | 87733 | 30167 |
| 技术推广服务 | 751 | 11544 | 11439 | 105 | 74190 | 24951 |
| 知识产权服务 | 752 | 435 | 434 | 1 | 2385 | 1114 |
| 科技中介服务 | 753 | 339 | 339 |  | 2059 | 778 |
| 创业空间服务 | 754 | 242 | 240 | 2 | 1485 | 627 |
| 其他科技推广服务业 | 759 | 1429 | 1422 | 7 | 7614 | 2697 |
| **水利、环境和公共设施管理业** | **N** | **5250** | **5147** | **103** | **82901** | **33018** |
| 水利管理业 | 76 | 292 | 283 | 9 | 3546 | 1161 |
| 防洪除涝设施管理 | 761 | 42 | 42 |  | 702 | 273 |
| 水资源管理 | 762 | 74 | 69 | 5 | 921 | 285 |
| 天然水收集与分配 | 763 | 31 | 30 | 1 | 494 | 170 |
| 水文服务 | 764 | 14 | 14 |  | 122 | 48 |
| 其他水利管理业 | 769 | 131 | 128 | 3 | 1307 | 385 |
| 生态保护和环境治理业 | 77 | 741 | 734 | 7 | 9780 | 2854 |

2-03 续表 11

| 行业中类 | 代码 | 法人单位数(个) | 单产业法人单位 | 多产业法人单位 | 从业人员数(人) | #女性 |
|---|---|---|---|---|---|---|
| 生态保护 | 771 | 96 | 93 | 3 | 1483 | 611 |
| 环境治理业 | 772 | 645 | 641 | 4 | 8297 | 2243 |
| 公共设施管理业 | 78 | 4078 | 4000 | 78 | 67159 | 28146 |
| 市政设施管理 | 781 | 298 | 292 | 6 | 5619 | 1935 |
| 环境卫生管理 | 782 | 589 | 583 | 6 | 17615 | 8873 |
| 城乡市容管理 | 783 | 61 | 59 | 2 | 667 | 214 |
| 绿化管理 | 784 | 1517 | 1498 | 19 | 15817 | 5353 |
| 城市公园管理 | 785 | 84 | 82 | 2 | 1482 | 516 |
| 游览景区管理 | 786 | 1529 | 1486 | 43 | 25959 | 11255 |
| 土地管理业 | 79 | 139 | 130 | 9 | 2416 | 857 |
| 土地整治服务 | 791 | 38 | 37 | 1 | 984 | 362 |
| 土地调查评估服务 | 792 | 49 | 42 | 7 | 698 | 244 |
| 土地登记服务 | 793 | 8 | 8 |  | 44 | 23 |
| 土地登记代理服务 | 794 | 16 | 15 | 1 | 121 | 44 |
| 其他土地管理服务 | 799 | 28 | 28 |  | 569 | 184 |
| **居民服务、修理和其他服务业** | **O** | **18756** | **18472** | **284** | **155531** | **71909** |
| 居民服务业 | 80 | 7584 | 7440 | 144 | 62428 | 35864 |
| 家庭服务 | 801 | 2046 | 2025 | 21 | 20375 | 13386 |
| 托儿所服务 | 802 | 62 | 61 | 1 | 326 | 240 |
| 洗染服务 | 803 | 311 | 306 | 5 | 3349 | 1728 |
| 理发及美容服务 | 804 | 1262 | 1219 | 43 | 7698 | 5461 |
| 洗浴和保健养生服务 | 805 | 1003 | 970 | 33 | 9605 | 6363 |
| 摄影扩印服务 | 806 | 796 | 784 | 12 | 4420 | 2132 |
| 婚姻服务 | 807 | 785 | 776 | 9 | 4467 | 2381 |
| 殡葬服务 | 808 | 283 | 275 | 8 | 2815 | 1057 |
| 其他居民服务业 | 809 | 1036 | 1024 | 12 | 9373 | 3116 |
| 机动车、电子产品和日用产品修理业 | 81 | 7252 | 7148 | 104 | 47494 | 12709 |
| 汽车、摩托车等修理与维护 | 811 | 5356 | 5270 | 86 | 36981 | 9460 |
| 计算机和办公设备维修 | 812 | 834 | 823 | 11 | 4793 | 1592 |
| 家用电器修理 | 813 | 838 | 832 | 6 | 4470 | 1309 |
| 其他日用产品修理业 | 819 | 224 | 223 | 1 | 1250 | 348 |
| 其他服务业 | 82 | 3920 | 3884 | 36 | 45609 | 23336 |
| 清洁服务 | 821 | 2584 | 2566 | 18 | 36593 | 20052 |
| 宠物服务 | 822 | 77 | 74 | 3 | 473 | 216 |
| 其他未列明服务业 | 829 | 1259 | 1244 | 15 | 8543 | 3068 |
| **教育** | **P** | **6996** | **6732** | **264** | **61951** | **33907** |
| 教育 | 83 | 6996 | 6732 | 264 | 61951 | 33907 |
| 学前教育 | 831 | 692 | 687 | 5 | 9955 | 8453 |
| 初等教育 | 832 | 76 | 75 | 1 | 645 | 348 |
| 中等教育 | 833 | 16 | 15 | 1 | 528 | 299 |
| 高等教育 | 834 | 4 | 4 |  | 566 | 190 |
| 特殊教育 | 835 | 1 | 1 |  | 7 | 2 |
| 技能培训、教育辅助及其他教育 | 839 | 6207 | 5950 | 257 | 50250 | 24615 |

2-03　续表　12

| 行业中类 | 代码 | 法人单位数(个) | 单产业法人单位 | 多产业法人单位 | 从业人员数(人) | #女性 |
|---|---|---|---|---|---|---|
| **卫生和社会工作** | **Q** | **3116** | **3017** | **99** | **66776** | **44238** |
| 卫生 | 84 | 2551 | 2464 | 87 | 60950 | 40821 |
| 医院 | 841 | 646 | 623 | 23 | 40834 | 28000 |
| 基层医疗卫生服务 | 842 | 1675 | 1629 | 46 | 14398 | 9141 |
| 专业公共卫生服务 | 843 | 84 | 79 | 5 | 1301 | 829 |
| 其他卫生活动 | 849 | 146 | 133 | 13 | 4417 | 2851 |
| 社会工作 | 85 | 565 | 553 | 12 | 5826 | 3417 |
| 提供住宿社会工作 | 851 | 506 | 497 | 9 | 5322 | 3169 |
| 不提供住宿社会工作 | 852 | 59 | 56 | 3 | 504 | 248 |
| **文化、体育和娱乐业** | **R** | **20025** | **19778** | **247** | **146461** | **67797** |
| 新闻和出版业 | 86 | 265 | 261 | 4 | 9104 | 4831 |
| 新闻业 | 861 | 18 | 18 |  | 435 | 227 |
| 出版业 | 862 | 247 | 243 | 4 | 8669 | 4604 |
| 广播、电视、电影和录音制作业 | 87 | 1579 | 1546 | 33 | 16134 | 7831 |
| 广播 | 871 | 24 | 24 |  | 216 | 96 |
| 电视 | 872 | 16 | 16 |  | 574 | 267 |
| 影视节目制作 | 873 | 1049 | 1043 | 6 | 6444 | 2628 |
| 广播电视集成播控 | 874 | 4 | 4 |  | 5 | 2 |
| 电影和广播电视节目发行 | 875 | 26 | 24 | 2 | 457 | 214 |
| 电影放映 | 876 | 417 | 392 | 25 | 8260 | 4556 |
| 录音制作 | 877 | 43 | 43 |  | 178 | 68 |
| 文化艺术业 | 88 | 4098 | 4069 | 29 | 27165 | 12910 |
| 文艺创作与表演 | 881 | 1022 | 1013 | 9 | 9298 | 4630 |
| 艺术表演场馆 | 882 | 22 | 21 | 1 | 993 | 388 |
| 图书馆与档案馆 | 883 | 251 | 251 |  | 1715 | 1098 |
| 文物及非物质文化遗产保护 | 884 | 59 | 59 |  | 583 | 270 |
| 博物馆 | 885 | 7 | 7 |  | 59 | 31 |
| 烈士陵园、纪念馆 | 886 | 12 | 12 |  | 140 | 40 |
| 群众文体活动 | 887 | 419 | 415 | 4 | 2880 | 1251 |
| 其他文化艺术业 | 889 | 2306 | 2291 | 15 | 11497 | 5202 |
| 体育 | 89 | 1383 | 1334 | 49 | 10122 | 4262 |
| 体育组织 | 891 | 275 | 271 | 4 | 1702 | 692 |
| 体育场地设施管理 | 892 | 123 | 123 |  | 972 | 396 |
| 健身休闲活动 | 893 | 917 | 875 | 42 | 7071 | 3015 |
| 其他体育 | 899 | 68 | 65 | 3 | 377 | 159 |
| 娱乐业 | 90 | 12700 | 12568 | 132 | 83936 | 37963 |
| 室内娱乐活动 | 901 | 6591 | 6523 | 68 | 35124 | 15938 |
| 游乐园 | 902 | 182 | 177 | 5 | 4798 | 2281 |
| 休闲观光活动 | 903 | 1923 | 1904 | 19 | 22064 | 9544 |
| 彩票活动 | 904 | 15 | 15 |  | 103 | 52 |
| 文化体育娱乐活动与经纪代理服务 | 905 | 3882 | 3843 | 39 | 20597 | 9585 |
| 其他娱乐业 | 909 | 107 | 106 | 1 | 1250 | 563 |

# 2-04 按行业(大类)、地区

| 行业大类 | 代码 | 法人单位数(个) | 武汉市 | 黄石市 | 十堰市 | 宜昌市 | 襄阳市 |
|---|---|---|---|---|---|---|---|
| **总　　计** | **00** | **688373** | **252509** | **26099** | **36010** | **57512** | **69163** |
| **农、林、牧、渔业** | **A** | **4491** | **410** | **65** | **591** | **329** | **439** |
| 农业 | 01 | 8 | | | | | 1 |
| 林业 | 02 | | | | | | |
| 畜牧业 | 03 | 2 | | | | | |
| 渔业 | 04 | | | | | | |
| 农、林、牧、渔专业及辅助性活动 | 05 | 4481 | 410 | 65 | 591 | 329 | 438 |
| **采矿业** | **B** | **2579** | **47** | **284** | **214** | **419** | **418** |
| 煤炭开采和洗选业 | 06 | 146 | | 2 | 3 | 54 | 11 |
| 石油和天然气开采业 | 07 | 7 | 2 | | | 1 | |
| 黑色金属矿采选业 | 08 | 240 | 3 | 96 | 28 | 12 | 19 |
| 有色金属矿采选业 | 09 | 108 | | 54 | 10 | 16 | 11 |
| 非金属矿采选业 | 10 | 1878 | 36 | 120 | 164 | 304 | 343 |
| 开采专业及辅助性活动 | 11 | 60 | 2 | 4 | 1 | 5 | 5 |
| 其他采矿业 | 12 | 140 | 4 | 8 | 8 | 27 | 29 |
| **制造业** | **C** | **90511** | **19289** | **5408** | **6473** | **5681** | **10858** |
| 农副食品加工业 | 13 | 6487 | 556 | 151 | 372 | 487 | 735 |
| 食品制造业 | 14 | 2615 | 484 | 98 | 86 | 183 | 343 |
| 酒、饮料和精制茶制造业 | 15 | 3322 | 133 | 77 | 383 | 533 | 277 |
| 烟草制品业 | 16 | 54 | 5 | | 42 | 3 | |
| 纺织业 | 17 | 3743 | 378 | 76 | 46 | 116 | 726 |
| 纺织服装、服饰业 | 18 | 6025 | 881 | 701 | 98 | 192 | 316 |
| 皮革、毛皮、羽毛及其制品和制鞋业 | 19 | 915 | 70 | 103 | 19 | 20 | 101 |
| 木材加工和木、竹、藤、棕、草制品业 | 20 | 2591 | 353 | 94 | 151 | 110 | 371 |
| 家具制造业 | 21 | 1806 | 423 | 90 | 47 | 113 | 179 |
| 造纸和纸制品业 | 22 | 1426 | 375 | 69 | 54 | 91 | 115 |
| 印刷和记录媒介复制业 | 23 | 2469 | 702 | 88 | 92 | 273 | 243 |
| 文教、工美、体育和娱乐用品制造业 | 24 | 1907 | 295 | 177 | 199 | 121 | 212 |
| 石油、煤炭及其他燃料加工业 | 25 | 302 | 73 | 14 | 16 | 14 | 16 |
| 化学原料和化学制品制造业 | 26 | 4182 | 693 | 147 | 128 | 301 | 585 |
| 医药制造业 | 27 | 1530 | 296 | 48 | 97 | 109 | 101 |
| 化学纤维制造业 | 28 | 82 | 9 | 3 | 2 | 5 | 17 |
| 橡胶和塑料制品业 | 29 | 3641 | 868 | 160 | 132 | 241 | 357 |
| 非金属矿物制品业 | 30 | 11341 | 1685 | 651 | 520 | 897 | 1451 |
| 黑色金属冶炼和压延加工业 | 31 | 575 | 195 | 124 | 49 | 25 | 23 |

# 分组的企业法人单位数

| 鄂州市 | 荆门市 | 孝感市 | 荆州市 | 黄冈市 | 咸宁市 | 随州市 | 恩施州 | 仙桃市 | 潜江市 | 天门市 | 神农架 | 代码 |
|---|---|---|---|---|---|---|---|---|---|---|---|---|
| **13257** | **25270** | **30953** | **37399** | **35800** | **28634** | **14492** | **30798** | **12666** | **8032** | **8546** | **1233** | **00** |
| **36** | **109** | **278** | **391** | **346** | **136** | **118** | **346** | **588** | **183** | **93** | **33** | **A** |
| | | | 1 | 1 | 1 | 1 | | | 3 | | | 01 |
| | | | | | | | | | | | | 02 |
| 1 | | | | | 1 | | | | | | | 03 |
| | | | | | | | | | | | | 04 |
| 35 | 109 | 278 | 390 | 345 | 134 | 117 | 346 | 588 | 180 | 93 | 33 | 05 |
| **58** | **197** | **79** | **75** | **218** | **192** | **94** | **236** | **1** | **18** | **6** | **23** | **B** |
| | 8 | 1 | 5 | | 14 | 1 | 46 | | 1 | | | 06 |
| | | | 1 | | | 2 | | | 1 | | | 07 |
| 28 | 9 | 1 | 2 | 19 | 2 | 13 | 8 | | | | | 08 |
| | 2 | | | 3 | 6 | 4 | 2 | | | | | 09 |
| 25 | 161 | 73 | 62 | 174 | 160 | 68 | 161 | | | 5 | 22 | 10 |
| 1 | 2 | 1 | 5 | 1 | 6 | 1 | 9 | 1 | 15 | 1 | | 11 |
| 4 | 15 | 3 | | 21 | 4 | 5 | 10 | | 1 | | 1 | 12 |
| **2363** | **4124** | **6776** | **7246** | **6462** | **4081** | **2532** | **2606** | **2907** | **1588** | **2041** | **76** | **C** |
| 124 | 576 | 529 | 930 | 562 | 222 | 265 | 440 | 180 | 149 | 190 | 19 | 13 |
| 74 | 162 | 229 | 230 | 183 | 153 | 67 | 100 | 85 | 64 | 67 | 7 | 14 |
| 22 | 88 | 249 | 223 | 334 | 222 | 83 | 586 | 23 | 34 | 38 | 17 | 15 |
| | | 1 | 1 | | | | 2 | | | | | 16 |
| 22 | 89 | 330 | 429 | 308 | 180 | 76 | 36 | 693 | 96 | 141 | 1 | 17 |
| 140 | 121 | 1028 | 561 | 526 | 153 | 85 | 57 | 410 | 331 | 424 | 1 | 18 |
| 15 | 36 | 267 | 44 | 82 | 43 | 18 | 50 | 24 | 14 | 9 | | 19 |
| 23 | 107 | 193 | 312 | 164 | 281 | 55 | 96 | 62 | 102 | 116 | 1 | 20 |
| 19 | 71 | 152 | 138 | 175 | 133 | 29 | 93 | 24 | 48 | 72 | | 21 |
| 30 | 36 | 202 | 116 | 67 | 61 | 32 | 27 | 104 | 16 | 31 | | 22 |
| 38 | 120 | 169 | 186 | 173 | 124 | 61 | 77 | 59 | 38 | 23 | 3 | 23 |
| 18 | 75 | 187 | 80 | 242 | 78 | 29 | 112 | 32 | 19 | 23 | 8 | 24 |
| 5 | 31 | 33 | 33 | 14 | 18 | 4 | 11 | | 8 | 12 | | 25 |
| 81 | 407 | 303 | 478 | 196 | 255 | 143 | 83 | 157 | 105 | 118 | 2 | 26 |
| 34 | 70 | 78 | 83 | 311 | 61 | 32 | 70 | 60 | 27 | 50 | 3 | 27 |
| 1 | 5 | 5 | 5 | 6 | 10 | 2 | | 4 | 2 | 6 | | 28 |
| 112 | 154 | 412 | 315 | 151 | 164 | 115 | 49 | 263 | 45 | 103 | | 29 |
| 391 | 641 | 828 | 827 | 1305 | 836 | 469 | 336 | 156 | 172 | 165 | 11 | 30 |
| 35 | 12 | 23 | 17 | 19 | 19 | 10 | 12 | 8 | 1 | 3 | | 31 |

2-04 续表 1

| 行业大类 | 代码 | 法人单位数(个) | 武汉市 | 黄石市 | 十堰市 | 宜昌市 | 襄阳市 |
|---|---|---|---|---|---|---|---|
| 有色金属冶炼和压延加工业 | 32 | 595 | 94 | 90 | 38 | 20 | 54 |
| 金属制品业 | 33 | 6467 | 2151 | 505 | 284 | 471 | 513 |
| 通用设备制造业 | 34 | 6282 | 1835 | 662 | 372 | 330 | 892 |
| 专用设备制造业 | 35 | 5374 | 1809 | 715 | 251 | 248 | 467 |
| 汽车制造业 | 36 | 6345 | 1090 | 69 | 2669 | 46 | 1309 |
| 铁路、船舶、航空航天和其他运输设备制造业 | 37 | 540 | 186 | 23 | 22 | 57 | 82 |
| 电气机械和器材制造业 | 38 | 3204 | 1098 | 116 | 93 | 202 | 587 |
| 计算机、通信和其他电子设备制造业 | 39 | 2576 | 1030 | 138 | 70 | 124 | 287 |
| 仪器仪表制造业 | 40 | 1108 | 706 | 39 | 23 | 80 | 69 |
| 其他制造业 | 41 | 1235 | 216 | 53 | 38 | 111 | 295 |
| 废弃资源综合利用业 | 42 | 595 | 81 | 45 | 23 | 53 | 55 |
| 金属制品、机械和设备修理业 | 43 | 1177 | 519 | 82 | 57 | 105 | 80 |
| **电力、热力、燃气及水生产和供应业** | **D** | **5334** | **328** | **305** | **483** | **695** | **514** |
| 电力、热力生产和供应业 | 44 | 3360 | 155 | 234 | 365 | 483 | 312 |
| 燃气生产和供应业 | 45 | 350 | 38 | 19 | 11 | 35 | 25 |
| 水的生产和供应业 | 46 | 1624 | 135 | 52 | 107 | 177 | 177 |
| **建筑业** | **E** | **57255** | **23780** | **2397** | **2698** | **4535** | **6138** |
| 房屋建筑业 | 47 | 14000 | 5561 | 626 | 869 | 915 | 1588 |
| 土木工程建筑业 | 48 | 12504 | 5719 | 511 | 631 | 805 | 1035 |
| 建筑安装业 | 49 | 8260 | 3585 | 367 | 357 | 676 | 1002 |
| 建筑装饰、装修和其他建筑业 | 50 | 22491 | 8915 | 893 | 841 | 2139 | 2513 |
| **批发和零售业** | **F** | **228674** | **76465** | **7984** | **14398** | **20855** | **26038** |
| 批发业 | 51 | 104006 | 39310 | 3546 | 5842 | 9713 | 9621 |
| 零售业 | 52 | 124668 | 37155 | 4438 | 8556 | 11142 | 16417 |
| **交通运输、仓储和邮政业** | **G** | **22059** | **6565** | **934** | **866** | **2317** | **2591** |
| 铁路运输业 | 53 | 9 | 7 |  |  | 1 |  |
| 道路运输业 | 54 | 14683 | 3851 | 678 | 676 | 1461 | 1943 |
| 水上运输业 | 55 | 672 | 137 | 42 | 11 | 192 | 15 |
| 航空运输业 | 56 | 76 | 30 |  | 2 | 5 | 7 |
| 管道运输业 | 57 | 13 | 7 |  |  |  | 1 |
| 多式联运和运输代理业 | 58 | 2191 | 1232 | 72 | 34 | 158 | 162 |
| 装卸搬运和仓储业 | 59 | 3017 | 908 | 100 | 81 | 381 | 327 |
| 邮政业 | 60 | 1398 | 393 | 42 | 62 | 119 | 136 |
| **住宿和餐饮业** | **H** | **17423** | **5625** | **693** | **994** | **1433** | **1996** |
| 住宿业 | 61 | 5231 | 1694 | 151 | 243 | 462 | 396 |

| 鄂州市 | 荆门市 | 孝感市 | 荆州市 | 黄冈市 | 咸宁市 | 随州市 | 恩施州 | 仙桃市 | 潜江市 | 天门市 | 神农架 | 代码 |
|---|---|---|---|---|---|---|---|---|---|---|---|---|
| 23 | 17 | 42 | 61 | 43 | 63 | 11 | 19 | 10 | 6 | 4 | | 32 |
| 313 | 228 | 401 | 468 | 391 | 182 | 155 | 128 | 106 | 60 | 109 | 2 | 33 |
| 380 | 335 | 205 | 447 | 283 | 145 | 103 | 37 | 112 | 53 | 91 | | 34 |
| 158 | 196 | 281 | 445 | 234 | 152 | 107 | 24 | 105 | 91 | 90 | 1 | 35 |
| 24 | 101 | 75 | 277 | 123 | 70 | 387 | 5 | 48 | 32 | 20 | | 36 |
| 32 | 15 | 20 | 25 | 53 | 12 | 4 | 1 | 2 | 1 | 5 | | 37 |
| 64 | 137 | 173 | 180 | 160 | 166 | 61 | 47 | 56 | 21 | 43 | | 38 |
| 94 | 131 | 156 | 121 | 131 | 106 | 61 | 33 | 42 | 9 | 43 | | 39 |
| 21 | 24 | 27 | 33 | 27 | 26 | 11 | 5 | 4 | 8 | 5 | | 40 |
| 37 | 39 | 80 | 70 | 92 | 87 | 23 | 17 | 46 | 11 | 20 | | 41 |
| 11 | 52 | 61 | 67 | 43 | 36 | 14 | 15 | 16 | 7 | 16 | | 42 |
| 22 | 48 | 37 | 44 | 64 | 23 | 20 | 38 | 16 | 18 | 4 | | 43 |
| **59** | **265** | **342** | **342** | **557** | **451** | **221** | **413** | **57** | **54** | **182** | **66** | **D** |
| 21 | 140 | 134 | 126 | 324 | 355 | 152 | 324 | 26 | 13 | 134 | 62 | 44 |
| 8 | 14 | 28 | 44 | 39 | 15 | 13 | 35 | 11 | 2 | 13 | | 45 |
| 30 | 111 | 180 | 172 | 194 | 81 | 56 | 54 | 20 | 39 | 35 | 4 | 46 |
| **1627** | **1470** | **896** | **2844** | **3061** | **2209** | **1353** | **2434** | **602** | **649** | **387** | **175** | **E** |
| 339 | 275 | 333 | 664 | 1019 | 502 | 261 | 566 | 138 | 176 | 113 | 55 | 47 |
| 339 | 348 | 232 | 577 | 464 | 488 | 372 | 619 | 131 | 152 | 53 | 28 | 48 |
| 225 | 263 | 160 | 286 | 448 | 268 | 188 | 237 | 64 | 81 | 44 | 9 | 49 |
| 724 | 584 | 171 | 1317 | 1130 | 951 | 532 | 1012 | 269 | 240 | 177 | 83 | 50 |
| **3893** | **8937** | **9718** | **12954** | **11871** | **7482** | **5246** | **11817** | **4444** | **2845** | **3443** | **284** | **F** |
| 2518 | 4235 | 4673 | 6217 | 4088 | 2410 | 1448 | 4397 | 2385 | 1934 | 1612 | 57 | 51 |
| 1375 | 4702 | 5045 | 6737 | 7783 | 5072 | 3798 | 7420 | 2059 | 911 | 1831 | 227 | 52 |
| **651** | **1003** | **1127** | **1554** | **1304** | **867** | **621** | **837** | **327** | **235** | **203** | **57** | **G** |
| | | | 1 | | | | | | | | | 53 |
| 454 | 664 | 790 | 1077 | 835 | 614 | 446 | 624 | 223 | 176 | 131 | 40 | 54 |
| 29 | 15 | 21 | 97 | 48 | 27 | 4 | 20 | 6 | 2 | 6 | | 55 |
| 1 | 4 | 2 | 10 | 5 | 2 | 2 | 1 | 1 | | 3 | 1 | 56 |
| | 1 | | 2 | | | | 1 | | | 1 | | 57 |
| 61 | 63 | 59 | 68 | 75 | 43 | 60 | 39 | 32 | 17 | 12 | 4 | 58 |
| 79 | 201 | 165 | 215 | 210 | 98 | 76 | 60 | 50 | 27 | 35 | 4 | 59 |
| 27 | 55 | 90 | 84 | 131 | 83 | 33 | 92 | 15 | 13 | 15 | 8 | 60 |
| **210** | **543** | **615** | **998** | **950** | **804** | **349** | **1358** | **291** | **146** | **330** | **88** | **H** |
| 50 | 155 | 179 | 288 | 316 | 254 | 104 | 630 | 148 | 44 | 45 | 72 | 61 |

2-04 续表 2

| 行业大类 | 代码 | 法人单位数(个) | 武汉市 | 黄石市 | 十堰市 | 宜昌市 | 襄阳市 |
|---|---|---|---|---|---|---|---|
| 餐饮业 | 62 | 12192 | 3931 | 542 | 751 | 971 | 1600 |
| **信息传输、软件和信息技术服务业** | **I** | **38930** | **23022** | **976** | **1000** | **2684** | **2696** |
| 电信、广播电视和卫星传输服务 | 63 | 1102 | 391 | 46 | 40 | 81 | 84 |
| 互联网和相关服务 | 64 | 4950 | 1454 | 216 | 324 | 457 | 640 |
| 软件和信息技术服务业 | 65 | 32878 | 21177 | 714 | 636 | 2146 | 1972 |
| **金融业** | **J** | **2860** | **1420** | **102** | **91** | **189** | **155** |
| 货币金融服务 | 66 | 1100 | 372 | 50 | 49 | 98 | 86 |
| 资本市场服务 | 67 | 823 | 721 | 4 | 5 | 27 | 11 |
| 保险业 | 68 | 640 | 174 | 40 | 36 | 51 | 52 |
| 其他金融业 | 69 | 297 | 153 | 8 | 1 | 13 | 6 |
| **房地产业** | **K** | **31201** | **13397** | **1258** | **1418** | **1949** | **2429** |
| 房地产业 | 70 | 31201 | 13397 | 1258 | 1418 | 1949 | 2429 |
| **租赁和商务服务业** | **L** | **88050** | **38975** | **2438** | **2899** | **7857** | **6639** |
| 租赁业 | 71 | 8117 | 2810 | 272 | 284 | 829 | 888 |
| 商务服务业 | 72 | 79933 | 36165 | 2166 | 2615 | 7028 | 5751 |
| **科学研究和技术服务业** | **M** | **44863** | **24837** | **1015** | **1406** | **3437** | **2974** |
| 研究和试验发展 | 73 | 5770 | 4289 | 88 | 100 | 347 | 142 |
| 专业技术服务业 | 74 | 25104 | 14223 | 665 | 722 | 2162 | 1207 |
| 科技推广和应用服务业 | 75 | 13989 | 6325 | 262 | 584 | 928 | 1625 |
| **水利、环境和公共设施管理业** | **N** | **5250** | **1166** | **211** | **420** | **608** | **629** |
| 水利管理业 | 76 | 292 | 52 | 9 | 25 | 44 | 40 |
| 生态保护和环境治理业 | 77 | 741 | 204 | 31 | 45 | 81 | 82 |
| 公共设施管理业 | 78 | 4078 | 882 | 157 | 350 | 469 | 490 |
| 土地管理业 | 79 | 139 | 28 | 14 |  | 14 | 17 |
| **居民服务、修理和其他服务业** | **O** | **18756** | **6510** | **729** | **907** | **1708** | **2105** |
| 居民服务业 | 80 | 7584 | 2651 | 321 | 376 | 694 | 720 |
| 机动车、电子产品和日用产品修理业 | 81 | 7252 | 2381 | 299 | 384 | 602 | 880 |
| 其他服务业 | 82 | 3920 | 1478 | 109 | 147 | 412 | 505 |
| **教育** | **P** | **6996** | **2529** | **383** | **262** | **562** | **665** |
| 教育 | 83 | 6996 | 2529 | 383 | 262 | 562 | 665 |
| **卫生和社会工作** | **Q** | **3116** | **1063** | **190** | **141** | **267** | **339** |
| 卫生 | 84 | 2551 | 971 | 166 | 98 | 202 | 279 |
| 社会工作 | 85 | 565 | 92 | 24 | 43 | 65 | 60 |
| **文化、体育和娱乐业** | **R** | **20025** | **7081** | **727** | **749** | **1987** | **1540** |
| 新闻和出版业 | 86 | 265 | 176 | 6 | 3 | 8 | 11 |
| 广播、电视、电影和录音制作业 | 87 | 1579 | 547 | 33 | 51 | 220 | 101 |
| 文化艺术业 | 88 | 4098 | 1402 | 149 | 126 | 595 | 337 |
| 体育 | 89 | 1383 | 760 | 32 | 58 | 77 | 56 |
| 娱乐业 | 90 | 12700 | 4196 | 507 | 511 | 1087 | 1035 |

| 鄂州市 | 荆门市 | 孝感市 | 荆州市 | 黄冈市 | 咸宁市 | 随州市 | 恩施州 | 仙桃市 | 潜江市 | 天门市 | 神农架 | 代码 |
|---|---|---|---|---|---|---|---|---|---|---|---|---|
| 160 | 388 | 436 | 710 | 634 | 550 | 245 | 728 | 143 | 102 | 285 | 16 | 62 |
| **353** | **891** | **1056** | **988** | **1092** | **1833** | **511** | **1152** | **265** | **168** | **221** | **22** | **I** |
| 24 | 24 | 45 | 42 | 86 | 45 | 30 | 112 | 15 | 15 | 18 | 4 | 63 |
| 73 | 220 | 185 | 222 | 331 | 243 | 135 | 315 | 45 | 17 | 64 | 9 | 64 |
| 256 | 647 | 826 | 724 | 675 | 1545 | 346 | 725 | 205 | 136 | 139 | 9 | 65 |
| **39** | **111** | **118** | **143** | **108** | **117** | **52** | **130** | **30** | **22** | **28** | **5** | **J** |
| 21 | 51 | 63 | 65 | 56 | 44 | 26 | 70 | 19 | 9 | 16 | 5 | 66 |
|  | 10 | 4 | 17 | 1 | 12 |  | 3 | 6 | 1 | 1 |  | 67 |
| 17 | 39 | 34 | 49 | 44 | 29 | 20 | 35 | 3 | 12 | 5 |  | 68 |
| 1 | 11 | 17 | 12 | 7 | 32 | 6 | 22 | 2 |  | 6 |  | 69 |
| **944** | **1035** | **1483** | **1564** | **1669** | **1499** | **597** | **1058** | **335** | **259** | **260** | **47** | **K** |
| 944 | 1035 | 1483 | 1564 | 1669 | 1499 | 597 | 1058 | 335 | 259 | 260 | 47 | 70 |
| **1620** | **2930** | **3702** | **3728** | **3647** | **5417** | **1318** | **3847** | **1255** | **1030** | **594** | **154** | **L** |
| 187 | 337 | 291 | 550 | 447 | 269 | 180 | 463 | 110 | 129 | 61 | 10 | 71 |
| 1433 | 2593 | 3411 | 3178 | 3200 | 5148 | 1138 | 3384 | 1145 | 901 | 533 | 144 | 72 |
| **509** | **1731** | **1821** | **1570** | **1346** | **1170** | **403** | **1356** | **789** | **286** | **170** | **43** | **M** |
| 91 | 130 | 119 | 167 | 83 | 70 | 21 | 47 | 25 | 32 | 15 | 4 | 73 |
| 214 | 927 | 1203 | 862 | 819 | 612 | 208 | 871 | 129 | 177 | 73 | 30 | 74 |
| 204 | 674 | 499 | 541 | 444 | 488 | 174 | 438 | 635 | 77 | 82 | 9 | 75 |
| **110** | **201** | **247** | **343** | **348** | **332** | **120** | **349** | **79** | **23** | **34** | **30** | **N** |
| 2 | 13 | 30 | 21 | 23 | 10 | 4 | 8 | 6 | 1 | 3 | 1 | 76 |
| 21 | 25 | 47 | 51 | 46 | 38 | 18 | 31 | 5 | 6 | 8 | 2 | 77 |
| 85 | 159 | 165 | 256 | 265 | 279 | 92 | 301 | 64 | 14 | 23 | 27 | 78 |
| 2 | 4 | 5 | 15 | 14 | 5 | 6 | 9 | 4 | 2 |  |  | 79 |
| **320** | **554** | **954** | **944** | **915** | **713** | **381** | **1288** | **304** | **169** | **186** | **69** | **O** |
| 93 | 216 | 388 | 377 | 385 | 323 | 141 | 607 | 99 | 77 | 80 | 36 | 80 |
| 109 | 232 | 401 | 344 | 347 | 267 | 148 | 546 | 149 | 60 | 83 | 20 | 81 |
| 118 | 106 | 165 | 223 | 183 | 123 | 92 | 135 | 56 | 32 | 23 | 13 | 82 |
| **109** | **231** | **299** | **433** | **431** | **350** | **184** | **344** | **89** | **43** | **76** | **6** | **P** |
| 109 | 231 | 299 | 433 | 431 | 350 | 184 | 344 | 89 | 43 | 76 | 6 | 83 |
| **56** | **113** | **168** | **145** | **169** | **119** | **52** | **210** | **21** | **18** | **41** | **4** | **Q** |
| 42 | 82 | 118 | 96 | 133 | 78 | 36 | 180 | 15 | 12 | 39 | 4 | 84 |
| 14 | 31 | 50 | 49 | 36 | 41 | 16 | 30 | 6 | 6 | 2 |  | 85 |
| **300** | **825** | **1274** | **1137** | **1306** | **862** | **340** | **1017** | **282** | **296** | **251** | **51** | **R** |
| 3 | 19 | 5 | 10 | 2 | 10 | 3 | 7 | 2 |  |  |  | 86 |
| 11 | 104 | 139 | 76 | 55 | 72 | 22 | 74 | 26 | 37 | 10 | 1 | 87 |
| 55 | 142 | 327 | 201 | 178 | 203 | 41 | 216 | 41 | 28 | 34 | 23 | 88 |
| 19 | 30 | 40 | 54 | 59 | 40 | 29 | 77 | 15 | 10 | 12 | 15 | 89 |
| 212 | 530 | 763 | 796 | 1012 | 537 | 245 | 643 | 198 | 221 | 195 | 12 | 90 |

# 2-05 按行业(大类)、地区分组的

| 行业大类 | 代码 | 从业人员数(人) | 武汉市 | 黄石市 | 十堰市 | 宜昌市 | 襄阳市 |
|---|---|---|---|---|---|---|---|
| **总　　计** | **00** | **11949162** | **4216762** | **577284** | **607542** | **931630** | **1193250** |
| **农、林、牧、渔业** | **A** | **34103** | **3273** | **455** | **2506** | **2584** | **3794** |
| 农业 | 01 | | | | | | |
| 林业 | 02 | | | | | | |
| 畜牧业 | 03 | | | | | | |
| 渔业 | 04 | | | | | | |
| 农、林、牧、渔专业及辅助性活动 | 05 | 34103 | 3273 | 455 | 2506 | 2584 | 3794 |
| **采矿业** | **B** | **113497** | **2129** | **20107** | **3236** | **16764** | **9681** |
| 煤炭开采和洗选业 | 06 | 6975 | | 15 | 29 | 1946 | 215 |
| 石油和天然气开采业 | 07 | 12962 | 4 | | | 59 | |
| 黑色金属矿采选业 | 08 | 19938 | 212 | 11278 | 217 | 1023 | 508 |
| 有色金属矿采选业 | 09 | 7097 | | 5305 | 213 | 299 | 103 |
| 非金属矿采选业 | 10 | 52258 | 767 | 3307 | 2715 | 12963 | 8206 |
| 开采专业及辅助性活动 | 11 | 11930 | 331 | 160 | | 63 | 274 |
| 其他采矿业 | 12 | 2337 | 815 | 42 | 62 | 411 | 375 |
| **制造业** | **C** | **3771807** | **836138** | **213266** | **229065** | **286366** | **427100** |
| 农副食品加工业 | 13 | 232190 | 24289 | 3745 | 8265 | 19498 | 26551 |
| 食品制造业 | 14 | 109060 | 18105 | 1741 | 1688 | 20094 | 8801 |
| 酒、饮料和精制茶制造业 | 15 | 104459 | 12485 | 8039 | 7328 | 20646 | 10244 |
| 烟草制品业 | 16 | 7521 | 6733 | | 174 | 110 | |
| 纺织业 | 17 | 273153 | 12252 | 3752 | 1988 | 11069 | 45585 |
| 纺织服装、服饰业 | 18 | 263537 | 29558 | 21040 | 3643 | 8242 | 11078 |
| 皮革、毛皮、羽毛及其制品和制鞋业 | 19 | 46658 | 1481 | 10592 | 590 | 2439 | 4600 |
| 木材加工和木、竹、藤、棕、草制品业 | 20 | 62409 | 6463 | 810 | 1849 | 3186 | 6486 |
| 家具制造业 | 21 | 40941 | 5635 | 611 | 404 | 1787 | 2958 |
| 造纸和纸制品业 | 22 | 51121 | 8686 | 1095 | 625 | 5775 | 3350 |
| 印刷和记录媒介复制业 | 23 | 65706 | 15786 | 2008 | 922 | 9185 | 5692 |
| 文教、工美、体育和娱乐用品制造业 | 24 | 62479 | 5629 | 3729 | 3535 | 8074 | 6823 |
| 石油、煤炭及其他燃料加工业 | 25 | 12449 | 4221 | 649 | 188 | 189 | 399 |
| 化学原料和化学制品制造业 | 26 | 218891 | 20350 | 4618 | 3980 | 43756 | 24683 |
| 医药制造业 | 27 | 136796 | 43257 | 5302 | 3160 | 14451 | 4893 |
| 化学纤维制造业 | 28 | 6911 | 261 | 17 | 24 | 306 | 4105 |
| 橡胶和塑料制品业 | 29 | 118463 | 24030 | 3702 | 5094 | 8968 | 7433 |
| 非金属矿物制品业 | 30 | 355683 | 45480 | 32397 | 9553 | 44493 | 33201 |
| 黑色金属冶炼和压延加工业 | 31 | 74875 | 38118 | 13840 | 1129 | 2025 | 2790 |
| 有色金属冶炼和压延加工业 | 32 | 42384 | 2328 | 21932 | 2744 | 761 | 1547 |

# 企业法人单位从业人员数

| 鄂州市 | 荆门市 | 孝感市 | 荆州市 | 黄冈市 | 咸宁市 | 随州市 | 恩施州 | 仙桃市 | 潜江市 | 天门市 | 神农架 | 代码 |
|---|---|---|---|---|---|---|---|---|---|---|---|---|
| **278918** | **404052** | **677101** | **591496** | **738986** | **423650** | **249636** | **273635** | **328860** | **223541** | **221277** | **11542** | **00** |
| **369** | **1965** | **3351** | **2777** | **2359** | **1870** | **1479** | **890** | **4141** | **1118** | **1095** | **77** | **A** |
| | | | | | | | | | | | | 01 |
| | | | | | | | | | | | | 02 |
| | | | | | | | | | | | | 03 |
| | | | | | | | | | | | | 04 |
| 369 | 1965 | 3351 | 2777 | 2359 | 1870 | 1479 | 890 | 4141 | 1118 | 1095 | 77 | 05 |
| **6157** | **6517** | **3043** | **1495** | **5367** | **6231** | **2852** | **5862** | **17** | **23361** | **111** | **567** | **B** |
| | 915 | 5 | 84 | | 623 | 3 | 3130 | | 10 | | | 06 |
| | | | 35 | | | 12 | | | 12852 | | | 07 |
| 5600 | 21 | 5 | 119 | 604 | 21 | 290 | 40 | | | | | 08 |
| | 130 | | | 86 | 784 | 177 | | | | | | 09 |
| 513 | 5336 | 3007 | 1218 | 4379 | 4661 | 2334 | 2194 | | | 91 | 567 | 10 |
| 8 | 2 | 5 | 39 | 5 | 93 | 6 | 414 | 17 | 10493 | 20 | | 11 |
| 36 | 113 | 21 | | 293 | 49 | 30 | 84 | | 6 | | | 12 |
| **95488** | **191235** | **287722** | **242946** | **237036** | **165055** | **109895** | **39524** | **175312** | **99430** | **135665** | **564** | **C** |
| 2483 | 30106 | 18105 | 30551 | 14785 | 4532 | 12840 | 6658 | 6863 | 10364 | 12498 | 57 | 13 |
| 1544 | 3628 | 14175 | 8241 | 7470 | 4073 | 4018 | 1504 | 9136 | 2687 | 2115 | 40 | 14 |
| 512 | 3064 | 7982 | 7887 | 7542 | 6873 | 1390 | 6579 | 885 | 2307 | 398 | 298 | 15 |
| | | 9 | 4 | | | | 491 | | | | | 16 |
| 2538 | 7889 | 39090 | 22259 | 18749 | 14399 | 5545 | 464 | 65499 | 9884 | 12191 | | 17 |
| 6402 | 13745 | 48809 | 19139 | 21265 | 8225 | 5381 | 1296 | 18537 | 28411 | 18766 | | 18 |
| 985 | 6173 | 8539 | 1723 | 4144 | 1059 | 1764 | 1468 | 633 | 239 | 229 | | 19 |
| 491 | 4389 | 5674 | 5666 | 6749 | 9165 | 1098 | 1175 | 2052 | 2678 | 4478 | | 20 |
| 371 | 1557 | 3392 | 2402 | 7408 | 5042 | 449 | 1448 | 751 | 3277 | 3449 | | 21 |
| 861 | 854 | 9024 | 5132 | 1838 | 2333 | 1237 | 584 | 4976 | 1721 | 3030 | | 22 |
| 1933 | 2207 | 7248 | 3321 | 4030 | 4288 | 2461 | 622 | 3091 | 1049 | 1851 | 12 | 23 |
| 471 | 3610 | 9605 | 1464 | 9625 | 2798 | 1853 | 1831 | 903 | 548 | 1937 | 44 | 24 |
| 446 | 3040 | 664 | 504 | 165 | 217 | 24 | 121 | | 1406 | 216 | | 25 |
| 2173 | 28470 | 18833 | 20002 | 8052 | 8222 | 6418 | 1610 | 9803 | 8279 | 9607 | 35 | 26 |
| 2499 | 3663 | 4849 | 7348 | 20163 | 6144 | 2628 | 1280 | 3939 | 3133 | 10051 | 36 | 27 |
| | 293 | 525 | 67 | 60 | 749 | 3 | | 134 | 88 | 279 | | 28 |
| 4591 | 6013 | 11692 | 8931 | 4997 | 5500 | 4578 | 789 | 11153 | 1297 | 9695 | | 29 |
| 15206 | 21025 | 20164 | 21338 | 44446 | 29952 | 17217 | 6181 | 3712 | 6157 | 5125 | 36 | 30 |
| 7458 | 341 | 874 | 1100 | 543 | 4321 | 1899 | 81 | 313 | 5 | 38 | | 31 |
| 433 | 936 | 1585 | 1378 | 2034 | 2188 | 356 | 81 | 309 | 3726 | 46 | | 32 |

2–05 续表 1

| 行业大类 | 代码 | 从业人员数(人) | 武汉市 | 黄石市 | 十堰市 | 宜昌市 | 襄阳市 |
|---|---|---|---|---|---|---|---|
| 金属制品业 | 33 | 178938 | 52867 | 12002 | 5473 | 12203 | 11428 |
| 通用设备制造业 | 34 | 168097 | 41729 | 15758 | 7490 | 9992 | 20520 |
| 专用设备制造业 | 35 | 158254 | 49186 | 15969 | 6339 | 6948 | 13616 |
| 汽车制造业 | 36 | 480743 | 139934 | 4085 | 145064 | 1489 | 115436 |
| 铁路、船舶、航空航天和其他运输设备制造业 | 37 | 42497 | 15138 | 1496 | 248 | 5775 | 8976 |
| 电气机械和器材制造业 | 38 | 171860 | 65627 | 8708 | 3932 | 8672 | 28617 |
| 计算机、通信和其他电子设备制造业 | 39 | 202448 | 117431 | 9957 | 2136 | 8947 | 9179 |
| 仪器仪表制造业 | 40 | 32172 | 16293 | 1698 | 419 | 3294 | 2087 |
| 其他制造业 | 41 | 17725 | 2479 | 669 | 374 | 1949 | 3847 |
| 废弃资源综合利用业 | 42 | 16964 | 2923 | 2486 | 263 | 783 | 705 |
| 金属制品、机械和设备修理业 | 43 | 16423 | 7384 | 819 | 444 | 1260 | 1470 |
| **电力、热力、燃气及水生产和供应业** | **D** | **203311** | **94775** | **4413** | **16690** | **18591** | **11491** |
| 电力、热力生产和供应业 | 44 | 144793 | 77142 | 2068 | 13508 | 13990 | 7224 |
| 燃气生产和供应业 | 45 | 13185 | 4557 | 559 | 638 | 1241 | 872 |
| 水的生产和供应业 | 46 | 45333 | 13076 | 1786 | 2544 | 3360 | 3395 |
| **建筑业** | **E** | **2511945** | **989965** | **133313** | **109008** | **171734** | **223126** |
| 房屋建筑业 | 47 | 1604395 | 605152 | 81764 | 69183 | 96563 | 130758 |
| 土木工程建筑业 | 48 | 478780 | 210377 | 29836 | 21864 | 41924 | 40565 |
| 建筑安装业 | 49 | 156897 | 69407 | 4106 | 6089 | 10075 | 26824 |
| 建筑装饰、装修和其他建筑业 | 50 | 271873 | 105029 | 17607 | 11872 | 23172 | 24979 |
| **批发和零售业** | **F** | **1851709** | **613355** | **78233** | **121598** | **160601** | **221565** |
| 批发业 | 51 | 876606 | 310693 | 34573 | 48995 | 80836 | 93911 |
| 零售业 | 52 | 975103 | 302662 | 43660 | 72603 | 79765 | 127654 |
| **交通运输、仓储和邮政业** | **G** | **472242** | **200263** | **19585** | **18328** | **42499** | **43836** |
| 铁路运输业 | 53 | | | | | | |
| 道路运输业 | 54 | 298229 | 109754 | 13611 | 15564 | 26527 | 32373 |
| 水上运输业 | 55 | 20957 | 10069 | 1554 | 132 | 4340 | 286 |
| 航空运输业 | 56 | 8844 | 7346 | | 4 | 397 | 252 |
| 管道运输业 | 57 | 4286 | 4172 | | | | 2 |
| 多式联运和运输代理业 | 58 | 20073 | 10859 | 735 | 287 | 1715 | 1669 |
| 装卸搬运和仓储业 | 59 | 43622 | 13730 | 2040 | 1146 | 6001 | 4969 |
| 邮政业 | 60 | 76231 | 44333 | 1645 | 1195 | 3519 | 4285 |
| **住宿和餐饮业** | **H** | **277982** | **117224** | **10679** | **13419** | **18418** | **22883** |
| 住宿业 | 61 | 93704 | 31257 | 3143 | 5195 | 9266 | 6886 |
| 餐饮业 | 62 | 184278 | 85967 | 7536 | 8224 | 9152 | 15997 |
| **信息传输、软件和信息技术服务业** | **I** | **405613** | **278271** | **9493** | **7683** | **17915** | **29314** |
| 电信、广播电视和卫星传输服务 | 63 | 58222 | 27009 | 1881 | 1939 | 3870 | 3775 |

| 鄂州市 | 荆门市 | 孝感市 | 荆州市 | 黄冈市 | 咸宁市 | 随州市 | 恩施州 | 仙桃市 | 潜江市 | 天门市 | 神农架 | 代码 |
|---|---|---|---|---|---|---|---|---|---|---|---|---|
| 11074 | 4809 | 13413 | 12996 | 14150 | 6921 | 6027 | 1091 | 5209 | 2979 | 6291 | 5 | 33 |
| 12187 | 12354 | 4814 | 12384 | 7630 | 3632 | 4296 | 382 | 3674 | 1354 | 9901 | | 34 |
| 6420 | 6645 | 6920 | 12881 | 5515 | 5536 | 2431 | 152 | 4311 | 3721 | 11663 | 1 | 35 |
| 1204 | 8239 | 5472 | 18749 | 7171 | 5202 | 17212 | 107 | 6813 | 1803 | 2763 | | 36 |
| 2248 | 2457 | 1693 | 1726 | 1919 | 300 | 249 | 20 | 19 | 37 | 196 | | 37 |
| 3088 | 7410 | 10350 | 8698 | 6962 | 7893 | 2417 | 1416 | 3735 | 1038 | 3297 | | 38 |
| 5331 | 4961 | 10346 | 4064 | 5154 | 11158 | 4710 | 844 | 6787 | 314 | 1129 | | 39 |
| 418 | 432 | 866 | 489 | 518 | 1320 | 865 | 764 | 233 | 145 | 2331 | | 40 |
| 570 | 436 | 1092 | 953 | 1508 | 1759 | 319 | 193 | 1088 | 152 | 337 | | 41 |
| 1040 | 2276 | 1363 | 1120 | 1330 | 887 | 114 | 129 | 509 | 312 | 724 | | 42 |
| 511 | 213 | 555 | 429 | 1114 | 367 | 96 | 163 | 245 | 319 | 1034 | | 43 |
| **2184** | **6811** | **8695** | **7374** | **8401** | **8793** | **2399** | **6778** | **1971** | **1718** | **1218** | **1009** | **D** |
| 777 | 4456 | 4705 | 3086 | 3670 | 6362 | 1136 | 4277 | 406 | 608 | 396 | 982 | 44 |
| 172 | 409 | 770 | 980 | 979 | 322 | 295 | 713 | 299 | 45 | 334 | | 45 |
| 1235 | 1946 | 3220 | 3308 | 3752 | 2109 | 968 | 1788 | 1266 | 1065 | 488 | 27 | 46 |
| **70011** | **54582** | **150092** | **98706** | **272362** | **56580** | **43935** | **48072** | **30655** | **33604** | **22914** | **3286** | **E** |
| 42343 | 30781 | 112432 | 50053 | 231785 | 33320 | 30327 | 28273 | 18506 | 21041 | 19545 | 2569 | 47 |
| 10570 | 16588 | 11495 | 27886 | 19200 | 11614 | 7912 | 13053 | 4761 | 9451 | 1301 | 383 | 48 |
| 6686 | 3727 | 9378 | 3568 | 7550 | 2607 | 1593 | 1256 | 2166 | 1391 | 449 | 25 | 49 |
| 10412 | 3486 | 16787 | 17199 | 13827 | 9039 | 4103 | 5490 | 5222 | 1721 | 1619 | 309 | 50 |
| **38625** | **60240** | **81428** | **101814** | **81067** | **61949** | **43855** | **62968** | **59959** | **26989** | **36002** | **1461** | **F** |
| 27518 | 25820 | 41834 | 54284 | 30705 | 24384 | 11817 | 25461 | 29238 | 17344 | 18722 | 471 | 51 |
| 11107 | 34420 | 39594 | 47530 | 50362 | 37565 | 32038 | 37507 | 30721 | 9645 | 17280 | 990 | 52 |
| **13465** | **13301** | **21716** | **23579** | **22425** | **15967** | **7669** | **12576** | **6552** | **5900** | **4032** | **549** | **G** |
| | | | | | | | | | | | | 53 |
| 9456 | 8180 | 14652 | 15879 | 14740 | 11352 | 4866 | 9415 | 4597 | 4577 | 2322 | 364 | 54 |
| 783 | 163 | 537 | 1710 | 440 | 465 | 124 | 111 | 134 | 24 | 85 | | 55 |
| 10 | 127 | 13 | 260 | 47 | 30 | 7 | 225 | 21 | | 33 | 72 | 56 |
| | | | 103 | | | | | | | 9 | | 57 |
| 893 | 450 | 700 | 549 | 569 | 327 | 387 | 147 | 468 | 190 | 111 | 17 | 58 |
| 1318 | 2531 | 2380 | 2555 | 2698 | 1308 | 856 | 423 | 632 | 462 | 566 | 7 | 59 |
| 1005 | 1850 | 3434 | 2523 | 3931 | 2485 | 1429 | 2255 | 700 | 647 | 906 | 89 | 60 |
| **4271** | **9473** | **11741** | **13776** | **14107** | **10022** | **6937** | **14037** | **4210** | **2053** | **3583** | **1149** | **H** |
| 1509 | 3396 | 4728 | 4590 | 5054 | 4748 | 2122 | 7407 | 2129 | 816 | 467 | 991 | 61 |
| 2762 | 6077 | 7013 | 9186 | 9053 | 5274 | 4815 | 6630 | 2081 | 1237 | 3116 | 158 | 62 |
| **3120** | **5013** | **8661** | **9085** | **8632** | **12382** | **2945** | **5805** | **3611** | **2123** | **1413** | **147** | **I** |
| 1277 | 1571 | 2562 | 2933 | 3768 | 2124 | 1102 | 2537 | 838 | 592 | 350 | 94 | 63 |

2–05 续表 2

| 行业大类 | 代码 | 从业人员数(人) | 武汉市 | 黄石市 | 十堰市 | 宜昌市 | 襄阳市 |
|---|---|---|---|---|---|---|---|
| 互联网和相关服务 | 64 | 78307 | 56135 | 1899 | 1779 | 2793 | 6163 |
| 软件和信息技术服务业 | 65 | 269084 | 195127 | 5713 | 3965 | 11252 | 19376 |
| **金融业** | **J** | **21158** | **15895** | **514** | **183** | **616** | **551** |
| 货币金融服务 | 66 | 5373 | 2228 | 186 | 160 | 419 | 459 |
| 资本市场服务 | 67 | 2240 | 1814 | 36 | 17 | 52 | 27 |
| 保险业 | 68 | 126 | 45 | 19 |  | 10 | 16 |
| 其他金融业 | 69 | 13419 | 11808 | 273 | 6 | 135 | 49 |
| **房地产业** | **K** | **539596** | **274671** | **18332** | **21191** | **31159** | **45523** |
| 房地产业 | 70 | 539596 | 274671 | 18332 | 21191 | 31159 | 45523 |
| **租赁和商务服务业** | **L** | **824436** | **373021** | **28604** | **27593** | **85357** | **70642** |
| 租赁业 | 71 | 55338 | 19030 | 2435 | 1744 | 5363 | 7397 |
| 商务服务业 | 72 | 769098 | 353991 | 26169 | 25849 | 79994 | 63245 |
| **科学研究和技术服务业** | **M** | **408143** | **240969** | **11444** | **11930** | **28059** | **29991** |
| 研究和试验发展 | 73 | 38196 | 27636 | 716 | 856 | 1753 | 1606 |
| 专业技术服务业 | 74 | 282214 | 175840 | 8577 | 7424 | 21056 | 14815 |
| 科技推广和应用服务业 | 75 | 87733 | 37493 | 2151 | 3650 | 5250 | 13570 |
| **水利、环境和公共设施管理业** | **N** | **82901** | **23759** | **3396** | **4937** | **10865** | **9504** |
| 水利管理业 | 76 | 3546 | 843 | 101 | 283 | 292 | 669 |
| 生态保护和环境治理业 | 77 | 9780 | 3632 | 371 | 444 | 1505 | 1031 |
| 公共设施管理业 | 78 | 67159 | 18874 | 2706 | 4210 | 8658 | 7440 |
| 土地管理业 | 79 | 2416 | 410 | 218 |  | 410 | 364 |
| **居民服务、修理和其他服务业** | **O** | **155531** | **56044** | **7228** | **7928** | **13725** | **20087** |
| 居民服务业 | 80 | 62428 | 21051 | 3663 | 3688 | 5056 | 6969 |
| 机动车、电子产品和日用产品修理业 | 81 | 47494 | 14113 | 2364 | 2468 | 4093 | 7562 |
| 其他服务业 | 82 | 45609 | 20880 | 1201 | 1772 | 4576 | 5556 |
| **教育** | **P** | **61951** | **18333** | **4103** | **2921** | **4018** | **6354** |
| 教育 | 83 | 61951 | 18333 | 4103 | 2921 | 4018 | 6354 |
| **卫生和社会工作** | **Q** | **66776** | **28237** | **8110** | **2560** | **4453** | **4247** |
| 卫生 | 84 | 60950 | 26945 | 7697 | 2183 | 3668 | 3724 |
| 社会工作 | 85 | 5826 | 1292 | 413 | 377 | 785 | 523 |
| **文化、体育和娱乐业** | **R** | **146461** | **50440** | **6009** | **6766** | **17906** | **13561** |
| 新闻和出版业 | 86 | 9104 | 7425 | 134 | 343 | 223 | 179 |
| 广播、电视、电影和录音制作业 | 87 | 16134 | 6048 | 471 | 566 | 1734 | 1331 |
| 文化艺术业 | 88 | 27165 | 8724 | 1242 | 822 | 3636 | 3115 |
| 体育 | 89 | 10122 | 5009 | 350 | 371 | 653 | 607 |
| 娱乐业 | 90 | 83936 | 23234 | 3812 | 4664 | 11660 | 8329 |

| 鄂州市 | 荆门市 | 孝感市 | 荆州市 | 黄冈市 | 咸宁市 | 随州市 | 恩施州 | 仙桃市 | 潜江市 | 天门市 | 神农架 | 代码 |
|---|---|---|---|---|---|---|---|---|---|---|---|---|
| 372 | 678 | 1239 | 1881 | 1493 | 1281 | 535 | 1030 | 444 | 215 | 336 | 34 | 64 |
| 1471 | 2764 | 4860 | 4271 | 3371 | 8977 | 1308 | 2238 | 2329 | 1316 | 727 | 19 | 65 |
| **59** | **319** | **626** | **479** | **226** | **399** | **146** | **678** | **248** | **109** | **108** | **2** | **J** |
| 38 | 170 | 347 | 277 | 119 | 111 | 88 | 479 | 142 | 93 | 55 | 2 | 66 |
|  | 76 | 10 | 92 | 12 | 14 |  |  | 73 | 16 | 1 |  | 67 |
|  | 4 |  | 23 | 1 |  |  | 5 |  |  | 3 |  | 68 |
| 21 | 69 | 269 | 87 | 94 | 274 | 58 | 194 | 33 |  | 49 |  | 69 |
| **12318** | **14172** | **21908** | **19273** | **23350** | **18074** | **6834** | **16480** | **7921** | **4081** | **3920** | **389** | **K** |
| 12318 | 14172 | 21908 | 19273 | 23350 | 18074 | 6834 | 16480 | 7921 | 4081 | 3920 | 389 | 70 |
| **19090** | **17461** | **35119** | **29960** | **26232** | **34039** | **10211** | **30456** | **16965** | **14115** | **4926** | **645** | **L** |
| 1691 | 1309 | 2208 | 3827 | 2767 | 1840 | 758 | 1758 | 1274 | 1262 | 612 | 63 | 71 |
| 17399 | 16152 | 32911 | 26133 | 23465 | 32199 | 9453 | 28698 | 15691 | 12853 | 4314 | 582 | 72 |
| **4538** | **10107** | **14549** | **13345** | **10442** | **8368** | **2561** | **7489** | **7901** | **4655** | **1638** | **157** | **M** |
| 731 | 393 | 799 | 1296 | 863 | 427 | 97 | 151 | 450 | 285 | 128 | 9 | 73 |
| 2424 | 6564 | 10526 | 8608 | 6997 | 4992 | 1733 | 6002 | 2334 | 3549 | 637 | 136 | 74 |
| 1383 | 3150 | 3224 | 3441 | 2582 | 2949 | 731 | 1336 | 5117 | 821 | 873 | 12 | 75 |
| **1428** | **2334** | **4450** | **4964** | **5113** | **5643** | **1043** | **2940** | **801** | **314** | **394** | **1016** | **N** |
| 13 | 141 | 254 | 265 | 495 | 57 | 40 | 15 | 51 | 8 | 19 |  | 76 |
| 328 | 179 | 481 | 396 | 498 | 404 | 88 | 200 | 52 | 55 | 109 | 7 | 77 |
| 1060 | 1928 | 3590 | 4092 | 3865 | 5084 | 890 | 2634 | 645 | 208 | 266 | 1009 | 78 |
| 27 | 86 | 125 | 211 | 255 | 98 | 25 | 91 | 53 | 43 |  |  | 79 |
| **3154** | **3012** | **8079** | **7930** | **6342** | **4820** | **2718** | **6993** | **4363** | **1508** | **1434** | **166** | **O** |
| 928 | 1353 | 4306 | 2953 | 3027 | 2251 | 1337 | 3245 | 1206 | 660 | 639 | 96 | 80 |
| 640 | 1102 | 2121 | 2483 | 1573 | 1708 | 768 | 3032 | 2309 | 557 | 551 | 50 | 81 |
| 1586 | 557 | 1652 | 2494 | 1742 | 861 | 613 | 716 | 848 | 291 | 244 | 20 | 82 |
| **1097** | **1550** | **3653** | **4298** | **4549** | **4121** | **1654** | **2726** | **1227** | **402** | **921** | **24** | **P** |
| 1097 | 1550 | 3653 | 4298 | 4549 | 4121 | 1654 | 2726 | 1227 | 402 | 921 | 24 | 83 |
| **1117** | **1779** | **3525** | **1832** | **2854** | **2683** | **799** | **2999** | **444** | **461** | **667** | **9** | **Q** |
| 996 | 1532 | 3043 | 1440 | 2486 | 2345 | 691 | 2856 | 345 | 382 | 608 | 9 | 84 |
| 121 | 247 | 482 | 392 | 368 | 338 | 108 | 143 | 99 | 79 | 59 |  | 85 |
| **2427** | **4181** | **8743** | **7863** | **8122** | **6654** | **1704** | **6362** | **2562** | **1600** | **1236** | **325** | **R** |
| 35 | 64 | 45 | 276 | 5 | 131 | 56 | 152 | 36 |  |  |  | 86 |
| 177 | 559 | 1256 | 1053 | 724 | 635 | 172 | 735 | 334 | 265 | 71 | 3 | 87 |
| 402 | 514 | 2237 | 1421 | 1263 | 1534 | 209 | 1140 | 387 | 199 | 208 | 112 | 88 |
| 197 | 223 | 299 | 456 | 498 | 355 | 198 | 404 | 188 | 52 | 84 | 178 | 89 |
| 1616 | 2821 | 4906 | 4657 | 5632 | 3999 | 1069 | 3931 | 1617 | 1084 | 873 | 32 | 90 |

# 2-06 按地区、登记注册类型

| 地　区 | 法人单位数(个) | 内资企业 | 国有企业 | 集体企业 | 股份合作企　业 | 联营企业 | 国有联营企　业 |
|---|---|---|---|---|---|---|---|
| **全　省** | **688373** | **685992** | **3576** | **4412** | **249** | **506** | **62** |
| 武汉市 | 252509 | 251204 | 739 | 908 | 118 | 76 | 12 |
| 黄石市 | 26099 | 26002 | 148 | 160 | 16 | 17 | 4 |
| 十堰市 | 36010 | 35939 | 242 | 177 | 10 | 43 | 4 |
| 宜昌市 | 57512 | 57386 | 337 | 457 | 13 | 29 | 2 |
| 襄阳市 | 69163 | 69008 | 406 | 337 | 12 | 58 | 14 |
| 鄂州市 | 13257 | 13210 | 50 | 93 | 1 | 21 | 3 |
| 荆门市 | 25270 | 25195 | 180 | 133 | 3 | 19 | 1 |
| 孝感市 | 30953 | 30849 | 248 | 313 | 13 | 38 | 2 |
| 荆州市 | 37399 | 37323 | 297 | 267 | 7 | 24 | 5 |
| 黄冈市 | 35800 | 35708 | 338 | 400 | 19 | 74 | 9 |
| 咸宁市 | 28634 | 28578 | 237 | 186 | 11 | 23 | 1 |
| 随州市 | 14492 | 14453 | 100 | 84 | 12 | 12 | 3 |
| 恩施州 | 30798 | 30773 | 111 | 700 | 11 | 27 | 1 |
| 仙桃市 | 12666 | 12598 | 29 | 41 |  | 6 |  |
| 潜江市 | 8032 | 8011 | 67 | 52 |  | 4 |  |
| 天门市 | 8546 | 8523 | 36 | 99 | 2 | 34 | 1 |
| 神农架 | 1233 | 1232 | 11 | 5 | 1 | 1 |  |

# 分组的企业法人单位数

| 集体联营企业 | 国有与集体联营企业 | 其他联营企业 | 有限责任公司 | 国有独资公司 | 其他有限责任公司 | 股份有限公司 | 私营企业 | 私营独资企业 |
|---|---|---|---|---|---|---|---|---|
| **216** | **61** | **167** | **126126** | **1580** | **124546** | **10612** | **540498** | **71649** |
| 37 | 61 | 17 | 70868 | 588 | 70280 | 3035 | 175459 | 3800 |
| 9 | 2 | 2 | 5290 | 59 | 5231 | 364 | 20007 | 2817 |
| 21 | 7 | 11 | 4741 | 98 | 4643 | 472 | 30253 | 6807 |
| 9 | 3 | 15 | 8010 | 146 | 7864 | 1214 | 47326 | 6724 |
| 20 | 4 | 20 | 11172 | 102 | 11070 | 987 | 56030 | 11351 |
| 9 |  | 9 | 2291 | 31 | 2260 | 218 | 10536 | 1462 |
| 9 | 3 | 6 | 2193 | 82 | 2111 | 376 | 22291 | 4228 |
| 14 | 6 | 16 | 3448 | 67 | 3381 | 650 | 26138 | 4350 |
| 10 | 2 | 7 | 4816 | 65 | 4751 | 871 | 31040 | 4836 |
| 33 | 6 | 26 | 4064 | 106 | 3958 | 754 | 30059 | 7670 |
| 11 | 2 | 9 | 2201 | 64 | 2137 | 596 | 25323 | 6953 |
| 4 | 3 | 2 | 1862 | 28 | 1834 | 277 | 12106 | 1470 |
| 9 | 3 | 14 | 2933 | 88 | 2845 | 361 | 26630 | 2663 |
| 2 | 1 | 3 | 775 | 11 | 764 | 112 | 11634 | 2430 |
| 2 |  | 2 | 612 | 11 | 601 | 80 | 7195 | 2172 |
| 17 | 8 | 8 | 665 | 11 | 654 | 208 | 7479 | 1841 |
|  | 1 |  | 185 | 23 | 162 | 37 | 992 | 75 |

2-06 续表 1

| 地 区 | 私营合伙企 业 | 私营有限责任公司 | 私营股份有限公司 | 其他企业 | 港、澳、台商投资企业 | 合资经营企业(港或澳、台资) | 合作经营企业(港或澳、台资) |
|---|---|---|---|---|---|---|---|
| **全 省** | **7540** | **452407** | **8902** | **13** | **1097** | **380** | **15** |
| 武汉市 | 1501 | 167579 | 2579 | 1 | 553 | 164 | 9 |
| 黄石市 | 1309 | 15560 | 321 | | 48 | 17 | |
| 十堰市 | 191 | 22790 | 465 | 1 | 30 | 13 | 1 |
| 宜昌市 | 433 | 39352 | 817 | | 62 | 24 | 1 |
| 襄阳市 | 247 | 43673 | 759 | 6 | 65 | 27 | 2 |
| 鄂州市 | 138 | 8691 | 245 | | 25 | 10 | |
| 荆门市 | 238 | 17461 | 364 | | 38 | 20 | |
| 孝感市 | 445 | 20924 | 419 | 1 | 49 | 11 | 1 |
| 荆州市 | 438 | 25051 | 715 | 1 | 38 | 15 | |
| 黄冈市 | 777 | 20776 | 836 | | 55 | 26 | 1 |
| 咸宁市 | 886 | 17155 | 329 | 1 | 34 | 13 | |
| 随州市 | 209 | 10216 | 211 | | 24 | 9 | |
| 恩施州 | 494 | 23073 | 400 | | 14 | 7 | |
| 仙桃市 | 61 | 9029 | 114 | 1 | 36 | 14 | |
| 潜江市 | 62 | 4897 | 64 | 1 | 10 | 4 | |
| 天门市 | 67 | 5339 | 232 | | 15 | 6 | |
| 神农架 | 44 | 841 | 32 | | 1 | | |

| 港、澳、台商独资经营企　　业 | 港、澳、台商投资股份有限公司 | 其他港、澳、台商投资企业 | 外商投资企　　业 | 中外合资经营企业 | 中外合作经营企业 | 外资企业 | 外商投资股份有限公　　司 | 其他外商投　　资 |
|---|---|---|---|---|---|---|---|---|
| **620** | **39** | **43** | **1284** | **595** | **16** | **501** | **60** | **112** |
| 342 | 16 | 22 | 752 | 322 | 5 | 330 | 34 | 61 |
| 28 | 1 | 2 | 49 | 27 | 2 | 14 | 3 | 3 |
| 12 | 1 | 3 | 41 | 20 |  | 6 | 5 | 10 |
| 31 | 3 | 3 | 64 | 27 | 2 | 24 | 3 | 8 |
| 31 | 3 | 2 | 90 | 54 | 1 | 28 | 3 | 4 |
| 13 | 1 | 1 | 22 | 8 |  | 8 | 3 | 3 |
| 17 |  | 1 | 37 | 20 |  | 12 | 3 | 2 |
| 29 | 4 | 4 | 55 | 33 | 1 | 17 |  | 4 |
| 20 | 1 | 2 | 38 | 23 | 1 | 11 | 1 | 2 |
| 27 |  | 1 | 37 | 22 |  | 10 | 1 | 4 |
| 16 | 3 | 2 | 22 | 7 | 3 | 9 |  | 3 |
| 14 | 1 |  | 15 | 5 |  | 7 | 1 | 2 |
| 7 |  |  | 11 | 6 | 1 | 1 | 1 | 2 |
| 19 | 3 |  | 32 | 13 |  | 14 | 2 | 3 |
| 6 |  |  | 11 | 6 |  | 5 |  |  |
| 8 | 1 |  | 8 | 2 |  | 5 |  | 1 |
|  | 1 |  |  |  |  |  |  |  |

# 2-07 按地区、登记注册类型

| 地区 | 从业人员数(人) | 内资企业 | 国有企业 | 集体企业 | 股份合作企业 | 联营企业 | 国有联营企业 |
|---|---|---|---|---|---|---|---|
| **全省** | **11949162** | **11407266** | **282522** | **84472** | **4314** | **6392** | **956** |
| 武汉市 | 4216762 | 3922739 | 141135 | 16936 | 1238 | 1371 | 254 |
| 黄石市 | 577284 | 550661 | 5621 | 4186 | 1573 | 241 | 74 |
| 十堰市 | 607542 | 569342 | 11744 | 3992 | 226 | 340 | 18 |
| 宜昌市 | 931630 | 903267 | 11064 | 4488 | 99 | 291 | 26 |
| 襄阳市 | 1193250 | 1158413 | 25073 | 8114 | 87 | 710 | 191 |
| 鄂州市 | 278918 | 272675 | 4067 | 3843 | | 217 | 57 |
| 荆门市 | 404052 | 393102 | 9101 | 8863 | 9 | 160 | 29 |
| 孝感市 | 677101 | 658141 | 10543 | 4642 | 358 | 834 | 26 |
| 荆州市 | 591496 | 580816 | 14334 | 8286 | 157 | 233 | 62 |
| 黄冈市 | 738986 | 720620 | 17406 | 8835 | 203 | 1018 | 139 |
| 咸宁市 | 423650 | 412178 | 9628 | 6646 | 117 | 501 | 68 |
| 随州市 | 249636 | 239581 | 6048 | 1174 | 165 | 150 | 8 |
| 恩施州 | 273635 | 272445 | 8244 | 1723 | 78 | 141 | |
| 仙桃市 | 328860 | 305106 | 2203 | 892 | | 33 | |
| 潜江市 | 223541 | 220693 | 4913 | 1139 | | 57 | |
| 天门市 | 221277 | 215961 | 1276 | 685 | 4 | 95 | 4 |
| 神农架 | 11542 | 11526 | 122 | 28 | | | |

# 分组的企业法人单位从业人员数

| 集体联营企　业 | 国有与集体联营企业 | 其他联营企　业 | 有限责任公　司 | 国有独资公　司 | 其他有限责任公司 | 股份有限公　司 | 私营企业 | 私营独资企　业 |
|---|---|---|---|---|---|---|---|---|
| **3035** | **743** | **1658** | **3720685** | **380171** | **3340514** | **734761** | **6573127** | **500927** |
| 621 | 302 | 194 | 1828403 | 271597 | 1556806 | 262447 | 1671209 | 22078 |
| 77 | 14 | 76 | 213101 | 11257 | 201844 | 36121 | 289818 | 20652 |
| 169 | 69 | 84 | 173840 | 16475 | 157365 | 15705 | 363482 | 38292 |
| 73 | 35 | 157 | 260065 | 12292 | 247773 | 71850 | 555410 | 48484 |
| 319 | 30 | 170 | 321984 | 26425 | 295559 | 86318 | 715628 | 85244 |
| 67 |  | 93 | 63798 | 8603 | 55195 | 15454 | 185296 | 16101 |
| 95 | 18 | 18 | 92102 | 6049 | 86053 | 25801 | 257066 | 21565 |
| 569 | 38 | 201 | 178839 | 6591 | 172248 | 31177 | 431741 | 39185 |
| 57 | 41 | 73 | 132689 | 6198 | 126491 | 45234 | 379827 | 30718 |
| 475 | 67 | 337 | 158569 | 2446 | 156123 | 45241 | 489348 | 41130 |
| 363 |  | 70 | 68533 | 2684 | 65849 | 20929 | 305528 | 48016 |
| 36 | 104 | 2 | 57124 | 1242 | 55882 | 15601 | 159319 | 9929 |
| 43 | 4 | 94 | 50850 | 4864 | 45986 | 7678 | 203731 | 9092 |
| 9 | 8 | 16 | 37390 | 331 | 37059 | 7113 | 257467 | 21000 |
| 14 |  | 43 | 38977 | 942 | 38035 | 36524 | 138969 | 31911 |
| 48 | 13 | 30 | 39416 | 706 | 38710 | 10530 | 163955 | 17322 |
|  |  |  | 5005 | 1469 | 3536 | 1038 | 5333 | 208 |

2-07 续表

| 地 区 | 私营合伙企业 | 私营有限责任公司 | 私营股份有限公司 | 其他企业 | 港、澳、台商投资企业 | 合资经营企业(港或澳、台资) | 合作经营企业(港或澳、台资) |
|---|---|---|---|---|---|---|---|
| **全 省** | **57399** | **5743642** | **271159** | **993** | **254180** | **80915** | **956** |
| 武汉市 | 6901 | 1566016 | 76214 | | 135909 | 31625 | 534 |
| 黄石市 | 10351 | 249732 | 9083 | | 19081 | 6115 | |
| 十堰市 | 1770 | 310213 | 13207 | 13 | 2522 | 1879 | 6 |
| 宜昌市 | 3448 | 489492 | 13986 | | 20453 | 14188 | 21 |
| 襄阳市 | 2561 | 613274 | 14549 | 499 | 9751 | 2692 | 24 |
| 鄂州市 | 1858 | 161166 | 6171 | | 1207 | 390 | |
| 荆门市 | 2396 | 220266 | 12839 | | 8282 | 4767 | |
| 孝感市 | 3793 | 376132 | 12631 | 7 | 10330 | 2951 | 5 |
| 荆州市 | 3929 | 325171 | 20009 | 56 | 4730 | 440 | |
| 黄冈市 | 5823 | 414351 | 28044 | | 6876 | 2749 | 366 |
| 咸宁市 | 8071 | 236347 | 13094 | 296 | 9529 | 2465 | |
| 随州市 | 1369 | 143002 | 5019 | | 7100 | 4219 | |
| 恩施州 | 2656 | 186440 | 5543 | | 1075 | 248 | |
| 仙桃市 | 957 | 218203 | 17307 | 8 | 10658 | 3623 | |
| 潜江市 | 566 | 101248 | 5244 | 114 | 1907 | 796 | |
| 天门市 | 789 | 127779 | 18065 | | 4754 | 1768 | |
| 神农架 | 161 | 4810 | 154 | | 16 | | |

| 港、澳、台商独资经营企业 | 港、澳、台商投资股份有限公司 | 其他港、澳、台商投资企业 | 外商投资企业 | 中外合资经营企业 | 中外合作经营企业 | 外资企业 | 外商投资股份有限公司 | 其他外商投资 |
|---|---|---|---|---|---|---|---|---|
| **161759** | **3932** | **6618** | **287716** | **167970** | **2947** | **101944** | **7708** | **7147** |
| 99917 | 1164 | 2669 | 158114 | 87662 | 1562 | 59717 | 5295 | 3878 |
| 12917 | 41 | 8 | 7542 | 3541 | 207 | 2827 | 622 | 345 |
| 577 | 33 | 27 | 35678 | 33485 |  | 101 | 862 | 1230 |
| 5694 | 495 | 55 | 7910 | 2713 | 1094 | 3412 | 626 | 65 |
| 6183 | 389 | 463 | 25086 | 17527 | 6 | 7487 | 33 | 33 |
| 629 | 83 | 105 | 5036 | 707 |  | 4133 | 179 | 17 |
| 3496 |  | 19 | 2668 | 1042 |  | 1560 | 46 | 20 |
| 5050 | 85 | 2239 | 8630 | 3429 | 7 | 5046 |  | 148 |
| 3268 | 675 | 347 | 5950 | 3553 | 4 | 2366 | 8 | 19 |
| 3738 |  | 23 | 11490 | 9776 |  | 638 | 5 | 1071 |
| 5802 | 599 | 663 | 1943 | 1150 | 11 | 739 |  | 43 |
| 2874 | 7 |  | 2955 | 339 |  | 2600 | 8 | 8 |
| 827 |  |  | 115 | 49 | 56 | 3 | 3 | 4 |
| 6694 | 341 |  | 13096 | 2495 |  | 10323 | 21 | 257 |
| 1111 |  |  | 941 | 460 |  | 481 |  |  |
| 2982 | 4 |  | 562 | 42 |  | 511 |  | 9 |
|  | 16 |  |  |  |  |  |  |  |

# 2-08 按行业(大类)、登记注册类型

| 行业大类 | 代码 | 法人单位数(个) | 内资企业 | | | |
|---|---|---|---|---|---|---|
| | | | | 国有企业 | 集体企业 | 股份合作企业 |
| **总　计** | **00** | **688373** | **685992** | **3576** | **4412** | **249** |
| **农、林、牧、渔业** | **A** | **4491** | **4489** | **61** | **88** | **2** |
| 农业 | 01 | 8 | 8 | 4 | | |
| 林业 | 02 | | | | | |
| 畜牧业 | 03 | 2 | 2 | | | |
| 渔业 | 04 | | | | | |
| 农、林、牧、渔专业及辅助性活动 | 05 | 4481 | 4479 | 57 | 88 | 2 |
| **采矿业** | **B** | **2579** | **2570** | **12** | **41** | **4** |
| 煤炭开采和洗选业 | 06 | 146 | 146 | 3 | 3 | |
| 石油和天然气开采业 | 07 | 7 | 7 | | | |
| 黑色金属矿采选业 | 08 | 240 | 239 | 2 | 7 | |
| 有色金属矿采选业 | 09 | 108 | 105 | 1 | 2 | |
| 非金属矿采选业 | 10 | 1878 | 1873 | 5 | 26 | 4 |
| 开采专业及辅助性活动 | 11 | 60 | 60 | 1 | | |
| 其他采矿业 | 12 | 140 | 140 | | 3 | |
| **制造业** | **C** | **90511** | **89494** | **307** | **746** | **47** |
| 农副食品加工业 | 13 | 6487 | 6439 | 69 | 52 | 12 |
| 食品制造业 | 14 | 2615 | 2577 | 7 | 6 | 1 |
| 酒、饮料和精制茶制造业 | 15 | 3322 | 3286 | 18 | 111 | 3 |
| 烟草制品业 | 16 | 54 | 54 | 2 | | |
| 纺织业 | 17 | 3743 | 3689 | 19 | 23 | 1 |
| 纺织服装、服饰业 | 18 | 6025 | 5981 | 8 | 24 | |
| 皮革、毛皮、羽毛及其制品和制鞋业 | 19 | 915 | 901 | | 4 | 1 |
| 木材加工和木、竹、藤、棕、草制品业 | 20 | 2591 | 2586 | 9 | 14 | |
| 家具制造业 | 21 | 1806 | 1800 | 1 | 11 | |
| 造纸和纸制品业 | 22 | 1426 | 1409 | 1 | 13 | 1 |
| 印刷和记录媒介复制业 | 23 | 2469 | 2459 | 28 | 57 | 2 |
| 文教、工美、体育和娱乐用品制造业 | 24 | 1907 | 1885 | 4 | 13 | |
| 石油、煤炭及其他燃料加工业 | 25 | 302 | 298 | 1 | 1 | |
| 化学原料和化学制品制造业 | 26 | 4182 | 4110 | 10 | 25 | 2 |
| 医药制造业 | 27 | 1530 | 1485 | 5 | 6 | |
| 化学纤维制造业 | 28 | 82 | 78 | | | |
| 橡胶和塑料制品业 | 29 | 3641 | 3611 | 3 | 24 | 2 |
| 非金属矿物制品业 | 30 | 11341 | 11292 | 24 | 125 | 6 |
| 黑色金属冶炼和压延加工业 | 31 | 575 | 567 | | 10 | 1 |
| 有色金属冶炼和压延加工业 | 32 | 595 | 592 | 2 | 10 | |

# 分组的企业法人单位数

| 联营企业 | 国有联营企业 | 集体联营企业 | 国有与集体联营企业 | 其他联营企业 | 有限责任公司 | 国有独资公司 | 其他有限责任公司 | 股份有限公司 | 私营企业 | 私营独资企业 | 代码 |
|---|---|---|---|---|---|---|---|---|---|---|---|
| **506** | **62** | **216** | **61** | **167** | **126126** | **1580** | **124546** | **10612** | **540498** | **71649** | **00** |
| **8** | **1** | **3** | **3** | **1** | **561** | **8** | **553** | **93** | **3676** | **1698** | **A** |
| | | | | | | | | 1 | 3 | 1 | 01 |
| | | | | | | | | | | | 02 |
| | | | | | | | | | 2 | | 03 |
| | | | | | | | | | | | 04 |
| 8 | 1 | 3 | 3 | 1 | 561 | 8 | 553 | 92 | 3671 | 1697 | 05 |
| **5** | | **2** | **1** | **2** | **375** | **6** | **369** | **64** | **2069** | **363** | **B** |
| | | | | | 24 | | 24 | 4 | 112 | 5 | 06 |
| | | | | | 2 | | 2 | 1 | 4 | | 07 |
| 1 | | 1 | | | 47 | 2 | 45 | 5 | 177 | 21 | 08 |
| | | | | | 23 | | 23 | 7 | 72 | 4 | 09 |
| 4 | | 1 | 1 | 2 | 242 | 4 | 238 | 41 | 1551 | 320 | 10 |
| | | | | | 11 | | 11 | 2 | 46 | 2 | 11 |
| | | | | | 26 | | 26 | 4 | 107 | 11 | 12 |
| **68** | **4** | **35** | **5** | **24** | **14765** | **129** | **14636** | **1962** | **71597** | **10425** | **C** |
| 17 | 3 | 4 | 2 | 8 | 794 | 7 | 787 | 186 | 5308 | 1275 | 13 |
| | | | | | 381 | 1 | 380 | 70 | 2112 | 471 | 14 |
| 15 | | 11 | | 4 | 357 | 2 | 355 | 92 | 2690 | 862 | 15 |
| | | | | | 7 | 2 | 5 | | 45 | 42 | 16 |
| 3 | 1 | 1 | | 1 | 457 | 5 | 452 | 65 | 3121 | 356 | 17 |
| 1 | | | | 1 | 559 | 11 | 548 | 68 | 5321 | 1319 | 18 |
| 1 | | 1 | | | 101 | | 101 | 15 | 779 | 131 | 19 |
| 1 | | | | 1 | 270 | 2 | 268 | 54 | 2238 | 468 | 20 |
| 1 | | 1 | | | 229 | | 229 | 19 | 1539 | 256 | 21 |
| | | | | | 206 | | 206 | 19 | 1169 | 126 | 22 |
| 2 | | | 1 | 1 | 375 | 3 | 372 | 50 | 1945 | 354 | 23 |
| 1 | | 1 | | | 219 | 1 | 218 | 43 | 1605 | 265 | 24 |
| | | | | | 51 | 1 | 50 | 8 | 237 | 20 | 25 |
| 2 | | 2 | | | 768 | 9 | 759 | 134 | 3169 | 211 | 26 |
| | | | | | 357 | | 357 | 70 | 1047 | 66 | 27 |
| | | | | | 15 | | 15 | 3 | 60 | 4 | 28 |
| | | | | | 562 | 3 | 559 | 79 | 2941 | 327 | 29 |
| 12 | | 5 | 1 | 6 | 1439 | 14 | 1425 | 240 | 9446 | 2215 | 30 |
| | | | | | 151 | 5 | 146 | 7 | 398 | 55 | 31 |
| | | | | | 110 | 1 | 109 | 12 | 458 | 48 | 32 |

2-08 续表1

| 行业大类 | 代码 | 法人单位数(个) | 内资企业 | 国有企业 | 集体企业 | 股份合作企业 |
|---|---|---|---|---|---|---|
| 金属制品业 | 33 | 6467 | 6430 | 10 | 49 | 3 |
| 通用设备制造业 | 34 | 6282 | 6236 | 25 | 51 | 3 |
| 专用设备制造业 | 35 | 5374 | 5325 | 9 | 15 | 4 |
| 汽车制造业 | 36 | 6345 | 6136 | 10 | 15 | |
| 铁路、船舶、航空航天和其他运输设备制造业 | 37 | 540 | 527 | 9 | 9 | |
| 电气机械和器材制造业 | 38 | 3204 | 3146 | 6 | 28 | 2 |
| 计算机、通信和其他电子设备制造业 | 39 | 2576 | 2503 | 6 | 5 | |
| 仪器仪表制造业 | 40 | 1108 | 1095 | 4 | 7 | 1 |
| 其他制造业 | 41 | 1235 | 1231 | 10 | 18 | 1 |
| 废弃资源综合利用业 | 42 | 595 | 593 | 1 | 7 | |
| 金属制品、机械和设备修理业 | 43 | 1177 | 1173 | 6 | 13 | 1 |
| **电力、热力、燃气及水生产和供应业** | **D** | **5334** | **5249** | **299** | **663** | **13** |
| 电力、热力生产和供应业 | 44 | 3360 | 3321 | 133 | 419 | 10 |
| 燃气生产和供应业 | 45 | 350 | 318 | 5 | 3 | |
| 水的生产和供应业 | 46 | 1624 | 1610 | 161 | 241 | 3 |
| **建筑业** | **E** | **57255** | **57220** | **208** | **177** | **4** |
| 房屋建筑业 | 47 | 14000 | 13993 | 43 | 86 | 2 |
| 土木工程建筑业 | 48 | 12504 | 12495 | 117 | 55 | |
| 建筑安装业 | 49 | 8260 | 8252 | 26 | 19 | 2 |
| 建筑装饰、装修和其他建筑业 | 50 | 22491 | 22480 | 22 | 17 | |
| **批发和零售业** | **F** | **228674** | **228368** | **795** | **1081** | **75** |
| 批发业 | 51 | 104006 | 103847 | 415 | 456 | 32 |
| 零售业 | 52 | 124668 | 124521 | 380 | 625 | 43 |
| **交通运输、仓储和邮政业** | **G** | **22059** | **21999** | **279** | **160** | **5** |
| 铁路运输业 | 53 | 9 | 9 | | | |
| 道路运输业 | 54 | 14683 | 14658 | 92 | 61 | 2 |
| 水上运输业 | 55 | 672 | 669 | 14 | 28 | |
| 航空运输业 | 56 | 76 | 75 | 2 | | |
| 管道运输业 | 57 | 13 | 13 | 1 | | |
| 多式联运和运输代理业 | 58 | 2191 | 2185 | 7 | 9 | |
| 装卸搬运和仓储业 | 59 | 3017 | 2993 | 118 | 62 | 2 |
| 邮政业 | 60 | 1398 | 1397 | 45 | | 1 |
| **住宿和餐饮业** | **H** | **17423** | **17351** | **148** | **123** | **9** |
| 住宿业 | 61 | 5231 | 5206 | 64 | 64 | 3 |
| 餐饮业 | 62 | 12192 | 12145 | 84 | 59 | 6 |
| **信息传输、软件和信息技术服务业** | **I** | **38930** | **38819** | **58** | **9** | **2** |
| 电信、广播电视和卫星传输服务 | 63 | 1102 | 1085 | 37 | 2 | |

| 联营企业 | 国有联营企业 | 集体联营企业 | 国有与集体联营企业 | 其他联营企业 | 有限责任公司 | 国有独资公司 | 其他有限责任公司 | 股份有限公司 | 私营企业 | 私营独资企业 | 代码 |
|---|---|---|---|---|---|---|---|---|---|---|---|
| 3 | | 2 | 1 | | 1123 | 8 | 1115 | 115 | 5127 | 490 | 33 |
| 4 | | 3 | | 1 | 1285 | 8 | 1277 | 118 | 4750 | 365 | 34 |
| 2 | | 1 | | 1 | 1235 | 7 | 1228 | 122 | 3938 | 212 | 35 |
| 1 | | 1 | | | 1214 | 10 | 1204 | 100 | 4796 | 102 | 36 |
| | | | | | 128 | 7 | 121 | 19 | 362 | 11 | 37 |
| 2 | | 2 | | | 781 | 10 | 771 | 92 | 2235 | 93 | 38 |
| | | | | | 676 | 5 | 671 | 75 | 1740 | 57 | 39 |
| | | | | | 357 | 3 | 354 | 41 | 685 | 9 | 40 |
| | | | | | 228 | 1 | 227 | 15 | 959 | 83 | 41 |
| | | | | | 106 | 1 | 105 | 17 | 462 | 41 | 42 |
| | | | | | 224 | 2 | 222 | 14 | 915 | 91 | 43 |
| **51** | **6** | **25** | **3** | **17** | **1340** | **111** | **1229** | **157** | **2726** | **494** | **D** |
| 30 | 5 | 20 | 1 | 4 | 920 | 63 | 857 | 108 | 1701 | 198 | 44 |
| | | | | | 89 | 1 | 88 | 10 | 211 | 37 | 45 |
| 21 | 1 | 5 | 2 | 13 | 331 | 47 | 284 | 39 | 814 | 259 | 46 |
| **5** | | **5** | | | **11058** | **120** | **10938** | **684** | **45084** | **946** | **E** |
| 2 | | 2 | | | 2822 | 21 | 2801 | 200 | 10838 | 244 | 47 |
| 1 | | 1 | | | 2688 | 77 | 2611 | 160 | 9474 | 185 | 48 |
| | | | | | 1560 | 13 | 1547 | 118 | 6527 | 128 | 49 |
| 2 | | 2 | | | 3988 | 9 | 3979 | 206 | 18245 | 389 | 50 |
| **176** | **17** | **72** | **19** | **68** | **34336** | **131** | **34205** | **2501** | **189401** | **35668** | **F** |
| 73 | 15 | 29 | 8 | 21 | 17457 | 78 | 17379 | 1222 | 84191 | 12106 | 51 |
| 103 | 2 | 43 | 11 | 47 | 16879 | 53 | 16826 | 1279 | 105210 | 23562 | 52 |
| **22** | **5** | **10** | **3** | **4** | **4100** | **120** | **3980** | **391** | **17042** | **644** | **G** |
| | | | | | 9 | 1 | 8 | | | | 53 |
| 13 | 2 | 8 | 1 | 2 | 2556 | 49 | 2507 | 244 | 11690 | 368 | 54 |
| | | | | | 139 | 8 | 131 | 21 | 467 | 24 | 55 |
| | | | | | 25 | 4 | 21 | 1 | 47 | | 56 |
| | | | | | 8 | 1 | 7 | | 4 | | 57 |
| 1 | | | | 1 | 495 | 11 | 484 | 37 | 1636 | 51 | 58 |
| 6 | 1 | 2 | 2 | 1 | 633 | 46 | 587 | 65 | 2107 | 174 | 59 |
| 2 | 2 | | | | 235 | | 235 | 23 | 1091 | 27 | 60 |
| **19** | **2** | **6** | **4** | **7** | **2846** | **19** | **2827** | **227** | **13976** | **3552** | **H** |
| 8 | 1 | 4 | 2 | 1 | 941 | 13 | 928 | 83 | 4043 | 859 | 61 |
| 11 | 1 | 2 | 2 | 6 | 1905 | 6 | 1899 | 144 | 9933 | 2693 | 62 |
| **3** | **1** | | | **2** | **9299** | **44** | **9255** | **536** | **28912** | **1644** | **I** |
| 3 | 1 | | | 2 | 230 | 21 | 209 | 74 | 739 | 151 | 63 |

2-08 续表2

| 行业大类 | 代码 | 法人单位数(个) | 内资企业 | 国有企业 | 集体企业 | 股份合作企业 |
|---|---|---|---|---|---|---|
| 互联网和相关服务 | 64 | 4950 | 4939 | 3 | 2 | |
| 软件和信息技术服务业 | 65 | 32878 | 32795 | 18 | 5 | 2 |
| **金融业** | **J** | **2860** | **2754** | **112** | **2** | **5** |
| 货币金融服务 | 66 | 1100 | 1062 | 63 | 2 | 4 |
| 资本市场服务 | 67 | 823 | 820 | | | |
| 保险业 | 68 | 640 | 576 | 47 | | 1 |
| 其他金融业 | 69 | 297 | 296 | 2 | | |
| **房地产业** | **K** | **31201** | **30995** | **259** | **308** | **32** |
| 房地产业 | 70 | 31201 | 30995 | 259 | 308 | 32 |
| **租赁和商务服务业** | **L** | **88050** | **87906** | **272** | **555** | **17** |
| 租赁业 | 71 | 8117 | 8110 | 8 | 6 | 1 |
| 商务服务业 | 72 | 79933 | 79796 | 264 | 549 | 16 |
| **科学研究和技术服务业** | **M** | **44863** | **44731** | **400** | **219** | **15** |
| 研究和试验发展 | 73 | 5770 | 5737 | 13 | 7 | 2 |
| 专业技术服务业 | 74 | 25104 | 25052 | 271 | 63 | 8 |
| 科技推广和应用服务业 | 75 | 13989 | 13942 | 116 | 149 | 5 |
| **水利、环境和公共设施管理业** | **N** | **5250** | **5234** | **113** | **51** | **1** |
| 水利管理业 | 76 | 292 | 292 | 55 | 13 | |
| 生态保护和环境治理业 | 77 | 741 | 733 | 7 | 3 | |
| 公共设施管理业 | 78 | 4078 | 4070 | 50 | 35 | |
| 土地管理业 | 79 | 139 | 139 | 1 | | 1 |
| **居民服务、修理和其他服务业** | **O** | **18756** | **18735** | **49** | **88** | **10** |
| 居民服务业 | 80 | 7584 | 7575 | 16 | 48 | 5 |
| 机动车、电子产品和日用产品修理业 | 81 | 7252 | 7245 | 15 | 20 | 3 |
| 其他服务业 | 82 | 3920 | 3915 | 18 | 20 | 2 |
| **教育** | **P** | **6996** | **6983** | **40** | **20** | **2** |
| 教育 | 83 | 6996 | 6983 | 40 | 20 | 2 |
| **卫生和社会工作** | **Q** | **3116** | **3109** | **54** | **37** | |
| 卫生 | 84 | 2551 | 2547 | 48 | 29 | |
| 社会工作 | 85 | 565 | 562 | 6 | 8 | |
| **文化、体育和娱乐业** | **R** | **20025** | **19986** | **110** | **44** | **6** |
| 新闻和出版业 | 86 | 265 | 265 | 24 | 9 | |
| 广播、电视、电影和录音制作业 | 87 | 1579 | 1570 | 44 | 4 | |
| 文化艺术业 | 88 | 4098 | 4092 | 28 | 6 | 1 |
| 体育 | 89 | 1383 | 1378 | 6 | | |
| 娱乐业 | 90 | 12700 | 12681 | 8 | 25 | 5 |

| 联营企业 | 国有联营企业 | 集体联营企业 | 国有与集体联营企业 | 其他联营企业 | 有限责任公司 | 国有独资公司 | 其他有限责任公司 | 股份有限公司 | 私营企业 | 私营独资企业 | 代码 |
|---|---|---|---|---|---|---|---|---|---|---|---|
| | | | | | 818 | 4 | 814 | 68 | 4048 | 394 | 64 |
| | | | | | 8251 | 19 | 8232 | 394 | 24125 | 1099 | 65 |
| **1** | | | | **1** | **783** | **19** | **764** | **740** | **1110** | **23** | **J** |
| 1 | | | | 1 | 282 | 2 | 280 | 309 | 401 | 15 | 66 |
| | | | | | 283 | 2 | 281 | 13 | 524 | 2 | 67 |
| | | | | | 87 | 1 | 86 | 402 | 38 | 4 | 68 |
| | | | | | 131 | 14 | 117 | 16 | 147 | 2 | 69 |
| **14** | **3** | **5** | **2** | **4** | **8402** | **209** | **8193** | **627** | **21353** | **212** | **K** |
| 14 | 3 | 5 | 2 | 4 | 8402 | 209 | 8193 | 627 | 21353 | 212 | 70 |
| **42** | **4** | **17** | **5** | **16** | **17902** | **365** | **17537** | **1224** | **67894** | **5124** | **L** |
| | | | | | 1363 | 3 | 1360 | 78 | 6654 | 302 | 71 |
| 42 | 4 | 17 | 5 | 16 | 16539 | 362 | 16177 | 1146 | 61240 | 4822 | 72 |
| **47** | **15** | **17** | **6** | **9** | **10951** | **126** | **10825** | **642** | **32456** | **1891** | **M** |
| 3 | | 1 | 1 | 1 | 1858 | 12 | 1846 | 93 | 3761 | 100 | 73 |
| 14 | 5 | 5 | 3 | 1 | 5841 | 98 | 5743 | 333 | 18521 | 436 | 74 |
| 30 | 10 | 11 | 2 | 7 | 3252 | 16 | 3236 | 216 | 10174 | 1355 | 75 |
| **5** | **2** | **2** | **1** | | **1269** | **81** | **1188** | **133** | **3662** | **115** | **N** |
| 1 | | 1 | | | 68 | 8 | 60 | 5 | 150 | 20 | 76 |
| | | | | | 197 | 7 | 190 | 12 | 514 | 15 | 77 |
| 4 | 2 | 1 | 1 | | 947 | 55 | 892 | 115 | 2919 | 78 | 78 |
| | | | | | 57 | 11 | 46 | 1 | 79 | 2 | 79 |
| **14** | | **11** | | **3** | **3131** | **13** | **3118** | **217** | **15226** | **2081** | **O** |
| 8 | | 6 | | 2 | 1219 | 5 | 1214 | 94 | 6185 | 976 | 80 |
| 2 | | 1 | | 1 | 1144 | 3 | 1141 | 94 | 5967 | 934 | 81 |
| 4 | | 4 | | | 768 | 5 | 763 | 29 | 3074 | 171 | 82 |
| **2** | | **1** | | **1** | **1236** | **5** | **1231** | **122** | **5561** | **542** | **P** |
| 2 | | 1 | | 1 | 1236 | 5 | 1231 | 122 | 5561 | 542 | 83 |
| **13** | **1** | **3** | **8** | **1** | **558** | **3** | **555** | **42** | **2402** | **1045** | **Q** |
| 10 | 1 | 1 | 7 | 1 | 464 | 3 | 461 | 33 | 1960 | 985 | 84 |
| 3 | | 2 | 1 | | 94 | | 94 | 9 | 442 | 60 | 85 |
| **11** | **1** | **2** | **1** | **7** | **3214** | **71** | **3143** | **250** | **16351** | **5182** | **R** |
| | | | | | 92 | 18 | 74 | 8 | 132 | 19 | 86 |
| 3 | 1 | | 1 | 1 | 361 | 15 | 346 | 22 | 1136 | 182 | 87 |
| 4 | | 1 | | 3 | 743 | 22 | 721 | 58 | 3252 | 468 | 88 |
| | | | | | 296 | 2 | 294 | 20 | 1056 | 47 | 89 |
| 4 | | 1 | | 3 | 1722 | 14 | 1708 | 142 | 10775 | 4466 | 90 |

2-08 续表3

| 行业大类 | 代码 | 私营合伙企业 | 私营有限责任公司 | 私营股份有限公司 | 其他企业 | 港、澳、台商投资企业 | 合资经营企业(港或澳、台资) |
|---|---|---|---|---|---|---|---|
| **总　计** | **00** | **7540** | **452407** | **8902** | **13** | **1097** | **380** |
| **农、林、牧、渔业** | **A** | **55** | **1860** | **63** | | **2** | **1** |
| 农业 | 01 | | 2 | | | | |
| 林业 | 02 | | | | | | |
| 畜牧业 | 03 | | 2 | | | | |
| 渔业 | 04 | | | | | | |
| 农、林、牧、渔专业及辅助性活动 | 05 | 55 | 1856 | 63 | | 2 | 1 |
| **采矿业** | **B** | **109** | **1541** | **56** | | **5** | **1** |
| 煤炭开采和洗选业 | 06 | 3 | 96 | 8 | | | |
| 石油和天然气开采业 | 07 | | 4 | | | | |
| 黑色金属矿采选业 | 08 | 4 | 148 | 4 | | | |
| 有色金属矿采选业 | 09 | 6 | 58 | 4 | | 1 | 1 |
| 非金属矿采选业 | 10 | 92 | 1101 | 38 | | 4 | |
| 开采专业及辅助性活动 | 11 | | 43 | 1 | | | |
| 其他采矿业 | 12 | 4 | 91 | 1 | | | |
| **制造业** | **C** | **1663** | **57616** | **1893** | **2** | **427** | **172** |
| 农副食品加工业 | 13 | 139 | 3721 | 173 | 1 | 21 | 4 |
| 食品制造业 | 14 | 31 | 1554 | 56 | | 20 | 4 |
| 酒、饮料和精制茶制造业 | 15 | 62 | 1687 | 79 | | 19 | 9 |
| 烟草制品业 | 16 | | 3 | | | | |
| 纺织业 | 17 | 38 | 2644 | 83 | | 39 | 19 |
| 纺织服装、服饰业 | 18 | 391 | 3530 | 81 | | 32 | 12 |
| 皮革、毛皮、羽毛及其制品和制鞋业 | 19 | 13 | 610 | 25 | | 10 | 2 |
| 木材加工和木、竹、藤、棕、草制品业 | 20 | 47 | 1667 | 56 | | 3 | 2 |
| 家具制造业 | 21 | 51 | 1203 | 29 | | 3 | 1 |
| 造纸和纸制品业 | 22 | 26 | 991 | 26 | | 11 | 5 |
| 印刷和记录媒介复制业 | 23 | 31 | 1516 | 44 | | 5 | 4 |
| 文教、工美、体育和娱乐用品制造业 | 24 | 85 | 1202 | 53 | | 14 | 6 |
| 石油、煤炭及其他燃料加工业 | 25 | 4 | 209 | 4 | | 2 | 1 |
| 化学原料和化学制品制造业 | 26 | 28 | 2802 | 128 | | 27 | 10 |
| 医药制造业 | 27 | 6 | 920 | 55 | | 21 | 12 |
| 化学纤维制造业 | 28 | | 54 | 2 | | 1 | |
| 橡胶和塑料制品业 | 29 | 32 | 2503 | 79 | | 16 | 8 |
| 非金属矿物制品业 | 30 | 360 | 6643 | 228 | | 20 | 8 |
| 黑色金属冶炼和压延加工业 | 31 | 8 | 330 | 5 | | 4 | 2 |
| 有色金属冶炼和压延加工业 | 32 | 6 | 390 | 14 | | 2 | 1 |
| 金属制品业 | 33 | 102 | 4428 | 107 | | 17 | 12 |

| 合作经营企业(港或澳、台资) | 港、澳、台商独资经营企业 | 港、澳、台商投资股份有限公司 | 其他港、澳、台商投资企业 | 外商投资企业 | 中外合资经营企业 | 中外合作经营企业 | 外资企业 | 外商投资股份有限公司 | 其他外商投资 | 代码 |
|---|---|---|---|---|---|---|---|---|---|---|
| **15** | **620** | **39** | **43** | **1284** | **595** | **16** | **501** | **60** | **112** | **00** |
|  | **1** |  |  |  |  |  |  |  |  | **A** |
|  |  |  |  |  |  |  |  |  |  | 01 |
|  |  |  |  |  |  |  |  |  |  | 02 |
|  |  |  |  |  |  |  |  |  |  | 03 |
|  |  |  |  |  |  |  |  |  |  | 04 |
|  | 1 |  |  |  |  |  |  |  |  | 05 |
|  | **4** |  |  | **4** | **2** |  |  | **1** | **1** | **B** |
|  |  |  |  |  |  |  |  |  |  | 06 |
|  |  |  |  |  |  |  |  |  |  | 07 |
|  |  |  |  | 1 | 1 |  |  |  |  | 08 |
|  |  |  |  | 2 | 1 |  |  | 1 |  | 09 |
|  | 4 |  |  | 1 |  |  |  |  | 1 | 10 |
|  |  |  |  |  |  |  |  |  |  | 11 |
|  |  |  |  |  |  |  |  |  |  | 12 |
| **5** | **219** | **13** | **18** | **590** | **291** | **6** | **249** | **20** | **24** | **C** |
|  | 15 |  | 2 | 27 | 8 | 3 | 14 | 1 | 1 | 13 |
|  | 13 | 1 | 2 | 18 | 9 | 1 | 8 |  |  | 14 |
|  | 8 |  | 2 | 17 | 12 |  | 5 |  |  | 15 |
|  |  |  |  |  |  |  |  |  |  | 16 |
|  | 17 | 2 | 1 | 15 | 8 |  | 5 |  | 2 | 17 |
| 1 | 18 | 1 |  | 12 | 9 |  | 1 |  | 2 | 18 |
|  | 7 | 1 |  | 4 | 2 |  | 2 |  |  | 19 |
|  | 1 |  |  | 2 |  |  | 2 |  |  | 20 |
| 1 | 1 |  |  | 3 | 1 |  | 2 |  |  | 21 |
|  | 4 | 1 | 1 | 6 | 4 |  | 2 |  |  | 22 |
|  | 1 |  |  | 5 | 2 |  | 3 |  |  | 23 |
|  | 8 |  |  | 8 | 3 |  | 4 |  | 1 | 24 |
|  | 1 |  |  | 2 | 1 |  | 1 |  |  | 25 |
| 1 | 16 |  |  | 45 | 18 |  | 24 | 3 |  | 26 |
|  | 9 |  |  | 24 | 15 |  | 8 |  | 1 | 27 |
|  | 1 |  |  | 3 | 1 |  | 2 |  |  | 28 |
|  | 7 | 1 |  | 14 | 4 |  | 10 |  |  | 29 |
| 1 | 9 | 2 |  | 29 | 14 | 1 | 9 | 2 | 3 | 30 |
|  | 2 |  |  | 4 | 4 |  |  |  |  | 31 |
|  | 1 |  |  | 1 |  |  | 1 |  |  | 32 |
|  | 4 |  | 1 | 20 | 15 |  | 3 |  | 2 | 33 |

2-08 续表4

| 行业大类 | 代码 | 私营合伙企业 | 私营有限责任公司 | 私营股份有限公司 | 其他企业 | 港、澳、台商投资企业 | 合资经营企业(港或澳、台资) |
|---|---|---|---|---|---|---|---|
| 通用设备制造业 | 34 | 98 | 4155 | 132 | | 17 | 5 |
| 专用设备制造业 | 35 | 39 | 3580 | 107 | | 17 | 5 |
| 汽车制造业 | 36 | 13 | 4561 | 120 | | 44 | 17 |
| 铁路、船舶、航空航天和其他运输设备制造业 | 37 | 2 | 332 | 17 | | 4 | 2 |
| 电气机械和器材制造业 | 38 | 7 | 2056 | 79 | | 19 | 9 |
| 计算机、通信和其他电子设备制造业 | 39 | 12 | 1623 | 48 | 1 | 29 | 9 |
| 仪器仪表制造业 | 40 | 3 | 658 | 15 | | 4 | 1 |
| 其他制造业 | 41 | 14 | 846 | 16 | | 2 | 1 |
| 废弃资源综合利用业 | 42 | 6 | 397 | 18 | | 1 | |
| 金属制品、机械和设备修理业 | 43 | 9 | 801 | 14 | | 3 | 1 |
| **电力、热力、燃气及水生产和供应业** | **D** | **213** | **1945** | **74** | | **47** | **16** |
| 电力、热力生产和供应业 | 44 | 171 | 1285 | 47 | | 29 | 7 |
| 燃气生产和供应业 | 45 | 7 | 160 | 7 | | 18 | 9 |
| 水的生产和供应业 | 46 | 35 | 500 | 20 | | | |
| **建筑业** | **E** | **95** | **43284** | **759** | | **22** | **14** |
| 房屋建筑业 | 47 | 30 | 10336 | 228 | | 5 | 4 |
| 土木工程建筑业 | 48 | 21 | 9100 | 168 | | 3 | 2 |
| 建筑安装业 | 49 | 8 | 6279 | 112 | | 5 | 3 |
| 建筑装饰、装修和其他建筑业 | 50 | 36 | 17569 | 251 | | 9 | 5 |
| **批发和零售业** | **F** | **1697** | **149544** | **2492** | **3** | **151** | **43** |
| 批发业 | 51 | 554 | 70266 | 1265 | 1 | 77 | 20 |
| 零售业 | 52 | 1143 | 79278 | 1227 | 2 | 74 | 23 |
| **交通运输、仓储和邮政业** | **G** | **70** | **16037** | **291** | | **37** | **10** |
| 铁路运输业 | 53 | | | | | | |
| 道路运输业 | 54 | 40 | 11097 | 185 | | 15 | 3 |
| 水上运输业 | 55 | 8 | 427 | 8 | | 2 | 2 |
| 航空运输业 | 56 | | 44 | 3 | | 1 | |
| 管道运输业 | 57 | | 4 | | | | |
| 多式联运和运输代理业 | 58 | 4 | 1553 | 28 | | 5 | 2 |
| 装卸搬运和仓储业 | 59 | 16 | 1872 | 45 | | 14 | 3 |
| 邮政业 | 60 | 2 | 1040 | 22 | | | |
| **住宿和餐饮业** | **H** | **384** | **9829** | **211** | **3** | **40** | **8** |
| 住宿业 | 61 | 122 | 2989 | 73 | | 16 | 2 |
| 餐饮业 | 62 | 262 | 6840 | 138 | 3 | 24 | 6 |
| **信息传输、软件和信息技术服务业** | **I** | **223** | **26647** | **398** | | **45** | **6** |
| 电信、广播电视和卫星传输服务 | 63 | 7 | 568 | 13 | | 12 | 2 |
| 互联网和相关服务 | 64 | 23 | 3581 | 50 | | 6 | 1 |

| 合作经营企业(港或澳、台资) | 港、澳、台商独资经营企业 | 港、澳、台商投资股份有限公司 | 其他港、澳、台商投资企业 | 外商投资企业 | 中外合资经营企业 | 中外合作经营企业 | 外资企业 | 外商投资股份有限公司 | 其他外商投资 | 代码 |
|---|---|---|---|---|---|---|---|---|---|---|
| 1 | 9 |  | 2 | 29 | 17 |  | 11 |  | 1 | 34 |
|  | 11 | 1 |  | 32 | 16 | 1 | 10 | 3 | 2 | 35 |
|  | 21 |  | 6 | 165 | 81 |  | 73 | 7 | 4 | 36 |
|  | 2 |  |  | 9 | 7 |  | 2 |  |  | 37 |
|  | 9 |  | 1 | 39 | 15 |  | 20 | 3 | 1 | 38 |
|  | 17 | 3 |  | 44 | 18 |  | 23 | 1 | 2 | 39 |
|  | 3 |  |  | 9 | 4 |  | 4 |  | 1 | 40 |
|  | 1 |  |  | 2 | 2 |  |  |  |  | 41 |
|  | 1 |  |  | 1 | 1 |  |  |  |  | 42 |
|  | 2 |  |  | 1 |  |  |  |  | 1 | 43 |
| **1** | **27** | **3** |  | **38** | **25** | **1** | **10** |  | **2** | **D** |
|  | 21 | 1 |  | 10 | 6 | 1 | 3 |  |  | 44 |
| 1 | 6 | 2 |  | 14 | 7 |  | 6 |  | 1 | 45 |
|  |  |  |  | 14 | 12 |  | 1 |  | 1 | 46 |
|  | **6** | **1** | **1** | **13** | **8** |  | **2** |  | **3** | **E** |
|  | 1 |  |  | 2 | 2 |  |  |  |  | 47 |
|  | 1 |  |  | 6 | 3 |  | 1 |  | 2 | 48 |
|  | 1 |  | 1 | 3 | 1 |  | 1 |  | 1 | 49 |
|  | 3 | 1 |  | 2 | 2 |  |  |  |  | 50 |
|  | **100** | **4** | **4** | **155** | **48** | **3** | **62** | **17** | **25** | **F** |
|  | 53 | 2 | 2 | 82 | 28 | 1 | 31 | 10 | 12 | 51 |
|  | 47 | 2 | 2 | 73 | 20 | 2 | 31 | 7 | 13 | 52 |
| **2** | **20** | **2** | **3** | **23** | **4** |  | **15** |  | **4** | **G** |
|  |  |  |  |  |  |  |  |  |  | 53 |
| 2 | 7 | 1 | 2 | 10 | 2 |  | 5 |  | 3 | 54 |
|  |  |  |  | 1 | 1 |  |  |  |  | 55 |
|  |  |  | 1 |  |  |  |  |  |  | 56 |
|  |  |  |  |  |  |  |  |  |  | 57 |
|  | 2 | 1 |  | 1 |  |  |  |  | 1 | 58 |
|  | 11 |  |  | 10 | 1 |  | 9 |  |  | 59 |
|  |  |  |  | 1 |  |  | 1 |  |  | 60 |
| **1** | **25** | **4** | **2** | **32** | **8** |  | **17** | **3** | **4** | **H** |
| 1 | 9 | 4 |  | 9 | 2 |  | 4 | 2 | 1 | 61 |
|  | 16 |  | 2 | 23 | 6 |  | 13 | 1 | 3 | 62 |
|  | **33** | **3** | **3** | **66** | **18** | **1** | **34** | **6** | **7** | **I** |
|  | 5 | 2 | 3 | 5 | 1 |  | 3 |  | 1 | 63 |
|  | 4 | 1 |  | 5 | 2 |  | 3 |  |  | 64 |

2-08 续表5

| 行业大类 | 代码 | | | | | | |
|---|---|---|---|---|---|---|---|
| | | 私营合伙企业 | 私营有限责任公司 | 私营股份有限公司 | 其他企业 | 港、澳、台商投资企业 | 合资经营企业(港或澳、台资) |
| 软件和信息技术服务业 | 65 | 193 | 22498 | 335 | | 27 | 3 |
| **金融业** | **J** | **215** | **834** | **38** | **1** | **20** | **9** |
| 货币金融服务 | 66 | | 358 | 28 | | 19 | 8 |
| 资本市场服务 | 67 | 203 | 314 | 5 | | | |
| 保险业 | 68 | | 33 | 1 | 1 | 1 | 1 |
| 其他金融业 | 69 | 12 | 129 | 4 | | | |
| **房地产业** | **K** | **95** | **20580** | **466** | | **136** | **49** |
| 房地产业 | 70 | 95 | 20580 | 466 | | 136 | 49 |
| **租赁和商务服务业** | **L** | **1510** | **60310** | **950** | | **68** | **22** |
| 租赁业 | 71 | 13 | 6228 | 111 | | 5 | 3 |
| 商务服务业 | 72 | 1497 | 54082 | 839 | | 63 | 19 |
| **科学研究和技术服务业** | **M** | **245** | **29783** | **537** | **1** | **53** | **16** |
| 研究和试验发展 | 73 | 29 | 3571 | 61 | | 9 | 1 |
| 专业技术服务业 | 74 | 73 | 17710 | 302 | 1 | 22 | 5 |
| 科技推广和应用服务业 | 75 | 143 | 8502 | 174 | | 22 | 10 |
| **水利、环境和公共设施管理业** | **N** | **17** | **3431** | **99** | | **7** | **4** |
| 水利管理业 | 76 | 5 | 121 | 4 | | | |
| 生态保护和环境治理业 | 77 | | 489 | 10 | | 4 | 4 |
| 公共设施管理业 | 78 | 9 | 2748 | 84 | | 3 | |
| 土地管理业 | 79 | 3 | 73 | 1 | | | |
| **居民服务、修理和其他服务业** | **O** | **176** | **12766** | **203** | | **8** | |
| 居民服务业 | 80 | 80 | 5039 | 90 | | 3 | |
| 机动车、电子产品和日用产品修理业 | 81 | 79 | 4872 | 82 | | 2 | |
| 其他服务业 | 82 | 17 | 2855 | 31 | | 3 | |
| **教育** | **P** | **96** | **4825** | **98** | | **6** | **1** |
| 教育 | 83 | 96 | 4825 | 98 | | 6 | 1 |
| **卫生和社会工作** | **Q** | **116** | **1200** | **41** | **3** | **2** | **2** |
| 卫生 | 84 | 105 | 843 | 27 | 3 | | |
| 社会工作 | 85 | 11 | 357 | 14 | | 2 | 2 |
| **文化、体育和娱乐业** | **R** | **561** | **10375** | **233** | | **21** | **6** |
| 新闻和出版业 | 86 | | 110 | 3 | | | |
| 广播、电视、电影和录音制作业 | 87 | 5 | 926 | 23 | | 6 | 3 |
| 文化艺术业 | 88 | 70 | 2668 | 46 | | 3 | 2 |
| 体育 | 89 | 6 | 987 | 16 | | 2 | |
| 娱乐业 | 90 | 480 | 5684 | 145 | | 10 | 1 |

| 合作经营企业(港或澳、台资) | 港、澳、台商独资经营企业 | 港、澳、台商投资股份有限公司 | 其他港、澳、台商投资企业 | 外商投资企业 | 中外合资经营企业 | 中外合作经营企业 | 外资企业 | 外商投资股份有限公司 | 其他外商投资 | 代码 |
|---|---|---|---|---|---|---|---|---|---|---|
| | 24 | | | 56 | 15 | 1 | 28 | 6 | 6 | 65 |
| | **11** | | | **86** | **72** | | **13** | **1** | | **J** |
| | 11 | | | 19 | 10 | | 9 | | | 66 |
| | | | | 3 | 2 | | 1 | | | 67 |
| | | | | 63 | 59 | | 3 | 1 | | 68 |
| | | | | 1 | 1 | | | | | 69 |
| **3** | **75** | **3** | **6** | **70** | **25** | | **31** | **4** | **10** | **K** |
| 3 | 75 | 3 | 6 | 70 | 25 | | 31 | 4 | 10 | 70 |
| **2** | **37** | **5** | **2** | **76** | **25** | **2** | **34** | **4** | **11** | **L** |
| | 2 | | | 2 | 2 | | | | | 71 |
| 2 | 35 | 5 | 2 | 74 | 23 | 2 | 34 | 4 | 11 | 72 |
| | **33** | | **4** | **79** | **42** | **3** | **22** | **2** | **10** | **M** |
| | 8 | | | 24 | 14 | | 9 | | 1 | 73 |
| | 13 | | 4 | 30 | 14 | 2 | 10 | 2 | 2 | 74 |
| | 12 | | | 25 | 14 | 1 | 3 | | 7 | 75 |
| | **3** | | | **9** | **4** | | **1** | | **4** | **N** |
| | | | | | | | | | | 76 |
| | | | | 4 | 4 | | | | | 77 |
| | 3 | | | 5 | | | 1 | | 4 | 78 |
| | | | | | | | | | | 79 |
| | **8** | | | **13** | **7** | | **4** | | **2** | **O** |
| | 3 | | | 6 | 3 | | 3 | | | 80 |
| | 2 | | | 5 | 2 | | 1 | | 2 | 81 |
| | 3 | | | 2 | 2 | | | | | 82 |
| | **5** | | | **7** | **4** | | **1** | **1** | **1** | **P** |
| | 5 | | | 7 | 4 | | 1 | 1 | 1 | 83 |
| | | | | **5** | **3** | | | | **2** | **Q** |
| | | | | 4 | 2 | | | | 2 | 84 |
| | | | | 1 | 1 | | | | | 85 |
| **1** | **13** | **1** | | **18** | **9** | | **6** | **1** | **2** | **R** |
| | | | | | | | | | | 86 |
| 1 | 2 | | | 3 | 3 | | | | | 87 |
| | 1 | | | 3 | 1 | | 2 | | | 88 |
| | 2 | | | 3 | 3 | | | | | 89 |
| | 8 | 1 | | 9 | 2 | | 4 | 1 | 2 | 90 |

# 2-09 按行业(大类)、登记注册类型

| 行业大类 | 代码 | 从业人员数(人) | | | | |
|---|---|---|---|---|---|---|
| | | | 内资企业 | | | |
| | | | | 国有企业 | 集体企业 | 股份合作企业 |
| **总　　计** | **00** | **11949162** | **11407266** | **282522** | **84472** | **4314** |
| **农、林、牧、渔业** | **A** | **34103** | **33786** | **923** | **369** | **12** |
| 农业 | 01 | | | | | |
| 林业 | 02 | | | | | |
| 畜牧业 | 03 | | | | | |
| 渔业 | 04 | | | | | |
| 农、林、牧、渔专业及辅助性活动 | 05 | 34103 | 33786 | 923 | 369 | 12 |
| **采矿业** | **B** | **113497** | **112564** | **164** | **2921** | **39** |
| 煤炭开采和洗选业 | 06 | 6975 | 6975 | 42 | 227 | |
| 石油和天然气开采业 | 07 | 12962 | 12962 | | | |
| 黑色金属矿采选业 | 08 | 19938 | 19768 | 16 | 1103 | |
| 有色金属矿采选业 | 09 | 7097 | 6408 | 28 | 62 | |
| 非金属矿采选业 | 10 | 52258 | 52184 | 74 | 1493 | 39 |
| 开采专业及辅助性活动 | 11 | 11930 | 11930 | 4 | | |
| 其他采矿业 | 12 | 2337 | 2337 | | 36 | |
| **制造业** | **C** | **3771807** | **3406378** | **15532** | **13975** | **1278** |
| 农副食品加工业 | 13 | 232190 | 221090 | 1965 | 480 | 133 |
| 食品制造业 | 14 | 109060 | 96643 | 38 | 20 | 6 |
| 酒、饮料和精制茶制造业 | 15 | 104459 | 90405 | 929 | 1339 | 45 |
| 烟草制品业 | 16 | 7521 | 7521 | 303 | | |
| 纺织业 | 17 | 273153 | 259456 | 2433 | 186 | 5 |
| 纺织服装、服饰业 | 18 | 263537 | 249524 | 298 | 609 | |
| 皮革、毛皮、羽毛及其制品和制鞋业 | 19 | 46658 | 34772 | | 12 | 16 |
| 木材加工和木、竹、藤、棕、草制品业 | 20 | 62409 | 61491 | 80 | 151 | |
| 家具制造业 | 21 | 40941 | 40191 | 2 | 19 | |
| 造纸和纸制品业 | 22 | 51121 | 44160 | 1 | 197 | 9 |
| 印刷和记录媒介复制业 | 23 | 65706 | 64025 | 665 | 855 | 18 |
| 文教、工美、体育和娱乐用品制造业 | 24 | 62479 | 55375 | 99 | 140 | |
| 石油、煤炭及其他燃料加工业 | 25 | 12449 | 11683 | 362 | 2 | |
| 化学原料和化学制品制造业 | 26 | 218891 | 208569 | 282 | 505 | 108 |
| 医药制造业 | 27 | 136796 | 110666 | 66 | 277 | |
| 化学纤维制造业 | 28 | 6911 | 6093 | | | |
| 橡胶和塑料制品业 | 29 | 118463 | 116054 | 17 | 690 | 24 |
| 非金属矿物制品业 | 30 | 355683 | 347031 | 657 | 2732 | 58 |
| 黑色金属冶炼和压延加工业 | 31 | 74875 | 66865 | | 475 | 185 |
| 有色金属冶炼和压延加工业 | 32 | 42384 | 42049 | 13 | 164 | |

# 分组的企业法人单位从业人员数

| 联营企业 | 国有联营企业 | 集体联营企业 | 国有与集体联营企业 | 其他联营企业 | 有限责任公司 | 国有独资公司 | 其他有限责任公司 | 股份有限公司 | 私营企业 | 私营独资企业 | 代码 |
|---|---|---|---|---|---|---|---|---|---|---|---|
| **6392** | **956** | **3035** | **743** | **1658** | **3720685** | **380171** | **3340514** | **734761** | **6573127** | **500927** | **00** |
| **56** | **4** | **9** | **31** | **12** | **4810** | **1416** | **3394** | **1044** | **26572** | **9641** | **A** |
| | | | | | | | | | | | 01 |
| | | | | | | | | | | | 02 |
| | | | | | | | | | | | 03 |
| | | | | | | | | | | | 04 |
| 56 | 4 | 9 | 31 | 12 | 4810 | 1416 | 3394 | 1044 | 26572 | 9641 | 05 |
| **62** | | **3** | | **59** | **33753** | **4248** | **29505** | **21563** | **54062** | **6002** | **B** |
| | | | | | 1478 | | 1478 | 133 | 5095 | 96 | 06 |
| | | | | | 7 | | 7 | 12852 | 103 | | 07 |
| 2 | | 2 | | | 12529 | 3856 | 8673 | 179 | 5939 | 166 | 08 |
| | | | | | 1290 | | 1290 | 2155 | 2873 | 36 | 09 |
| 60 | | 1 | | 59 | 10777 | 392 | 10385 | 2066 | 37675 | 5482 | 10 |
| | | | | | 6629 | | 6629 | 4128 | 1169 | 25 | 11 |
| | | | | | 1043 | | 1043 | 50 | 1208 | 197 | 12 |
| **912** | **19** | **271** | **232** | **390** | **957887** | **95069** | **862818** | **356984** | **2059600** | **144562** | **C** |
| 88 | 17 | 21 | 4 | 46 | 45489 | 985 | 44504 | 10558 | 162370 | 13706 | 13 |
| | | | | | 28604 | 12 | 28592 | 8441 | 59534 | 5025 | 14 |
| 114 | | 78 | | 36 | 22922 | 20 | 22902 | 12439 | 52617 | 7312 | 15 |
| | | | | | 7025 | 6227 | 798 | | 193 | 174 | 16 |
| 8 | 2 | 3 | | 3 | 50903 | 565 | 50338 | 14723 | 191198 | 5472 | 17 |
| 18 | | | | 18 | 40378 | 1877 | 38501 | 4893 | 203328 | 39049 | 18 |
| 2 | | 2 | | | 4952 | | 4952 | 1137 | 28653 | 1970 | 19 |
| 12 | | | | 12 | 12831 | 233 | 12598 | 4879 | 43538 | 5574 | 20 |
| 4 | | 4 | | | 8343 | | 8343 | 544 | 31279 | 2806 | 21 |
| | | | | | 9247 | | 9247 | 748 | 33958 | 1589 | 22 |
| 218 | | | 216 | 2 | 14298 | 1324 | 12974 | 4792 | 43179 | 2921 | 23 |
| | | | | | 7192 | 104 | 7088 | 4497 | 43447 | 2268 | 24 |
| | | | | | 5396 | 2837 | 2559 | 2612 | 3311 | 214 | 25 |
| 28 | | 28 | | | 57325 | 4047 | 53278 | 47729 | 102592 | 4090 | 26 |
| | | | | | 33175 | | 33175 | 33468 | 43680 | 600 | 27 |
| | | | | | 3506 | | 3506 | 207 | 2380 | 30 | 28 |
| | | | | | 25781 | 595 | 25186 | 5616 | 83926 | 4441 | 29 |
| 246 | | 32 | 9 | 205 | 64802 | 1515 | 63287 | 31618 | 246918 | 26488 | 30 |
| | | | | | 48944 | 36854 | 12090 | 611 | 16650 | 644 | 31 |
| | | | | | 20280 | 1704 | 18576 | 3223 | 18369 | 338 | 32 |

2-09 续表1

| 行业大类 | 代码 | 从业人员数(人) | | | | |
|---|---|---|---|---|---|---|
| | | | 内资企业 | | | |
| | | | | 国有企业 | 集体企业 | 股份合作企业 |
| 金属制品业 | 33 | 178938 | 173495 | 308 | 723 | 155 |
| 通用设备制造业 | 34 | 168097 | 161070 | 2232 | 1228 | 60 |
| 专用设备制造业 | 35 | 158254 | 150381 | 256 | 126 | 227 |
| 汽车制造业 | 36 | 480743 | 352422 | 1771 | 525 | |
| 铁路、船舶、航空航天和其他运输设备制造业 | 37 | 42497 | 40110 | 2132 | 488 | |
| 电气机械和器材制造业 | 38 | 171860 | 146864 | 256 | 139 | |
| 计算机、通信和其他电子设备制造业 | 39 | 202448 | 166205 | 140 | 18 | |
| 仪器仪表制造业 | 40 | 32172 | 31447 | 51 | 160 | 16 |
| 其他制造业 | 41 | 17725 | 17538 | 129 | 258 | 13 |
| 废弃资源综合利用业 | 42 | 16964 | 16807 | 15 | 981 | |
| 金属制品、机械和设备修理业 | 43 | 16423 | 16376 | 32 | 476 | 200 |
| **电力、热力、燃气及水生产和供应业** | **D** | **203311** | **193139** | **86859** | **4695** | **54** |
| 电力、热力生产和供应业 | 44 | 144793 | 142586 | 77757 | 1234 | 38 |
| 燃气生产和供应业 | 45 | 13185 | 7112 | 74 | 15 | |
| 水的生产和供应业 | 46 | 45333 | 43441 | 9028 | 3446 | 16 |
| **建筑业** | **E** | **2511945** | **2504298** | **50033** | **25611** | **1241** |
| 房屋建筑业 | 47 | 1604395 | 1597178 | 11533 | 20654 | 1236 |
| 土木工程建筑业 | 48 | 478780 | 478560 | 36729 | 2896 | |
| 建筑安装业 | 49 | 156897 | 156825 | 1340 | 1195 | 5 |
| 建筑装饰、装修和其他建筑业 | 50 | 271873 | 271735 | 431 | 866 | |
| **批发和零售业** | **F** | **1851709** | **1803937** | **26185** | **16829** | **710** |
| 批发业 | 51 | 876606 | 853900 | 19731 | 4365 | 224 |
| 零售业 | 52 | 975103 | 950037 | 6454 | 12464 | 486 |
| **交通运输、仓储和邮政业** | **G** | **472242** | **463358** | **60984** | **4918** | **132** |
| 铁路运输业 | 53 | | | | | |
| 道路运输业 | 54 | 298229 | 290878 | 12804 | 2017 | 10 |
| 水上运输业 | 55 | 20957 | 20127 | 1574 | 649 | |
| 航空运输业 | 56 | 8844 | 8829 | 437 | | |
| 管道运输业 | 57 | 4286 | 4286 | 18 | | |
| 多式联运和运输代理业 | 58 | 20073 | 20001 | 103 | 90 | |
| 装卸搬运和仓储业 | 59 | 43622 | 43105 | 3032 | 2162 | 122 |
| 邮政业 | 60 | 76231 | 76132 | 43016 | | |
| **住宿和餐饮业** | **H** | **277982** | **250837** | **3695** | **2091** | **77** |
| 住宿业 | 61 | 93704 | 89403 | 2547 | 1451 | 14 |
| 餐饮业 | 62 | 184278 | 161434 | 1148 | 640 | 63 |
| **信息传输、软件和信息技术服务业** | **I** | **405613** | **355305** | **2629** | **92** | **2** |
| 电信、广播电视和卫星传输服务 | 63 | 58222 | 51054 | 2448 | 8 | |

| 联营企业 | 国有联营企业 | 集体联营企业 | 国有与集体联营企业 | 其他联营企业 | 有限责任公司 | 国有独资公司 | 其他有限责任公司 | 股份有限公司 | 私营企业 | 私营独资企业 | 代码 |
|---|---|---|---|---|---|---|---|---|---|---|---|
| 5 | | 2 | 3 | | 42505 | 4192 | 38313 | 16841 | 112958 | 5267 | 33 |
| 51 | | 41 | | 10 | 42661 | 5303 | 37358 | 13895 | 100943 | 4282 | 34 |
| 69 | | 11 | | 58 | 42409 | 2379 | 40030 | 15914 | 91380 | 2866 | 35 |
| 32 | | 32 | | | 136304 | 5333 | 130971 | 55317 | 158473 | 2224 | 36 |
| | | | | | 18451 | 2291 | 16160 | 4450 | 14589 | 265 | 37 |
| 17 | | 17 | | | 62287 | 10525 | 51762 | 17804 | 66361 | 1256 | 38 |
| | | | | | 75419 | 5373 | 70046 | 33180 | 57245 | 1532 | 39 |
| | | | | | 12328 | 701 | 11627 | 5080 | 13812 | 133 | 40 |
| | | | | | 3428 | | 3428 | 227 | 13483 | 957 | 41 |
| | | | | | 4928 | 32 | 4896 | 771 | 10112 | 403 | 42 |
| | | | | | 5774 | 41 | 5733 | 770 | 9124 | 666 | 43 |
| **305** | **115** | **108** | **3** | **79** | **59548** | **18276** | **41272** | **11263** | **30415** | **3549** | **D** |
| 205 | 109 | 67 | | 29 | 35296 | 10585 | 24711 | 9869 | 18187 | 1160 | 44 |
| | | | | | 3598 | | 3598 | 288 | 3137 | 277 | 45 |
| 100 | 6 | 41 | 3 | 50 | 20654 | 7691 | 12963 | 1106 | 9091 | 2112 | 46 |
| **578** | | **578** | | | **1151405** | **125970** | **1025435** | **104959** | **1170471** | **10687** | **E** |
| 570 | | 570 | | | 749123 | 32859 | 716264 | 75406 | 738656 | 4165 | 47 |
| 6 | | 6 | | | 251506 | 75320 | 176186 | 19337 | 168086 | 2219 | 48 |
| | | | | | 73207 | 16618 | 56589 | 6863 | 74215 | 1162 | 49 |
| 2 | | 2 | | | 77569 | 1173 | 76396 | 3353 | 189514 | 3141 | 50 |
| **2242** | **215** | **1233** | **236** | **558** | **394938** | **9944** | **384994** | **115401** | **1247555** | **194497** | **F** |
| 1057 | 192 | 543 | 110 | 212 | 174113 | 6509 | 167604 | 55955 | 598442 | 71754 | 51 |
| 1185 | 23 | 690 | 126 | 346 | 220825 | 3435 | 217390 | 59446 | 649113 | 122743 | 52 |
| **378** | **100** | **150** | **27** | **101** | **174625** | **50438** | **124187** | **18045** | **204276** | **4947** | **G** |
| | | | | | | | | | | | 53 |
| 185 | 38 | 111 | 17 | 19 | 120739 | 40009 | 80730 | 14982 | 140141 | 2826 | 54 |
| | | | | | 10369 | 2677 | 7692 | 1074 | 6461 | 178 | 55 |
| | | | | | 5776 | 19 | 5757 | 10 | 2606 | | 56 |
| | | | | | 4247 | 3431 | 816 | | 21 | | 57 |
| 77 | | | | 77 | 5920 | 682 | 5238 | 373 | 13438 | 299 | 58 |
| 104 | 50 | 39 | 10 | 5 | 14492 | 3620 | 10872 | 1381 | 21812 | 1481 | 59 |
| 12 | 12 | | | | 13082 | | 13082 | 225 | 19797 | 163 | 60 |
| **503** | **190** | **237** | **9** | **67** | **65661** | **3064** | **62597** | **6382** | **172370** | **24141** | **H** |
| 235 | 170 | 59 | 3 | 3 | 27216 | 1393 | 25823 | 2816 | 55124 | 5129 | 61 |
| 268 | 20 | 178 | 6 | 64 | 38445 | 1671 | 36774 | 3566 | 117246 | 19012 | 62 |
| **31** | **4** | | | **27** | **143322** | **6055** | **137267** | **36879** | **172350** | **8164** | **I** |
| 31 | 4 | | | 27 | 17042 | 4305 | 12737 | 26304 | 5221 | 649 | 63 |

2-09 续表2

| 行业大类 | 代码 | 从业人员数(人) | 内资企业 | 国有企业 | 集体企业 | 股份合作企业 |
|---|---|---|---|---|---|---|
| 互联网和相关服务 | 64 | 78307 | 40219 | 32 | 46 | |
| 软件和信息技术服务业 | 65 | 269084 | 264032 | 149 | 38 | 2 |
| **金融业** | **J** | **21158** | **20405** | **171** | | |
| 货币金融服务 | 66 | 5373 | 4969 | | | |
| 资本市场服务 | 67 | 2240 | 2240 | | | |
| 保险业 | 68 | 126 | 126 | | | |
| 其他金融业 | 69 | 13419 | 13070 | 171 | | |
| **房地产业** | **K** | **539596** | **527345** | **4639** | **3593** | **186** |
| 房地产业 | 70 | 539596 | 527345 | 4639 | 3593 | 186 |
| **租赁和商务服务业** | **L** | **824436** | **821669** | **10194** | **5099** | **215** |
| 租赁业 | 71 | 55338 | 55292 | 34 | 51 | |
| 商务服务业 | 72 | 769098 | 766377 | 10160 | 5048 | 215 |
| **科学研究和技术服务业** | **M** | **408143** | **404890** | **12979** | **1978** | **202** |
| 研究和试验发展 | 73 | 38196 | 37989 | 186 | 14 | 6 |
| 专业技术服务业 | 74 | 282214 | 279896 | 11656 | 1429 | 140 |
| 科技推广和应用服务业 | 75 | 87733 | 87005 | 1137 | 535 | 56 |
| **水利、环境和公共设施管理业** | **N** | **82901** | **82479** | **2452** | **550** | **8** |
| 水利管理业 | 76 | 3546 | 3546 | 1004 | 77 | |
| 生态保护和环境治理业 | 77 | 9780 | 9562 | 112 | 80 | |
| 公共设施管理业 | 78 | 67159 | 66955 | 1328 | 393 | |
| 土地管理业 | 79 | 2416 | 2416 | 8 | | 8 |
| **居民服务、修理和其他服务业** | **O** | **155531** | **154790** | **743** | **1032** | **101** |
| 居民服务业 | 80 | 62428 | 62211 | 240 | 663 | 50 |
| 机动车、电子产品和日用产品修理业 | 81 | 47494 | 47367 | 175 | 192 | 42 |
| 其他服务业 | 82 | 45609 | 45212 | 328 | 177 | 9 |
| **教育** | **P** | **61951** | **61666** | **1528** | **226** | **21** |
| 教育 | 83 | 61951 | 61666 | 1528 | 226 | 21 |
| **卫生和社会工作** | **Q** | **66776** | **65590** | **924** | **211** | |
| 卫生 | 84 | 60950 | 59802 | 879 | 153 | |
| 社会工作 | 85 | 5826 | 5788 | 45 | 58 | |
| **文化、体育和娱乐业** | **R** | **146461** | **144830** | **1888** | **282** | **36** |
| 新闻和出版业 | 86 | 9104 | 9104 | 479 | 69 | |
| 广播、电视、电影和录音制作业 | 87 | 16134 | 15688 | 1036 | 13 | |
| 文化艺术业 | 88 | 27165 | 26772 | 268 | 60 | 10 |
| 体育 | 89 | 10122 | 9916 | 68 | | |
| 娱乐业 | 90 | 83936 | 83350 | 37 | 140 | 26 |

| 联营企业 | 国有联营企业 | 集体联营企业 | 国有与集体联营企业 | 其他联营企业 | 有限责任公司 | 国有独资公司 | 其他有限责任公司 | 股份有限公司 | 私营企业 | 私营独资企业 | 代码 |
|---|---|---|---|---|---|---|---|---|---|---|---|
| | | | | | 12199 | 129 | 12070 | 1204 | 26738 | 1913 | 64 |
| | | | | | 114081 | 1621 | 112460 | 9371 | 140391 | 5602 | 65 |
| | | | | | **13352** | **9298** | **4054** | **684** | **6198** | **80** | **J** |
| | | | | | 2009 | 31 | 1978 | 275 | 2685 | 56 | 66 |
| | | | | | 500 | 50 | 450 | 28 | 1712 | 4 | 67 |
| | | | | | 21 | | 21 | | 105 | 13 | 68 |
| | | | | | 10822 | 9217 | 1605 | 381 | 1696 | 7 | 69 |
| **127** | **9** | **61** | **17** | **40** | **209029** | **12306** | **196723** | **16002** | **293769** | **1304** | **K** |
| 127 | 9 | 61 | 17 | 40 | 209029 | 12306 | 196723 | 16002 | 293769 | 1304 | 70 |
| **438** | **81** | **132** | **44** | **181** | **227176** | **17474** | **209702** | **15204** | **563343** | **28717** | **L** |
| | | | | | 10691 | 79 | 10612 | 476 | 44040 | 1586 | 71 |
| 438 | 81 | 132 | 44 | 181 | 216485 | 17395 | 199090 | 14728 | 519303 | 27131 | 72 |
| **442** | **181** | **120** | **90** | **51** | **147879** | **16206** | **131673** | **14482** | **226868** | **11461** | **M** |
| 7 | | | 1 | 6 | 14297 | 482 | 13815 | 1772 | 21707 | 341 | 73 |
| 183 | 83 | 44 | 52 | 4 | 109966 | 15548 | 94418 | 10063 | 146399 | 2626 | 74 |
| 252 | 98 | 76 | 37 | 41 | 23616 | 176 | 23440 | 2647 | 58762 | 8494 | 75 |
| **37** | **19** | **16** | **2** | | **34220** | **5071** | **29149** | **4544** | **40668** | **867** | **N** |
| 11 | | 11 | | | 1107 | 308 | 799 | 128 | 1219 | 133 | 76 |
| | | | | | 3980 | 1340 | 2640 | 957 | 4433 | 77 | 77 |
| 26 | 19 | 5 | 2 | | 27680 | 2883 | 24797 | 3444 | 34084 | 647 | 78 |
| | | | | | 1453 | 540 | 913 | 15 | 932 | 10 | 79 |
| **97** | | **83** | | **14** | **31445** | **320** | **31125** | **3799** | **117573** | **12777** | **O** |
| 76 | | 70 | | 6 | 12568 | 251 | 12317 | 2022 | 46592 | 5889 | 80 |
| 12 | | 4 | | 8 | 8344 | 32 | 8312 | 677 | 37925 | 5492 | 81 |
| 9 | | 9 | | | 10533 | 37 | 10496 | 1100 | 33056 | 1396 | 82 |
| **38** | | **19** | | **19** | **12381** | **43** | **12338** | **1813** | **45659** | **4535** | **P** |
| 38 | | 19 | | 19 | 12381 | 43 | 12338 | 1813 | 45659 | 4535 | 83 |
| **28** | **4** | **9** | **14** | **1** | **21647** | **822** | **20825** | **1420** | **40772** | **9643** | **Q** |
| 22 | 4 | 4 | 13 | 1 | 20648 | 822 | 19826 | 1322 | 36190 | 9074 | 84 |
| 6 | | 5 | 1 | | 999 | | 999 | 98 | 4582 | 569 | 85 |
| **118** | **15** | **6** | **38** | **59** | **37607** | **4151** | **33456** | **4293** | **100606** | **25353** | **R** |
| | | | | | 6026 | 1477 | 4549 | 1158 | 1372 | 154 | 86 |
| 61 | 15 | | 38 | 8 | 5142 | 652 | 4490 | 466 | 8970 | 1109 | 87 |
| 29 | | 3 | | 26 | 7036 | 1777 | 5259 | 528 | 18841 | 3026 | 88 |
| | | | | | 2527 | 16 | 2511 | 161 | 7160 | 261 | 89 |
| 28 | | 3 | | 25 | 16876 | 229 | 16647 | 1980 | 64263 | 20803 | 90 |

2-09 续表3

| 行业大类 | 代码 | 私营合伙企业 | 私营有限责任公司 | 私营股份有限公司 | 其他企业 | 港、澳、台商投资企业 | 合资经营企业(港或澳、台资) |
|---|---|---|---|---|---|---|---|
| **总　　计** | **00** | **57399** | **5743642** | **271159** | **993** | **254180** | **80915** |
| **农、林、牧、渔业** | **A** | **349** | **16099** | **483** | | **317** | **5** |
| 农业 | 01 | | | | | | |
| 林业 | 02 | | | | | | |
| 畜牧业 | 03 | | | | | | |
| 渔业 | 04 | | | | | | |
| 农、林、牧、渔专业及辅助性活动 | 05 | 349 | 16099 | 483 | | 317 | 5 |
| **采矿业** | **B** | **2375** | **44207** | **1478** | | **137** | **65** |
| 煤炭开采和洗选业 | 06 | 3 | 4645 | 351 | | | |
| 石油和天然气开采业 | 07 | | 103 | | | | |
| 黑色金属矿采选业 | 08 | 213 | 5478 | 82 | | | |
| 有色金属矿采选业 | 09 | 235 | 2522 | 80 | | 65 | 65 |
| 非金属矿采选业 | 10 | 1870 | 29381 | 942 | | 72 | |
| 开采专业及辅助性活动 | 11 | | 1129 | 15 | | | |
| 其他采矿业 | 12 | 54 | 949 | 8 | | | |
| **制造业** | **C** | **17058** | **1771294** | **126686** | **210** | **144482** | **68878** |
| 农副食品加工业 | 13 | 1202 | 136677 | 10785 | 7 | 4154 | 286 |
| 食品制造业 | 14 | 272 | 51127 | 3110 | | 7283 | 921 |
| 酒、饮料和精制茶制造业 | 15 | 544 | 41719 | 3042 | | 6808 | 1974 |
| 烟草制品业 | 16 | | 19 | | | | |
| 纺织业 | 17 | 372 | 177701 | 7653 | | 10733 | 6555 |
| 纺织服装、服饰业 | 18 | 3916 | 156494 | 3869 | | 12205 | 4287 |
| 皮革、毛皮、羽毛及其制品和制鞋业 | 19 | 170 | 25265 | 1248 | | 11433 | 647 |
| 木材加工和木、竹、藤、棕、草制品业 | 20 | 465 | 35303 | 2196 | | 858 | 837 |
| 家具制造业 | 21 | 290 | 26857 | 1326 | | 173 | 41 |
| 造纸和纸制品业 | 22 | 196 | 29561 | 2612 | | 5134 | 2289 |
| 印刷和记录媒介复制业 | 23 | 292 | 35545 | 4421 | | 1056 | 1028 |
| 文教、工美、体育和娱乐用品制造业 | 24 | 452 | 38862 | 1865 | | 6335 | 3526 |
| 石油、煤炭及其他燃料加工业 | 25 | 17 | 3017 | 63 | | 548 | 9 |
| 化学原料和化学制品制造业 | 26 | 289 | 86529 | 11684 | | 3426 | 2898 |
| 医药制造业 | 27 | 34 | 33962 | 9084 | | 16078 | 12960 |
| 化学纤维制造业 | 28 | | 2274 | 76 | | 155 | |
| 橡胶和塑料制品业 | 29 | 578 | 72693 | 6214 | | 1552 | 1060 |
| 非金属矿物制品业 | 30 | 4876 | 204904 | 10650 | | 3936 | 1545 |
| 黑色金属冶炼和压延加工业 | 31 | 121 | 15540 | 345 | | 7066 | 5379 |
| 有色金属冶炼和压延加工业 | 32 | 55 | 16899 | 1077 | | 260 | 133 |

| 合作经营企业(港或澳、台资) | 港、澳、台商独资经营企业 | 港、澳、台商投资股份有限公司 | 其他港、澳、台商投资企业 | 外商投资企业 | 中外合资经营企业 | 中外合作经营企业 | 外资企业 | 外商投资股份有限公司 | 其他外商投资 | 代码 |
|---|---|---|---|---|---|---|---|---|---|---|
| **956** | **161759** | **3932** | **6618** | **287716** | **167970** | **2947** | **101944** | **7708** | **7147** | **00** |
| | **312** | | | | | | | | | **A** |
| | | | | | | | | | | 01 |
| | | | | | | | | | | 02 |
| | | | | | | | | | | 03 |
| | | | | | | | | | | 04 |
| | 312 | | | | | | | | | 05 |
| | **72** | | | **796** | **715** | | | **79** | **2** | **B** |
| | | | | | | | | | | 06 |
| | | | | | | | | | | 07 |
| | | | | 170 | 170 | | | | | 08 |
| | | | | 624 | 545 | | | 79 | | 09 |
| | 72 | | | 2 | | | | | 2 | 10 |
| | | | | | | | | | | 11 |
| | | | | | | | | | | 12 |
| **29** | **69198** | **1139** | **5238** | **220947** | **138639** | **594** | **72385** | **6621** | **2708** | **C** |
| | 3705 | | 163 | 6946 | 2253 | 364 | 4288 | 8 | 33 | 13 |
| | 6266 | 1 | 95 | 5134 | 2321 | 114 | 2699 | | | 14 |
| | 3321 | | 1513 | 7246 | 5350 | | 1896 | | | 15 |
| | | | | | | | | | | 16 |
| | 3991 | 182 | 5 | 2964 | 1875 | | 1070 | | 19 | 17 |
| | 7912 | 6 | | 1808 | 1446 | | 300 | | 62 | 18 |
| | 10746 | 40 | | 453 | 177 | | 276 | | | 19 |
| | 21 | | | 60 | | | 60 | | | 20 |
| | 132 | | | 577 | 99 | | 478 | | | 21 |
| | 532 | 675 | 1638 | 1827 | 1749 | | 78 | | | 22 |
| | 28 | | | 625 | 96 | | 529 | | | 23 |
| | 2809 | | | 769 | 477 | | 277 | | 15 | 24 |
| | 539 | | | 218 | 126 | | 92 | | | 25 |
| 17 | 511 | | | 6896 | 2497 | | 4082 | 317 | | 26 |
| | 3118 | | | 10052 | 9039 | | 885 | | 128 | 27 |
| | 155 | | | 663 | 13 | | 650 | | | 28 |
| | 459 | 33 | | 857 | 47 | | 810 | | | 29 |
| 7 | 2293 | 91 | | 4716 | 1867 | 113 | 1255 | 1144 | 337 | 30 |
| | 1687 | | | 944 | 944 | | | | | 31 |
| | 127 | | | 75 | | | 75 | | | 32 |

2–09 续表4

| 行业大类 | 代码 | 私营合伙企业 | 私营有限责任公司 | 私营股份有限公司 | 其他企业 | 港、澳、台商投资企业 | 合资经营企业(港或澳、台资) |
|---|---|---|---|---|---|---|---|
| 金属制品业 | 33 | 803 | 99902 | 6986 | | 1888 | 1041 |
| 通用设备制造业 | 34 | 800 | 86334 | 9527 | | 1348 | 475 |
| 专用设备制造业 | 35 | 507 | 79995 | 8012 | | 2608 | 492 |
| 汽车制造业 | 36 | 249 | 147059 | 8941 | | 13563 | 5599 |
| 铁路、船舶、航空航天和其他运输设备制造业 | 37 | 43 | 13588 | 693 | | 270 | 55 |
| 电气机械和器材制造业 | 38 | 111 | 59711 | 5283 | | 3301 | 2171 |
| 计算机、通信和其他电子设备制造业 | 39 | 115 | 52014 | 3584 | 203 | 21831 | 12443 |
| 仪器仪表制造业 | 40 | 32 | 13248 | 399 | | 217 | 188 |
| 其他制造业 | 41 | 177 | 12089 | 260 | | 87 | 35 |
| 废弃资源综合利用业 | 42 | 50 | 8218 | 1441 | | 139 | |
| 金属制品、机械和设备修理业 | 43 | 30 | 8188 | 240 | | 37 | 4 |
| **电力、热力、燃气及水生产和供应业** | **D** | **1229** | **24607** | **1030** | | **4344** | **2482** |
| 电力、热力生产和供应业 | 44 | 902 | 15462 | 663 | | 1611 | 624 |
| 燃气生产和供应业 | 45 | 40 | 2652 | 168 | | 2733 | 1858 |
| 水的生产和供应业 | 46 | 287 | 6493 | 199 | | | |
| **建筑业** | **E** | **1284** | **1096624** | **61876** | | **928** | **911** |
| 房屋建筑业 | 47 | 785 | 682413 | 51293 | | 706 | 706 |
| 土木工程建筑业 | 48 | 251 | 161462 | 4154 | | 55 | 50 |
| 建筑安装业 | 49 | 61 | 70118 | 2874 | | 38 | 38 |
| 建筑装饰、装修和其他建筑业 | 50 | 187 | 182631 | 3555 | | 129 | 117 |
| **批发和零售业** | **F** | **9653** | **1011340** | **32065** | **77** | **24528** | **3799** |
| 批发业 | 51 | 3217 | 510407 | 13064 | 13 | 11966 | 719 |
| 零售业 | 52 | 6436 | 500933 | 19001 | 64 | 12562 | 3080 |
| **交通运输、仓储和邮政业** | **G** | **625** | **193948** | **4756** | | **2626** | **933** |
| 铁路运输业 | 53 | | | | | | |
| 道路运输业 | 54 | 423 | 133644 | 3248 | | 1353 | 58 |
| 水上运输业 | 55 | 53 | 6003 | 227 | | 826 | 826 |
| 航空运输业 | 56 | | 2561 | 45 | | 15 | |
| 管道运输业 | 57 | | 21 | | | | |
| 多式联运和运输代理业 | 58 | 11 | 12589 | 539 | | 56 | 13 |
| 装卸搬运和仓储业 | 59 | 123 | 19783 | 425 | | 376 | 36 |
| 邮政业 | 60 | 15 | 19347 | 272 | | | |
| **住宿和餐饮业** | **H** | **3600** | **141395** | **3234** | **58** | **23402** | **1002** |
| 住宿业 | 61 | 1150 | 47990 | 855 | | 2949 | 440 |
| 餐饮业 | 62 | 2450 | 93405 | 2379 | 58 | 20453 | 562 |
| **信息传输、软件和信息技术服务业** | **I** | **930** | **158177** | **5079** | | **43947** | **158** |
| 电信、广播电视和卫星传输服务 | 63 | 36 | 4457 | 79 | | 4351 | 77 |

| 合作经营企业(港或澳、台资) | 港、澳、台商独资经营企业 | 港、澳、台商投资股份有限公司 | 其他港、澳、台商投资企业 | 外商投资企业 | 中外合资经营企业 | 中外合作经营企业 | 外资企业 | 外商投资股份有限公司 | 其他外商投资 | 代码 |
|---|---|---|---|---|---|---|---|---|---|---|
|  | 798 |  | 49 | 3555 | 2627 |  | 906 |  | 22 | 33 |
| 5 | 343 |  | 525 | 5679 | 3411 |  | 2069 |  | 199 | 34 |
|  | 2077 | 39 |  | 5265 | 1851 | 3 | 2127 | 13 | 1271 | 35 |
|  | 6718 |  | 1246 | 114758 | 89333 |  | 22607 | 2296 | 522 | 36 |
|  | 215 |  |  | 2117 | 1391 |  | 726 |  |  | 37 |
|  | 1126 |  | 4 | 21695 | 5570 |  | 13410 | 2710 | 5 | 38 |
|  | 9316 | 72 |  | 14412 | 3937 |  | 10295 | 133 | 47 | 39 |
|  | 29 |  |  | 508 | 25 |  | 445 |  | 38 | 40 |
|  | 52 |  |  | 100 | 100 |  |  |  |  | 41 |
|  | 139 |  |  | 18 | 18 |  |  |  |  | 42 |
|  | 33 |  |  | 10 |  |  |  |  | 10 | 43 |
| **21** | **1378** | **463** |  | **5828** | **5018** | **204** | **520** |  | **86** | **D** |
|  | 980 | 7 |  | 596 | 357 | 204 | 35 |  |  | 44 |
| 21 | 398 | 456 |  | 3340 | 2859 |  | 480 |  | 1 | 45 |
|  |  |  |  | 1892 | 1802 |  | 5 |  | 85 | 46 |
|  | **16** | **1** |  | **6719** | **6673** |  | **20** |  | **26** | **E** |
|  |  |  |  | 6511 | 6511 |  |  |  |  | 47 |
|  | 5 |  |  | 165 | 133 |  | 8 |  | 24 | 48 |
|  |  |  |  | 34 | 20 |  | 12 |  | 2 | 49 |
|  | 11 | 1 |  | 9 | 9 |  |  |  |  | 50 |
|  | **20029** | **394** | **306** | **23244** | **3824** | **992** | **17562** | **587** | **279** | **F** |
|  | 10860 | 382 | 5 | 10740 | 3583 | 5 | 6614 | 330 | 208 | 51 |
|  | 9169 | 12 | 301 | 12504 | 241 | 987 | 10948 | 257 | 71 | 52 |
| **553** | **768** | **345** | **27** | **6258** | **3255** |  | **1795** |  | **1208** | **G** |
|  |  |  |  |  |  |  |  |  |  | 53 |
| 553 | 424 | 306 | 12 | 5998 | 3241 |  | 1565 |  | 1192 | 54 |
|  |  |  |  | 4 | 4 |  |  |  |  | 55 |
|  |  |  | 15 |  |  |  |  |  |  | 56 |
|  |  |  |  |  |  |  |  |  |  | 57 |
|  | 4 | 39 |  | 16 |  |  |  |  | 16 | 58 |
|  | 340 |  |  | 141 | 10 |  | 131 |  |  | 59 |
|  |  |  |  | 99 |  |  | 99 |  |  | 60 |
| **296** | **21303** | **747** | **54** | **3743** | **1187** |  | **2195** | **321** | **40** | **H** |
| 296 | 1466 | 747 |  | 1352 | 625 |  | 402 | 313 | 12 | 61 |
|  | 19837 |  | 54 | 2391 | 562 |  | 1793 | 8 | 28 | 62 |
|  | **42398** | **626** | **765** | **6361** | **704** | **680** | **3839** | **47** | **1091** | **I** |
|  | 2899 | 610 | 765 | 2817 | 4 |  | 1780 |  | 1033 | 63 |

2-09 续表5

| 行业大类 | 代码 | 私营合伙企业 | 私营有限责任公司 | 私营股份有限公司 | 其他企业 | 港、澳、台商投资企业 | 合资经营企业(港或澳、台资) |
|---|---|---|---|---|---|---|---|
| 互联网和相关服务 | 64 | 72 | 24433 | 320 | | 37350 | |
| 软件和信息技术服务业 | 65 | 822 | 129287 | 4680 | | 2246 | 81 |
| **金融业** | **J** | **523** | **5312** | **283** | | **267** | **49** |
| 货币金融服务 | 66 | | 2396 | 233 | | 267 | 49 |
| 资本市场服务 | 67 | 483 | 1224 | 1 | | | |
| 保险业 | 68 | | 92 | | | | |
| 其他金融业 | 69 | 40 | 1600 | 49 | | | |
| **房地产业** | **K** | **795** | **284081** | **7589** | | **6471** | **1847** |
| 房地产业 | 70 | 795 | 284081 | 7589 | | 6471 | 1847 |
| **租赁和商务服务业** | **L** | **9212** | **513396** | **12018** | | **841** | **96** |
| 租赁业 | 71 | 94 | 41475 | 885 | | 38 | 21 |
| 商务服务业 | 72 | 9118 | 471921 | 11133 | | 803 | 75 |
| **科学研究和技术服务业** | **M** | **1212** | **208428** | **5767** | **60** | **758** | **393** |
| 研究和试验发展 | 73 | 81 | 20689 | 596 | | 40 | 1 |
| 专业技术服务业 | 74 | 397 | 139768 | 3608 | 60 | 469 | 218 |
| 科技推广和应用服务业 | 75 | 734 | 47971 | 1563 | | 249 | 174 |
| **水利、环境和公共设施管理业** | **N** | **96** | **38154** | **1551** | | **265** | **127** |
| 水利管理业 | 76 | 28 | 1035 | 23 | | | |
| 生态保护和环境治理业 | 77 | | 4205 | 151 | | 127 | 127 |
| 公共设施管理业 | 78 | 40 | 32049 | 1348 | | 138 | |
| 土地管理业 | 79 | 28 | 865 | 29 | | | |
| **居民服务、修理和其他服务业** | **O** | **1213** | **101094** | **2489** | | **218** | |
| 居民服务业 | 80 | 554 | 38733 | 1416 | | 129 | |
| 机动车、电子产品和日用产品修理业 | 81 | 568 | 31015 | 850 | | 41 | |
| 其他服务业 | 82 | 91 | 31346 | 223 | | 48 | |
| **教育** | **P** | **1119** | **39101** | **904** | | **35** | **7** |
| 教育 | 83 | 1119 | 39101 | 904 | | 35 | 7 |
| **卫生和社会工作** | **Q** | **3213** | **26660** | **1256** | **588** | **20** | **20** |
| 卫生 | 84 | 3134 | 22845 | 1137 | 588 | | |
| 社会工作 | 85 | 79 | 3815 | 119 | | 20 | 20 |
| **文化、体育和娱乐业** | **R** | **2913** | **69725** | **2615** | | **594** | **143** |
| 新闻和出版业 | 86 | | 1209 | 9 | | | |
| 广播、电视、电影和录音制作业 | 87 | 32 | 7524 | 305 | | 192 | 105 |
| 文化艺术业 | 88 | 470 | 15096 | 249 | | 37 | 30 |
| 体育 | 89 | 14 | 6556 | 329 | | 126 | |
| 娱乐业 | 90 | 2397 | 39340 | 1723 | | 239 | 8 |

| 合作经营企业(港或澳、台资) | 港、澳、台商独资经营企业 | 港、澳、台商投资股份有限公司 | 其他港、澳、台商投资企业 | 外商投资企业 | 中外合资经营企业 | 中外合作经营企业 | 外资企业 | 外商投资股份有限公司 | 其他外商投资 | 代码 |
|---|---|---|---|---|---|---|---|---|---|---|
| | 37334 | 16 | | 738 | 184 | | 554 | | | 64 |
| | 2165 | | | 2806 | 516 | 680 | 1505 | 47 | 58 | 65 |
| | **218** | | | **486** | **349** | | **137** | | | **J** |
| | 218 | | | 137 | | | 137 | | | 66 |
| | | | | | | | | | | 67 |
| | | | | | | | | | | 68 |
| | | | | 349 | 349 | | | | | 69 |
| **43** | **4328** | **57** | **196** | **5780** | **3912** | | **1355** | **25** | **488** | **K** |
| 43 | 4328 | 57 | 196 | 5780 | 3912 | | 1355 | 25 | 488 | 70 |
| **10** | **636** | **77** | **22** | **1926** | **193** | **414** | **1032** | **20** | **267** | **L** |
| | 17 | | | 8 | 8 | | | | | 71 |
| 10 | 619 | 77 | 22 | 1918 | 185 | 414 | 1032 | 20 | 267 | 72 |
| | **355** | | **10** | **2495** | **1312** | **63** | **973** | **3** | **144** | **M** |
| | 39 | | | 167 | 73 | | 90 | | 4 | 73 |
| | 241 | | 10 | 1849 | 883 | 58 | 860 | 3 | 45 | 74 |
| | 75 | | | 479 | 356 | 5 | 23 | | 95 | 75 |
| | **138** | | | **157** | **91** | | **7** | | **59** | **N** |
| | | | | | | | | | | 76 |
| | | | | 91 | 91 | | | | | 77 |
| | 138 | | | 66 | | | 7 | | 59 | 78 |
| | | | | | | | | | | 79 |
| | **218** | | | **523** | **436** | | **52** | | **35** | **O** |
| | 129 | | | 88 | 81 | | 7 | | | 80 |
| | 41 | | | 86 | 6 | | 45 | | 35 | 81 |
| | 48 | | | 349 | 349 | | | | | 82 |
| | **28** | | | **250** | **233** | | **9** | **2** | **6** | **P** |
| | 28 | | | 250 | 233 | | 9 | 2 | 6 | 83 |
| | | | | **1166** | **589** | | | | **577** | **Q** |
| | | | | 1148 | 571 | | | | 577 | 84 |
| | | | | 18 | 18 | | | | | 85 |
| **4** | **364** | **83** | | **1037** | **840** | | **63** | **3** | **131** | **R** |
| | | | | | | | | | | 86 |
| 4 | 83 | | | 254 | 254 | | | | | 87 |
| | 7 | | | 356 | 348 | | 8 | | | 88 |
| | 126 | | | 80 | 80 | | | | | 89 |
| | 148 | 83 | | 347 | 158 | | 55 | 3 | 131 | 90 |

# 2-10 按地区、控股情况分组的企业法人单位数

| 地 区 | 法 人单位数(个) | 国有控股 | 集体控股 | 私人控股 | 港澳台商控股 | 外商控股 | 其他 |
|---|---|---|---|---|---|---|---|
| **全 省** | **688373** | **9089** | **7142** | **636098** | **1087** | **882** | **34075** |
| 武汉市 | 252509 | 3170 | 1784 | 226048 | 582 | 595 | 20330 |
| 黄石市 | 26099 | 396 | 293 | 24102 | 50 | 23 | 1235 |
| 十堰市 | 36010 | 490 | 294 | 34062 | 24 | 16 | 1124 |
| 宜昌市 | 57512 | 846 | 660 | 53958 | 61 | 30 | 1957 |
| 襄阳市 | 69163 | 787 | 584 | 65026 | 60 | 49 | 2657 |
| 鄂州市 | 13257 | 157 | 165 | 11863 | 22 | 13 | 1037 |
| 荆门市 | 25270 | 424 | 222 | 23953 | 31 | 26 | 614 |
| 孝感市 | 30953 | 446 | 420 | 28811 | 49 | 28 | 1199 |
| 荆州市 | 37399 | 522 | 418 | 35381 | 33 | 22 | 1023 |
| 黄冈市 | 35800 | 646 | 562 | 33822 | 51 | 19 | 700 |
| 咸宁市 | 28634 | 396 | 293 | 27519 | 33 | 13 | 380 |
| 随州市 | 14492 | 213 | 164 | 13596 | 26 | 10 | 483 |
| 恩施州 | 30798 | 287 | 1000 | 28570 | 12 | 4 | 925 |
| 仙桃市 | 12666 | 56 | 67 | 12415 | 33 | 23 | 72 |
| 潜江市 | 8032 | 117 | 69 | 7729 | 8 | 6 | 103 |
| 天门市 | 8546 | 62 | 134 | 8137 | 11 | 5 | 197 |
| 神农架 | 1233 | 74 | 13 | 1106 | 1 |  | 39 |

# 2-11　按地区、控股情况分组的企业法人单位从业人员数

| 地　区 | 从　业人员数(人) | 国有控股 | 集体控股 | 私人控股 | 港澳台商控股 | 外商控股 | 其他 |
|---|---|---|---|---|---|---|---|
| **全　省** | **11949162** | **1636478** | **260345** | **8864874** | **247570** | **179423** | **760472** |
| 武汉市 | 4216762 | 950075 | 73944 | 2586331 | 139113 | 117161 | 350138 |
| 黄石市 | 577284 | 57479 | 12666 | 432835 | 19578 | 4089 | 50637 |
| 十堰市 | 607542 | 95404 | 15581 | 458502 | 1093 | 2378 | 34584 |
| 宜昌市 | 931630 | 116703 | 11766 | 733638 | 12348 | 4678 | 52497 |
| 襄阳市 | 1193250 | 140785 | 32755 | 933285 | 8723 | 9258 | 68444 |
| 鄂州市 | 278918 | 24717 | 10270 | 223594 | 1103 | 4711 | 14523 |
| 荆门市 | 404052 | 41967 | 16253 | 324852 | 6148 | 3968 | 10864 |
| 孝感市 | 677101 | 37014 | 10755 | 572105 | 7970 | 6765 | 42492 |
| 荆州市 | 591496 | 34927 | 26718 | 495923 | 5139 | 5423 | 23366 |
| 黄冈市 | 738986 | 41457 | 20165 | 633216 | 13426 | 3594 | 27128 |
| 咸宁市 | 423650 | 21400 | 11066 | 366514 | 8582 | 2166 | 13922 |
| 随州市 | 249636 | 14330 | 6466 | 200835 | 5825 | 2811 | 19369 |
| 恩施州 | 273635 | 17742 | 3923 | 236965 | 1042 | 20 | 13943 |
| 仙桃市 | 328860 | 3330 | 3424 | 291568 | 9286 | 11232 | 10020 |
| 潜江市 | 223541 | 34105 | 2147 | 163576 | 1851 | 658 | 21204 |
| 天门市 | 221277 | 2293 | 1609 | 203905 | 6327 | 511 | 6632 |
| 神农架 | 11542 | 2750 | 837 | 7230 | 16 |  | 709 |

# 2–12 按行业(大类)、控股情况分组的企业法人单位数

| 行业大类 | 代码 | 法人单位数(个) | 国有控股 | 集体控股 | 私人控股 | 港澳台商控股 | 外商控股 | 其他 |
|---|---|---|---|---|---|---|---|---|
| **总　　计** | **00** | **688373** | **9089** | **7142** | **636098** | **1087** | **882** | **34075** |
| **农、林、牧、渔业** | **A** | **4491** | **82** | **183** | **4072** | **4** | | **150** |
| 农业 | 01 | 8 | 3 | | 5 | | | |
| 林业 | 02 | | | | | | | |
| 畜牧业 | 03 | 2 | | | 2 | | | |
| 渔业 | 04 | | | | | | | |
| 农、林、牧、渔专业及辅助性活动 | 05 | 4481 | 79 | 183 | 4065 | 4 | | 150 |
| **采矿业** | **B** | **2579** | **35** | **79** | **2346** | **7** | | **112** |
| 煤炭开采和洗选业 | 06 | 146 | 4 | 4 | 130 | | | 8 |
| 石油和天然气开采业 | 07 | 7 | 1 | | 6 | | | |
| 黑色金属矿采选业 | 08 | 240 | 6 | 15 | 204 | 1 | | 14 |
| 有色金属矿采选业 | 09 | 108 | 3 | 3 | 93 | 2 | | 7 |
| 非金属矿采选业 | 10 | 1878 | 16 | 52 | 1733 | 4 | | 73 |
| 开采专业及辅助性活动 | 11 | 60 | 4 | | 53 | | | 3 |
| 其他采矿业 | 12 | 140 | 1 | 5 | 127 | | | 7 |
| **制造业** | **C** | **90511** | **954** | **1130** | **84059** | **360** | **415** | **3593** |
| 农副食品加工业 | 13 | 6487 | 107 | 84 | 6078 | 18 | 19 | 181 |
| 食品制造业 | 14 | 2615 | 18 | 16 | 2461 | 15 | 14 | 91 |
| 酒、饮料和精制茶制造业 | 15 | 3322 | 34 | 147 | 3017 | 16 | 17 | 91 |
| 烟草制品业 | 16 | 54 | 7 | | 47 | | | |
| 纺织业 | 17 | 3743 | 39 | 34 | 3549 | 28 | 7 | 86 |
| 纺织服装、服饰业 | 18 | 6025 | 24 | 29 | 5794 | 26 | 2 | 150 |
| 皮革、毛皮、羽毛及其制品和制鞋业 | 19 | 915 | | 6 | 866 | 10 | 2 | 31 |
| 木材加工和木、竹、藤、棕、草制品业 | 20 | 2591 | 17 | 19 | 2478 | 3 | 2 | 72 |
| 家具制造业 | 21 | 1806 | 1 | 15 | 1741 | 2 | 3 | 44 |
| 造纸和纸制品业 | 22 | 1426 | 4 | 18 | 1334 | 8 | 4 | 58 |
| 印刷和记录媒介复制业 | 23 | 2469 | 45 | 60 | 2254 | 6 | 4 | 100 |
| 文教、工美、体育和娱乐用品制造业 | 24 | 1907 | 6 | 17 | 1818 | 11 | 5 | 50 |
| 石油、煤炭及其他燃料加工业 | 25 | 302 | 9 | 2 | 277 | 2 | 1 | 11 |
| 化学原料和化学制品制造业 | 26 | 4182 | 62 | 46 | 3846 | 25 | 33 | 170 |
| 医药制造业 | 27 | 1530 | 24 | 16 | 1375 | 20 | 13 | 82 |
| 化学纤维制造业 | 28 | 82 | | | 74 | 1 | 2 | 5 |
| 橡胶和塑料制品业 | 29 | 3641 | 10 | 36 | 3432 | 13 | 11 | 139 |
| 非金属矿物制品业 | 30 | 11341 | 90 | 175 | 10685 | 15 | 21 | 355 |
| 黑色金属冶炼和压延加工业 | 31 | 575 | 13 | 18 | 499 | 4 | 1 | 40 |
| 有色金属冶炼和压延加工业 | 32 | 595 | 8 | 16 | 545 | 1 | 1 | 24 |

2-12 续表1

| 行业大类 | 代码 | 法人单位数(个) | | | | | | |
|---|---|---|---|---|---|---|---|---|
| | | | 国有控股 | 集体控股 | 私人控股 | 港澳台商控股 | 外商控股 | 其他 |
| 金属制品业 | 33 | 6467 | 58 | 76 | 6041 | 10 | 10 | 272 |
| 通用设备制造业 | 34 | 6282 | 61 | 82 | 5795 | 16 | 20 | 308 |
| 专用设备制造业 | 35 | 5374 | 49 | 39 | 4936 | 14 | 21 | 315 |
| 汽车制造业 | 36 | 6345 | 105 | 35 | 5746 | 35 | 130 | 294 |
| 铁路、船舶、航空航天和其他运输设备制造业 | 37 | 540 | 38 | 11 | 464 | 2 | 3 | 22 |
| 电气机械和器材制造业 | 38 | 3204 | 42 | 50 | 2867 | 19 | 30 | 196 |
| 计算机、通信和其他电子设备制造业 | 39 | 2576 | 37 | 13 | 2270 | 31 | 34 | 191 |
| 仪器仪表制造业 | 40 | 1108 | 17 | 10 | 987 | 4 | 5 | 85 |
| 其他制造业 | 41 | 1235 | 13 | 19 | 1155 | 2 | | 46 |
| 废弃资源综合利用业 | 42 | 595 | 6 | 17 | 551 | 1 | | 20 |
| 金属制品、机械和设备修理业 | 43 | 1177 | 10 | 24 | 1077 | 2 | | 64 |
| **电力、热力、燃气及水生产和供应业** | **D** | **5334** | **600** | **875** | **3432** | **41** | **22** | **364** |
| 电力、热力生产和供应业 | 44 | 3360 | 319 | 596 | 2167 | 26 | 5 | 247 |
| 燃气生产和供应业 | 45 | 350 | 21 | 10 | 274 | 12 | 11 | 22 |
| 水的生产和供应业 | 46 | 1624 | 260 | 269 | 991 | 3 | 6 | 95 |
| **建筑业** | **E** | **57255** | **580** | **419** | **53277** | **26** | **6** | **2947** |
| 房屋建筑业 | 47 | 14000 | 119 | 158 | 13014 | 2 | 1 | 706 |
| 土木工程建筑业 | 48 | 12504 | 347 | 153 | 11312 | 5 | 3 | 684 |
| 建筑安装业 | 49 | 8260 | 65 | 41 | 7705 | 6 | 2 | 441 |
| 建筑装饰、装修和其他建筑业 | 50 | 22491 | 49 | 67 | 21246 | 13 | | 1116 |
| **批发和零售业** | **F** | **228674** | **1384** | **1624** | **216075** | **167** | **120** | **9304** |
| 批发业 | 51 | 104006 | 765 | 764 | 97619 | 83 | 63 | 4712 |
| 零售业 | 52 | 124668 | 619 | 860 | 118456 | 84 | 57 | 4592 |
| **交通运输、仓储和邮政业** | **G** | **22059** | **614** | **264** | **19977** | **37** | **20** | **1147** |
| 铁路运输业 | 53 | 9 | 8 | | 1 | | | |
| 道路运输业 | 54 | 14683 | 255 | 132 | 13544 | 13 | 8 | 731 |
| 水上运输业 | 55 | 672 | 50 | 33 | 559 | 2 | | 28 |
| 航空运输业 | 56 | 76 | 11 | | 59 | 1 | 1 | 4 |
| 管道运输业 | 57 | 13 | 5 | | 7 | | | 1 |
| 多式联运和运输代理业 | 58 | 2191 | 31 | 10 | 1993 | 6 | | 151 |
| 装卸搬运和仓储业 | 59 | 3017 | 203 | 87 | 2538 | 14 | 10 | 165 |
| 邮政业 | 60 | 1398 | 51 | 2 | 1276 | 1 | 1 | 67 |
| **住宿和餐饮业** | **H** | **17423** | **216** | **175** | **16156** | **44** | **30** | **802** |
| 住宿业 | 61 | 5231 | 115 | 91 | 4751 | 17 | 8 | 249 |
| 餐饮业 | 62 | 12192 | 101 | 84 | 11405 | 27 | 22 | 553 |
| **信息传输、软件和信息技术服务业** | **I** | **38930** | **281** | **56** | **36128** | **59** | **61** | **2345** |
| 电信、广播电视和卫星传输服务 | 63 | 1102 | 131 | 8 | 879 | 11 | 7 | 66 |

2–12 续表2

| 行业大类 | 代码 | 法人单位数(个) | 国有控股 | 集体控股 | 私人控股 | 港澳台商控股 | 外商控股 | 其他 |
|---|---|---|---|---|---|---|---|---|
| 互联网和相关服务 | 64 | 4950 | 23 | 7 | 4697 | 7 | 3 | 213 |
| 软件和信息技术服务业 | 65 | 32878 | 127 | 41 | 30552 | 41 | 51 | 2066 |
| **金融业** | **J** | **2860** | **697** | **51** | **1655** | **13** | **17** | **427** |
| 货币金融服务 | 66 | 1100 | 256 | 48 | 629 | 13 | 9 | 145 |
| 资本市场服务 | 67 | 823 | 56 | | 692 | | 1 | 74 |
| 保险业 | 68 | 640 | 341 | 1 | 114 | | 7 | 177 |
| 其他金融业 | 69 | 297 | 44 | 2 | 220 | | | 31 |
| **房地产业** | **K** | **31201** | **904** | **627** | **27100** | **129** | **63** | **2378** |
| 房地产业 | 70 | 31201 | 904 | 627 | 27100 | 129 | 63 | 2378 |
| **租赁和商务服务业** | **L** | **88050** | **1078** | **849** | **81079** | **85** | **56** | **4903** |
| 租赁业 | 71 | 8117 | 21 | 17 | 7681 | 5 | | 393 |
| 商务服务业 | 72 | 79933 | 1057 | 832 | 73398 | 80 | 56 | 4510 |
| **科学研究和技术服务业** | **M** | **44863** | **826** | **385** | **40676** | **62** | **44** | **2870** |
| 研究和试验发展 | 73 | 5770 | 47 | 12 | 5248 | 10 | 10 | 443 |
| 专业技术服务业 | 74 | 25104 | 597 | 154 | 22744 | 29 | 23 | 1557 |
| 科技推广和应用服务业 | 75 | 13989 | 182 | 219 | 12684 | 23 | 11 | 870 |
| **水利、环境和公共设施管理业** | **N** | **5250** | **321** | **105** | **4486** | **8** | **2** | **328** |
| 水利管理业 | 76 | 292 | 71 | 17 | 186 | | | 18 |
| 生态保护和环境治理业 | 77 | 741 | 32 | 7 | 644 | 3 | | 55 |
| 公共设施管理业 | 78 | 4078 | 187 | 78 | 3560 | 5 | 2 | 246 |
| 土地管理业 | 79 | 139 | 31 | 3 | 96 | | | 9 |
| **居民服务、修理和其他服务业** | **O** | **18756** | **85** | **138** | **17588** | **11** | **7** | **927** |
| 居民服务业 | 80 | 7584 | 28 | 75 | 7121 | 3 | 5 | 352 |
| 机动车、电子产品和日用产品修理业 | 81 | 7252 | 27 | 30 | 6850 | 4 | 1 | 340 |
| 其他服务业 | 82 | 3920 | 30 | 33 | 3617 | 4 | 1 | 235 |
| **教育** | **P** | **6996** | **62** | **38** | **6519** | **8** | **4** | **365** |
| 教育 | 83 | 6996 | 62 | 38 | 6519 | 8 | 4 | 365 |
| **卫生和社会工作** | **Q** | **3116** | **74** | **45** | **2818** | **2** | **1** | **176** |
| 卫生 | 84 | 2551 | 66 | 35 | 2312 | 1 | 1 | 136 |
| 社会工作 | 85 | 565 | 8 | 10 | 506 | 1 | | 40 |
| **文化、体育和娱乐业** | **R** | **20025** | **296** | **99** | **18655** | **24** | **14** | **937** |
| 新闻和出版业 | 86 | 265 | 77 | 10 | 167 | | | 11 |
| 广播、电视、电影和录音制作业 | 87 | 1579 | 88 | 11 | 1386 | 6 | 1 | 87 |
| 文化艺术业 | 88 | 4098 | 71 | 14 | 3766 | 2 | 2 | 243 |
| 体育 | 89 | 1383 | 14 | 5 | 1276 | 2 | 1 | 85 |
| 娱乐业 | 90 | 12700 | 46 | 59 | 12060 | 14 | 10 | 511 |

# 2-13 按行业(大类)、控股情况分组的企业法人单位从业人员数

| 行业大类 | 代码 | 从业人员数(人) | 国有控股 | 集体控股 | 私人控股 | 港澳台商控股 | 外商控股 | 其他 |
|---|---|---|---|---|---|---|---|---|
| **总　　计** | **00** | **11949162** | **1636478** | **260345** | **8864874** | **247570** | **179423** | **760472** |
| **农、林、牧、渔业** | **A** | **34103** | **2535** | **537** | **29887** | **324** | | **820** |
| 农业 | 01 | | | | | | | |
| 林业 | 02 | | | | | | | |
| 畜牧业 | 03 | | | | | | | |
| 渔业 | 04 | | | | | | | |
| 农、林、牧、渔专业及辅助性活动 | 05 | 34103 | 2535 | 537 | 29887 | 324 | | 820 |
| **采矿业** | **B** | **113497** | **31515** | **8087** | **64682** | **682** | | **8531** |
| 煤炭开采和洗选业 | 06 | 6975 | 484 | 547 | 5729 | | | 215 |
| 石油和天然气开采业 | 07 | 12962 | 12852 | | 110 | | | |
| 黑色金属矿采选业 | 08 | 19938 | 4626 | 3483 | 7511 | | | 4318 |
| 有色金属矿采选业 | 09 | 7097 | 2010 | 65 | 3977 | 610 | | 435 |
| 非金属矿采选业 | 10 | 52258 | 941 | 3776 | 44675 | 72 | | 2794 |
| 开采专业及辅助性活动 | 11 | 11930 | 10597 | | 1275 | | | 58 |
| 其他采矿业 | 12 | 2337 | 5 | 216 | 1405 | | | 711 |
| **制造业** | **C** | **3771807** | **474278** | **74293** | **2765600** | **137054** | **129884** | **190698** |
| 农副食品加工业 | 13 | 232190 | 4670 | 1771 | 206953 | 3965 | 7246 | 7585 |
| 食品制造业 | 14 | 109060 | 8255 | 441 | 84676 | 6314 | 5877 | 3497 |
| 酒、饮料和精制茶制造业 | 15 | 104459 | 4936 | 3562 | 79181 | 6161 | 7698 | 2921 |
| 烟草制品业 | 16 | 7521 | 7231 | | 290 | | | |
| 纺织业 | 17 | 273153 | 7740 | 5686 | 239794 | 7649 | 1399 | 10885 |
| 纺织服装、服饰业 | 18 | 263537 | 6245 | 939 | 236497 | 12867 | 525 | 6464 |
| 皮革、毛皮、羽毛及其制品和制鞋业 | 19 | 46658 | | 30 | 33832 | 11444 | 276 | 1076 |
| 木材加工和木、竹、藤、棕、草制品业 | 20 | 62409 | 1461 | 2552 | 55411 | 858 | 60 | 2067 |
| 家具制造业 | 21 | 40941 | 2 | 359 | 37131 | 132 | 519 | 2798 |
| 造纸和纸制品业 | 22 | 51121 | 1393 | 879 | 40967 | 3672 | 684 | 3526 |
| 印刷和记录媒介复制业 | 23 | 65706 | 4303 | 926 | 55947 | 1500 | 646 | 2384 |
| 文教、工美、体育和娱乐用品制造业 | 24 | 62479 | 308 | 270 | 54733 | 5277 | 599 | 1292 |
| 石油、煤炭及其他燃料加工业 | 25 | 12449 | 6036 | 110 | 4247 | 548 | 92 | 1416 |
| 化学原料和化学制品制造业 | 26 | 218891 | 38336 | 3630 | 161848 | 2615 | 4830 | 7632 |
| 医药制造业 | 27 | 136796 | 9395 | 4297 | 85611 | 18614 | 2452 | 16427 |
| 化学纤维制造业 | 28 | 6911 | | | 5932 | 155 | 650 | 174 |
| 橡胶和塑料制品业 | 29 | 118463 | 2948 | 1546 | 107357 | 1466 | 836 | 4310 |
| 非金属矿物制品业 | 30 | 355683 | 12703 | 5950 | 302148 | 2562 | 4795 | 27525 |
| 黑色金属冶炼和压延加工业 | 31 | 74875 | 39163 | 1721 | 25383 | 6598 | 172 | 1838 |
| 有色金属冶炼和压延加工业 | 32 | 42384 | 13236 | 312 | 26919 | 127 | 75 | 1715 |

2–13 续表1

| 行业大类 | 代码 | 从业人员数(人) | 国有控股 | 集体控股 | 私人控股 | 港澳台商控股 | 外商控股 | 其他 |
|---|---|---|---|---|---|---|---|---|
| 金属制品业 | 33 | 178938 | 15457 | 3206 | 147253 | 1018 | 1548 | 10456 |
| 通用设备制造业 | 34 | 168097 | 19516 | 4334 | 127395 | 1019 | 4120 | 11713 |
| 专用设备制造业 | 35 | 158254 | 15548 | 2726 | 126154 | 2136 | 2970 | 8720 |
| 汽车制造业 | 36 | 480743 | 152474 | 12447 | 229150 | 10886 | 43540 | 32246 |
| 铁路、船舶、航空航天和其他运输设备制造业 | 37 | 42497 | 20541 | 603 | 19475 | 215 | 867 | 796 |
| 电气机械和器材制造业 | 38 | 171860 | 21738 | 8809 | 114280 | 1737 | 17949 | 7347 |
| 计算机、通信和其他电子设备制造业 | 39 | 202448 | 56083 | 1015 | 91060 | 24763 | 18976 | 10551 |
| 仪器仪表制造业 | 40 | 32172 | 3192 | 166 | 24099 | 2549 | 483 | 1683 |
| 其他制造业 | 41 | 17725 | 244 | 271 | 16778 | 61 |  | 371 |
| 废弃资源综合利用业 | 42 | 16964 | 682 | 2773 | 12682 | 139 |  | 688 |
| 金属制品、机械和设备修理业 | 43 | 16423 | 442 | 2962 | 12417 | 7 |  | 595 |
| **电力、热力、燃气及水生产和供应业** | **D** | **203311** | **139523** | **8804** | **43350** | **3873** | **2013** | **5748** |
| 电力、热力生产和供应业 | 44 | 144793 | 109819 | 4480 | 26184 | 1585 | 207 | 2518 |
| 燃气生产和供应业 | 45 | 13185 | 4018 | 175 | 5181 | 2238 | 915 | 658 |
| 水的生产和供应业 | 46 | 45333 | 25686 | 4149 | 11985 | 50 | 891 | 2572 |
| **建筑业** | **E** | **2511945** | **386267** | **80955** | **1881752** | **306** | **698** | **161967** |
| 房屋建筑业 | 47 | 1604395 | 153827 | 50992 | 1294358 |  | 480 | 104738 |
| 土木工程建筑业 | 48 | 478780 | 200401 | 22946 | 232131 | 127 | 96 | 23079 |
| 建筑安装业 | 49 | 156897 | 26886 | 4689 | 107910 | 44 | 122 | 17246 |
| 建筑装饰、装修和其他建筑业 | 50 | 271873 | 5153 | 2328 | 247353 | 135 |  | 16904 |
| **批发和零售业** | **F** | **1851709** | **143894** | **27898** | **1505420** | **23077** | **22085** | **129335** |
| 批发业 | 51 | 876606 | 64813 | 9195 | 716768 | 11933 | 8432 | 65465 |
| 零售业 | 52 | 975103 | 79081 | 18703 | 788652 | 11144 | 13653 | 63870 |
| **交通运输、仓储和邮政业** | **G** | **472242** | **169038** | **11086** | **262281** | **3136** | **3217** | **23484** |
| 铁路运输业 | 53 |  |  |  |  |  |  |  |
| 道路运输业 | 54 | 298229 | 95653 | 6613 | 174197 | 1862 | 2865 | 17039 |
| 水上运输业 | 55 | 20957 | 9874 | 1301 | 8353 | 778 |  | 651 |
| 航空运输业 | 56 | 8844 | 5278 |  | 3089 | 15 | 2 | 460 |
| 管道运输业 | 57 | 4286 | 4085 |  | 126 |  |  | 75 |
| 多式联运和运输代理业 | 58 | 20073 | 1436 | 91 | 16963 | 93 |  | 1490 |
| 装卸搬运和仓储业 | 59 | 43622 | 9538 | 3065 | 27666 | 388 | 251 | 2714 |
| 邮政业 | 60 | 76231 | 43174 | 16 | 31887 |  | 99 | 1055 |
| **住宿和餐饮业** | **H** | **277982** | **13769** | **3272** | **212514** | **23838** | **3800** | **20789** |
| 住宿业 | 61 | 93704 | 7777 | 2012 | 70800 | 2828 | 1290 | 8997 |
| 餐饮业 | 62 | 184278 | 5992 | 1260 | 141714 | 21010 | 2510 | 11792 |
| **信息传输、软件和信息技术服务业** | **I** | **405613** | **55139** | **2138** | **271676** | **45063** | **6175** | **25422** |
| 电信、广播电视和卫星传输服务 | 63 | 58222 | 42254 | 295 | 6861 | 4189 | 3160 | 1463 |

2-13　续表2

| 行业大类 | 代码 | 从业人员数(人) | 国有控股 | 集体控股 | 私人控股 | 港澳台商控股 | 外商控股 | 其他 |
|---|---|---|---|---|---|---|---|---|
| 互联网和相关服务 | 64 | 78307 | 1164 | 113 | 36470 | 37534 | 554 | 2472 |
| 软件和信息技术服务业 | 65 | 269084 | 11721 | 1730 | 228345 | 3340 | 2461 | 21487 |
| **金融业** | **J** | **21158** | **10833** | **166** | **8700** | **234** | **137** | **1088** |
| 货币金融服务 | 66 | 5373 | 238 | 41 | 4264 | 234 | 137 | 459 |
| 资本市场服务 | 67 | 2240 | 133 |  | 1966 |  |  | 141 |
| 保险业 | 68 | 126 |  |  | 123 |  |  | 3 |
| 其他金融业 | 69 | 13419 | 10462 | 125 | 2347 |  |  | 485 |
| **房地产业** | **K** | **539596** | **43030** | **11508** | **406297** | **6391** | **5313** | **67057** |
| 房地产业 | 70 | 539596 | 43030 | 11508 | 406297 | 6391 | 5313 | 67057 |
| **租赁和商务服务业** | **L** | **824436** | **53163** | **19336** | **687653** | **1209** | **1654** | **61421** |
| 租赁业 | 71 | 55338 | 229 | 116 | 52608 | 35 |  | 2350 |
| 商务服务业 | 72 | 769098 | 52934 | 19220 | 635045 | 1174 | 1654 | 59071 |
| **科学研究和技术服务业** | **M** | **408143** | **69520** | **5999** | **300723** | **869** | **3415** | **27617** |
| 研究和试验发展 | 73 | 38196 | 2019 | 49 | 32382 | 139 | 172 | 3435 |
| 专业技术服务业 | 74 | 282214 | 65117 | 4670 | 191912 | 501 | 1195 | 18819 |
| 科技推广和应用服务业 | 75 | 87733 | 2384 | 1280 | 76429 | 229 | 2048 | 5363 |
| **水利、环境和公共设施管理业** | **N** | **82901** | **19183** | **2055** | **54097** | **220** | **8** | **7338** |
| 水利管理业 | 76 | 3546 | 1514 | 120 | 1693 |  |  | 219 |
| 生态保护和环境治理业 | 77 | 9780 | 2812 | 203 | 5795 | 62 |  | 908 |
| 公共设施管理业 | 78 | 67159 | 13785 | 1720 | 45415 | 158 | 8 | 6073 |
| 土地管理业 | 79 | 2416 | 1072 | 12 | 1194 |  |  | 138 |
| **居民服务、修理和其他服务业** | **O** | **155531** | **2420** | **2456** | **140732** | **293** | **471** | **9159** |
| 居民服务业 | 80 | 62428 | 1492 | 1856 | 54993 | 129 | 86 | 3872 |
| 机动车、电子产品和日用产品修理业 | 81 | 47494 | 396 | 330 | 44364 | 91 | 45 | 2268 |
| 其他服务业 | 82 | 45609 | 532 | 270 | 41375 | 73 | 340 | 3019 |
| **教育** | **P** | **61951** | **3015** | **557** | **54438** | **259** | **53** | **3629** |
| 教育 | 83 | 61951 | 3015 | 557 | 54438 | 259 | 53 | 3629 |
| **卫生和社会工作** | **Q** | **66776** | **3504** | **390** | **55284** | **14** | **186** | **7398** |
| 卫生 | 84 | 60950 | 3452 | 330 | 50039 | 2 | 186 | 6941 |
| 社会工作 | 85 | 5826 | 52 | 60 | 5245 | 12 |  | 457 |
| **文化、体育和娱乐业** | **R** | **146461** | **15852** | **808** | **119788** | **728** | **314** | **8971** |
| 新闻和出版业 | 86 | 9104 | 6514 | 119 | 2212 |  |  | 259 |
| 广播、电视、电影和录音制作业 | 87 | 16134 | 2712 | 97 | 12026 | 226 | 21 | 1052 |
| 文化艺术业 | 88 | 27165 | 3232 | 101 | 21863 | 11 | 8 | 1950 |
| 体育 | 89 | 10122 | 236 | 19 | 8499 | 128 | 68 | 1172 |
| 娱乐业 | 90 | 83936 | 3158 | 472 | 75188 | 363 | 217 | 4538 |

# 2-14 按地区、开业(成立)时间

| 地 区 | 法 人 单位数 (个) | 1949年以前 | 1950–1977年 | 1978–1991年 | 1992–2000年 | 2001年 | 2002年 | 2003年 | 2004年 | 2005年 | 2006年 |
|---|---|---|---|---|---|---|---|---|---|---|---|
| **全 省** | **688373** | **23** | **760** | **3638** | **15861** | **5140** | **6712** | **8048** | **9196** | **9240** | **9924** |
| 武汉市 | 252509 | 6 | 136 | 1121 | 6685 | 2041 | 2731 | 3407 | 3847 | 3795 | 3758 |
| 黄石市 | 26099 | | 47 | 185 | 611 | 210 | 216 | 275 | 328 | 338 | 427 |
| 十堰市 | 36010 | | 50 | 193 | 973 | 364 | 429 | 583 | 594 | 558 | 602 |
| 宜昌市 | 57512 | 1 | 42 | 245 | 1427 | 402 | 599 | 672 | 757 | 639 | 734 |
| 襄阳市 | 69163 | 4 | 93 | 366 | 1274 | 541 | 530 | 627 | 682 | 830 | 970 |
| 鄂州市 | 13257 | 1 | 19 | 85 | 307 | 98 | 147 | 218 | 208 | 230 | 299 |
| 荆门市 | 25270 | 1 | 36 | 147 | 563 | 174 | 223 | 290 | 296 | 340 | 290 |
| 孝感市 | 30953 | 2 | 64 | 327 | 842 | 221 | 243 | 278 | 360 | 400 | 444 |
| 荆州市 | 37399 | 1 | 57 | 170 | 972 | 352 | 534 | 473 | 561 | 500 | 636 |
| 黄冈市 | 35800 | 3 | 105 | 343 | 778 | 207 | 294 | 340 | 496 | 515 | 563 |
| 咸宁市 | 28634 | | 32 | 179 | 394 | 104 | 170 | 198 | 272 | 315 | 350 |
| 随州市 | 14492 | 2 | 16 | 36 | 167 | 73 | 127 | 145 | 232 | 178 | 178 |
| 恩施州 | 30798 | 1 | 22 | 76 | 240 | 103 | 142 | 221 | 240 | 261 | 269 |
| 仙桃市 | 12666 | | 9 | 41 | 235 | 112 | 139 | 142 | 136 | 128 | 155 |
| 潜江市 | 8032 | | 13 | 64 | 201 | 60 | 91 | 82 | 101 | 85 | 124 |
| 天门市 | 8546 | 1 | 17 | 52 | 167 | 67 | 83 | 75 | 62 | 110 | 100 |
| 神农架 | 1233 | | 2 | 8 | 25 | 11 | 14 | 22 | 24 | 18 | 25 |

# 分组的企业法人单位数

| 2007年 | 2008年 | 2009年 | 2010年 | 2011年 | 2012年 | 2013年 | 2014年 | 2015年 | 2016年 | 2017年 | 2018年 | 无开业年份 |
|---|---|---|---|---|---|---|---|---|---|---|---|---|
| **10765** | **13295** | **17079** | **21364** | **25250** | **28529** | **40589** | **54102** | **65348** | **91799** | **118032** | **132962** | **717** |
| 4478 | 5400 | 6959 | 8397 | 10280 | 10785 | 13373 | 21587 | 24185 | 32925 | 42542 | 43863 | 208 |
| 398 | 499 | 622 | 731 | 871 | 1067 | 2457 | 1956 | 2368 | 3481 | 4448 | 4554 | 10 |
| 566 | 661 | 885 | 1027 | 1105 | 1197 | 1597 | 2447 | 2740 | 3593 | 6046 | 9759 | 41 |
| 791 | 936 | 1239 | 1604 | 1772 | 2347 | 4869 | 4248 | 5164 | 8351 | 9594 | 11037 | 42 |
| 1022 | 1422 | 1715 | 2258 | 2813 | 3499 | 6422 | 6064 | 6796 | 9580 | 11022 | 10618 | 15 |
| 280 | 346 | 374 | 517 | 589 | 620 | 748 | 1084 | 1283 | 1552 | 2053 | 2189 | 10 |
| 341 | 426 | 539 | 741 | 870 | 973 | 1256 | 1816 | 2564 | 3207 | 4654 | 5520 | 3 |
| 441 | 557 | 800 | 1026 | 1089 | 1218 | 1614 | 2095 | 2915 | 3857 | 5882 | 6270 | 8 |
| 603 | 882 | 1014 | 1209 | 1464 | 1580 | 1821 | 2799 | 3557 | 4762 | 5980 | 7401 | 71 |
| 585 | 692 | 854 | 1130 | 1236 | 1351 | 1686 | 2722 | 3806 | 5223 | 6810 | 6044 | 17 |
| 362 | 417 | 519 | 653 | 763 | 857 | 1062 | 1843 | 2535 | 3738 | 5380 | 8480 | 11 |
| 200 | 248 | 370 | 488 | 551 | 582 | 739 | 1143 | 1495 | 2255 | 2544 | 2710 | 13 |
| 319 | 374 | 472 | 712 | 798 | 1166 | 1223 | 2080 | 3267 | 4301 | 5390 | 8871 | 250 |
| 175 | 169 | 272 | 323 | 423 | 581 | 591 | 693 | 1107 | 2514 | 2278 | 2442 | 1 |
| 99 | 125 | 219 | 285 | 309 | 395 | 406 | 655 | 707 | 1189 | 1550 | 1266 | 6 |
| 86 | 113 | 199 | 220 | 264 | 252 | 664 | 768 | 739 | 1139 | 1689 | 1671 | 8 |
| 19 | 28 | 27 | 43 | 53 | 59 | 61 | 102 | 120 | 132 | 170 | 267 | 3 |

# 2-15 按地区、开业(成立)时间分组的

| 地 区 | 从业人员数(人) | 1949年以前 | 1950-1977年 | 1978-1991年 | 1992-2000年 |
|---|---|---|---|---|---|
| **全 省** | **11949162** | **11639** | **318759** | **433009** | **1619786** |
| 武汉市 | 4216762 | 8548 | 139093 | 207605 | 705540 |
| 黄石市 | 577284 | | 24907 | 28416 | 89510 |
| 十堰市 | 607542 | | 18134 | 15185 | 65007 |
| 宜昌市 | 931630 | 1 | 11051 | 6551 | 122824 |
| 襄阳市 | 1193250 | 1074 | 32867 | 33648 | 137298 |
| 鄂州市 | 278918 | 1710 | 11625 | 15371 | 25198 |
| 荆门市 | 404052 | 91 | 5320 | 15455 | 45633 |
| 孝感市 | 677101 | 9 | 9541 | 36489 | 77915 |
| 荆州市 | 591496 | 70 | 10608 | 16351 | 73489 |
| 黄冈市 | 738986 | 13 | 40463 | 22037 | 139033 |
| 咸宁市 | 423650 | | 3107 | 12516 | 26559 |
| 随州市 | 249636 | 44 | 3105 | 9416 | 12373 |
| 恩施州 | 273635 | 75 | 635 | 5599 | 12834 |
| 仙桃市 | 328860 | | 2580 | 3018 | 31571 |
| 潜江市 | 223541 | | 1266 | 4409 | 36804 |
| 天门市 | 221277 | 4 | 4446 | 805 | 17223 |
| 神农架 | 11542 | | 11 | 138 | 975 |

# 企业法人单位从业人员数

| 2001年 | 2002年 | 2003年 | 2004年 | 2005年 | 2006年 | 2007年 |
|---|---|---|---|---|---|---|
| **374715** | **477310** | **453965** | **390059** | **410568** | **339209** | **361574** |
| 131618 | 227309 | 187624 | 152702 | 129178 | 114214 | 125905 |
| 15001 | 14344 | 25197 | 13032 | 24408 | 12595 | 11967 |
| 23651 | 18462 | 36691 | 22978 | 23612 | 15340 | 12442 |
| 37930 | 44474 | 44317 | 28622 | 33525 | 25565 | 20914 |
| 40137 | 34647 | 37290 | 27935 | 29477 | 25781 | 26986 |
| 3490 | 6097 | 8334 | 8396 | 10569 | 9031 | 11814 |
| 10152 | 17975 | 13933 | 16242 | 18614 | 7767 | 20312 |
| 18960 | 25143 | 16475 | 24868 | 29269 | 25106 | 18543 |
| 24148 | 17125 | 14733 | 22009 | 14560 | 19095 | 22271 |
| 27342 | 21937 | 13512 | 15048 | 33199 | 28756 | 20187 |
| 7049 | 5619 | 8536 | 9717 | 19156 | 11269 | 14443 |
| 4425 | 17371 | 8581 | 15237 | 10503 | 8781 | 6047 |
| 5054 | 2335 | 10576 | 9030 | 7884 | 6812 | 10472 |
| 12251 | 13368 | 12297 | 12431 | 9828 | 9113 | 8916 |
| 6768 | 4743 | 5143 | 6022 | 3274 | 6518 | 19000 |
| 5497 | 6254 | 10383 | 5469 | 13422 | 13068 | 11139 |
| 1242 | 107 | 343 | 321 | 90 | 398 | 216 |

2-15 续表

| 地　区 | 2008年 | 2009年 | 2010年 | 2011年 | 2012年 | 2013年 |
|---|---|---|---|---|---|---|
| **全　省** | **375003** | **409393** | **482560** | **489624** | **528801** | **607366** |
| 武汉市 | 119156 | 150172 | 137253 | 141522 | 191967 | 169794 |
| 黄石市 | 21459 | 14324 | 21202 | 22714 | 22322 | 32270 |
| 十堰市 | 15909 | 18083 | 19445 | 16321 | 20723 | 52017 |
| 宜昌市 | 34285 | 33533 | 43307 | 39387 | 37301 | 59827 |
| 襄阳市 | 39105 | 41224 | 58861 | 59113 | 55797 | 74221 |
| 鄂州市 | 13911 | 7758 | 10886 | 12473 | 13254 | 16332 |
| 荆门市 | 15290 | 16353 | 16559 | 20491 | 17468 | 19218 |
| 孝感市 | 21278 | 25087 | 30232 | 30419 | 34730 | 29402 |
| 荆州市 | 19771 | 18757 | 26418 | 28628 | 27301 | 28344 |
| 黄冈市 | 19664 | 22348 | 32500 | 34042 | 29440 | 30802 |
| 咸宁市 | 13410 | 15951 | 17383 | 19101 | 16730 | 27657 |
| 随州市 | 9164 | 10920 | 11800 | 12975 | 11374 | 15603 |
| 恩施州 | 8180 | 10417 | 12164 | 9934 | 13879 | 16454 |
| 仙桃市 | 9410 | 10819 | 22626 | 13439 | 14792 | 16341 |
| 潜江市 | 8589 | 3951 | 11082 | 10517 | 11768 | 8778 |
| 天门市 | 6294 | 8910 | 9420 | 18086 | 9663 | 9554 |
| 神农架 | 128 | 786 | 1422 | 462 | 292 | 752 |

| 2014年 | 2015年 | 2016年 | 2017年 | 2018年 | 无开业年份 |
|---|---|---|---|---|---|
| **615982** | **653555** | **791837** | **960120** | **843513** | **815** |
| 201981 | 217803 | 249793 | 287018 | 220801 | 166 |
| 27445 | 30404 | 40844 | 46177 | 38724 | 22 |
| 36193 | 27536 | 33496 | 49236 | 66861 | 220 |
| 43701 | 49424 | 62653 | 78435 | 73893 | 110 |
| 71492 | 75045 | 91818 | 107073 | 92331 | 30 |
| 14392 | 18147 | 18449 | 22730 | 18938 | 13 |
| 25156 | 19535 | 26875 | 32209 | 23401 | 3 |
| 30193 | 35581 | 40114 | 66186 | 51555 | 6 |
| 31131 | 34769 | 40568 | 49970 | 51202 | 178 |
| 38997 | 36267 | 42120 | 52738 | 38532 | 9 |
| 24030 | 29634 | 36802 | 42820 | 62160 | 1 |
| 14430 | 13960 | 18061 | 19863 | 15586 | 17 |
| 18699 | 24338 | 26987 | 29447 | 31819 | 11 |
| 14167 | 19993 | 32051 | 33404 | 26425 | 20 |
| 11772 | 11304 | 17615 | 20595 | 13622 | 1 |
| 11384 | 9033 | 12844 | 21372 | 16999 | 8 |
| 819 | 782 | 747 | 847 | 664 | |

# 2-16 按行业(大类)、运营状态

| 行业大类 | 代码 | 法人单位数(个) | 正常运营 | 停业(歇业) |
| --- | --- | --- | --- | --- |
| **总　　计** | **00** | **688373** | **576466** | **51570** |
| **农、林、牧、渔业** | **A** | **4491** | **3889** | **316** |
| 农业 | 01 | 8 | 8 | |
| 林业 | 02 | | | |
| 畜牧业 | 03 | 2 | 2 | |
| 渔业 | 04 | | | |
| 农、林、牧、渔专业及辅助性活动 | 05 | 4481 | 3879 | 316 |
| **采矿业** | **B** | **2579** | **1975** | **368** |
| 煤炭开采和洗选业 | 06 | 146 | 75 | 36 |
| 石油和天然气开采业 | 07 | 7 | 6 | 1 |
| 黑色金属矿采选业 | 08 | 240 | 178 | 42 |
| 有色金属矿采选业 | 09 | 108 | 78 | 23 |
| 非金属矿采选业 | 10 | 1878 | 1482 | 241 |
| 开采专业及辅助性活动 | 11 | 60 | 49 | 6 |
| 其他采矿业 | 12 | 140 | 107 | 19 |
| **制造业** | **C** | **90511** | **77751** | **6129** |
| 农副食品加工业 | 13 | 6487 | 5597 | 430 |
| 食品制造业 | 14 | 2615 | 2226 | 202 |
| 酒、饮料和精制茶制造业 | 15 | 3322 | 2928 | 194 |
| 烟草制品业 | 16 | 54 | 52 | 2 |
| 纺织业 | 17 | 3743 | 3229 | 284 |
| 纺织服装、服饰业 | 18 | 6025 | 5235 | 404 |
| 皮革、毛皮、羽毛及其制品和制鞋业 | 19 | 915 | 728 | 96 |
| 木材加工和木、竹、藤、棕、草制品业 | 20 | 2591 | 2147 | 168 |
| 家具制造业 | 21 | 1806 | 1561 | 80 |
| 造纸和纸制品业 | 22 | 1426 | 1226 | 105 |
| 印刷和记录媒介复制业 | 23 | 2469 | 2231 | 102 |
| 文教、工美、体育和娱乐用品制造业 | 24 | 1907 | 1655 | 123 |
| 石油、煤炭及其他燃料加工业 | 25 | 302 | 247 | 20 |
| 化学原料和化学制品制造业 | 26 | 4182 | 3388 | 382 |
| 医药制造业 | 27 | 1530 | 1300 | 103 |
| 化学纤维制造业 | 28 | 82 | 70 | 7 |
| 橡胶和塑料制品业 | 29 | 3641 | 3170 | 212 |
| 非金属矿物制品业 | 30 | 11341 | 9492 | 960 |
| 黑色金属冶炼和压延加工业 | 31 | 575 | 499 | 34 |
| 有色金属冶炼和压延加工业 | 32 | 595 | 495 | 34 |

# 分组的企业法人单位数

| 筹建 | 当年关闭 | 当年破产 | 当年注销 | 当年吊销 | 其他 | 代码 |
|---|---|---|---|---|---|---|
| **31669** | **8905** | **529** | **8892** | **752** | **9590** | **00** |
| **127** | **86** | **1** | **34** | **1** | **37** | **A** |
| | | | | | | 01 |
| | | | | | | 02 |
| | | | | | | 03 |
| | | | | | | 04 |
| 127 | 86 | 1 | 34 | 1 | 37 | 05 |
| **64** | **111** | **6** | **26** | **2** | **27** | **B** |
| 2 | 29 | 1 | 2 | 1 | | 06 |
| | | | | | | 07 |
| 2 | 12 | | 1 | | 5 | 08 |
| 2 | 4 | | | | 1 | 09 |
| 52 | 60 | 5 | 19 | 1 | 18 | 10 |
| | 4 | | 1 | | | 11 |
| 6 | 2 | | 3 | | 3 | 12 |
| **3317** | **1499** | **172** | **678** | **79** | **886** | **C** |
| 209 | 115 | 22 | 47 | 7 | 60 | 13 |
| 93 | 41 | 10 | 23 | | 20 | 14 |
| 120 | 33 | 6 | 22 | 1 | 18 | 15 |
| | | | | | | 16 |
| 86 | 65 | 18 | 25 | 5 | 31 | 17 |
| 186 | 115 | 13 | 33 | 2 | 37 | 18 |
| 42 | 20 | 6 | 5 | | 18 | 19 |
| 167 | 58 | 8 | 22 | | 21 | 20 |
| 114 | 18 | 3 | 12 | 4 | 14 | 21 |
| 40 | 30 | 4 | 7 | | 14 | 22 |
| 53 | 37 | 1 | 22 | 4 | 19 | 23 |
| 71 | 26 | | 15 | 2 | 15 | 24 |
| 25 | 8 | 1 | 1 | | | 25 |
| 200 | 110 | 7 | 38 | 3 | 54 | 26 |
| 87 | 14 | 1 | 7 | 1 | 17 | 27 |
| 3 | 1 | | | 1 | | 28 |
| 113 | 77 | 2 | 19 | 5 | 43 | 29 |
| 339 | 317 | 27 | 96 | 15 | 95 | 30 |
| 11 | 14 | | 10 | | 7 | 31 |
| 40 | 13 | 2 | 3 | 1 | 7 | 32 |

2-16 续表1

| 行业大类 | 代码 | 法人单位数(个) | 正常运营 | 停业(歇业) |
|---|---|---|---|---|
| 金属制品业 | 33 | 6467 | 5630 | 405 |
| 通用设备制造业 | 34 | 6282 | 5407 | 449 |
| 专用设备制造业 | 35 | 5374 | 4688 | 323 |
| 汽车制造业 | 36 | 6345 | 5718 | 274 |
| 铁路、船舶、航空航天和其他运输设备制造业 | 37 | 540 | 458 | 45 |
| 电气机械和器材制造业 | 38 | 3204 | 2742 | 201 |
| 计算机、通信和其他电子设备制造业 | 39 | 2576 | 2122 | 202 |
| 仪器仪表制造业 | 40 | 1108 | 986 | 63 |
| 其他制造业 | 41 | 1235 | 1018 | 96 |
| 废弃资源综合利用业 | 42 | 595 | 465 | 57 |
| 金属制品、机械和设备修理业 | 43 | 1177 | 1041 | 72 |
| **电力、热力、燃气及水生产和供应业** | **D** | **5334** | **4755** | **207** |
| 电力、热力生产和供应业 | 44 | 3360 | 2968 | 133 |
| 燃气生产和供应业 | 45 | 350 | 305 | 17 |
| 水的生产和供应业 | 46 | 1624 | 1482 | 57 |
| **建筑业** | **E** | **57255** | **48353** | **3437** |
| 房屋建筑业 | 47 | 14000 | 11723 | 841 |
| 土木工程建筑业 | 48 | 12504 | 10563 | 738 |
| 建筑安装业 | 49 | 8260 | 7228 | 448 |
| 建筑装饰、装修和其他建筑业 | 50 | 22491 | 18839 | 1410 |
| **批发和零售业** | **F** | **228674** | **195232** | **16232** |
| 批发业 | 51 | 104006 | 88750 | 7498 |
| 零售业 | 52 | 124668 | 106482 | 8734 |
| **交通运输、仓储和邮政业** | **G** | **22059** | **19021** | **1397** |
| 铁路运输业 | 53 | 9 | 9 | |
| 道路运输业 | 54 | 14683 | 12689 | 880 |
| 水上运输业 | 55 | 672 | 578 | 38 |
| 航空运输业 | 56 | 76 | 61 | 6 |
| 管道运输业 | 57 | 13 | 12 | 1 |
| 多式联运和运输代理业 | 58 | 2191 | 1880 | 149 |
| 装卸搬运和仓储业 | 59 | 3017 | 2516 | 266 |
| 邮政业 | 60 | 1398 | 1276 | 57 |
| **住宿和餐饮业** | **H** | **17423** | **14849** | **1217** |
| 住宿业 | 61 | 5231 | 4540 | 273 |
| 餐饮业 | 62 | 12192 | 10309 | 944 |
| **信息传输、软件和信息技术服务业** | **I** | **38930** | **30004** | **4016** |
| 电信、广播电视和卫星传输服务 | 63 | 1102 | 976 | 57 |

| 筹建 | 当年关闭 | 当年破产 | 当年注销 | 当年吊销 | 其他 | 代码 |
|---|---|---|---|---|---|---|
| 208 | 92 | 9 | 52 | 5 | 66 | 33 |
| 198 | 81 | 3 | 51 | 3 | 90 | 34 |
| 245 | 42 | 2 | 27 | 2 | 45 | 35 |
| 213 | 38 | 8 | 39 | 2 | 53 | 36 |
| 14 | 5 |  | 4 | 1 | 13 | 37 |
| 136 | 48 | 8 | 20 | 2 | 47 | 38 |
| 156 | 27 | 2 | 25 | 3 | 39 | 39 |
| 34 | 5 | 1 | 8 |  | 11 | 40 |
| 50 | 25 | 5 | 20 | 8 | 13 | 41 |
| 33 | 20 | 2 | 12 |  | 6 | 42 |
| 31 | 4 | 1 | 13 | 2 | 13 | 43 |
| **221** | **57** | **3** | **45** | **1** | **45** | **D** |
| 152 | 42 | 2 | 29 |  | 34 | 44 |
| 19 | 2 |  | 6 |  | 1 | 45 |
| 50 | 13 | 1 | 10 | 1 | 10 | 46 |
| **3931** | **407** | **19** | **463** | **36** | **609** | **E** |
| 1098 | 95 | 8 | 87 | 7 | 141 | 47 |
| 947 | 67 | 4 | 78 | 6 | 101 | 48 |
| 355 | 62 | 3 | 76 | 6 | 82 | 49 |
| 1531 | 183 | 4 | 222 | 17 | 285 | 50 |
| **7709** | **3172** | **172** | **2758** | **256** | **3143** | **F** |
| 3468 | 1424 | 86 | 1156 | 140 | 1484 | 51 |
| 4241 | 1748 | 86 | 1602 | 116 | 1659 | 52 |
| **678** | **337** | **17** | **219** | **25** | **365** | **G** |
|  |  |  |  |  |  | 53 |
| 479 | 223 | 13 | 130 | 13 | 256 | 54 |
| 25 | 12 |  | 6 | 2 | 11 | 55 |
| 5 | 1 |  |  |  | 3 | 56 |
|  |  |  |  |  |  | 57 |
| 62 | 36 |  | 29 | 4 | 31 | 58 |
| 89 | 52 | 4 | 44 | 4 | 42 | 59 |
| 18 | 13 |  | 10 | 2 | 22 | 60 |
| **698** | **269** | **6** | **201** | **17** | **166** | **H** |
| 269 | 64 |  | 40 | 2 | 43 | 61 |
| 429 | 205 | 6 | 161 | 15 | 123 | 62 |
| **3103** | **342** | **16** | **794** | **51** | **604** | **I** |
| 30 | 11 | 1 | 13 | 2 | 12 | 63 |

2–16 续表2

| 行业大类 | 代码 | 法人单位数(个) | 正常运营 | 停业(歇业) |
|---|---|---|---|---|
| 互联网和相关服务 | 64 | 4950 | 3965 | 424 |
| 软件和信息技术服务业 | 65 | 32878 | 25063 | 3535 |
| **金融业** | **J** | **2860** | **2527** | **218** |
| 货币金融服务 | 66 | 1100 | 978 | 69 |
| 资本市场服务 | 67 | 823 | 662 | 117 |
| 保险业 | 68 | 640 | 633 | 4 |
| 其他金融业 | 69 | 297 | 254 | 28 |
| **房地产业** | **K** | **31201** | **26395** | **2278** |
| 房地产业 | 70 | 31201 | 26395 | 2278 |
| **租赁和商务服务业** | **L** | **88050** | **69801** | **8144** |
| 租赁业 | 71 | 8117 | 7004 | 467 |
| 商务服务业 | 72 | 79933 | 62797 | 7677 |
| **科学研究和技术服务业** | **M** | **44863** | **36631** | **3828** |
| 研究和试验发展 | 73 | 5770 | 4424 | 696 |
| 专业技术服务业 | 74 | 25104 | 21282 | 1705 |
| 科技推广和应用服务业 | 75 | 13989 | 10925 | 1427 |
| **水利、环境和公共设施管理业** | **N** | **5250** | **4378** | **360** |
| 水利管理业 | 76 | 292 | 259 | 14 |
| 生态保护和环境治理业 | 77 | 741 | 592 | 61 |
| 公共设施管理业 | 78 | 4078 | 3397 | 278 |
| 土地管理业 | 79 | 139 | 130 | 7 |
| **居民服务、修理和其他服务业** | **O** | **18756** | **16020** | **1217** |
| 居民服务业 | 80 | 7584 | 6242 | 568 |
| 机动车、电子产品和日用产品修理业 | 81 | 7252 | 6431 | 381 |
| 其他服务业 | 82 | 3920 | 3347 | 268 |
| **教育** | **P** | **6996** | **5981** | **412** |
| 教育 | 83 | 6996 | 5981 | 412 |
| **卫生和社会工作** | **Q** | **3116** | **2673** | **133** |
| 卫生 | 84 | 2551 | 2258 | 95 |
| 社会工作 | 85 | 565 | 415 | 38 |
| **文化、体育和娱乐业** | **R** | **20025** | **16231** | **1661** |
| 新闻和出版业 | 86 | 265 | 232 | 21 |
| 广播、电视、电影和录音制作业 | 87 | 1579 | 1284 | 87 |
| 文化艺术业 | 88 | 4098 | 3257 | 295 |
| 体育 | 89 | 1383 | 1097 | 124 |
| 娱乐业 | 90 | 12700 | 10361 | 1134 |

| 筹建 | 当年关闭 | 当年破产 | 当年注销 | 当年吊销 | 其他 | 代码 |
|---|---|---|---|---|---|---|
| 340 | 71 | 5 | 74 | 2 | 69 | 64 |
| 2733 | 260 | 10 | 707 | 47 | 523 | 65 |
| **53** | **16** | **1** | **13** | **5** | **27** | **J** |
| 19 | 13 |  | 4 | 4 | 13 | 66 |
| 28 |  |  | 6 |  | 10 | 67 |
| 1 | 1 |  | 1 |  |  | 68 |
| 5 | 2 | 1 | 2 | 1 | 4 | 69 |
| **1263** | **287** | **19** | **356** | **28** | **575** | **K** |
| 1263 | 287 | 19 | 356 | 28 | 575 | 70 |
| **5275** | **1064** | **37** | **1977** | **134** | **1618** | **L** |
| 353 | 85 | 1 | 96 | 8 | 103 | 71 |
| 4922 | 979 | 36 | 1881 | 126 | 1515 | 72 |
| **2582** | **452** | **31** | **647** | **71** | **621** | **M** |
| 412 | 41 | 5 | 99 | 9 | 84 | 73 |
| 1199 | 232 | 11 | 311 | 40 | 324 | 74 |
| 971 | 179 | 15 | 237 | 22 | 213 | 75 |
| **332** | **57** | **2** | **35** | **2** | **84** | **N** |
| 10 | 1 |  | 4 |  | 4 | 76 |
| 51 | 12 |  | 6 |  | 19 | 77 |
| 271 | 43 | 2 | 24 | 2 | 61 | 78 |
|  | 1 |  | 1 |  |  | 79 |
| **681** | **273** | **14** | **286** | **20** | **245** | **O** |
| 372 | 145 | 4 | 137 | 10 | 106 | 80 |
| 166 | 77 | 7 | 99 | 8 | 83 | 81 |
| 143 | 51 | 3 | 50 | 2 | 56 | 82 |
| **379** | **63** |  | **70** | **3** | **88** | **P** |
| 379 | 63 |  | 70 | 3 | 88 | 83 |
| **217** | **28** | **1** | **38** | **1** | **25** | **Q** |
| 130 | 21 | 1 | 26 | 1 | 19 | 84 |
| 87 | 7 |  | 12 |  | 6 | 85 |
| **1039** | **385** | **12** | **252** | **20** | **425** | **R** |
| 6 |  |  | 2 |  | 4 | 86 |
| 92 | 12 |  | 13 | 2 | 89 | 87 |
| 259 | 53 |  | 65 | 4 | 165 | 88 |
| 110 | 13 |  | 22 |  | 17 | 89 |
| 572 | 307 | 12 | 150 | 14 | 150 | 90 |

# 2-17 按行业(大类)、运营状态

| 行业大类 | 代码 | 从业人员数(人) | 正常运营 | 停业(歇业) |
|---|---|---|---|---|
| **总 计** | **00** | **11949162** | **11591617** | **157266** |
| **农、林、牧、渔业** | **A** | **34103** | **31470** | **1579** |
| 农业 | 01 | | | |
| 林业 | 02 | | | |
| 畜牧业 | 03 | | | |
| 渔业 | 04 | | | |
| 农、林、牧、渔专业及辅助性活动 | 05 | 34103 | 31470 | 1579 |
| **采矿业** | **B** | **113497** | **106553** | **3973** |
| 煤炭开采和洗选业 | 06 | 6975 | 5304 | 908 |
| 石油和天然气开采业 | 07 | 12962 | 12962 | |
| 黑色金属矿采选业 | 08 | 19938 | 18543 | 948 |
| 有色金属矿采选业 | 09 | 7097 | 6895 | 152 |
| 非金属矿采选业 | 10 | 52258 | 48831 | 1787 |
| 开采专业及辅助性活动 | 11 | 11930 | 11857 | 50 |
| 其他采矿业 | 12 | 2337 | 2161 | 128 |
| **制造业** | **C** | **3771807** | **3687500** | **41590** |
| 农副食品加工业 | 13 | 232190 | 226304 | 3176 |
| 食品制造业 | 14 | 109060 | 107093 | 1036 |
| 酒、饮料和精制茶制造业 | 15 | 104459 | 102583 | 932 |
| 烟草制品业 | 16 | 7521 | 7521 | |
| 纺织业 | 17 | 273153 | 268731 | 2674 |
| 纺织服装、服饰业 | 18 | 263537 | 257318 | 3284 |
| 皮革、毛皮、羽毛及其制品和制鞋业 | 19 | 46658 | 45186 | 912 |
| 木材加工和木、竹、藤、棕、草制品业 | 20 | 62409 | 60382 | 830 |
| 家具制造业 | 21 | 40941 | 39920 | 427 |
| 造纸和纸制品业 | 22 | 51121 | 48403 | 1016 |
| 印刷和记录媒介复制业 | 23 | 65706 | 64713 | 384 |
| 文教、工美、体育和娱乐用品制造业 | 24 | 62479 | 61074 | 751 |
| 石油、煤炭及其他燃料加工业 | 25 | 12449 | 12157 | 87 |
| 化学原料和化学制品制造业 | 26 | 218891 | 213419 | 2445 |
| 医药制造业 | 27 | 136796 | 135437 | 619 |
| 化学纤维制造业 | 28 | 6911 | 6851 | 52 |
| 橡胶和塑料制品业 | 29 | 118463 | 114789 | 2131 |
| 非金属矿物制品业 | 30 | 355683 | 343652 | 6839 |
| 黑色金属冶炼和压延加工业 | 31 | 74875 | 74450 | 227 |
| 有色金属冶炼和压延加工业 | 32 | 42384 | 41535 | 396 |

# 分组的企业法人单位从业人员数

| 筹建 | 当年关闭 | 当年破产 | 当年注销 | 当年吊销 | 其他 | 代码 |
|---|---|---|---|---|---|---|
| **71007** | **41863** | **2833** | **36635** | **2613** | **45328** | **00** |
| **329** | **306** | | **114** | **27** | **278** | **A** |
| | | | | | | 01 |
| | | | | | | 02 |
| | | | | | | 03 |
| | | | | | | 04 |
| 329 | 306 | | 114 | 27 | 278 | 05 |
| **751** | **1836** | **21** | **132** | **12** | **219** | **B** |
| | 747 | 10 | 4 | 2 | | 06 |
| | | | | | | 07 |
| 8 | 352 | | | | 87 | 08 |
| 15 | 32 | | | | 3 | 09 |
| 722 | 677 | 11 | 115 | 10 | 105 | 10 |
| | 14 | | 9 | | | 11 |
| 6 | 14 | | 4 | | 24 | 12 |
| **18476** | **10356** | **1316** | **5235** | **546** | **6788** | **C** |
| 732 | 1071 | 126 | 359 | 14 | 408 | 13 |
| 408 | 177 | 61 | 102 | | 183 | 14 |
| 536 | 134 | 10 | 95 | 5 | 164 | 15 |
| | | | | | | 16 |
| 667 | 475 | 156 | 134 | 80 | 236 | 17 |
| 1021 | 955 | 176 | 535 | | 248 | 18 |
| 170 | 158 | 61 | 6 | | 165 | 19 |
| 441 | 293 | 84 | 297 | | 82 | 20 |
| 267 | 93 | 10 | 58 | 28 | 138 | 21 |
| 1421 | 122 | 32 | 16 | | 111 | 22 |
| 130 | 119 | 1 | 88 | 102 | 169 | 23 |
| 320 | 118 | | 93 | 2 | 121 | 24 |
| 132 | 45 | | 28 | | | 25 |
| 1563 | 771 | 37 | 287 | 20 | 349 | 26 |
| 458 | 136 | 2 | 6 | 5 | 133 | 27 |
| 8 | | | | | | 28 |
| 898 | 308 | 13 | 85 | 13 | 226 | 29 |
| 1404 | 2055 | 174 | 677 | 84 | 798 | 30 |
| 39 | 105 | | 28 | | 26 | 31 |
| 321 | 44 | 18 | 27 | 13 | 30 | 32 |

2-17 续表1

| 行业大类 | 代码 | 从业人员数(人) | 正常运营 | 停业(歇业) |
|---|---|---|---|---|
| 金属制品业 | 33 | 178938 | 174243 | 2262 |
| 通用设备制造业 | 34 | 168097 | 161387 | 3175 |
| 专用设备制造业 | 35 | 158254 | 154449 | 1817 |
| 汽车制造业 | 36 | 480743 | 476291 | 1860 |
| 铁路、船舶、航空航天和其他运输设备制造业 | 37 | 42497 | 41955 | 368 |
| 电气机械和器材制造业 | 38 | 171860 | 168596 | 1403 |
| 计算机、通信和其他电子设备制造业 | 39 | 202448 | 198799 | 1068 |
| 仪器仪表制造业 | 40 | 32172 | 31862 | 140 |
| 其他制造业 | 41 | 17725 | 16439 | 776 |
| 废弃资源综合利用业 | 42 | 16964 | 16233 | 254 |
| 金属制品、机械和设备修理业 | 43 | 16423 | 15728 | 249 |
| **电力、热力、燃气及水生产和供应业** | **D** | **203311** | **196897** | **1722** |
| 电力、热力生产和供应业 | 44 | 144793 | 139808 | 1235 |
| 燃气生产和供应业 | 45 | 13185 | 12785 | 61 |
| 水的生产和供应业 | 46 | 45333 | 44304 | 426 |
| **建筑业** | **E** | **2511945** | **2485907** | **10775** |
| 房屋建筑业 | 47 | 1604395 | 1597277 | 2692 |
| 土木工程建筑业 | 48 | 478780 | 473162 | 2473 |
| 建筑安装业 | 49 | 156897 | 153198 | 1623 |
| 建筑装饰、装修和其他建筑业 | 50 | 271873 | 262270 | 3987 |
| **批发和零售业** | **F** | **1851709** | **1764897** | **40608** |
| 批发业 | 51 | 876606 | 832311 | 21326 |
| 零售业 | 52 | 975103 | 932586 | 19282 |
| **交通运输、仓储和邮政业** | **G** | **472242** | **461196** | **5428** |
| 铁路运输业 | 53 | | | |
| 道路运输业 | 54 | 298229 | 291046 | 3370 |
| 水上运输业 | 55 | 20957 | 20499 | 141 |
| 航空运输业 | 56 | 8844 | 8794 | 8 |
| 管道运输业 | 57 | 4286 | 4286 | |
| 多式联运和运输代理业 | 58 | 20073 | 19302 | 400 |
| 装卸搬运和仓储业 | 59 | 43622 | 41511 | 1286 |
| 邮政业 | 60 | 76231 | 75758 | 223 |
| **住宿和餐饮业** | **H** | **277982** | **269465** | **3919** |
| 住宿业 | 61 | 93704 | 91003 | 1014 |
| 餐饮业 | 62 | 184278 | 178462 | 2905 |
| **信息传输、软件和信息技术服务业** | **I** | **405613** | **389462** | **6328** |
| 电信、广播电视和卫星传输服务 | 63 | 58222 | 57967 | 123 |

| 筹建 | 当年关闭 | 当年破产 | 当年注销 | 当年吊销 | 其他 | 代码 |
|---|---|---|---|---|---|---|
| 1034 | 532 | 37 | 285 | 35 | 510 | 33 |
| 1093 | 809 | 21 | 755 | 30 | 827 | 34 |
| 1062 | 335 | 8 | 142 | 37 | 404 | 35 |
| 853 | 604 | 157 | 535 | 16 | 427 | 36 |
| 24 | 1 |  | 41 |  | 108 | 37 |
| 1095 | 357 | 49 | 35 | 8 | 317 | 38 |
| 1818 | 255 | 1 | 153 |  | 354 | 39 |
| 66 | 13 |  | 2 |  | 89 | 40 |
| 167 | 110 | 59 | 67 | 48 | 59 | 41 |
| 270 | 124 | 15 | 45 |  | 23 | 42 |
| 58 | 37 | 8 | 254 | 6 | 83 | 43 |
| **1610** | **353** | **2** | **2439** | **6** | **282** | **D** |
| 1133 | 300 | 2 | 2086 |  | 229 | 44 |
| 179 | 3 |  | 141 |  | 16 | 45 |
| 298 | 50 |  | 212 | 6 | 37 | 46 |
| **5902** | **2816** | **48** | **2542** | **110** | **3845** | **E** |
| 1747 | 1235 | 20 | 283 | 28 | 1113 | 47 |
| 1517 | 301 | 6 | 864 | 16 | 441 | 48 |
| 461 | 450 | 15 | 515 | 25 | 610 | 49 |
| 2177 | 830 | 7 | 880 | 41 | 1681 | 50 |
| **13364** | **12551** | **733** | **8326** | **870** | **10360** | **F** |
| 6685 | 6663 | 424 | 3680 | 568 | 4949 | 51 |
| 6679 | 5888 | 309 | 4646 | 302 | 5411 | 52 |
| **1781** | **1254** | **37** | **871** | **49** | **1626** | **G** |
|  |  |  |  |  |  | 53 |
| 1238 | 871 | 27 | 484 | 27 | 1166 | 54 |
| 122 | 46 |  | 72 | 7 | 70 | 55 |
| 38 |  |  |  |  | 4 | 56 |
|  |  |  |  |  |  | 57 |
| 108 | 85 |  | 73 |  | 105 | 58 |
| 247 | 176 | 10 | 190 | 12 | 190 | 59 |
| 28 | 76 |  | 52 | 3 | 91 | 60 |
| **1613** | **1186** | **16** | **755** | **73** | **955** | **H** |
| 669 | 279 |  | 300 | 7 | 432 | 61 |
| 944 | 907 | 16 | 455 | 66 | 523 | 62 |
| **4355** | **1162** | **39** | **2166** | **118** | **1983** | **I** |
| 57 | 11 |  | 30 | 3 | 31 | 63 |

2-17 续表2

| 行业大类 | 代码 | 从业人员数(人) | 正常运营 | 停业(歇业) |
|---|---|---|---|---|
| 互联网和相关服务 | 64 | 78307 | 75695 | 1205 |
| 软件和信息技术服务业 | 65 | 269084 | 255800 | 5000 |
| **金融业** | **J** | **21158** | **20596** | **349** |
| 货币金融服务 | 66 | 5373 | 5025 | 209 |
| 资本市场服务 | 67 | 2240 | 2097 | 79 |
| 保险业 | 68 | 126 | 121 | 1 |
| 其他金融业 | 69 | 13419 | 13353 | 60 |
| **房地产业** | **K** | **539596** | **521550** | **7634** |
| 房地产业 | 70 | 539596 | 521550 | 7634 |
| **租赁和商务服务业** | **L** | **824436** | **777724** | **17670** |
| 租赁业 | 71 | 55338 | 52620 | 1099 |
| 商务服务业 | 72 | 769098 | 725104 | 16571 |
| **科学研究和技术服务业** | **M** | **408143** | **391026** | **6830** |
| 研究和试验发展 | 73 | 38196 | 36049 | 929 |
| 专业技术服务业 | 74 | 282214 | 273766 | 3100 |
| 科技推广和应用服务业 | 75 | 87733 | 81211 | 2801 |
| **水利、环境和公共设施管理业** | **N** | **82901** | **79303** | **1239** |
| 水利管理业 | 76 | 3546 | 3402 | 55 |
| 生态保护和环境治理业 | 77 | 9780 | 9216 | 152 |
| 公共设施管理业 | 78 | 67159 | 64281 | 1022 |
| 土地管理业 | 79 | 2416 | 2404 | 10 |
| **居民服务、修理和其他服务业** | **O** | **155531** | **147553** | **2767** |
| 居民服务业 | 80 | 62428 | 57985 | 1300 |
| 机动车、电子产品和日用产品修理业 | 81 | 47494 | 45476 | 823 |
| 其他服务业 | 82 | 45609 | 44092 | 644 |
| **教育** | **P** | **61951** | **59420** | **762** |
| 教育 | 83 | 61951 | 59420 | 762 |
| **卫生和社会工作** | **Q** | **66776** | **65103** | **423** |
| 卫生 | 84 | 60950 | 59916 | 274 |
| 社会工作 | 85 | 5826 | 5187 | 149 |
| **文化、体育和娱乐业** | **R** | **146461** | **135995** | **3670** |
| 新闻和出版业 | 86 | 9104 | 9080 | 10 |
| 广播、电视、电影和录音制作业 | 87 | 16134 | 15044 | 240 |
| 文化艺术业 | 88 | 27165 | 24749 | 587 |
| 体育 | 89 | 10122 | 9528 | 223 |
| 娱乐业 | 90 | 83936 | 77594 | 2610 |

| 筹建 | 当年关闭 | 当年破产 | 当年注销 | 当年吊销 | 其他 | 代码 |
|---|---|---|---|---|---|---|
| 631 | 319 | 20 | 145 | 3 | 289 | 64 |
| 3667 | 832 | 19 | 1991 | 112 | 1663 | 65 |
| **39** | **47** | | **65** | **17** | **45** | **J** |
| 12 | 44 | | 29 | 17 | 37 | 66 |
| 26 | | | 31 | | 7 | 67 |
| 1 | 3 | | | | | 68 |
| | | | 5 | | 1 | 69 |
| **2750** | **1394** | **211** | **1039** | **103** | **4915** | **K** |
| 2750 | 1394 | 211 | 1039 | 103 | 4915 | 70 |
| **8473** | **4007** | **104** | **8211** | **412** | **7835** | **L** |
| 605 | 366 | 2 | 260 | 26 | 360 | 71 |
| 7868 | 3641 | 102 | 7951 | 386 | 7475 | 72 |
| **4613** | **1514** | **63** | **2049** | **139** | **1909** | **M** |
| 750 | 96 | 3 | 144 | 4 | 221 | 73 |
| 2027 | 951 | 39 | 1187 | 73 | 1071 | 74 |
| 1836 | 467 | 21 | 718 | 62 | 617 | 75 |
| **1610** | **268** | **7** | **143** | **17** | **314** | **N** |
| 60 | 3 | | 22 | | 4 | 76 |
| 267 | 67 | | 6 | | 72 | 77 |
| 1283 | 197 | 7 | 114 | 17 | 238 | 78 |
| | 1 | | 1 | | | 79 |
| **1153** | **1169** | **62** | **1410** | **73** | **1344** | **O** |
| 700 | 626 | 9 | 913 | 29 | 866 | 80 |
| 224 | 280 | 27 | 360 | 39 | 265 | 81 |
| 229 | 263 | 26 | 137 | 5 | 213 | 82 |
| **965** | **221** | | **246** | **8** | **329** | **P** |
| 965 | 221 | | 246 | 8 | 329 | 83 |
| **769** | **88** | **136** | **130** | **6** | **121** | **Q** |
| 373 | 51 | 136 | 86 | 6 | 108 | 84 |
| 396 | 37 | | 44 | | 13 | 85 |
| **2454** | **1335** | **38** | **762** | **27** | **2180** | **R** |
| 4 | | | 7 | | 3 | 86 |
| 112 | 54 | | 63 | | 621 | 87 |
| 428 | 198 | | 273 | 14 | 916 | 88 |
| 214 | 77 | | 56 | | 24 | 89 |
| 1696 | 1006 | 38 | 363 | 13 | 616 | 90 |

# 2-18 按地区、运营状态分组的企业法人单位数

| 地区 | 法人单位数(个) | 正常运营 | 停业(歇业) | 筹建 | 当年关闭 | 当年破产 | 当年注销 | 当年吊销 | 其他 |
|---|---|---|---|---|---|---|---|---|---|
| **全省** | **688373** | **576466** | **51570** | **31669** | **8905** | **529** | **8892** | **752** | **9590** |
| 武汉市 | 252509 | 203480 | 25895 | 15051 | 1270 | 47 | 3088 | 430 | 3248 |
| 黄石市 | 26099 | 23103 | 1716 | 603 | 269 | 11 | 142 | 2 | 253 |
| 十堰市 | 36010 | 32445 | 1369 | 1248 | 204 | 22 | 383 | 16 | 323 |
| 宜昌市 | 57512 | 50737 | 2401 | 991 | 750 | 50 | 1042 | 135 | 1406 |
| 襄阳市 | 69163 | 60948 | 3805 | 991 | 1369 | 102 | 638 | 74 | 1236 |
| 鄂州市 | 13257 | 10709 | 1341 | 466 | 251 | 20 | 156 | 18 | 296 |
| 荆门市 | 25270 | 19306 | 2488 | 2152 | 463 | 23 | 480 | 1 | 357 |
| 孝感市 | 30953 | 23952 | 2042 | 1717 | 1803 | 68 | 526 | 4 | 841 |
| 荆州市 | 37399 | 32221 | 2357 | 1220 | 763 | 100 | 380 | 12 | 346 |
| 黄冈市 | 35800 | 31432 | 2311 | 907 | 552 | 32 | 278 | 7 | 281 |
| 咸宁市 | 28634 | 22683 | 2286 | 1834 | 406 | 11 | 901 | 27 | 486 |
| 随州市 | 14492 | 12687 | 744 | 499 | 234 | 10 | 233 | 3 | 82 |
| 恩施州 | 30798 | 24455 | 2085 | 3368 | 199 | 13 | 370 | 16 | 292 |
| 仙桃市 | 12666 | 12345 | 172 | 93 | 43 |  | 10 | 1 | 2 |
| 潜江市 | 8032 | 7258 | 237 | 144 | 90 | 5 | 183 | 5 | 110 |
| 天门市 | 8546 | 7864 | 140 | 252 | 217 | 11 | 45 | 1 | 16 |
| 神农架 | 1233 | 841 | 181 | 133 | 22 | 4 | 37 |  | 15 |

# 2-19　按地区、运营状态分组的企业法人单位从业人员数

| 地　区 | 从业人员数(人) | 正常运营 | 停业(歇业) | 筹建 | 当年关闭 | 当年破产 | 当年注销 | 当年吊销 | 其他 |
|---|---|---|---|---|---|---|---|---|---|
| **全　省** | **11949162** | **11591617** | **157266** | **71007** | **41863** | **2833** | **36635** | **2613** | **45328** |
| 武汉市 | 4216762 | 4150582 | 33236 | 18528 | 2137 | 145 | 4528 | 671 | 6935 |
| 黄石市 | 577284 | 554686 | 13072 | 3473 | 1846 | 126 | 1345 | 4 | 2732 |
| 十堰市 | 607542 | 586355 | 7845 | 6352 | 891 | 129 | 3170 | 109 | 2691 |
| 宜昌市 | 931630 | 897462 | 13072 | 4134 | 4368 | 193 | 5654 | 829 | 5918 |
| 襄阳市 | 1193250 | 1137507 | 24130 | 5495 | 11186 | 736 | 3868 | 619 | 9709 |
| 鄂州市 | 278918 | 264515 | 9356 | 1789 | 1136 | 28 | 614 | 37 | 1443 |
| 荆门市 | 404052 | 393000 | 4026 | 4689 | 867 | 10 | 920 | 2 | 538 |
| 孝感市 | 677101 | 647260 | 9891 | 4378 | 6450 | 194 | 3310 | 10 | 5608 |
| 荆州市 | 591496 | 565185 | 11639 | 5306 | 4359 | 594 | 2200 | 49 | 2164 |
| 黄冈市 | 738986 | 722165 | 6901 | 4497 | 2515 | 366 | 761 | 20 | 1761 |
| 咸宁市 | 423650 | 397024 | 10797 | 4829 | 1720 | 51 | 5953 | 145 | 3131 |
| 随州市 | 249636 | 242069 | 3630 | 1497 | 959 | 52 | 993 | 5 | 431 |
| 恩施州 | 273635 | 264263 | 3452 | 3218 | 691 | 25 | 836 | 16 | 1134 |
| 仙桃市 | 328860 | 324421 | 2605 | 726 | 652 |  | 289 | 3 | 164 |
| 潜江市 | 223541 | 217003 | 2762 | 512 | 552 | 129 | 1737 | 38 | 808 |
| 天门市 | 221277 | 216793 | 813 | 1459 | 1489 | 55 | 457 | 56 | 155 |
| 神农架 | 11542 | 11327 | 39 | 125 | 45 |  |  |  | 6 |

# 2-20 按地区、单位规模分组的企业法人单位数

| 地 区 | 法人单位数(个) | 大型 | 中型 | 小型 | 微型 |
|---|---|---|---|---|---|
| **全 省** | **676594** | **1133** | **10083** | **115528** | **549850** |
| 武汉市 | 247596 | 606 | 3659 | 32644 | 210687 |
| 黄石市 | 25488 | 51 | 413 | 5345 | 19679 |
| 十堰市 | 35538 | 46 | 447 | 5978 | 29067 |
| 宜昌市 | 56620 | 83 | 841 | 9689 | 46007 |
| 襄阳市 | 68125 | 62 | 762 | 16309 | 50992 |
| 鄂州市 | 13086 | 15 | 222 | 3081 | 9768 |
| 荆门市 | 24897 | 35 | 411 | 3319 | 21132 |
| 孝感市 | 30476 | 38 | 579 | 6297 | 23562 |
| 荆州市 | 36768 | 38 | 555 | 7087 | 29088 |
| 黄冈市 | 35185 | 32 | 606 | 6071 | 28476 |
| 咸宁市 | 28187 | 24 | 386 | 5265 | 22512 |
| 随州市 | 14237 | 24 | 290 | 2293 | 11630 |
| 恩施州 | 30246 | 17 | 305 | 2970 | 26954 |
| 仙桃市 | 12550 | 19 | 227 | 4833 | 7471 |
| 潜江市 | 7956 | 14 | 162 | 2248 | 5532 |
| 天门市 | 8417 | 27 | 199 | 1980 | 6211 |
| 神农架 | 1222 | 2 | 19 | 119 | 1082 |

注：本表不含无单位规模标识的单位数据。

# 2-21　按地区、单位规模分组的企业法人单位从业人员数

| 地　区 | 从业人员数(人) | 大型 | 中型 | 小型 | 微型 |
|---|---|---|---|---|---|
| **全　省** | **11829423** | **2267436** | **2607266** | **4199151** | **2755570** |
| 武汉市 | 4168599 | 1334389 | 865081 | 1146321 | 822808 |
| 黄石市 | 569789 | 110268 | 137314 | 181700 | 140507 |
| 十堰市 | 602166 | 97345 | 116948 | 208447 | 179426 |
| 宜昌市 | 923674 | 123341 | 217099 | 356223 | 227011 |
| 襄阳市 | 1182849 | 134582 | 214418 | 475665 | 358184 |
| 鄂州市 | 276903 | 15807 | 67944 | 129317 | 63835 |
| 荆门市 | 401410 | 48030 | 102729 | 166093 | 84558 |
| 孝感市 | 671055 | 64371 | 182202 | 283270 | 141212 |
| 荆州市 | 585255 | 40337 | 131210 | 251698 | 162010 |
| 黄冈市 | 732128 | 139298 | 169534 | 276017 | 147279 |
| 咸宁市 | 418293 | 19982 | 80396 | 186812 | 131103 |
| 随州市 | 247390 | 15400 | 64769 | 111631 | 55590 |
| 恩施州 | 268552 | 7805 | 50645 | 109705 | 100397 |
| 仙桃市 | 327364 | 38738 | 79722 | 147240 | 61664 |
| 潜江市 | 222721 | 33794 | 63472 | 90125 | 35330 |
| 天门市 | 219768 | 43379 | 61791 | 73357 | 41241 |
| 神农架 | 11507 | 570 | 1992 | 5530 | 3415 |

注：本表不含无单位规模标识的单位数据。

# 2-22 按行业(大类)、单位规模分组的企业法人单位数

| 行业大类 | 代码 | 法人单位数(个) | 大型 | 中型 | 小型 | 微型 |
|---|---|---|---|---|---|---|
| **总　计** | **00** | **676594** | **1133** | **10083** | **115528** | **549850** |
| **农、林、牧、渔业** | **A** | **4491** | **1** | **432** | **2429** | **1629** |
| 农业 | 01 | 8 | | | | 8 |
| 林业 | 02 | | | | | |
| 畜牧业 | 03 | 2 | | | | 2 |
| 渔业 | 04 | | | | | |
| 农、林、牧、渔专业及辅助性活动 | 05 | 4481 | 1 | 432 | 2429 | 1619 |
| **采矿业** | **B** | **2579** | **7** | **31** | **875** | **1666** |
| 煤炭开采和洗选业 | 06 | 146 | | 2 | 63 | 81 |
| 石油和天然气开采业 | 07 | 7 | 1 | | 2 | 4 |
| 黑色金属矿采选业 | 08 | 240 | 3 | 10 | 82 | 145 |
| 有色金属矿采选业 | 09 | 108 | 1 | 5 | 43 | 59 |
| 非金属矿采选业 | 10 | 1878 | | 12 | 645 | 1221 |
| 开采专业及辅助性活动 | 11 | 60 | 2 | 1 | 18 | 39 |
| 其他采矿业 | 12 | 140 | | 1 | 22 | 117 |
| **制造业** | **C** | **90511** | **287** | **1567** | **26373** | **62284** |
| 农副食品加工业 | 13 | 6487 | 10 | 105 | 1985 | 4387 |
| 食品制造业 | 14 | 2615 | 8 | 63 | 634 | 1910 |
| 酒、饮料和精制茶制造业 | 15 | 3322 | 13 | 43 | 623 | 2643 |
| 烟草制品业 | 16 | 54 | 1 | 1 | 4 | 48 |
| 纺织业 | 17 | 3743 | 18 | 201 | 1582 | 1942 |
| 纺织服装、服饰业 | 18 | 6025 | 13 | 111 | 2454 | 3447 |
| 皮革、毛皮、羽毛及其制品和制鞋业 | 19 | 915 | 2 | 14 | 347 | 552 |
| 木材加工和木、竹、藤、棕、草制品业 | 20 | 2591 | 1 | 15 | 602 | 1973 |
| 家具制造业 | 21 | 1806 | 2 | 10 | 370 | 1424 |
| 造纸和纸制品业 | 22 | 1426 | 2 | 28 | 384 | 1012 |
| 印刷和记录媒介复制业 | 23 | 2469 | 3 | 30 | 554 | 1882 |
| 文教、工美、体育和娱乐用品制造业 | 24 | 1907 | 2 | 32 | 470 | 1403 |
| 石油、煤炭及其他燃料加工业 | 25 | 302 | 3 | 2 | 69 | 228 |
| 化学原料和化学制品制造业 | 26 | 4182 | 26 | 90 | 1407 | 2659 |
| 医药制造业 | 27 | 1530 | 18 | 56 | 569 | 887 |
| 化学纤维制造业 | 28 | 82 | 1 | 2 | 34 | 45 |
| 橡胶和塑料制品业 | 29 | 3641 | 1 | 55 | 1112 | 2473 |
| 非金属矿物制品业 | 30 | 11341 | 10 | 117 | 3680 | 7534 |

注：本表不含无单位规模标识的单位数据。

2-22　续表1

| 行业大类 | 代码 | 法　人单位数(个) | 大型 | 中型 | 小型 | 微型 |
|---|---|---|---|---|---|---|
| 黑色金属冶炼和压延加工业 | 31 | 575 | 10 | 17 | 139 | 409 |
| 有色金属冶炼和压延加工业 | 32 | 595 | 2 | 24 | 170 | 399 |
| 金属制品业 | 33 | 6467 | 9 | 58 | 1556 | 4844 |
| 通用设备制造业 | 34 | 6282 | 11 | 56 | 1436 | 4779 |
| 专用设备制造业 | 35 | 5374 | 11 | 51 | 1428 | 3884 |
| 汽车制造业 | 36 | 6345 | 53 | 205 | 2173 | 3914 |
| 铁路、船舶、航空航天和其他运输设备制造业 | 37 | 540 | 5 | 20 | 216 | 299 |
| 电气机械和器材制造业 | 38 | 3204 | 17 | 76 | 991 | 2120 |
| 计算机、通信和其他电子设备制造业 | 39 | 2576 | 30 | 61 | 687 | 1798 |
| 仪器仪表制造业 | 40 | 1108 | 3 | 12 | 236 | 857 |
| 其他制造业 | 41 | 1235 |  | 1 | 221 | 1013 |
| 废弃资源综合利用业 | 42 | 595 | 1 | 6 | 126 | 462 |
| 金属制品、机械和设备修理业 | 43 | 1177 | 1 | 5 | 114 | 1057 |
| **电力、热力、燃气及水生产和供应业** | **D** | **5334** | **10** | **52** | **876** | **4396** |
| 电力、热力生产和供应业 | 44 | 3360 | 7 | 29 | 462 | 2862 |
| 燃气生产和供应业 | 45 | 350 | 1 | 5 | 107 | 237 |
| 水的生产和供应业 | 46 | 1624 | 2 | 18 | 307 | 1297 |
| **建筑业** | **E** | **57255** | **128** | **1444** | **11002** | **44681** |
| 房屋建筑业 | 47 | 14000 | 61 | 860 | 3376 | 9703 |
| 土木工程建筑业 | 48 | 12504 | 51 | 369 | 2840 | 9244 |
| 建筑安装业 | 49 | 8260 | 11 | 101 | 1481 | 6667 |
| 建筑装饰、装修和其他建筑业 | 50 | 22491 | 5 | 114 | 3305 | 19067 |
| **批发和零售业** | **F** | **228674** | **184** | **2738** | **26141** | **199611** |
| 批发业 | 51 | 104006 | 88 | 1347 | 9586 | 92985 |
| 零售业 | 52 | 124668 | 96 | 1391 | 16555 | 106626 |
| **交通运输、仓储和邮政业** | **G** | **22050** | **29** | **144** | **2974** | **18903** |
| 道路运输业 | 54 | 14683 | 11 | 77 | 1895 | 12700 |
| 水上运输业 | 55 | 672 | 3 | 7 | 143 | 519 |
| 航空运输业 | 56 | 76 | 2 | 4 | 15 | 55 |
| 管道运输业 | 57 | 13 | 1 | 1 | 5 | 6 |
| 多式联运和运输代理业 | 58 | 2191 |  | 2 | 185 | 2004 |
| 装卸搬运和仓储业 | 59 | 3017 | 2 | 42 | 428 | 2545 |
| 邮政业 | 60 | 1398 | 10 | 11 | 303 | 1074 |
| **住宿和餐饮业** | **H** | **17423** | **23** | **230** | **5104** | **12066** |
| 住宿业 | 61 | 5231 | 4 | 117 | 1784 | 3326 |
| 餐饮业 | 62 | 12192 | 19 | 113 | 3320 | 8740 |

2-22 续表2

| 行业大类 | 代码 | 法人单位数(个) | 大型 | 中型 | 小型 | 微型 |
|---|---|---|---|---|---|---|
| **信息传输、软件和信息技术服务业** | **I** | **38930** | **36** | **248** | **5501** | **33145** |
| 电信、广播电视和卫星传输服务 | 63 | 1102 | 3 | 65 | 182 | 852 |
| 互联网和相关服务 | 64 | 4950 | 1 | 27 | 788 | 4134 |
| 软件和信息技术服务业 | 65 | 32878 | 32 | 156 | 4531 | 28159 |
| **金融业** | **J** | **2849** | **173** | **27** | **192** | **2457** |
| 货币金融服务 | 66 | 1100 | 171 | 23 | 122 | 784 |
| 资本市场服务 | 67 | 815 |  | 1 | 14 | 800 |
| 保险业 | 68 | 637 |  | 1 | 36 | 600 |
| 其他金融业 | 69 | 297 | 2 | 2 | 20 | 273 |
| **房地产业** | **K** | **28770** | **77** | **2495** | **3290** | **22908** |
| 房地产业 | 70 | 28770 | 77 | 2495 | 3290 | 22908 |
| **租赁和商务服务业** | **L** | **88050** | **14** | **120** | **12176** | **75740** |
| 租赁业 | 71 | 8117 |  | 2 | 1330 | 6785 |
| 商务服务业 | 72 | 79933 | 14 | 118 | 10846 | 68955 |
| **科学研究和技术服务业** | **M** | **44863** | **77** | **246** | **9211** | **35329** |
| 研究和试验发展 | 73 | 5770 | 1 | 19 | 991 | 4759 |
| 专业技术服务业 | 74 | 25104 | 72 | 199 | 5778 | 19055 |
| 科技推广和应用服务业 | 75 | 13989 | 4 | 28 | 2442 | 11515 |
| **水利、环境和公共设施管理业** | **N** | **5250** | **24** | **71** | **1691** | **3464** |
| 水利管理业 | 76 | 292 |  | 4 | 89 | 199 |
| 生态保护和环境治理业 | 77 | 741 | 3 | 3 | 219 | 516 |
| 公共设施管理业 | 78 | 4078 | 21 | 61 | 1317 | 2679 |
| 土地管理业 | 79 | 139 |  | 3 | 66 | 70 |
| **居民服务、修理和其他服务业** | **O** | **18756** | **31** | **70** | **3909** | **14746** |
| 居民服务业 | 80 | 7584 | 12 | 37 | 1561 | 5974 |
| 机动车、电子产品和日用产品修理业 | 81 | 7252 | 2 | 3 | 1405 | 5842 |
| 其他服务业 | 82 | 3920 | 17 | 30 | 943 | 2930 |
| **卫生和社会工作** | **Q** | **784** | **19** | **89** | **308** | **368** |
| 卫生 | 84 | 219 | 19 | 85 | 113 | 2 |
| 社会工作 | 85 | 565 |  | 4 | 195 | 366 |
| **文化、体育和娱乐业** | **R** | **20025** | **13** | **79** | **3476** | **16457** |
| 新闻和出版业 | 86 | 265 | 5 | 14 | 93 | 153 |
| 广播、电视、电影和录音制作业 | 87 | 1579 | 1 | 7 | 470 | 1101 |
| 文化艺术业 | 88 | 4098 | 2 | 15 | 719 | 3362 |
| 体育 | 89 | 1383 |  | 7 | 263 | 1113 |
| 娱乐业 | 90 | 12700 | 5 | 36 | 1931 | 10728 |

# 2-23　按行业(大类)、单位规模分组的企业法人单位从业人员数

| 行业大类 | 代码 | 从业人员数(人) | 大型 | 中型 | 小型 | 微型 |
|---|---|---|---|---|---|---|
| **全　省** | **00** | **11829423** | **2267436** | **2607266** | **4199151** | **2755570** |
| **农、林、牧、渔业** | **A** | **34103** | **312** | **12232** | **17824** | **3735** |
| 农业 | 01 | | | | | |
| 林业 | 02 | | | | | |
| 畜牧业 | 03 | | | | | |
| 渔业 | 04 | | | | | |
| 农、林、牧、渔专业及辅助性活动 | 05 | 34103 | 312 | 12232 | 17824 | 3735 |
| **采矿业** | **B** | **113497** | **31614** | **15160** | **53650** | **13073** |
| 煤炭开采和洗选业 | 06 | 6975 | | 762 | 5448 | 765 |
| 石油和天然气开采业 | 07 | 12962 | 12852 | | 94 | 16 |
| 黑色金属矿采选业 | 08 | 19938 | 7022 | 6102 | 5902 | 912 |
| 有色金属矿采选业 | 09 | 7097 | 1474 | 2004 | 3176 | 443 |
| 非金属矿采选业 | 10 | 52258 | | 5286 | 37251 | 9721 |
| 开采专业及辅助性活动 | 11 | 11930 | 10266 | 327 | 1062 | 275 |
| 其他采矿业 | 12 | 2337 | | 679 | 717 | 941 |
| **制造业** | **C** | **3771807** | **778740** | **804767** | **1714035** | **474265** |
| 农副食品加工业 | 13 | 232190 | 14708 | 48839 | 136670 | 31973 |
| 食品制造业 | 14 | 109060 | 18580 | 33178 | 43276 | 14026 |
| 酒、饮料和精制茶制造业 | 15 | 104459 | 26299 | 19709 | 40449 | 18002 |
| 烟草制品业 | 16 | 7521 | 6220 | 430 | 667 | 204 |
| 纺织业 | 17 | 273153 | 33172 | 104316 | 119487 | 16178 |
| 纺织服装、服饰业 | 18 | 263537 | 26107 | 60643 | 142869 | 33918 |
| 皮革、毛皮、羽毛及其制品和制鞋业 | 19 | 46658 | 9598 | 10419 | 21546 | 5095 |
| 木材加工和木、竹、藤、棕、草制品业 | 20 | 62409 | 2019 | 9824 | 35721 | 14845 |
| 家具制造业 | 21 | 40941 | 3982 | 5151 | 22141 | 9667 |
| 造纸和纸制品业 | 22 | 51121 | 2841 | 14687 | 24478 | 9115 |
| 印刷和记录媒介复制业 | 23 | 65706 | 3511 | 14539 | 35218 | 12438 |
| 文教、工美、体育和娱乐用品制造业 | 24 | 62479 | 3569 | 15398 | 34318 | 9194 |
| 石油、煤炭及其他燃料加工业 | 25 | 12449 | 6625 | 901 | 3316 | 1607 |
| 化学原料和化学制品制造业 | 26 | 218891 | 60862 | 43550 | 93469 | 21010 |
| 医药制造业 | 27 | 136796 | 56251 | 28064 | 46413 | 6068 |
| 化学纤维制造业 | 28 | 6911 | 3038 | 941 | 2599 | 333 |
| 橡胶和塑料制品业 | 29 | 118463 | 1298 | 29598 | 68086 | 19481 |
| 非金属矿物制品业 | 30 | 355683 | 28277 | 54702 | 215562 | 57142 |

注：本表不含无单位规模标识的单位数据。

2-23 续表1

| 行业大类 | 代码 | 从业人员数(人) | 大型 | 中型 | 小型 | 微型 |
|---|---|---|---|---|---|---|
| 黑色金属冶炼和压延加工业 | 31 | 74875 | 54140 | 8529 | 9458 | 2748 |
| 有色金属冶炼和压延加工业 | 32 | 42384 | 12137 | 15228 | 11852 | 3167 |
| 金属制品业 | 33 | 178938 | 16373 | 31586 | 97003 | 33976 |
| 通用设备制造业 | 34 | 168097 | 17939 | 27638 | 86101 | 36419 |
| 专用设备制造业 | 35 | 158254 | 20895 | 24506 | 84726 | 28127 |
| 汽车制造业 | 36 | 480743 | 184706 | 105539 | 157507 | 32991 |
| 铁路、船舶、航空航天和其他运输设备制造业 | 37 | 42497 | 13510 | 10548 | 16269 | 2170 |
| 电气机械和器材制造业 | 38 | 171860 | 44396 | 39603 | 69376 | 18485 |
| 计算机、通信和其他电子设备制造业 | 39 | 202448 | 99074 | 33531 | 55561 | 14282 |
| 仪器仪表制造业 | 40 | 32172 | 5800 | 5580 | 15604 | 5188 |
| 其他制造业 | 41 | 17725 | | 522 | 9749 | 7454 |
| 废弃资源综合利用业 | 42 | 16964 | 1800 | 3808 | 8093 | 3263 |
| 金属制品、机械和设备修理业 | 43 | 16423 | 1013 | 3260 | 6451 | 5699 |
| **电力、热力、燃气及水生产和供应业** | **D** | **203311** | **96693** | **29643** | **50698** | **26277** |
| 电力、热力生产和供应业 | 44 | 144793 | 85925 | 18801 | 24966 | 15101 |
| 燃气生产和供应业 | 45 | 13185 | 2044 | 2346 | 6998 | 1797 |
| 水的生产和供应业 | 46 | 45333 | 8724 | 8496 | 18734 | 9379 |
| **建筑业** | **E** | **2511945** | **661618** | **1013924** | **533482** | **302921** |
| 房屋建筑业 | 47 | 1604395 | 472620 | 793606 | 254262 | 83907 |
| 土木工程建筑业 | 48 | 478780 | 146408 | 155163 | 115175 | 62034 |
| 建筑安装业 | 49 | 156897 | 33222 | 27547 | 56219 | 39909 |
| 建筑装饰、装修和其他建筑业 | 50 | 271873 | 9368 | 37608 | 107826 | 117071 |
| **批发和零售业** | **F** | **1851709** | **257749** | **237632** | **479039** | **877289** |
| 批发业 | 51 | 876606 | 97174 | 92858 | 197671 | 488903 |
| 零售业 | 52 | 975103 | 160575 | 144774 | 281368 | 388386 |
| **交通运输、仓储和邮政业** | **G** | **472242** | **124828** | **68900** | **159845** | **118669** |
| 道路运输业 | 54 | 298229 | 63393 | 45225 | 109376 | 80235 |
| 水上运输业 | 55 | 20957 | 5403 | 3407 | 8700 | 3447 |
| 航空运输业 | 56 | 8844 | 4401 | 2806 | 1306 | 331 |
| 管道运输业 | 57 | 4286 | 3431 | 338 | 476 | 41 |
| 多式联运和运输代理业 | 58 | 20073 | | 823 | 8257 | 10993 |
| 装卸搬运和仓储业 | 59 | 43622 | 1573 | 8179 | 17771 | 16099 |
| 邮政业 | 60 | 76231 | 46627 | 8122 | 13959 | 7523 |
| **住宿和餐饮业** | **H** | **277982** | **35393** | **48967** | **138678** | **54944** |
| 住宿业 | 61 | 93704 | 1731 | 25416 | 51713 | 14844 |
| 餐饮业 | 62 | 184278 | 33662 | 23551 | 86965 | 40100 |

2-23　续表2

| 行业大类 | 代码 | 从业人员数(人) | 大型 | 中型 | 小型 | 微型 |
|---|---|---|---|---|---|---|
| **信息传输、软件和信息技术服务业** | **I** | **405613** | **104589** | **76232** | **115521** | **109271** |
| 电信、广播电视和卫星传输服务 | 63 | 58222 | 15885 | 33656 | 5139 | 3542 |
| 互联网和相关服务 | 64 | 78307 | 37177 | 9725 | 15807 | 15598 |
| 软件和信息技术服务业 | 65 | 269084 | 51527 | 32851 | 94575 | 90131 |
| **金融业** | **J** | **21158** | | **44** | **10614** | **10500** |
| 货币金融服务 | 66 | 5373 | | | 90 | 5283 |
| 资本市场服务 | 67 | 2240 | | 1 | 17 | 2222 |
| 保险业 | 68 | 126 | | | | 126 |
| 其他金融业 | 69 | 13419 | | 43 | 10507 | 2869 |
| **房地产业** | **K** | **512933** | **56321** | **149217** | **94543** | **212852** |
| 房地产业 | 70 | 512933 | 56321 | 149217 | 94543 | 212852 |
| **租赁和商务服务业** | **L** | **824436** | **8467** | **60829** | **444540** | **310600** |
| 租赁业 | 71 | 55338 | | 1836 | 26223 | 27279 |
| 商务服务业 | 72 | 769098 | 8467 | 58993 | 418317 | 283321 |
| **科学研究和技术服务业** | **M** | **408143** | **61941** | **39897** | **190743** | **115562** |
| 研究和试验发展 | 73 | 38196 | 650 | 2982 | 21000 | 13564 |
| 专业技术服务业 | 74 | 282214 | 58337 | 32646 | 126885 | 64346 |
| 科技推广和应用服务业 | 75 | 87733 | 2954 | 4269 | 42858 | 37652 |
| **水利、环境和公共设施管理业** | **N** | **82901** | **16567** | **12049** | **40848** | **13437** |
| 水利管理业 | 76 | 3546 | | 892 | 1853 | 801 |
| 生态保护和环境治理业 | 77 | 9780 | 2425 | 434 | 5027 | 1894 |
| 公共设施管理业 | 78 | 67159 | 14142 | 10383 | 32202 | 10432 |
| 土地管理业 | 79 | 2416 | | 340 | 1766 | 310 |
| **居民服务、修理和其他服务业** | **O** | **155531** | **16533** | **11313** | **73952** | **53733** |
| 居民服务业 | 80 | 62428 | 5466 | 5935 | 30388 | 20639 |
| 机动车、电子产品和日用产品修理业 | 81 | 47494 | 1065 | 529 | 23491 | 22409 |
| 其他服务业 | 82 | 45609 | 10002 | 4849 | 20073 | 10685 |
| **卫生和社会工作** | **Q** | **35651** | **8769** | **14189** | **11386** | **1307** |
| 卫生 | 84 | 29825 | 8769 | 13710 | 7343 | 3 |
| 社会工作 | 85 | 5826 | | 479 | 4043 | 1304 |
| **文化、体育和娱乐业** | **R** | **146461** | **7302** | **12271** | **69753** | **57135** |
| 新闻和出版业 | 86 | 9104 | 2864 | 2265 | 3471 | 504 |
| 广播、电视、电影和录音制作业 | 87 | 16134 | 545 | 1170 | 10348 | 4071 |
| 文化艺术业 | 88 | 27165 | 695 | 2517 | 12500 | 11453 |
| 体育 | 89 | 10122 | | 1051 | 5460 | 3611 |
| 娱乐业 | 90 | 83936 | 3198 | 5268 | 37974 | 37496 |

# 2-24 按地区、营业收入组距分组的企业法人单位数

| 地区 | 法人单位数(个) | 100万元及以下 | 100-200万元 | 200-500万元 | 500-1000万元 | 1000-2000万元 | 2000-5000万元 | 5000万元-1亿元 | 1亿元以上 |
|---|---|---|---|---|---|---|---|---|---|
| **全省** | **688373** | **324425** | **99717** | **141088** | **57424** | **28675** | **15280** | **8182** | **13582** |
| 武汉市 | 252509 | 153811 | 29047 | 34890 | 14267 | 7717 | 5807 | 2706 | 4264 |
| 黄石市 | 26099 | 7739 | 5146 | 8639 | 2192 | 890 | 687 | 330 | 476 |
| 十堰市 | 36010 | 13784 | 6436 | 8683 | 3974 | 1331 | 792 | 453 | 557 |
| 宜昌市 | 57512 | 27961 | 10194 | 9601 | 4271 | 2415 | 1262 | 716 | 1092 |
| 襄阳市 | 69163 | 11703 | 10923 | 28856 | 10506 | 4097 | 945 | 635 | 1498 |
| 鄂州市 | 13257 | 5231 | 1630 | 2773 | 1938 | 771 | 334 | 184 | 396 |
| 荆门市 | 25270 | 15223 | 3460 | 2897 | 1128 | 699 | 574 | 417 | 872 |
| 孝感市 | 30953 | 13629 | 4473 | 6547 | 2632 | 1550 | 790 | 482 | 850 |
| 荆州市 | 37399 | 11566 | 7108 | 9605 | 4954 | 1972 | 947 | 545 | 702 |
| 黄冈市 | 35800 | 17071 | 6258 | 6140 | 2407 | 1512 | 1177 | 578 | 657 |
| 咸宁市 | 28634 | 10444 | 4996 | 7787 | 2724 | 1165 | 529 | 342 | 647 |
| 随州市 | 14492 | 7945 | 2016 | 2076 | 772 | 467 | 372 | 265 | 579 |
| 恩施州 | 30798 | 21224 | 3707 | 2952 | 1252 | 704 | 573 | 188 | 198 |
| 仙桃市 | 12666 | 1591 | 1719 | 4787 | 1982 | 1939 | 195 | 147 | 306 |
| 潜江市 | 8032 | 1682 | 939 | 2615 | 1513 | 818 | 138 | 96 | 231 |
| 天门市 | 8546 | 2844 | 1585 | 2164 | 878 | 608 | 131 | 89 | 247 |
| 神农架 | 1233 | 977 | 80 | 76 | 34 | 20 | 27 | 9 | 10 |

# 2-25 按地区、营业收入组距分组的企业法人单位从业人员数

| 地 区 | 从 业 人员数 (人) | 100万元 及以下 | 100- 200万元 | 200- 500万元 | 500- 1000万元 | 1000- 2000万元 | 2000- 5000万元 | 5000万元- 1亿元 | 1亿元 以上 |
|---|---|---|---|---|---|---|---|---|---|
| **全 省** | **11949162** | **973493** | **647437** | **1464476** | **1069136** | **914780** | **922187** | **856953** | **5100700** |
| 武汉市 | 4216762 | 419030 | 186887 | 370840 | 271904 | 231895 | 329332 | 301129 | 2105745 |
| 黄石市 | 577284 | 31611 | 38072 | 96365 | 45360 | 34469 | 42596 | 42899 | 245912 |
| 十堰市 | 607542 | 53606 | 41865 | 85503 | 65938 | 45025 | 47686 | 44279 | 223640 |
| 宜昌市 | 931630 | 87246 | 62888 | 107323 | 89607 | 77948 | 74253 | 62444 | 369921 |
| 襄阳市 | 1193250 | 44578 | 64559 | 267591 | 159172 | 101880 | 53686 | 56636 | 445148 |
| 鄂州市 | 278918 | 16257 | 12595 | 34896 | 41551 | 30560 | 23408 | 20460 | 99191 |
| 荆门市 | 404052 | 40435 | 21829 | 31879 | 21524 | 22211 | 31718 | 39146 | 195310 |
| 孝感市 | 677101 | 46198 | 36391 | 78406 | 63191 | 62437 | 53186 | 49500 | 287792 |
| 荆州市 | 591496 | 36415 | 39838 | 83220 | 80765 | 53174 | 57707 | 54793 | 185584 |
| 黄冈市 | 738986 | 56173 | 39398 | 70193 | 52466 | 58369 | 83562 | 65715 | 313110 |
| 咸宁市 | 423650 | 33878 | 33313 | 77742 | 50626 | 36588 | 32279 | 33839 | 125385 |
| 随州市 | 249636 | 26127 | 14039 | 24995 | 16948 | 14730 | 19924 | 18701 | 114172 |
| 恩施州 | 273635 | 56670 | 26068 | 34160 | 27089 | 27674 | 37226 | 21945 | 42803 |
| 仙桃市 | 328860 | 6641 | 12289 | 50575 | 39056 | 58472 | 14897 | 19915 | 127015 |
| 潜江市 | 223541 | 4741 | 5642 | 23564 | 26024 | 35093 | 10565 | 15071 | 102841 |
| 天门市 | 221277 | 11615 | 10986 | 25846 | 16836 | 23363 | 8639 | 9027 | 114965 |
| 神农架 | 11542 | 2272 | 778 | 1378 | 1079 | 892 | 1523 | 1454 | 2166 |

# 2-26 按行业(大类)、营业收入

| 行业大类 | 代码 | 法人单位数(个) | 100万元及以下 | 100-200万元 |
|---|---|---|---|---|
| **总 计** | **00** | **688373** | **324425** | **99717** |
| **农、林、牧、渔业** | **A** | **4491** | **2287** | **840** |
| 农业 | 01 | 8 | 8 | |
| 林业 | 02 | | | |
| 畜牧业 | 03 | 2 | 2 | |
| 渔业 | 04 | | | |
| 农、林、牧、渔专业及辅助性活动 | 05 | 4481 | 2277 | 840 |
| **采矿业** | **B** | **2579** | **522** | **270** |
| 煤炭开采和洗选业 | 06 | 146 | 43 | 8 |
| 石油和天然气开采业 | 07 | 7 | 1 | 1 |
| 黑色金属矿采选业 | 08 | 240 | 54 | 29 |
| 有色金属矿采选业 | 09 | 108 | 20 | 11 |
| 非金属矿采选业 | 10 | 1878 | 356 | 201 |
| 开采专业及辅助性活动 | 11 | 60 | 9 | 6 |
| 其他采矿业 | 12 | 140 | 39 | 14 |
| **制造业** | **C** | **90511** | **23160** | **11141** |
| 农副食品加工业 | 13 | 6487 | 1639 | 742 |
| 食品制造业 | 14 | 2615 | 791 | 327 |
| 酒、饮料和精制茶制造业 | 15 | 3322 | 1116 | 520 |
| 烟草制品业 | 16 | 54 | 42 | 4 |
| 纺织业 | 17 | 3743 | 673 | 309 |
| 纺织服装、服饰业 | 18 | 6025 | 1151 | 763 |
| 皮革、毛皮、羽毛及其制品和制鞋业 | 19 | 915 | 230 | 110 |
| 木材加工和木、竹、藤、棕、草制品业 | 20 | 2591 | 670 | 350 |
| 家具制造业 | 21 | 1806 | 583 | 238 |
| 造纸和纸制品业 | 22 | 1426 | 344 | 163 |
| 印刷和记录媒介复制业 | 23 | 2469 | 781 | 363 |
| 文教、工美、体育和娱乐用品制造业 | 24 | 1907 | 647 | 235 |
| 石油、煤炭及其他燃料加工业 | 25 | 302 | 87 | 31 |
| 化学原料和化学制品制造业 | 26 | 4182 | 1006 | 412 |
| 医药制造业 | 27 | 1530 | 431 | 149 |
| 化学纤维制造业 | 28 | 82 | 18 | 8 |
| 橡胶和塑料制品业 | 29 | 3641 | 828 | 442 |
| 非金属矿物制品业 | 30 | 11341 | 2611 | 1379 |
| 黑色金属冶炼和压延加工业 | 31 | 575 | 149 | 77 |
| 有色金属冶炼和压延加工业 | 32 | 595 | 127 | 61 |

# 组距分组的企业法人单位数

| 200–500万元 | 500–1000万元 | 1000–2000万元 | 2000–5000万元 | 5000万元–1亿元 | 1亿元以上 | 代码 |
|---|---|---|---|---|---|---|
| **141088** | **57424** | **28675** | **15280** | **8182** | **13582** | **00** |
| **931** | **301** | **87** | **30** | **12** | **3** | **A** |
| | | | | | | 01 |
| | | | | | | 02 |
| | | | | | | 03 |
| | | | | | | 04 |
| 931 | 301 | 87 | 30 | 12 | 3 | 05 |
| **448** | **409** | **518** | **129** | **84** | **199** | **B** |
| 13 | 21 | 48 | 10 | 1 | 2 | 06 |
| 2 | 1 | 1 | | | 1 | 07 |
| 33 | 28 | 44 | 9 | 7 | 36 | 08 |
| 17 | 13 | 21 | 14 | 1 | 11 | 09 |
| 332 | 313 | 365 | 94 | 72 | 145 | 10 |
| 21 | 5 | 13 | | 3 | 3 | 11 |
| 30 | 28 | 26 | 2 | | 1 | 12 |
| **17067** | **13811** | **10627** | **4701** | **3111** | **6893** | **C** |
| 1100 | 857 | 636 | 352 | 306 | 855 | 13 |
| 534 | 366 | 229 | 120 | 68 | 180 | 14 |
| 613 | 404 | 257 | 172 | 84 | 156 | 15 |
| | | 1 | 3 | | 4 | 16 |
| 553 | 619 | 688 | 205 | 169 | 527 | 17 |
| 1132 | 1330 | 1146 | 188 | 99 | 216 | 18 |
| 161 | 143 | 121 | 32 | 31 | 87 | 19 |
| 526 | 480 | 301 | 90 | 58 | 116 | 20 |
| 406 | 251 | 172 | 64 | 37 | 55 | 21 |
| 291 | 229 | 190 | 57 | 47 | 105 | 22 |
| 519 | 298 | 204 | 111 | 72 | 121 | 23 |
| 345 | 227 | 185 | 84 | 53 | 131 | 24 |
| 63 | 44 | 30 | 23 | 4 | 20 | 25 |
| 670 | 593 | 534 | 269 | 178 | 520 | 26 |
| 202 | 152 | 183 | 120 | 82 | 211 | 27 |
| 9 | 16 | 10 | 4 | 5 | 12 | 28 |
| 707 | 602 | 474 | 197 | 138 | 253 | 29 |
| 2053 | 1820 | 1533 | 610 | 499 | 836 | 30 |
| 110 | 66 | 60 | 23 | 22 | 68 | 31 |
| 96 | 96 | 72 | 28 | 27 | 88 | 32 |

2–26 续表1

| 行业大类 | 代码 | 法人单位数(个) | | |
|---|---|---|---|---|
| | | | 100万元及以下 | 100–200万元 |
| 金属制品业 | 33 | 6467 | 1854 | 926 |
| 通用设备制造业 | 34 | 6282 | 1613 | 883 |
| 专用设备制造业 | 35 | 5374 | 1450 | 715 |
| 汽车制造业 | 36 | 6345 | 1004 | 673 |
| 铁路、船舶、航空航天和其他运输设备制造业 | 37 | 540 | 119 | 50 |
| 电气机械和器材制造业 | 38 | 3204 | 805 | 372 |
| 计算机、通信和其他电子设备制造业 | 39 | 2576 | 841 | 263 |
| 仪器仪表制造业 | 40 | 1108 | 415 | 147 |
| 其他制造业 | 41 | 1235 | 385 | 166 |
| 废弃资源综合利用业 | 42 | 595 | 201 | 79 |
| 金属制品、机械和设备修理业 | 43 | 1177 | 549 | 184 |
| **电力、热力、燃气及水生产和供应业** | **D** | **5334** | **2224** | **673** |
| 电力、热力生产和供应业 | 44 | 3360 | 1654 | 357 |
| 燃气生产和供应业 | 45 | 350 | 67 | 51 |
| 水的生产和供应业 | 46 | 1624 | 503 | 265 |
| **建筑业** | **E** | **57255** | **24103** | **8533** |
| 房屋建筑业 | 47 | 14000 | 4948 | 1841 |
| 土木工程建筑业 | 48 | 12504 | 4817 | 1754 |
| 建筑安装业 | 49 | 8260 | 3572 | 1328 |
| 建筑装饰、装修和其他建筑业 | 50 | 22491 | 10766 | 3610 |
| **批发和零售业** | **F** | **228674** | **105006** | **34124** |
| 批发业 | 51 | 104006 | 44908 | 14398 |
| 零售业 | 52 | 124668 | 60098 | 19726 |
| **交通运输、仓储和邮政业** | **G** | **22059** | **8714** | **3612** |
| 铁路运输业 | 53 | 9 | 1 | |
| 道路运输业 | 54 | 14683 | 5627 | 2434 |
| 水上运输业 | 55 | 672 | 230 | 98 |
| 航空运输业 | 56 | 76 | 31 | 10 |
| 管道运输业 | 57 | 13 | 3 | 1 |
| 多式联运和运输代理业 | 58 | 2191 | 1074 | 316 |
| 装卸搬运和仓储业 | 59 | 3017 | 1219 | 481 |
| 邮政业 | 60 | 1398 | 529 | 272 |
| **住宿和餐饮业** | **H** | **17423** | **7849** | **4732** |
| 住宿业 | 61 | 5231 | 2249 | 1302 |
| 餐饮业 | 62 | 12192 | 5600 | 3430 |
| **信息传输、软件和信息技术服务业** | **I** | **38930** | **25155** | **4923** |
| 电信、广播电视和卫星传输服务 | 63 | 1102 | 597 | 158 |

| 200-500万元 | 500-1000万元 | 1000-2000万元 | 2000-5000万元 | 5000万元-1亿元 | 1亿元以上 | 代码 |
|---:|---:|---:|---:|---:|---:|:---:|
| 1282 | 919 | 620 | 305 | 198 | 363 | 33 |
| 1461 | 1000 | 603 | 281 | 144 | 297 | 34 |
| 1104 | 767 | 607 | 306 | 160 | 265 | 35 |
| 1266 | 1134 | 722 | 488 | 324 | 734 | 36 |
| 83 | 65 | 80 | 46 | 22 | 75 | 37 |
| 538 | 453 | 361 | 240 | 134 | 301 | 38 |
| 453 | 342 | 266 | 147 | 81 | 183 | 39 |
| 174 | 143 | 81 | 66 | 30 | 52 | 40 |
| 281 | 214 | 140 | 21 | 11 | 17 | 41 |
| 113 | 58 | 56 | 30 | 24 | 34 | 42 |
| 222 | 123 | 65 | 19 | 4 | 11 | 43 |
| **895** | **673** | **426** | **180** | **110** | **153** | **D** |
| 485 | 375 | 242 | 103 | 60 | 84 | 44 |
| 65 | 48 | 38 | 18 | 21 | 42 | 45 |
| 345 | 250 | 146 | 59 | 29 | 27 | 46 |
| **12156** | **5723** | **2641** | **1723** | **981** | **1395** | **E** |
| 2919 | 1509 | 810 | 624 | 490 | 859 | 47 |
| 2777 | 1432 | 676 | 463 | 242 | 343 | 48 |
| 1789 | 789 | 368 | 236 | 94 | 84 | 49 |
| 4671 | 1993 | 787 | 400 | 155 | 109 | 50 |
| **54117** | **17095** | **9355** | **4580** | **2079** | **2318** | **F** |
| 21446 | 11198 | 6686 | 2732 | 1266 | 1372 | 51 |
| 32671 | 5897 | 2669 | 1848 | 813 | 946 | 52 |
| **5300** | **2748** | **636** | **560** | **245** | **244** | **G** |
|  |  |  | 1 |  | 7 | 53 |
| 3629 | 1887 | 416 | 392 | 169 | 129 | 54 |
| 132 | 105 | 32 | 31 | 21 | 23 | 55 |
| 14 | 6 | 2 | 3 | 4 | 6 | 56 |
| 1 | 1 |  | 1 | 1 | 5 | 57 |
| 453 | 210 | 65 | 42 | 16 | 15 | 58 |
| 718 | 365 | 86 | 79 | 33 | 36 | 59 |
| 353 | 174 | 35 | 11 | 1 | 23 | 60 |
| **2856** | **1031** | **463** | **346** | **115** | **31** | **H** |
| 974 | 345 | 168 | 134 | 52 | 7 | 61 |
| 1882 | 686 | 295 | 212 | 63 | 24 | 62 |
| **5874** | **1890** | **458** | **329** | **130** | **171** | **I** |
| 171 | 64 | 20 | 12 | 11 | 69 | 63 |

2-26 续表2

| 行业大类 | 代码 | 法人单位数(个) | 100万元及以下 | 100-200万元 |
|---|---|---|---|---|
| 互联网和相关服务 | 64 | 4950 | 2856 | 761 |
| 软件和信息技术服务业 | 65 | 32878 | 21702 | 4004 |
| **金融业** | **J** | **2860** | **1119** | **229** |
| 货币金融服务 | 66 | 1100 | 357 | 99 |
| 资本市场服务 | 67 | 823 | 582 | 84 |
| 保险业 | 68 | 640 | 46 | 14 |
| 其他金融业 | 69 | 297 | 134 | 32 |
| **房地产业** | **K** | **31201** | **15053** | **3928** |
| 房地产业 | 70 | 31201 | 15053 | 3928 |
| **租赁和商务服务业** | **L** | **88050** | **52048** | **12087** |
| 租赁业 | 71 | 8117 | 4169 | 1393 |
| 商务服务业 | 72 | 79933 | 47879 | 10694 |
| **科学研究和技术服务业** | **M** | **44863** | **25525** | **6491** |
| 研究和试验发展 | 73 | 5770 | 3695 | 725 |
| 专业技术服务业 | 74 | 25104 | 13654 | 3761 |
| 科技推广和应用服务业 | 75 | 13989 | 8176 | 2005 |
| **水利、环境和公共设施管理业** | **N** | **5250** | **2347** | **788** |
| 水利管理业 | 76 | 292 | 137 | 51 |
| 生态保护和环境治理业 | 77 | 741 | 352 | 126 |
| 公共设施管理业 | 78 | 4078 | 1812 | 597 |
| 土地管理业 | 79 | 139 | 46 | 14 |
| **居民服务、修理和其他服务业** | **O** | **18756** | **11031** | **2926** |
| 居民服务业 | 80 | 7584 | 4705 | 1099 |
| 机动车、电子产品和日用产品修理业 | 81 | 7252 | 4115 | 1217 |
| 其他服务业 | 82 | 3920 | 2211 | 610 |
| **教育** | **P** | **6996** | **4242** | **1098** |
| 教育 | 83 | 6996 | 4242 | 1098 |
| **卫生和社会工作** | **Q** | **3116** | **1627** | **428** |
| 卫生 | 84 | 2551 | 1326 | 341 |
| 社会工作 | 85 | 565 | 301 | 87 |
| **文化、体育和娱乐业** | **R** | **20025** | **12413** | **2894** |
| 新闻和出版业 | 86 | 265 | 110 | 34 |
| 广播、电视、电影和录音制作业 | 87 | 1579 | 753 | 221 |
| 文化艺术业 | 88 | 4098 | 2549 | 528 |
| 体育 | 89 | 1383 | 954 | 171 |
| 娱乐业 | 90 | 12700 | 8047 | 1940 |

| 200-500万元 | 500-1000万元 | 1000-2000万元 | 2000-5000万元 | 5000万元-1亿元 | 1亿元以上 | 代码 |
|---|---|---|---|---|---|---|
| 896 | 348 | 32 | 24 | 18 | 15 | 64 |
| 4807 | 1478 | 406 | 293 | 101 | 87 | 65 |
| **322** | **218** | **148** | **178** | **123** | **523** | **J** |
| 157 | 90 | 48 | 61 | 34 | 254 | 66 |
| 78 | 41 | 17 | 7 | 5 | 9 | 67 |
| 45 | 62 | 66 | 97 | 78 | 232 | 68 |
| 42 | 25 | 17 | 13 | 6 | 28 | 69 |
| **5509** | **2783** | **1127** | **1018** | **624** | **1159** | **K** |
| 5509 | 2783 | 1127 | 1018 | 624 | 1159 | 70 |
| **16077** | **5933** | **829** | **586** | **242** | **248** | **L** |
| 1812 | 632 | 72 | 29 | 8 | 2 | 71 |
| 14265 | 5301 | 757 | 557 | 234 | 246 | 72 |
| **8241** | **2984** | **773** | **516** | **189** | **144** | **M** |
| 846 | 305 | 101 | 72 | 17 | 9 | 73 |
| 4634 | 1864 | 537 | 377 | 149 | 128 | 74 |
| 2761 | 815 | 135 | 67 | 23 | 7 | 75 |
| **1233** | **577** | **133** | **91** | **37** | **44** | **N** |
| 66 | 24 | 6 | 3 | 2 | 3 | 76 |
| 143 | 82 | 15 | 13 | 5 | 5 | 77 |
| 1001 | 448 | 109 | 69 | 28 | 14 | 78 |
| 23 | 23 | 3 | 6 | 2 | 22 | 79 |
| **4272** | **283** | **123** | **84** | **30** | **7** | **O** |
| 1592 | 103 | 34 | 41 | 8 | 2 | 80 |
| 1733 | 95 | 55 | 23 | 12 | 2 | 81 |
| 947 | 85 | 34 | 20 | 10 | 3 | 82 |
| **1208** | **364** | **54** | **24** | **2** | **4** | **P** |
| 1208 | 364 | 54 | 24 | 2 | 4 | 83 |
| **533** | **295** | **102** | **86** | **33** | **12** | **Q** |
| 416 | 241 | 97 | 85 | 33 | 12 | 84 |
| 117 | 54 | 5 | 1 |  |  | 85 |
| **4049** | **306** | **175** | **119** | **35** | **34** | **R** |
| 41 | 14 | 20 | 17 | 13 | 16 | 86 |
| 429 | 85 | 50 | 24 | 8 | 9 | 87 |
| 939 | 42 | 23 | 11 | 5 | 1 | 88 |
| 211 | 22 | 13 | 12 |  |  | 89 |
| 2429 | 143 | 69 | 55 | 9 | 8 | 90 |

## 2-27 按行业(大类)、营业收入

| 行业大类 | 代码 | 从业人员数(人) | 100万元及以下 | 100-200万元 |
|---|---|---|---|---|
| **总 计** | **00** | **11949162** | **973493** | **647437** |
| **农、林、牧、渔业** | **A** | **34103** | **6593** | **5411** |
| 农业 | 01 | | | |
| 林业 | 02 | | | |
| 畜牧业 | 03 | | | |
| 渔业 | 04 | | | |
| 农、林、牧、渔专业及辅助性活动 | 05 | 34103 | 6593 | 5411 |
| **采矿业** | **B** | **113497** | **1576** | **1747** |
| 煤炭开采和洗选业 | 06 | 6975 | 310 | 39 |
| 石油和天然气开采业 | 07 | 12962 | | 3 |
| 黑色金属矿采选业 | 08 | 19938 | 130 | 172 |
| 有色金属矿采选业 | 09 | 7097 | 50 | 80 |
| 非金属矿采选业 | 10 | 52258 | 943 | 1340 |
| 开采专业及辅助性活动 | 11 | 11930 | 25 | 33 |
| 其他采矿业 | 12 | 2337 | 118 | 80 |
| **制造业** | **C** | **3771807** | **82382** | **78368** |
| 农副食品加工业 | 13 | 232190 | 4993 | 4979 |
| 食品制造业 | 14 | 109060 | 2587 | 2399 |
| 酒、饮料和精制茶制造业 | 15 | 104459 | 4014 | 3457 |
| 烟草制品业 | 16 | 7521 | 163 | 22 |
| 纺织业 | 17 | 273153 | 2126 | 2410 |
| 纺织服装、服饰业 | 18 | 263537 | 5059 | 8442 |
| 皮革、毛皮、羽毛及其制品和制鞋业 | 19 | 46658 | 913 | 1273 |
| 木材加工和木、竹、藤、棕、草制品业 | 20 | 62409 | 1940 | 2380 |
| 家具制造业 | 21 | 40941 | 1874 | 1425 |
| 造纸和纸制品业 | 22 | 51121 | 2398 | 1017 |
| 印刷和记录媒介复制业 | 23 | 65706 | 2465 | 2316 |
| 文教、工美、体育和娱乐用品制造业 | 24 | 62479 | 2136 | 1485 |
| 石油、煤炭及其他燃料加工业 | 25 | 12449 | 264 | 187 |
| 化学原料和化学制品制造业 | 26 | 218891 | 4575 | 2683 |
| 医药制造业 | 27 | 136796 | 1469 | 1070 |
| 化学纤维制造业 | 28 | 6911 | 74 | 57 |
| 橡胶和塑料制品业 | 29 | 118463 | 3044 | 2990 |
| 非金属矿物制品业 | 30 | 355683 | 8352 | 8863 |
| 黑色金属冶炼和压延加工业 | 31 | 74875 | 570 | 468 |
| 有色金属冶炼和压延加工业 | 32 | 42384 | 358 | 390 |

# 组距分组的企业法人单位从业人员数

| 200-500万元 | 500-1000万元 | 1000-2000万元 | 2000-5000万元 | 5000万元-1亿元 | 1亿元以上 | 代码 |
|---|---|---|---|---|---|---|
| **1464476** | **1069136** | **914780** | **922187** | **856953** | **5100700** | **00** |
| **9555** | **5281** | **2727** | **1995** | **1810** | **731** | **A** |
| | | | | | | 01 |
| | | | | | | 02 |
| | | | | | | 03 |
| | | | | | | 04 |
| 9555 | 5281 | 2727 | 1995 | 1810 | 731 | 05 |
| **4819** | **7937** | **18001** | **9348** | **7234** | **62835** | **B** |
| 353 | 819 | 3554 | 1167 | 442 | 291 | 06 |
| 13 | 59 | 35 | | | 12852 | 07 |
| 292 | 434 | 1214 | 1183 | 1502 | 15011 | 08 |
| 198 | 254 | 1002 | 1659 | 98 | 3756 | 09 |
| 3458 | 5719 | 11005 | 5216 | 4924 | 19653 | 10 |
| 186 | 206 | 619 | | 268 | 10593 | 11 |
| 319 | 446 | 572 | 123 | | 679 | 12 |
| **192880** | **268027** | **359047** | **326078** | **325758** | **2139267** | **C** |
| 11560 | 14175 | 18882 | 17373 | 21564 | 138664 | 13 |
| 6416 | 6723 | 8528 | 8824 | 8030 | 65553 | 14 |
| 6216 | 7055 | 7155 | 11250 | 9871 | 55441 | 15 |
| | | 9 | 164 | | 7163 | 16 |
| 7679 | 14012 | 25629 | 19823 | 30843 | 170631 | 17 |
| 18882 | 36190 | 57301 | 26976 | 21180 | 89507 | 18 |
| 2736 | 3951 | 5071 | 3236 | 4008 | 25470 | 19 |
| 5499 | 8256 | 8395 | 6647 | 5848 | 23444 | 20 |
| 4201 | 4772 | 5334 | 6978 | 5364 | 10993 | 21 |
| 3108 | 4108 | 6207 | 3346 | 3541 | 27396 | 22 |
| 5599 | 5483 | 6044 | 8489 | 6815 | 28495 | 23 |
| 3985 | 4526 | 6235 | 6826 | 6612 | 30674 | 24 |
| 612 | 635 | 822 | 740 | 213 | 8976 | 25 |
| 7117 | 10812 | 16147 | 13966 | 13504 | 150087 | 26 |
| 2440 | 3113 | 6760 | 9125 | 9885 | 102934 | 27 |
| 74 | 316 | 358 | 230 | 571 | 5231 | 28 |
| 7868 | 11242 | 13817 | 12375 | 14593 | 52534 | 29 |
| 22383 | 34901 | 47429 | 36681 | 40504 | 156570 | 30 |
| 945 | 1007 | 1793 | 1042 | 1788 | 67262 | 31 |
| 953 | 1607 | 1618 | 2045 | 2376 | 33037 | 32 |

2-27 续表1

| 行业大类 | 代码 | 从业人员数(人) | 100万元及以下 | 100-200万元 |
|---|---|---|---|---|
| 金属制品业 | 33 | 178938 | 6675 | 5774 |
| 通用设备制造业 | 34 | 168097 | 5881 | 5932 |
| 专用设备制造业 | 35 | 158254 | 4710 | 4814 |
| 汽车制造业 | 36 | 480743 | 3442 | 4689 |
| 铁路、船舶、航空航天和其他运输设备制造业 | 37 | 42497 | 413 | 346 |
| 电气机械和器材制造业 | 38 | 171860 | 2974 | 2757 |
| 计算机、通信和其他电子设备制造业 | 39 | 202448 | 4177 | 2226 |
| 仪器仪表制造业 | 40 | 32172 | 1256 | 781 |
| 其他制造业 | 41 | 17725 | 1262 | 1162 |
| 废弃资源综合利用业 | 42 | 16964 | 714 | 503 |
| 金属制品、机械和设备修理业 | 43 | 16423 | 1504 | 1071 |
| **电力、热力、燃气及水生产和供应业** | **D** | **203311** | **6149** | **4395** |
| 电力、热力生产和供应业 | 44 | 144793 | 4013 | 2174 |
| 燃气生产和供应业 | 45 | 13185 | 276 | 306 |
| 水的生产和供应业 | 46 | 45333 | 1860 | 1915 |
| **建筑业** | **E** | **2511945** | **73641** | **58270** |
| 房屋建筑业 | 47 | 1604395 | 15863 | 13887 |
| 土木工程建筑业 | 48 | 478780 | 14456 | 12699 |
| 建筑安装业 | 49 | 156897 | 11271 | 8798 |
| 建筑装饰、装修和其他建筑业 | 50 | 271873 | 32051 | 22886 |
| **批发和零售业** | **F** | **1851709** | **261214** | **172453** |
| 批发业 | 51 | 876606 | 111655 | 75148 |
| 零售业 | 52 | 975103 | 149559 | 97305 |
| **交通运输、仓储和邮政业** | **G** | **472242** | **28227** | **27632** |
| 铁路运输业 | 53 | | | |
| 道路运输业 | 54 | 298229 | 17294 | 18281 |
| 水上运输业 | 55 | 20957 | 689 | 699 |
| 航空运输业 | 56 | 8844 | 121 | 94 |
| 管道运输业 | 57 | 4286 | 2 | 9 |
| 多式联运和运输代理业 | 58 | 20073 | 3358 | 2089 |
| 装卸搬运和仓储业 | 59 | 43622 | 4395 | 3584 |
| 邮政业 | 60 | 76231 | 2368 | 2876 |
| **住宿和餐饮业** | **H** | **277982** | **29743** | **40959** |
| 住宿业 | 61 | 93704 | 8264 | 12663 |
| 餐饮业 | 62 | 184278 | 21479 | 28296 |
| **信息传输、软件和信息技术服务业** | **I** | **405613** | **71343** | **32323** |
| 电信、广播电视和卫星传输服务 | 63 | 58222 | 2180 | 1060 |

| 200-500万元 | 500-1000万元 | 1000-2000万元 | 2000-5000万元 | 5000万元-1亿元 | 1亿元以上 | 代码 |
|---|---|---|---|---|---|---|
| 13184 | 16457 | 19331 | 18247 | 17442 | 81828 | 33 |
| 15776 | 17711 | 17807 | 19246 | 13137 | 72607 | 34 |
| 11755 | 14868 | 19060 | 19201 | 14572 | 69274 | 35 |
| 13555 | 19558 | 22905 | 31096 | 35785 | 349713 | 36 |
| 934 | 1552 | 2660 | 3506 | 2542 | 30544 | 37 |
| 5766 | 8128 | 11076 | 17110 | 12960 | 111089 | 38 |
| 5682 | 7041 | 12419 | 12926 | 15970 | 142007 | 39 |
| 1903 | 2741 | 2380 | 4496 | 2863 | 15752 | 40 |
| 2782 | 3778 | 4262 | 1120 | 1126 | 2233 | 41 |
| 1137 | 1070 | 1399 | 1509 | 1768 | 8864 | 42 |
| 2133 | 2239 | 2214 | 1485 | 483 | 5294 | 43 |
| **9140** | **12560** | **15215** | **13762** | **12129** | **129961** | **D** |
| 4930 | 6991 | 8720 | 6661 | 4932 | 106372 | 44 |
| 607 | 722 | 1230 | 694 | 1137 | 8213 | 45 |
| 3603 | 4847 | 5265 | 6407 | 6060 | 15376 | 46 |
| **135613** | **117850** | **98039** | **147674** | **196341** | **1684517** | **E** |
| 37354 | 35993 | 36039 | 65440 | 122461 | 1277358 | 47 |
| 31531 | 28048 | 23723 | 36528 | 42565 | 289230 | 48 |
| 18183 | 15092 | 12140 | 15959 | 11167 | 64287 | 49 |
| 48545 | 38717 | 26137 | 29747 | 20148 | 53642 | 50 |
| **428739** | **206870** | **183628** | **115420** | **80764** | **402621** | **F** |
| 168906 | 130278 | 129768 | 58959 | 40451 | 161441 | 51 |
| 259833 | 76592 | 53860 | 56461 | 40313 | 241180 | 52 |
| **65970** | **64359** | **29724** | **41106** | **33692** | **181532** | **G** |
|  |  |  |  |  |  | 53 |
| 43902 | 41242 | 21234 | 31824 | 26932 | 97520 | 54 |
| 1832 | 2625 | 1049 | 2423 | 1732 | 9908 | 55 |
| 132 | 202 | 110 | 125 | 853 | 7207 | 56 |
| 30 | 18 |  | 12 | 73 | 4142 | 57 |
| 4422 | 4225 | 1654 | 1179 | 1073 | 2073 | 58 |
| 9388 | 9408 | 3843 | 4260 | 2977 | 5767 | 59 |
| 6264 | 6639 | 1834 | 1283 | 52 | 54915 | 60 |
| **50232** | **33336** | **27384** | **35202** | **24542** | **36584** | **H** |
| 17670 | 12087 | 11749 | 16139 | 13043 | 2089 | 61 |
| 32562 | 21249 | 15635 | 19063 | 11499 | 34495 | 62 |
| **62112** | **32451** | **19374** | **23685** | **18439** | **145886** | **I** |
| 2234 | 1373 | 2485 | 791 | 1533 | 46566 | 63 |

2-27 续表2

| 行业大类 | 代码 | 从业人员数(人) | 100万元及以下 | 100-200万元 |
|---|---|---|---|---|
| 互联网和相关服务 | 64 | 78307 | 8503 | 4881 |
| 软件和信息技术服务业 | 65 | 269084 | 60660 | 26382 |
| **金融业** | **J** | **21158** | **2191** | **1293** |
| 货币金融服务 | 66 | 5373 | 1121 | 704 |
| 资本市场服务 | 67 | 2240 | 556 | 276 |
| 保险业 | 68 | 126 | 38 | 13 |
| 其他金融业 | 69 | 13419 | 476 | 300 |
| **房地产业** | **K** | **539596** | **76441** | **38710** |
| 房地产业 | 70 | 539596 | 76441 | 38710 |
| **租赁和商务服务业** | **L** | **824436** | **150681** | **80511** |
| 租赁业 | 71 | 55338 | 11924 | 8005 |
| 商务服务业 | 72 | 769098 | 138757 | 72506 |
| **科学研究和技术服务业** | **M** | **408143** | **73510** | **42912** |
| 研究和试验发展 | 73 | 38196 | 10394 | 4651 |
| 专业技术服务业 | 74 | 282214 | 41085 | 25801 |
| 科技推广和应用服务业 | 75 | 87733 | 22031 | 12460 |
| **水利、环境和公共设施管理业** | **N** | **82901** | **9030** | **6227** |
| 水利管理业 | 76 | 3546 | 488 | 455 |
| 生态保护和环境治理业 | 77 | 9780 | 1366 | 814 |
| 公共设施管理业 | 78 | 67159 | 6992 | 4879 |
| 土地管理业 | 79 | 2416 | 184 | 79 |
| **居民服务、修理和其他服务业** | **O** | **155531** | **37271** | **21938** |
| 居民服务业 | 80 | 62428 | 15765 | 8673 |
| 机动车、电子产品和日用产品修理业 | 81 | 47494 | 13595 | 8113 |
| 其他服务业 | 82 | 45609 | 7911 | 5152 |
| **教育** | **P** | **61951** | **17297** | **10293** |
| 教育 | 83 | 61951 | 17297 | 10293 |
| **卫生和社会工作** | **Q** | **66776** | **7085** | **4202** |
| 卫生 | 84 | 60950 | 5938 | 3220 |
| 社会工作 | 85 | 5826 | 1147 | 982 |
| **文化、体育和娱乐业** | **R** | **146461** | **39119** | **19793** |
| 新闻和出版业 | 86 | 9104 | 295 | 253 |
| 广播、电视、电影和录音制作业 | 87 | 16134 | 2537 | 1690 |
| 文化艺术业 | 88 | 27165 | 7795 | 3932 |
| 体育 | 89 | 10122 | 3361 | 1413 |
| 娱乐业 | 90 | 83936 | 25131 | 12505 |

| 200-500万元 | 500-1000万元 | 1000-2000万元 | 2000-5000万元 | 5000万元-1亿元 | 1亿元以上 | 代码 |
|---|---|---|---|---|---|---|
| 9542 | 6340 | 1949 | 2793 | 2410 | 41889 | 64 |
| 50336 | 24738 | 14940 | 20101 | 14496 | 57431 | 65 |
| **2326** | **1647** | **645** | **570** | **602** | **11884** | **J** |
| 1443 | 1061 | 270 | 271 | 202 | 301 | 66 |
| 322 | 246 | 36 | | 7 | 797 | 67 |
| 52 | 23 | | | | | 68 |
| 509 | 317 | 339 | 299 | 393 | 10786 | 69 |
| **85810** | **72286** | **45744** | **62334** | **50760** | **107511** | **K** |
| 85810 | 72286 | 45744 | 62334 | 50760 | 107511 | 70 |
| **176876** | **129920** | **52381** | **72890** | **54731** | **106446** | **L** |
| 18047 | 11284 | 2372 | 1524 | 1814 | 368 | 71 |
| 158829 | 118636 | 50009 | 71366 | 52917 | 106078 | 72 |
| **90287** | **59132** | **26967** | **29141** | **23061** | **63133** | **M** |
| 8976 | 6048 | 2784 | 2596 | 1319 | 1428 | 73 |
| 54461 | 38496 | 20375 | 23641 | 19604 | 58751 | 74 |
| 26850 | 14588 | 3808 | 2904 | 2138 | 2954 | 75 |
| **16754** | **15790** | **9198** | **8734** | **6884** | **10284** | **N** |
| 794 | 742 | 496 | 311 | 45 | 215 | 76 |
| 1726 | 1623 | 527 | 799 | 319 | 2606 | 77 |
| 13896 | 12917 | 8045 | 7432 | 6499 | 6499 | 78 |
| 338 | 508 | 130 | 192 | 21 | 964 | 79 |
| **56684** | **11523** | **8006** | **12198** | **6924** | **987** | **O** |
| 22375 | 4682 | 2602 | 6704 | 1314 | 313 | 80 |
| 19491 | 2088 | 1785 | 1133 | 1166 | 123 | 81 |
| 14818 | 4753 | 3619 | 4361 | 4444 | 551 | 82 |
| **17218** | **9119** | **2937** | **2913** | **687** | **1487** | **P** |
| 17218 | 9119 | 2937 | 2913 | 687 | 1487 | 83 |
| **10204** | **12417** | **8023** | **10282** | **8496** | **6067** | **Q** |
| 8519 | 10706 | 7725 | 10279 | 8496 | 6067 | 84 |
| 1685 | 1711 | 298 | 3 | | | 85 |
| **49257** | **8631** | **7740** | **8855** | **4099** | **8967** | **R** |
| 553 | 346 | 859 | 1061 | 1388 | 4349 | 86 |
| 4972 | 2111 | 1669 | 1304 | 668 | 1183 | 87 |
| 11092 | 1181 | 1189 | 810 | 1059 | 107 | 88 |
| 2834 | 889 | 727 | 898 | | | 89 |
| 29806 | 4104 | 3296 | 4782 | 984 | 3328 | 90 |

# 2–28 按地区、资产总计组距分组的企业法人单位数

| 地 区 | 法人单位数(个) | 50万元及以下 | 50–100万元 | 100–500万元 | 500–1000万元 | 1000–5000万元 | 5000万元–1亿元 | 1亿元以上 |
|---|---|---|---|---|---|---|---|---|
| **全 省** | **688373** | **271207** | **106884** | **195207** | **48218** | **42027** | **9940** | **14890** |
| 武汉市 | 252509 | 121498 | 30163 | 59553 | 17378 | 14916 | 3184 | 5817 |
| 黄石市 | 26099 | 7514 | 5206 | 9145 | 1688 | 1550 | 394 | 602 |
| 十堰市 | 36010 | 12367 | 6602 | 10802 | 2991 | 2109 | 510 | 629 |
| 宜昌市 | 57512 | 24037 | 10338 | 13908 | 3830 | 3452 | 838 | 1109 |
| 襄阳市 | 69163 | 12952 | 12998 | 32244 | 5992 | 3045 | 735 | 1197 |
| 鄂州市 | 13257 | 4285 | 1858 | 4170 | 1326 | 995 | 284 | 339 |
| 荆门市 | 25270 | 12637 | 3680 | 4953 | 1243 | 1444 | 530 | 783 |
| 孝感市 | 30953 | 10933 | 4354 | 9687 | 2239 | 2420 | 558 | 762 |
| 荆州市 | 37399 | 9773 | 7566 | 12785 | 3133 | 2807 | 602 | 733 |
| 黄冈市 | 35800 | 13782 | 7073 | 8948 | 1880 | 2561 | 741 | 815 |
| 咸宁市 | 28634 | 11478 | 4880 | 8250 | 1611 | 1443 | 447 | 525 |
| 随州市 | 14492 | 6088 | 2678 | 3202 | 787 | 1024 | 346 | 367 |
| 恩施州 | 30798 | 17510 | 4601 | 5451 | 1074 | 1334 | 343 | 485 |
| 仙桃市 | 12666 | 1181 | 2030 | 5899 | 1773 | 1407 | 142 | 234 |
| 潜江市 | 8032 | 2558 | 1348 | 2789 | 457 | 554 | 112 | 214 |
| 天门市 | 8546 | 1888 | 1394 | 3240 | 747 | 886 | 149 | 242 |
| 神农架 | 1233 | 726 | 115 | 181 | 69 | 80 | 25 | 37 |

# 2-29　按地区、资产总计组距分组的企业法人单位从业人员数

| 地　区 | 从　业人员数(人) | 50万元及以下 | 50-100万元 | 100-500万元 | 500-1000万元 | 1000-5000万元 | 5000万元-1亿元 | 1亿元以上 |
|---|---|---|---|---|---|---|---|---|
| **全　省** | **11949162** | **884240** | **667181** | **2022618** | **921384** | **1845386** | **970628** | **4637725** |
| 武汉市 | 4216762 | 312657 | 157482 | 539423 | 295880 | 576417 | 264200 | 2070703 |
| 黄石市 | 577284 | 47775 | 38937 | 103771 | 33808 | 72946 | 39062 | 240985 |
| 十堰市 | 607542 | 56378 | 45984 | 109154 | 48452 | 87890 | 46589 | 213095 |
| 宜昌市 | 931630 | 83123 | 58018 | 156074 | 79005 | 154789 | 91403 | 309218 |
| 襄阳市 | 1193250 | 66340 | 105419 | 327080 | 103609 | 142142 | 80193 | 368467 |
| 鄂州市 | 278918 | 14391 | 13429 | 58726 | 34983 | 54404 | 27550 | 75435 |
| 荆门市 | 404052 | 32720 | 19202 | 46174 | 23890 | 68493 | 51005 | 162568 |
| 孝感市 | 677101 | 45388 | 31067 | 123923 | 52566 | 131398 | 67610 | 225149 |
| 荆州市 | 591496 | 34767 | 42089 | 121817 | 57558 | 109376 | 60139 | 165750 |
| 黄冈市 | 738986 | 47905 | 40427 | 101994 | 46942 | 137038 | 74321 | 290359 |
| 咸宁市 | 423650 | 50152 | 37541 | 94282 | 32471 | 70624 | 45669 | 92911 |
| 随州市 | 249636 | 21294 | 15305 | 32241 | 19506 | 48816 | 37760 | 74714 |
| 恩施州 | 273635 | 44705 | 23243 | 51778 | 28807 | 48704 | 22691 | 53707 |
| 仙桃市 | 328860 | 6912 | 15939 | 76092 | 36331 | 64451 | 24959 | 104176 |
| 潜江市 | 223541 | 11199 | 13258 | 44015 | 12714 | 34478 | 16541 | 91336 |
| 天门市 | 221277 | 7476 | 9158 | 34515 | 13858 | 40856 | 19574 | 95840 |
| 神农架 | 11542 | 1058 | 683 | 1559 | 1004 | 2564 | 1362 | 3312 |

# 2-30 按行业(大类)、资产总计组距

| 行业大类 | 代码 | 法人单位数(个) | 50万元及以下 | 50-100万元 |
|---|---|---|---|---|
| **总　　计** | **00** | **688373** | **271207** | **106884** |
| **农、林、牧、渔业** | **A** | **4491** | **1958** | **783** |
| 农业 | 01 | 8 | 8 | |
| 林业 | 02 | | | |
| 畜牧业 | 03 | 2 | 2 | |
| 渔业 | 04 | | | |
| 农、林、牧、渔专业及辅助性活动 | 05 | 4481 | 1948 | 783 |
| **采矿业** | **B** | **2579** | **367** | **257** |
| 煤炭开采和洗选业 | 06 | 146 | 15 | 9 |
| 石油和天然气开采业 | 07 | 7 | 1 | 2 |
| 黑色金属矿采选业 | 08 | 240 | 37 | 27 |
| 有色金属矿采选业 | 09 | 108 | 7 | 16 |
| 非金属矿采选业 | 10 | 1878 | 269 | 183 |
| 开采专业及辅助性活动 | 11 | 60 | 7 | 9 |
| 其他采矿业 | 12 | 140 | 31 | 11 |
| **制造业** | **C** | **90511** | **18542** | **10881** |
| 农副食品加工业 | 13 | 6487 | 1324 | 691 |
| 食品制造业 | 14 | 2615 | 630 | 364 |
| 酒、饮料和精制茶制造业 | 15 | 3322 | 949 | 461 |
| 烟草制品业 | 16 | 54 | 40 | 6 |
| 纺织业 | 17 | 3743 | 549 | 352 |
| 纺织服装、服饰业 | 18 | 6025 | 1221 | 924 |
| 皮革、毛皮、羽毛及其制品和制鞋业 | 19 | 915 | 246 | 88 |
| 木材加工和木、竹、藤、棕、草制品业 | 20 | 2591 | 572 | 352 |
| 家具制造业 | 21 | 1806 | 459 | 258 |
| 造纸和纸制品业 | 22 | 1426 | 276 | 155 |
| 印刷和记录媒介复制业 | 23 | 2469 | 632 | 391 |
| 文教、工美、体育和娱乐用品制造业 | 24 | 1907 | 557 | 249 |
| 石油、煤炭及其他燃料加工业 | 25 | 302 | 66 | 34 |
| 化学原料和化学制品制造业 | 26 | 4182 | 718 | 383 |
| 医药制造业 | 27 | 1530 | 333 | 144 |
| 化学纤维制造业 | 28 | 82 | 13 | 7 |
| 橡胶和塑料制品业 | 29 | 3641 | 624 | 410 |
| 非金属矿物制品业 | 30 | 11341 | 1976 | 1336 |
| 黑色金属冶炼和压延加工业 | 31 | 575 | 128 | 75 |

## 分组的企业法人单位数

| 100-500万元 | 500-1000万元 | 1000-5000万元 | 5000万元-1亿元 | 1亿元以上 | 代码 |
|---|---|---|---|---|---|
| **195207** | **48218** | **42027** | **9940** | **14890** | **00** |
| **1337** | **212** | **148** | **33** | **20** | **A** |
| | | | | | 01 |
| | | | | | 02 |
| | | | | | 03 |
| | | | | | 04 |
| 1337 | 212 | 148 | 33 | 20 | 05 |
| **772** | **348** | **534** | **149** | **152** | **B** |
| 29 | 19 | 55 | 16 | 3 | 06 |
| 1 | 2 | | | 1 | 07 |
| 59 | 32 | 47 | 10 | 28 | 08 |
| 23 | 15 | 19 | 9 | 19 | 09 |
| 584 | 256 | 385 | 107 | 94 | 10 |
| 23 | 7 | 7 | 3 | 4 | 11 |
| 53 | 17 | 21 | 4 | 3 | 12 |
| **28510** | **10213** | **13655** | **4022** | **4688** | **C** |
| 1813 | 674 | 1130 | 421 | 434 | 13 |
| 776 | 264 | 338 | 105 | 138 | 14 |
| 995 | 299 | 371 | 111 | 136 | 15 |
| | | 1 | 1 | 6 | 16 |
| 1133 | 484 | 729 | 233 | 263 | 17 |
| 2280 | 739 | 645 | 116 | 100 | 18 |
| 256 | 98 | 165 | 40 | 22 | 19 |
| 931 | 315 | 293 | 67 | 61 | 20 |
| 612 | 176 | 207 | 50 | 44 | 21 |
| 505 | 164 | 208 | 47 | 71 | 22 |
| 753 | 233 | 293 | 89 | 78 | 23 |
| 525 | 178 | 237 | 88 | 73 | 24 |
| 83 | 41 | 49 | 11 | 18 | 25 |
| 1114 | 503 | 830 | 250 | 384 | 26 |
| 324 | 136 | 257 | 128 | 208 | 27 |
| 21 | 10 | 14 | 5 | 12 | 28 |
| 1274 | 465 | 556 | 164 | 148 | 29 |
| 3693 | 1305 | 1956 | 577 | 498 | 30 |
| 151 | 63 | 71 | 27 | 60 | 31 |

2-30 续表1

| 行业大类 | 代码 | 法人单位数(个) | 50万元及以下 | 50-100万元 |
|---|---|---|---|---|
| 有色金属冶炼和压延加工业 | 32 | 595 | 108 | 49 |
| 金属制品业 | 33 | 6467 | 1464 | 878 |
| 通用设备制造业 | 34 | 6282 | 1229 | 811 |
| 专用设备制造业 | 35 | 5374 | 1100 | 615 |
| 汽车制造业 | 36 | 6345 | 833 | 603 |
| 铁路、船舶、航空航天和其他运输设备制造业 | 37 | 540 | 93 | 40 |
| 电气机械和器材制造业 | 38 | 3204 | 631 | 329 |
| 计算机、通信和其他电子设备制造业 | 39 | 2576 | 617 | 283 |
| 仪器仪表制造业 | 40 | 1108 | 305 | 124 |
| 其他制造业 | 41 | 1235 | 286 | 166 |
| 废弃资源综合利用业 | 42 | 595 | 144 | 82 |
| 金属制品、机械和设备修理业 | 43 | 1177 | 419 | 221 |
| **电力、热力、燃气及水生产和供应业** | **D** | **5334** | **1261** | **730** |
| 电力、热力生产和供应业 | 44 | 3360 | 929 | 535 |
| 燃气生产和供应业 | 45 | 350 | 52 | 38 |
| 水的生产和供应业 | 46 | 1624 | 280 | 157 |
| **建筑业** | **E** | **57255** | **20368** | **8403** |
| 房屋建筑业 | 47 | 14000 | 4264 | 1717 |
| 土木工程建筑业 | 48 | 12504 | 3957 | 1687 |
| 建筑安装业 | 49 | 8260 | 2902 | 1271 |
| 建筑装饰、装修和其他建筑业 | 50 | 22491 | 9245 | 3728 |
| **批发和零售业** | **F** | **228674** | **90483** | **39678** |
| 批发业 | 51 | 104006 | 37518 | 17476 |
| 零售业 | 52 | 124668 | 52965 | 22202 |
| **交通运输、仓储和邮政业** | **G** | **22059** | **6870** | **3588** |
| 铁路运输业 | 53 | 9 | | |
| 道路运输业 | 54 | 14683 | 4398 | 2330 |
| 水上运输业 | 55 | 672 | 162 | 88 |
| 航空运输业 | 56 | 76 | 20 | 8 |
| 管道运输业 | 57 | 13 | 2 | 2 |
| 多式联运和运输代理业 | 58 | 2191 | 835 | 350 |
| 装卸搬运和仓储业 | 59 | 3017 | 931 | 474 |
| 邮政业 | 60 | 1398 | 522 | 336 |
| **住宿和餐饮业** | **H** | **17423** | **6982** | **2748** |
| 住宿业 | 61 | 5231 | 1678 | 762 |
| 餐饮业 | 62 | 12192 | 5304 | 1986 |
| **信息传输、软件和信息技术服务业** | **I** | **38930** | **21595** | **5811** |
| 电信、广播电视和卫星传输服务 | 63 | 1102 | 486 | 169 |

| 100-500万元 | 500-1000万元 | 1000-5000万元 | 5000万元-1亿元 | 1亿元以上 | 代码 |
|---|---|---|---|---|---|
| 174 | 57 | 107 | 35 | 65 | 32 |
| 2013 | 694 | 935 | 258 | 225 | 33 |
| 2206 | 788 | 832 | 198 | 218 | 34 |
| 1725 | 633 | 905 | 204 | 192 | 35 |
| 2039 | 791 | 1076 | 385 | 618 | 36 |
| 138 | 56 | 110 | 41 | 62 | 37 |
| 917 | 343 | 525 | 191 | 268 | 38 |
| 721 | 271 | 401 | 95 | 188 | 39 |
| 311 | 128 | 159 | 39 | 42 | 40 |
| 481 | 149 | 131 | 16 | 6 | 41 |
| 179 | 64 | 71 | 17 | 38 | 42 |
| 367 | 92 | 53 | 13 | 12 | 43 |
| **1711** | **490** | **542** | **174** | **426** | **D** |
| 1046 | 244 | 276 | 72 | 258 | 44 |
| 104 | 30 | 39 | 25 | 62 | 45 |
| 561 | 216 | 227 | 77 | 106 | 46 |
| **16743** | **4858** | **4435** | **1146** | **1302** | **E** |
| 3900 | 1263 | 1562 | 579 | 715 | 47 |
| 3836 | 1179 | 1141 | 302 | 402 | 48 |
| 2545 | 719 | 626 | 110 | 87 | 49 |
| 6462 | 1697 | 1106 | 155 | 98 | 50 |
| **70904** | **15290** | **9691** | **1349** | **1279** | **F** |
| 32798 | 8707 | 5959 | 752 | 796 | 51 |
| 38106 | 6583 | 3732 | 597 | 483 | 52 |
| **7476** | **1984** | **1429** | **269** | **443** | **G** |
|  |  | 1 |  | 8 | 53 |
| 5252 | 1369 | 961 | 176 | 197 | 54 |
| 195 | 62 | 94 | 18 | 53 | 55 |
| 17 | 7 | 8 | 3 | 13 | 56 |
|  | 2 |  | 1 | 6 | 57 |
| 653 | 208 | 110 | 10 | 25 | 58 |
| 944 | 262 | 232 | 53 | 121 | 59 |
| 415 | 74 | 23 | 8 | 20 | 60 |
| **5224** | **1180** | **984** | **159** | **146** | **H** |
| 1684 | 460 | 472 | 89 | 86 | 61 |
| 3540 | 720 | 512 | 70 | 60 | 62 |
| **8369** | **1638** | **1099** | **163** | **255** | **I** |
| 262 | 53 | 45 | 9 | 78 | 63 |

2-30 续表2

| 行业大类 | 代码 | 法人单位数(个) | 50万元及以下 | 50-100万元 |
|---|---|---|---|---|
| 互联网和相关服务 | 64 | 4950 | 2544 | 909 |
| 软件和信息技术服务业 | 65 | 32878 | 18565 | 4733 |
| **金融业** | **J** | **2860** | **593** | **164** |
| 货币金融服务 | 66 | 1100 | 208 | 60 |
| 资本市场服务 | 67 | 823 | 234 | 39 |
| 保险业 | 68 | 640 | 60 | 29 |
| 其他金融业 | 69 | 297 | 91 | 36 |
| **房地产业** | **K** | **31201** | **11334** | **3843** |
| 房地产业 | 70 | 31201 | 11334 | 3843 |
| **租赁和商务服务业** | **L** | **88050** | **44641** | **13811** |
| 租赁业 | 71 | 8117 | 2869 | 1464 |
| 商务服务业 | 72 | 79933 | 41772 | 12347 |
| **科学研究和技术服务业** | **M** | **44863** | **20230** | **6788** |
| 研究和试验发展 | 73 | 5770 | 2769 | 789 |
| 专业技术服务业 | 74 | 25104 | 10980 | 3924 |
| 科技推广和应用服务业 | 75 | 13989 | 6481 | 2075 |
| **水利、环境和公共设施管理业** | **N** | **5250** | **1728** | **763** |
| 水利管理业 | 76 | 292 | 98 | 39 |
| 生态保护和环境治理业 | 77 | 741 | 262 | 102 |
| 公共设施管理业 | 78 | 4078 | 1334 | 605 |
| 土地管理业 | 79 | 139 | 34 | 17 |
| **居民服务、修理和其他服务业** | **O** | **18756** | **9589** | **3378** |
| 居民服务业 | 80 | 7584 | 4286 | 1239 |
| 机动车、电子产品和日用产品修理业 | 81 | 7252 | 3381 | 1430 |
| 其他服务业 | 82 | 3920 | 1922 | 709 |
| **教育** | **P** | **6996** | **3563** | **1140** |
| 教育 | 83 | 6996 | 3563 | 1140 |
| **卫生和社会工作** | **Q** | **3116** | **1213** | **451** |
| 卫生 | 84 | 2551 | 1021 | 373 |
| 社会工作 | 85 | 565 | 192 | 78 |
| **文化、体育和娱乐业** | **R** | **20025** | **9890** | **3667** |
| 新闻和出版业 | 86 | 265 | 77 | 29 |
| 广播、电视、电影和录音制作业 | 87 | 1579 | 723 | 225 |
| 文化艺术业 | 88 | 4098 | 2392 | 678 |
| 体育 | 89 | 1383 | 789 | 183 |
| 娱乐业 | 90 | 12700 | 5909 | 2552 |

| 100-500万元 | 500-1000万元 | 1000-5000万元 | 5000万元-1亿元 | 1亿元以上 | 代码 |
|---|---|---|---|---|---|
| 1127 | 194 | 126 | 21 | 29 | 64 |
| 6980 | 1391 | 928 | 133 | 148 | 65 |
| **491** | **233** | **376** | **158** | **845** | **J** |
| 150 | 39 | 115 | 60 | 468 | 66 |
| 204 | 114 | 113 | 33 | 86 | 67 |
| 98 | 70 | 127 | 50 | 206 | 68 |
| 39 | 10 | 21 | 15 | 85 | 69 |
| **6558** | **1962** | **2769** | **1237** | **3498** | **K** |
| 6558 | 1962 | 2769 | 1237 | 3498 | 70 |
| **21333** | **4200** | **2595** | **441** | **1029** | **L** |
| 2890 | 586 | 272 | 16 | 20 | 71 |
| 18443 | 3614 | 2323 | 425 | 1009 | 72 |
| **12227** | **2919** | **2046** | **303** | **350** | **M** |
| 1437 | 362 | 319 | 42 | 52 | 73 |
| 6763 | 1776 | 1236 | 187 | 238 | 74 |
| 4027 | 781 | 491 | 74 | 60 | 75 |
| **1581** | **438** | **393** | **110** | **237** | **N** |
| 97 | 25 | 16 | 6 | 11 | 76 |
| 220 | 46 | 66 | 19 | 26 | 77 |
| 1233 | 355 | 303 | 84 | 164 | 78 |
| 31 | 12 | 8 | 1 | 36 | 79 |
| **4570** | **843** | **310** | **48** | **18** | **O** |
| 1636 | 275 | 112 | 25 | 11 | 80 |
| 1926 | 381 | 120 | 11 | 3 | 81 |
| 1008 | 187 | 78 | 12 | 4 | 82 |
| **1725** | **336** | **189** | **28** | **15** | **P** |
| 1725 | 336 | 189 | 28 | 15 | 83 |
| **845** | **243** | **274** | **44** | **46** | **Q** |
| 660 | 194 | 235 | 33 | 35 | 84 |
| 185 | 49 | 39 | 11 | 11 | 85 |
| **4831** | **831** | **558** | **107** | **141** | **R** |
| 62 | 29 | 32 | 14 | 22 | 86 |
| 364 | 116 | 123 | 12 | 16 | 87 |
| 806 | 121 | 69 | 14 | 18 | 88 |
| 297 | 58 | 40 | 5 | 11 | 89 |
| 3302 | 507 | 294 | 62 | 74 | 90 |

# 2-31 按行业(大类)、资产总计组距

| 行业大类 | 代码 | 从业人员数(人) | 50万元及以下 | 50-100万元 |
|---|---|---|---|---|
| **总　　计** | **00** | **11949162** | **884240** | **667181** |
| **农、林、牧、渔业** | **A** | **34103** | **6331** | **4748** |
| 农业 | 01 | | | |
| 林业 | 02 | | | |
| 畜牧业 | 03 | | | |
| 渔业 | 04 | | | |
| 农、林、牧、渔专业及辅助性活动 | 05 | 34103 | 6331 | 4748 |
| **采矿业** | **B** | **113497** | **1190** | **1878** |
| 煤炭开采和洗选业 | 06 | 6975 | 50 | 55 |
| 石油和天然气开采业 | 07 | 12962 | | 7 |
| 黑色金属矿采选业 | 08 | 19938 | 144 | 124 |
| 有色金属矿采选业 | 09 | 7097 | 27 | 106 |
| 非金属矿采选业 | 10 | 52258 | 853 | 1392 |
| 开采专业及辅助性活动 | 11 | 11930 | 20 | 87 |
| 其他采矿业 | 12 | 2337 | 96 | 107 |
| **制造业** | **C** | **3771807** | **77393** | **87283** |
| 农副食品加工业 | 13 | 232190 | 4656 | 4527 |
| 食品制造业 | 14 | 109060 | 2223 | 2511 |
| 酒、饮料和精制茶制造业 | 15 | 104459 | 4089 | 2862 |
| 烟草制品业 | 16 | 7521 | 154 | 31 |
| 纺织业 | 17 | 273153 | 2437 | 3419 |
| 纺织服装、服饰业 | 18 | 263537 | 11155 | 14741 |
| 皮革、毛皮、羽毛及其制品和制鞋业 | 19 | 46658 | 1531 | 1261 |
| 木材加工和木、竹、藤、棕、草制品业 | 20 | 62409 | 2004 | 2770 |
| 家具制造业 | 21 | 40941 | 1640 | 1850 |
| 造纸和纸制品业 | 22 | 51121 | 1181 | 1108 |
| 印刷和记录媒介复制业 | 23 | 65706 | 2434 | 2611 |
| 文教、工美、体育和娱乐用品制造业 | 24 | 62479 | 2143 | 1934 |
| 石油、煤炭及其他燃料加工业 | 25 | 12449 | 152 | 258 |
| 化学原料和化学制品制造业 | 26 | 218891 | 3245 | 2804 |
| 医药制造业 | 27 | 136796 | 972 | 1121 |
| 化学纤维制造业 | 28 | 6911 | 46 | 27 |
| 橡胶和塑料制品业 | 29 | 118463 | 2342 | 3019 |
| 非金属矿物制品业 | 30 | 355683 | 7208 | 9758 |
| 黑色金属冶炼和压延加工业 | 31 | 74875 | 438 | 439 |

# 分组的企业法人单位从业人员数

| 100-500万元 | 500-1000万元 | 1000-5000万元 | 5000万元-1亿元 | 1亿元以上 | 代码 |
|---|---|---|---|---|---|
| **2022618** | **921384** | **1845386** | **970628** | **4637725** | **00** |
| **12493** | **3243** | **3522** | **2203** | **1563** | **A** |
| | | | | | 01 |
| | | | | | 02 |
| | | | | | 03 |
| | | | | | 04 |
| 12493 | 3243 | 3522 | 2203 | 1563 | 05 |
| **9314** | **7642** | **24349** | **11565** | **57559** | **B** |
| 271 | 513 | 3629 | 1567 | 890 | 06 |
| 59 | 44 | | | 12852 | 07 |
| 554 | 781 | 2107 | 1337 | 14891 | 08 |
| 273 | 325 | 1036 | 863 | 4467 | 09 |
| 7179 | 5470 | 16886 | 7385 | 13093 | 10 |
| 423 | 252 | 269 | 244 | 10635 | 11 |
| 555 | 257 | 422 | 169 | 731 | 12 |
| **388932** | **228926** | **712491** | **440626** | **1836156** | **C** |
| 20543 | 14109 | 55826 | 39735 | 92794 | 13 |
| 10302 | 5641 | 19837 | 11603 | 56943 | 14 |
| 10249 | 5223 | 17769 | 10145 | 54122 | 15 |
| | | 9 | 61 | 7266 | 16 |
| 21691 | 15123 | 62680 | 50043 | 117760 | 17 |
| 60673 | 28618 | 57613 | 28138 | 62599 | 18 |
| 5848 | 3428 | 9827 | 7454 | 17309 | 19 |
| 12119 | 6368 | 16568 | 8401 | 14179 | 20 |
| 6695 | 4050 | 8935 | 6093 | 11678 | 21 |
| 6103 | 3742 | 10848 | 5008 | 23131 | 22 |
| 8462 | 4575 | 14361 | 10177 | 23086 | 23 |
| 6953 | 4505 | 15872 | 10548 | 20524 | 24 |
| 781 | 738 | 1388 | 479 | 8653 | 25 |
| 12921 | 9564 | 35273 | 19926 | 135158 | 26 |
| 4736 | 3084 | 12059 | 11668 | 103156 | 27 |
| 357 | 206 | 906 | 225 | 5144 | 28 |
| 16855 | 9553 | 29848 | 18399 | 38447 | 29 |
| 48478 | 29789 | 92289 | 52807 | 115354 | 30 |
| 1530 | 1101 | 2994 | 1804 | 66569 | 31 |

2–31 续表1

| 行业大类 | 代码 | 从业人员数(人) | 50万元及以下 | 50–100万元 |
|---|---|---|---|---|
| 有色金属冶炼和压延加工业 | 32 | 42384 | 325 | 355 |
| 金属制品业 | 33 | 178938 | 6212 | 6039 |
| 通用设备制造业 | 34 | 168097 | 4835 | 5447 |
| 专用设备制造业 | 35 | 158254 | 4011 | 4282 |
| 汽车制造业 | 36 | 480743 | 3615 | 5372 |
| 铁路、船舶、航空航天和其他运输设备制造业 | 37 | 42497 | 326 | 327 |
| 电气机械和器材制造业 | 38 | 171860 | 2371 | 2460 |
| 计算机、通信和其他电子设备制造业 | 39 | 202448 | 1936 | 2409 |
| 仪器仪表制造业 | 40 | 32172 | 921 | 646 |
| 其他制造业 | 41 | 17725 | 980 | 1109 |
| 废弃资源综合利用业 | 42 | 16964 | 471 | 528 |
| 金属制品、机械和设备修理业 | 43 | 16423 | 1340 | 1258 |
| **电力、热力、燃气及水生产和供应业** | **D** | **203311** | **3755** | **4150** |
| 电力、热力生产和供应业 | 44 | 144793 | 2583 | 2922 |
| 燃气生产和供应业 | 45 | 13185 | 208 | 258 |
| 水的生产和供应业 | 46 | 45333 | 964 | 970 |
| **建筑业** | **E** | **2511945** | **77426** | **56663** |
| 房屋建筑业 | 47 | 1604395 | 17712 | 13141 |
| 土木工程建筑业 | 48 | 478780 | 13114 | 11122 |
| 建筑安装业 | 49 | 156897 | 10329 | 8165 |
| 建筑装饰、装修和其他建筑业 | 50 | 271873 | 36271 | 24235 |
| **批发和零售业** | **F** | **1851709** | **257225** | **199611** |
| 批发业 | 51 | 876606 | 105190 | 92707 |
| 零售业 | 52 | 975103 | 152035 | 106904 |
| **交通运输、仓储和邮政业** | **G** | **472242** | **31973** | **27472** |
| 铁路运输业 | 53 | | | |
| 道路运输业 | 54 | 298229 | 14257 | 15394 |
| 水上运输业 | 55 | 20957 | 564 | 748 |
| 航空运输业 | 56 | 8844 | 78 | 53 |
| 管道运输业 | 57 | 4286 | | 11 |
| 多式联运和运输代理业 | 58 | 20073 | 2738 | 2324 |
| 装卸搬运和仓储业 | 59 | 43622 | 3781 | 4106 |
| 邮政业 | 60 | 76231 | 10555 | 4836 |
| **住宿和餐饮业** | **H** | **277982** | **31615** | **21571** |
| 住宿业 | 61 | 93704 | 7038 | 5660 |
| 餐饮业 | 62 | 184278 | 24577 | 15911 |
| **信息传输、软件和信息技术服务业** | **I** | **405613** | **61358** | **34358** |
| 电信、广播电视和卫星传输服务 | 63 | 58222 | 1570 | 912 |

| 100-500万元 | 500-1000万元 | 1000-5000万元 | 5000万元-1亿元 | 1亿元以上 | 代码 |
|---|---|---|---|---|---|
| 1981 | 1195 | 3505 | 4134 | 30889 | 32 |
| 21731 | 13836 | 41467 | 24652 | 65001 | 33 |
| 25201 | 13973 | 37431 | 19429 | 61781 | 34 |
| 20347 | 13195 | 38101 | 18258 | 60060 | 35 |
| 26100 | 15468 | 54477 | 39438 | 336273 | 36 |
| 1815 | 1099 | 6631 | 4232 | 28067 | 37 |
| 11646 | 7010 | 26211 | 17832 | 104330 | 38 |
| 10053 | 5765 | 22968 | 11653 | 147664 | 39 |
| 3145 | 2217 | 6959 | 4703 | 13581 | 40 |
| 5652 | 2754 | 5024 | 1765 | 441 | 41 |
| 1956 | 1248 | 2737 | 827 | 9197 | 42 |
| 4009 | 1749 | 2078 | 989 | 5000 | 43 |
| **15957** | **8314** | **18451** | **9955** | **142729** | **D** |
| 9655 | 4577 | 12038 | 2894 | 110124 | 44 |
| 1064 | 628 | 848 | 1167 | 9012 | 45 |
| 5238 | 3109 | 5565 | 5894 | 23593 | 46 |
| **194824** | **108387** | **310417** | **257789** | **1506439** | **E** |
| 53924 | 37313 | 159195 | 173328 | 1149782 | 47 |
| 44989 | 24100 | 64239 | 51818 | 269398 | 48 |
| 26884 | 12789 | 33816 | 11340 | 53574 | 49 |
| 69027 | 34185 | 53167 | 21303 | 33685 | 50 |
| **551831** | **203059** | **237471** | **71971** | **330541** | **F** |
| 268710 | 114851 | 126152 | 31557 | 137439 | 51 |
| 283121 | 88208 | 111319 | 40414 | 193102 | 52 |
| **90145** | **42501** | **65389** | **27720** | **187042** | **G** |
|  |  |  |  |  | 53 |
| 60644 | 30884 | 50882 | 22942 | 103226 | 54 |
| 2214 | 1254 | 2997 | 733 | 12447 | 55 |
| 118 | 105 | 237 | 652 | 7601 | 56 |
|  | 42 |  | 18 | 4215 | 57 |
| 6186 | 3291 | 2465 | 399 | 2670 | 58 |
| 12094 | 4618 | 7566 | 2211 | 9246 | 59 |
| 8889 | 2307 | 1242 | 765 | 47637 | 60 |
| **68241** | **30558** | **54626** | **20210** | **51161** | **H** |
| 20038 | 11417 | 24884 | 9758 | 14909 | 61 |
| 48203 | 19141 | 29742 | 10452 | 36252 | 62 |
| **74884** | **26777** | **42185** | **12983** | **153068** | **I** |
| 2428 | 1042 | 2270 | 922 | 49078 | 63 |

2-31 续表2

| 行业大类 | 代码 | 从业人员数(人) | 50万元及以下 | 50-100万元 |
|---|---|---|---|---|
| 互联网和相关服务 | 64 | 78307 | 8485 | 5895 |
| 软件和信息技术服务业 | 65 | 269084 | 51303 | 27551 |
| **金融业** | **J** | **21158** | **1075** | **743** |
| 货币金融服务 | 66 | 5373 | 548 | 406 |
| 资本市场服务 | 67 | 2240 | 205 | 103 |
| 保险业 | 68 | 126 | 25 | 15 |
| 其他金融业 | 69 | 13419 | 297 | 219 |
| **房地产业** | **K** | **539596** | **48762** | **35310** |
| 房地产业 | 70 | 539596 | 48762 | 35310 |
| **租赁和商务服务业** | **L** | **824436** | **137996** | **89594** |
| 租赁业 | 71 | 55338 | 7877 | 7614 |
| 商务服务业 | 72 | 769098 | 130119 | 81980 |
| **科学研究和技术服务业** | **M** | **408143** | **56293** | **39196** |
| 研究和试验发展 | 73 | 38196 | 6451 | 3954 |
| 专业技术服务业 | 74 | 282214 | 33604 | 23846 |
| 科技推广和应用服务业 | 75 | 87733 | 16238 | 11396 |
| **水利、环境和公共设施管理业** | **N** | **82901** | **6156** | **6563** |
| 水利管理业 | 76 | 3546 | 316 | 260 |
| 生态保护和环境治理业 | 77 | 9780 | 782 | 674 |
| 公共设施管理业 | 78 | 67159 | 4920 | 5529 |
| 土地管理业 | 79 | 2416 | 138 | 100 |
| **居民服务、修理和其他服务业** | **O** | **155531** | **35579** | **24624** |
| 居民服务业 | 80 | 62428 | 16062 | 9674 |
| 机动车、电子产品和日用产品修理业 | 81 | 47494 | 11854 | 8619 |
| 其他服务业 | 82 | 45609 | 7663 | 6331 |
| **教育** | **P** | **61951** | **13913** | **9314** |
| 教育 | 83 | 61951 | 13913 | 9314 |
| **卫生和社会工作** | **Q** | **66776** | **4228** | **3320** |
| 卫生 | 84 | 60950 | 3642 | 2750 |
| 社会工作 | 85 | 5826 | 586 | 570 |
| **文化、体育和娱乐业** | **R** | **146461** | **31972** | **20783** |
| 新闻和出版业 | 86 | 9104 | 201 | 162 |
| 广播、电视、电影和录音制作业 | 87 | 16134 | 2791 | 1512 |
| 文化艺术业 | 88 | 27165 | 8481 | 4465 |
| 体育 | 89 | 10122 | 2765 | 1163 |
| 娱乐业 | 90 | 83936 | 17734 | 13481 |

| 100-500万元 | 500-1000万元 | 1000-5000万元 | 5000万元-1亿元 | 1亿元以上 | 代码 |
|---|---|---|---|---|---|
| 10544 | 3214 | 4446 | 1953 | 43770 | 64 |
| 61912 | 22521 | 35469 | 10108 | 60220 | 65 |
| **2199** | **744** | **1331** | **1561** | **13505** | **J** |
| 1300 | 368 | 901 | 503 | 1347 | 66 |
| 469 | 240 | 135 | 833 | 255 | 67 |
| 70 | 16 | | | | 68 |
| 360 | 120 | 295 | 225 | 11903 | 69 |
| **102369** | **51739** | **98405** | **41616** | **161395** | **K** |
| 102369 | 51739 | 98405 | 41616 | 161395 | 70 |
| **250435** | **104971** | **136865** | **31048** | **73527** | **L** |
| 23150 | 7906 | 6311 | 260 | 2220 | 71 |
| 227285 | 97065 | 130554 | 30788 | 71307 | 72 |
| **111243** | **47482** | **63284** | **18275** | **72370** | **M** |
| 11240 | 4480 | 6773 | 1433 | 3865 | 73 |
| 67495 | 33470 | 46808 | 13961 | 63030 | 74 |
| 32508 | 9532 | 9703 | 2881 | 5475 | 75 |
| **20499** | **8228** | **14754** | **6543** | **20158** | **N** |
| 971 | 340 | 509 | 369 | 781 | 76 |
| 2034 | 679 | 1613 | 657 | 3341 | 77 |
| 17020 | 6951 | 12378 | 5508 | 14853 | 78 |
| 474 | 258 | 254 | 9 | 1183 | 79 |
| **53972** | **19677** | **16823** | **3371** | **1485** | **O** |
| 20853 | 8105 | 5741 | 1080 | 913 | 80 |
| 16888 | 5399 | 4088 | 563 | 83 | 81 |
| 16231 | 6173 | 6994 | 1728 | 489 | 82 |
| **20218** | **6566** | **7602** | **2151** | **2187** | **P** |
| 20218 | 6566 | 7602 | 2151 | 2187 | 83 |
| **13722** | **8973** | **20388** | **5275** | **10870** | **Q** |
| 11400 | 8192 | 19441 | 4973 | 10552 | 84 |
| 2322 | 781 | 947 | 302 | 318 | 85 |
| **41340** | **13597** | **17033** | **5766** | **15970** | **R** |
| 676 | 436 | 1403 | 891 | 5335 | 86 |
| 4084 | 1933 | 3303 | 879 | 1632 | 87 |
| 7493 | 1883 | 2834 | 1030 | 979 | 88 |
| 2814 | 756 | 1735 | 176 | 713 | 89 |
| 26273 | 8589 | 7758 | 2790 | 7311 | 90 |

## 2-32 按行业(大类)、地区分组的

| 行业大类 | 代码 | 法人单位数(个) | 武汉市 | 黄石市 | 十堰市 | 宜昌市 | 襄阳市 | 鄂州市 |
|---|---|---|---|---|---|---|---|---|
| **总 计** | **00** | **9089** | **3170** | **396** | **490** | **846** | **787** | **157** |
| **农、林、牧、渔业** | **A** | **82** | **8** | **2** | **9** | **5** | **7** | |
| 农业 | 01 | 3 | | | | | | |
| 林业 | 02 | | | | | | | |
| 畜牧业 | 03 | | | | | | | |
| 渔业 | 04 | | | | | | | |
| 农、林、牧、渔专业及辅助性活动 | 05 | 79 | 8 | 2 | 9 | 5 | 7 | |
| **采矿业** | **B** | **35** | **1** | **8** | **3** | **7** | **3** | **3** |
| 煤炭开采和洗选业 | 06 | 4 | | 1 | | 1 | 1 | |
| 石油和天然气开采业 | 07 | 1 | | | | | | |
| 黑色金属矿采选业 | 08 | 6 | | 2 | | 1 | | 2 |
| 有色金属矿采选业 | 09 | 3 | | 3 | | | | |
| 非金属矿采选业 | 10 | 16 | | 2 | 3 | 5 | 2 | 1 |
| 开采专业及辅助性活动 | 11 | 4 | 1 | | | | | |
| 其他采矿业 | 12 | 1 | | | | | | |
| **制造业** | **C** | **954** | **365** | **53** | **59** | **82** | **109** | **16** |
| 农副食品加工业 | 13 | 107 | 15 | 10 | 2 | 2 | 8 | |
| 食品制造业 | 14 | 18 | 7 | | | 4 | 1 | |
| 酒、饮料和精制茶制造业 | 15 | 34 | 4 | 3 | 4 | 1 | 2 | |
| 烟草制品业 | 16 | 7 | 4 | | | 1 | | |
| 纺织业 | 17 | 39 | 11 | 2 | 2 | 2 | 4 | |
| 纺织服装、服饰业 | 18 | 24 | 8 | 3 | 1 | 1 | 5 | |
| 皮革、毛皮、羽毛及其制品和制鞋业 | 19 | | | | | | | |
| 木材加工和木、竹、藤、棕、草制品业 | 20 | 17 | 4 | 1 | 3 | | 2 | |
| 家具制造业 | 21 | 1 | 1 | | | | | |
| 造纸和纸制品业 | 22 | 4 | 2 | | | 1 | | |
| 印刷和记录媒介复制业 | 23 | 45 | 14 | 1 | 1 | 9 | 4 | 2 |
| 文教、工美、体育和娱乐用品制造业 | 24 | 6 | 1 | | | 1 | 2 | |
| 石油、煤炭及其他燃料加工业 | 25 | 9 | 3 | 1 | | | | 2 |
| 化学原料和化学制品制造业 | 26 | 62 | 11 | 1 | 1 | 15 | 12 | 1 |
| 医药制造业 | 27 | 24 | 13 | 1 | 1 | 1 | 2 | |
| 化学纤维制造业 | 28 | | | | | | | |
| 橡胶和塑料制品业 | 29 | 10 | 4 | 1 | 2 | 1 | 1 | |
| 非金属矿物制品业 | 30 | 90 | 22 | 4 | 4 | 10 | 16 | 4 |
| 黑色金属冶炼和压延加工业 | 31 | 13 | 7 | 2 | | 2 | 1 | 1 |
| 有色金属冶炼和压延加工业 | 32 | 8 | 1 | 3 | 1 | | | |

# 国有控股企业法人单位数

| 荆门市 | 孝感市 | 荆州市 | 黄冈市 | 咸宁市 | 随州市 | 恩施州 | 仙桃市 | 潜江市 | 天门市 | 神农架 | 代码 |
|---|---|---|---|---|---|---|---|---|---|---|---|
| **424** | **446** | **522** | **646** | **396** | **213** | **287** | **56** | **117** | **62** | **74** | **00** |
| **10** | **8** | **5** | **5** | **9** | | **4** | **2** | **5** | **2** | **1** | **A** |
| | | | | | | | | 3 | | | 01 |
| | | | | | | | | | | | 02 |
| | | | | | | | | | | | 03 |
| | | | | | | | | | | | 04 |
| 10 | 8 | 5 | 5 | 9 | | 4 | 2 | 2 | 2 | 1 | 05 |
| **1** | | | **5** | **1** | | | | **3** | | | **B** |
| 1 | | | | | | | | | | | 06 |
| | | | | | | | | 1 | | | 07 |
| | | | 1 | | | | | | | | 08 |
| | | | | | | | | | | | 09 |
| | | | 3 | | | | | | | | 10 |
| | | | | 1 | | | | 2 | | | 11 |
| | | | 1 | | | | | | | | 12 |
| **39** | **50** | **38** | **60** | **21** | **21** | **17** | **3** | **17** | **3** | **1** | **C** |
| 8 | 12 | 8 | 21 | 6 | 3 | 6 | | 4 | 1 | 1 | 13 |
| 3 | 2 | | | | 1 | | | | | | 14 |
| 1 | 3 | 1 | 7 | 2 | 2 | 3 | | 1 | | | 15 |
| | | | | | | 2 | | | | | 16 |
| | 2 | 4 | 2 | 1 | | 1 | 2 | 6 | | | 17 |
| 1 | | 1 | 2 | 1 | | | | 1 | | | 18 |
| | | | | | | | | | | | 19 |
| 3 | 1 | | | 1 | 1 | | | | 1 | | 20 |
| | | | | | | | | | | | 21 |
| | | | 1 | | | | | | | | 22 |
| 3 | 3 | 3 | 3 | | | 2 | | | | | 23 |
| | | 1 | 1 | | | | | | | | 24 |
| 2 | | 1 | | | | | | | | | 25 |
| 3 | 6 | 6 | 3 | | 2 | | | 1 | | | 26 |
| 1 | 1 | | 2 | | 1 | 1 | | | | | 27 |
| | | | | | | | | | | | 28 |
| | 1 | | | | | | | | | | 29 |
| 4 | 5 | 6 | 8 | 3 | 2 | 1 | | 1 | | | 30 |
| | | | | | | | | | | | 31 |
| | 1 | | 2 | | | | | | | | 32 |

2-32 续表1

| 行业大类 | 代码 | 法人单位数(个) | 武汉市 | 黄石市 | 十堰市 | 宜昌市 | 襄阳市 | 鄂州市 |
|---|---|---|---|---|---|---|---|---|
| 金属制品业 | 33 | 58 | 36 | 3 | 2 | 8 | 2 | 3 |
| 通用设备制造业 | 34 | 61 | 27 | 10 | 1 | 2 | 6 | 2 |
| 专用设备制造业 | 35 | 49 | 29 | 3 |  | 6 | 1 |  |
| 汽车制造业 | 36 | 105 | 40 |  | 28 | 1 | 24 |  |
| 铁路、船舶、航空航天和其他运输设备制造业 | 37 | 38 | 20 |  | 2 | 3 | 8 |  |
| 电气机械和器材制造业 | 38 | 42 | 32 | 1 | 1 | 4 | 1 |  |
| 计算机、通信和其他电子设备制造业 | 39 | 37 | 33 |  | 2 |  |  |  |
| 仪器仪表制造业 | 40 | 17 | 11 |  |  | 2 | 1 |  |
| 其他制造业 | 41 | 13 | 3 | 1 |  | 4 | 2 |  |
| 废弃资源综合利用业 | 42 | 6 |  | 1 |  |  | 3 |  |
| 金属制品、机械和设备修理业 | 43 | 10 | 2 | 1 | 1 | 1 | 1 | 1 |
| **电力、热力、燃气及水生产和供应业** | **D** | **600** | **44** | **20** | **69** | **69** | **56** | **13** |
| 电力、热力生产和供应业 | 44 | 319 | 22 | 10 | 43 | 31 | 30 | 5 |
| 燃气生产和供应业 | 45 | 21 | 6 | 4 | 2 | 1 |  |  |
| 水的生产和供应业 | 46 | 260 | 16 | 6 | 24 | 37 | 26 | 8 |
| **建筑业** | **E** | **580** | **191** | **17** | **25** | **48** | **64** | **10** |
| 房屋建筑业 | 47 | 119 | 41 | 4 | 3 | 9 | 13 | 3 |
| 土木工程建筑业 | 48 | 347 | 93 | 8 | 20 | 29 | 40 | 4 |
| 建筑安装业 | 49 | 65 | 30 | 1 | 1 | 7 | 5 | 2 |
| 建筑装饰、装修和其他建筑业 | 50 | 49 | 27 | 4 | 1 | 3 | 6 | 1 |
| **批发和零售业** | **F** | **1384** | **423** | **66** | **65** | **118** | **133** | **15** |
| 批发业 | 51 | 765 | 269 | 36 | 32 | 61 | 70 | 9 |
| 零售业 | 52 | 619 | 154 | 30 | 33 | 57 | 63 | 6 |
| **交通运输、仓储和邮政业** | **G** | **614** | **180** | **29** | **32** | **55** | **65** | **13** |
| 铁路运输业 | 53 | 8 | 7 |  |  |  |  |  |
| 道路运输业 | 54 | 255 | 59 | 13 | 13 | 27 | 26 | 7 |
| 水上运输业 | 55 | 50 | 29 | 3 | 1 | 7 | 3 |  |
| 航空运输业 | 56 | 11 | 5 |  |  |  | 2 |  |
| 管道运输业 | 57 | 5 | 5 |  |  |  |  |  |
| 多式联运和运输代理业 | 58 | 31 | 23 | 1 |  | 2 | 2 |  |
| 装卸搬运和仓储业 | 59 | 203 | 45 | 10 | 7 | 12 | 27 | 5 |
| 邮政业 | 60 | 51 | 7 | 2 | 11 | 7 | 5 | 1 |
| **住宿和餐饮业** | **H** | **216** | **59** | **4** | **19** | **21** | **26** | **2** |
| 住宿业 | 61 | 115 | 46 | 3 | 5 | 14 | 8 |  |
| 餐饮业 | 62 | 101 | 13 | 1 | 14 | 7 | 18 | 2 |

| 荆门市 | 孝感市 | 荆州市 | 黄冈市 | 咸宁市 | 随州市 | 恩施州 | 仙桃市 | 潜江市 | 天门市 | 神农架 | 代码 |
|---|---|---|---|---|---|---|---|---|---|---|---|
| 1 | 1 |  | 1 | 1 |  |  |  |  |  |  | 33 |
| 3 | 1 | 1 | 2 | 2 | 1 |  | 1 | 2 |  |  | 34 |
| 2 | 3 | 2 | 1 |  | 1 |  |  |  | 1 |  | 35 |
| 2 | 2 | 1 | 1 | 1 | 5 |  |  |  |  |  | 36 |
| 1 | 2 | 1 | 1 |  |  |  |  |  |  |  | 37 |
|  | 1 |  |  | 1 | 1 |  |  |  |  |  | 38 |
|  | 1 |  | 1 |  |  |  |  |  |  |  | 39 |
|  | 1 |  |  | 1 |  |  |  | 1 |  |  | 40 |
| 1 | 1 |  | 1 |  |  |  |  |  |  |  | 41 |
|  |  |  |  | 1 | 1 |  |  |  |  |  | 42 |
|  |  | 2 |  |  |  | 1 |  |  |  |  | 43 |
| **39** | **41** | **40** | **65** | **31** | **14** | **73** |  | **7** | **13** | **6** | **D** |
| 18 | 17 | 11 | 26 | 25 | 9 | 54 |  | 2 | 12 | 4 | 44 |
| 2 | 1 | 1 | 2 |  |  | 2 |  |  |  |  | 45 |
| 19 | 23 | 28 | 37 | 6 | 5 | 17 |  | 5 | 1 | 2 | 46 |
| **33** | **24** | **43** | **38** | **32** | **12** | **22** | **2** | **10** | **3** | **6** | **E** |
| 2 | 7 | 13 | 8 | 7 |  | 1 |  | 4 | 1 | 3 | 47 |
| 27 | 12 | 25 | 26 | 23 | 11 | 18 | 2 | 6 | 1 | 2 | 48 |
| 3 | 4 | 4 | 2 | 2 |  | 3 |  |  | 1 |  | 49 |
| 1 | 1 | 1 | 2 |  | 1 |  |  |  |  | 1 | 50 |
| **82** | **76** | **79** | **132** | **74** | **57** | **20** | **12** | **20** | **7** | **5** | **F** |
| 50 | 31 | 51 | 59 | 34 | 23 | 12 | 6 | 12 | 6 | 1 | 51 |
| 32 | 42 | 28 | 73 | 40 | 34 | 8 | 6 | 8 | 1 | 4 | 52 |
| **31** | **28** | **51** | **50** | **37** | **9** | **11** | **6** | **8** | **6** | **3** | **G** |
|  |  | 1 |  |  |  |  |  |  |  |  | 53 |
| 10 | 17 | 20 | 22 | 23 | 2 | 5 | 4 | 5 | 1 | 1 | 54 |
| 1 |  | 4 | 2 |  |  |  |  |  |  |  | 55 |
| 1 |  | 1 |  |  |  | 1 |  |  |  | 1 | 56 |
|  |  |  |  |  |  |  |  |  |  |  | 57 |
| 1 |  | 1 | 1 |  |  |  |  |  |  |  | 58 |
| 17 | 10 | 21 | 22 | 12 | 6 | 4 | 1 | 1 | 3 |  | 59 |
| 1 | 1 | 3 | 3 | 2 | 1 | 1 | 1 | 2 | 2 | 1 | 60 |
| **3** | **11** | **17** | **13** | **18** | **4** | **10** |  | **1** | **2** | **6** | **H** |
| 1 | 4 | 8 | 4 | 8 | 2 | 5 |  | 1 | 1 | 5 | 61 |
| 2 | 7 | 9 | 9 | 10 | 2 | 5 |  |  | 1 | 1 | 62 |

2–32 续表2

| 行业大类 | 代码 | 法人单位数(个) | 武汉市 | 黄石市 | 十堰市 | 宜昌市 | 襄阳市 | 鄂州市 |
|---|---|---|---|---|---|---|---|---|
| **信息传输、软件和信息技术服务业** | **I** | **281** | **141** | **13** | **9** | **24** | **19** | **3** |
| 电信、广播电视和卫星传输服务 | 63 | 131 | 26 | 8 | 5 | 15 | 16 | 3 |
| 互联网和相关服务 | 64 | 23 | 13 | 2 | 3 | 1 | | |
| 软件和信息技术服务业 | 65 | 127 | 102 | 3 | 1 | 8 | 3 | |
| **金融业** | **J** | **697** | **222** | **39** | **32** | **59** | **60** | **20** |
| 货币金融服务 | 66 | 256 | 74 | 15 | 11 | 27 | 26 | 8 |
| 资本市场服务 | 67 | 56 | 48 | 1 | | 3 | 3 | |
| 保险业 | 68 | 341 | 78 | 21 | 21 | 29 | 31 | 11 |
| 其他金融业 | 69 | 44 | 22 | 2 | | | | 1 |
| **房地产业** | **K** | **904** | **532** | **30** | **23** | **76** | **38** | **10** |
| 房地产业 | 70 | 904 | 532 | 30 | 23 | 76 | 38 | 10 |
| **租赁和商务服务业** | **L** | **1078** | **388** | **57** | **52** | **113** | **62** | **23** |
| 租赁业 | 71 | 21 | 11 | | | 2 | 1 | |
| 商务服务业 | 72 | 1057 | 377 | 57 | 52 | 111 | 61 | 23 |
| **科学研究和技术服务业** | **M** | **826** | **359** | **26** | **44** | **64** | **68** | **16** |
| 研究和试验发展 | 73 | 47 | 29 | 1 | 1 | 1 | 2 | |
| 专业技术服务业 | 74 | 597 | 275 | 23 | 32 | 52 | 41 | 16 |
| 科技推广和应用服务业 | 75 | 182 | 55 | 2 | 11 | 11 | 25 | |
| **水利、环境和公共设施管理业** | **N** | **321** | **69** | **11** | **26** | **41** | **35** | **7** |
| 水利管理业 | 76 | 71 | 10 | 2 | 7 | 5 | 18 | |
| 生态保护和环境治理业 | 77 | 32 | 5 | 2 | 6 | 5 | 1 | 4 |
| 公共设施管理业 | 78 | 187 | 50 | 4 | 13 | 28 | 8 | 3 |
| 土地管理业 | 79 | 31 | 4 | 3 | | 3 | 8 | |
| **居民服务、修理和其他服务业** | **O** | **85** | **30** | **3** | **2** | **15** | **7** | |
| 居民服务业 | 80 | 28 | 7 | | | 8 | 1 | |
| 机动车、电子产品和日用产品修理业 | 81 | 27 | 10 | 2 | 2 | 3 | 4 | |
| 其他服务业 | 82 | 30 | 13 | 1 | | 4 | 2 | |
| **教育** | **P** | **62** | **16** | **2** | **2** | **7** | **4** | |
| 教育 | 83 | 62 | 16 | 2 | 2 | 7 | 4 | |
| **卫生和社会工作** | **Q** | **74** | **13** | **8** | **6** | **7** | **6** | **1** |
| 卫生 | 84 | 66 | 11 | 8 | 6 | 7 | 4 | 1 |
| 社会工作 | 85 | 8 | 2 | | | | 2 | |
| **文化、体育和娱乐业** | **R** | **296** | **129** | **8** | **13** | **35** | **25** | **5** |
| 新闻和出版业 | 86 | 77 | 53 | 3 | 2 | 4 | 7 | 2 |
| 广播、电视、电影和录音制作业 | 87 | 88 | 32 | 2 | 3 | 9 | 10 | 2 |
| 文化艺术业 | 88 | 71 | 23 | 1 | 4 | 8 | 7 | 1 |
| 体育 | 89 | 14 | 7 | | | 1 | 1 | |
| 娱乐业 | 90 | 46 | 14 | 2 | 4 | 13 | | |

| 荆门市 | 孝感市 | 荆州市 | 黄冈市 | 咸宁市 | 随州市 | 恩施州 | 仙桃市 | 潜江市 | 天门市 | 神农架 | 代码 |
|---|---|---|---|---|---|---|---|---|---|---|---|
| **7** | **8** | **8** | **17** | **6** | **8** | **5** | **2** | **3** | **3** | **5** | **I** |
| 5 | 7 | 4 | 14 | 5 | 8 | 4 | 1 | 3 | 3 | 4 | 63 |
| 2 |  | 1 |  |  |  |  | 1 |  |  |  | 64 |
|  | 1 | 3 | 3 | 1 |  | 1 |  |  |  | 1 | 65 |
| **37** | **37** | **47** | **41** | **29** | **24** | **28** | **4** | **11** | **6** | **1** | **J** |
| 13 | 12 | 16 | 16 | 11 | 8 | 7 | 4 | 4 | 3 | 1 | 66 |
| 1 |  |  |  |  |  |  |  |  |  |  | 67 |
| 22 | 20 | 29 | 25 | 14 | 11 | 19 |  | 7 | 3 |  | 68 |
| 1 | 5 | 2 |  | 4 | 5 | 2 |  |  |  |  | 69 |
| **21** | **20** | **42** | **40** | **24** | **17** | **11** | **1** | **9** | **4** | **6** | **K** |
| 21 | 20 | 42 | 40 | 24 | 17 | 11 | 1 | 9 | 4 | 6 | 70 |
| **64** | **46** | **62** | **63** | **45** | **25** | **36** | **11** | **12** | **8** | **11** | **L** |
| 3 | 1 | 1 | 1 |  |  |  |  |  |  | 1 | 71 |
| 61 | 45 | 61 | 62 | 45 | 25 | 36 | 11 | 12 | 8 | 10 | 72 |
| **29** | **48** | **42** | **49** | **37** | **9** | **12** | **5** | **6** | **4** | **8** | **M** |
| 1 | 1 | 3 | 2 | 4 |  |  |  |  | 1 | 1 | 73 |
| 21 | 31 | 29 | 26 | 20 | 7 | 10 | 2 | 4 | 3 | 5 | 74 |
| 7 | 16 | 10 | 21 | 13 | 2 | 2 | 3 | 2 |  | 2 | 75 |
| **14** | **14** | **23** | **27** | **17** | **4** | **16** | **5** | **3** | **1** | **8** | **N** |
| 1 | 9 | 7 | 8 | 2 | 1 | 1 |  |  |  |  | 76 |
| 2 | 1 |  | 1 | 3 |  | 2 |  |  |  |  | 77 |
| 11 | 3 | 14 | 11 | 10 | 3 | 13 | 5 | 2 | 1 | 8 | 78 |
|  | 1 | 2 | 7 | 2 |  |  |  | 1 |  |  | 79 |
| **3** | **8** | **5** | **7** | **2** | **1** |  | **1** |  |  | **1** | **O** |
| 1 | 4 | 1 | 3 | 1 | 1 |  |  |  |  | 1 | 80 |
| 1 | 3 | 1 | 1 |  |  |  |  |  |  |  | 81 |
| 1 | 1 | 3 | 3 | 1 |  |  | 1 |  |  |  | 82 |
| **2** | **3** | **8** | **6** | **7** | **3** | **1** |  |  |  | **1** | **P** |
| 2 | 3 | 8 | 6 | 7 | 3 | 1 |  |  |  | 1 | 83 |
| **1** | **9** |  | **11** | **4** |  | **7** |  |  |  | **1** | **Q** |
|  | 8 |  | 11 | 2 |  | 7 |  |  |  | 1 | 84 |
| 1 | 1 |  |  | 2 |  |  |  |  |  |  | 85 |
| **8** | **15** | **12** | **17** | **2** | **5** | **14** | **2** | **2** |  | **4** | **R** |
|  |  | 2 | 1 |  |  | 2 | 1 |  |  |  | 86 |
| 3 | 7 | 7 | 5 | 1 | 2 | 5 |  |  |  |  | 87 |
| 2 | 6 | 1 | 7 |  | 1 | 4 | 1 | 2 |  | 3 | 88 |
| 2 |  |  |  |  | 1 | 1 |  |  |  | 1 | 89 |
| 1 | 2 | 2 | 4 | 1 | 1 | 2 |  |  |  |  | 90 |

# 2-33 按行业(大类)、地区分组的国有

| 行业大类 | 代码 | 从业人员数(人) | 武汉市 | 黄石市 | 十堰市 | 宜昌市 | 襄阳市 | 鄂州市 |
|---|---|---|---|---|---|---|---|---|
| **总　　计** | **00** | **1636478** | **950075** | **57479** | **95404** | **116703** | **140785** | **24717** |
| **农、林、牧、渔业** | **A** | **2535** | **125** | **25** | **79** | **54** | **112** | |
| 农业 | 01 | | | | | | | |
| 林业 | 02 | | | | | | | |
| 畜牧业 | 03 | | | | | | | |
| 渔业 | 04 | | | | | | | |
| 农、林、牧、渔专业及辅助性活动 | 05 | 2535 | 125 | 25 | 79 | 54 | 112 | |
| **采矿业** | **B** | **31515** | **327** | **4224** | **410** | **273** | **144** | **2482** |
| 煤炭开采和洗选业 | 06 | 484 | | 5 | | 25 | 12 | |
| 石油和天然气开采业 | 07 | 12852 | | | | | | |
| 黑色金属矿采选业 | 08 | 4626 | | 2152 | | 14 | | 2453 |
| 有色金属矿采选业 | 09 | 2010 | | 2010 | | | | |
| 非金属矿采选业 | 10 | 941 | | 57 | 410 | 234 | 132 | 29 |
| 开采专业及辅助性活动 | 11 | 10597 | 327 | | | | | |
| 其他采矿业 | 12 | 5 | | | | | | |
| **制造业** | **C** | **474278** | **227299** | **20691** | **57308** | **33551** | **75692** | **6782** |
| 农副食品加工业 | 13 | 4670 | 1119 | 138 | 32 | 148 | 271 | |
| 食品制造业 | 14 | 8255 | 2330 | | | 4995 | 8 | |
| 酒、饮料和精制茶制造业 | 15 | 4936 | 371 | 300 | 196 | | 1138 | |
| 烟草制品业 | 16 | 7231 | 6733 | | | 7 | | |
| 纺织业 | 17 | 7740 | 1502 | 15 | 14 | 5 | 1899 | |
| 纺织服装、服饰业 | 18 | 6245 | 1392 | 4000 | 6 | 125 | 464 | |
| 皮革、毛皮、羽毛及其制品和制鞋业 | 19 | | | | | | | |
| 木材加工和木、竹、藤、棕、草制品业 | 20 | 1461 | 234 | 2 | 22 | | 171 | |
| 家具制造业 | 21 | 2 | 2 | | | | | |
| 造纸和纸制品业 | 22 | 1393 | 488 | | | 59 | | |
| 印刷和记录媒介复制业 | 23 | 4303 | 2830 | 53 | 81 | 214 | 394 | 55 |
| 文教、工美、体育和娱乐用品制造业 | 24 | 308 | 104 | | | 60 | 120 | |
| 石油、煤炭及其他燃料加工业 | 25 | 6036 | 2963 | 12 | | | | 393 |
| 化学原料和化学制品制造业 | 26 | 38336 | 2510 | 90 | 945 | 18650 | 3586 | 78 |
| 医药制造业 | 27 | 9395 | 5201 | 278 | 12 | 544 | 1478 | |
| 化学纤维制造业 | 28 | | | | | | | |
| 橡胶和塑料制品业 | 29 | 2948 | 602 | 5 | 974 | 994 | 246 | |
| 非金属矿物制品业 | 30 | 12703 | 4589 | 128 | 628 | 1673 | 1570 | 239 |
| 黑色金属冶炼和压延加工业 | 31 | 39163 | 32295 | 551 | | 467 | 581 | 5269 |
| 有色金属冶炼和压延加工业 | 32 | 13236 | 10 | 11293 | 1704 | | | |

# 控股企业法人单位从业人员数

| 荆门市 | 孝感市 | 荆州市 | 黄冈市 | 咸宁市 | 随州市 | 恩施州 | 仙桃市 | 潜江市 | 天门市 | 神农架 | 代码 |
|---|---|---|---|---|---|---|---|---|---|---|---|
| **41967** | **37014** | **34927** | **41457** | **21400** | **14330** | **17742** | **3330** | **34105** | **2293** | **2750** | **00** |
| **1421** | **317** | **54** | **42** | **248** | | **3** | **28** | **8** | **19** | | **A** |
| | | | | | | | | | | | 01 |
| | | | | | | | | | | | 02 |
| | | | | | | | | | | | 03 |
| | | | | | | | | | | | 04 |
| 1421 | 317 | 54 | 42 | 248 | | 3 | 28 | 8 | 19 | | 05 |
| **442** | | | **91** | **4** | | | | **23118** | | | **B** |
| 442 | | | | | | | | | | | 06 |
| | | | | | | | | 12852 | | | 07 |
| | | | 7 | | | | | | | | 08 |
| | | | | | | | | | | | 09 |
| | | | 79 | | | | | | | | 10 |
| | | | | 4 | | | | 10266 | | | 11 |
| | | | 5 | | | | | | | | 12 |
| **14537** | **13589** | **6991** | **5636** | **3062** | **4589** | **1043** | **509** | **2821** | **178** | | **C** |
| 689 | 355 | 194 | 1203 | 101 | 184 | 119 | | 103 | 14 | | 13 |
| 13 | 591 | | | | 318 | | | | | | 14 |
| 1193 | 175 | 29 | 506 | 422 | 287 | 25 | | 294 | | | 15 |
| | | | | | | 491 | | | | | 16 |
| | 1067 | 782 | 21 | 31 | | 8 | 461 | 1935 | | | 17 |
| 204 | | 6 | 18 | 26 | | | | 4 | | | 18 |
| | | | | | | | | | | | 19 |
| 612 | 68 | | | 7 | 330 | | | | 15 | | 20 |
| | | | | | | | | | | | 21 |
| | | | 846 | | | | | | | | 22 |
| 51 | 151 | 44 | 349 | | | 81 | | | | | 23 |
| | | 22 | 2 | | | | | | | | 24 |
| 2648 | | 20 | | | | | | | | | 25 |
| 4179 | 5663 | 1994 | 101 | | 271 | | | 269 | | | 26 |
| 17 | 93 | | 832 | | 791 | 149 | | | | | 27 |
| | | | | | | | | | | | 28 |
| | 127 | | | | | | | | | | 29 |
| 1277 | 155 | 817 | 1067 | 371 | 1 | 170 | | 18 | | | 30 |
| | | | | | | | | | | | 31 |
| | 3 | | 226 | | | | | | | | 32 |

2-33 续表1

| 行业大类 | 代码 | 从业人员数(人) | 武汉市 | 黄石市 | 十堰市 | 宜昌市 | 襄阳市 | 鄂州市 |
|---|---|---|---|---|---|---|---|---|
| 金属制品业 | 33 | 15457 | 11251 | 903 | 472 | 977 | 406 | 205 |
| 通用设备制造业 | 34 | 19516 | 10162 | 2020 | 765 | 341 | 4241 | 465 |
| 专用设备制造业 | 35 | 15548 | 12025 | 492 | | 646 | 257 | |
| 汽车制造业 | 36 | 152474 | 45043 | | 50873 | 6 | 52207 | |
| 铁路、船舶、航空航天和其他运输设备制造业 | 37 | 20541 | 10349 | | 10 | 1470 | 5345 | |
| 电气机械和器材制造业 | 38 | 21738 | 19146 | 7 | 520 | 1022 | 720 | |
| 计算机、通信和其他电子设备制造业 | 39 | 56083 | 52306 | | 18 | | | |
| 仪器仪表制造业 | 40 | 3192 | 1476 | | | 1007 | 513 | |
| 其他制造业 | 41 | 244 | 37 | 9 | | 75 | 9 | |
| 废弃资源综合利用业 | 42 | 682 | | 380 | | | 63 | |
| 金属制品、机械和设备修理业 | 43 | 442 | 229 | 15 | 36 | 66 | 5 | 78 |
| **电力、热力、燃气及水生产和供应业** | **D** | **139523** | **89507** | **2717** | **10951** | **9668** | **3546** | **1417** |
| 电力、热力生产和供应业 | 44 | 109819 | 75551 | 1027 | 9313 | 8428 | 1798 | 605 |
| 燃气生产和供应业 | 45 | 4018 | 2723 | 363 | 428 | 8 | | |
| 水的生产和供应业 | 46 | 25686 | 11233 | 1327 | 1210 | 1232 | 1748 | 812 |
| **建筑业** | **E** | **386267** | **240348** | **10981** | **10059** | **28605** | **35910** | **8515** |
| 房屋建筑业 | 47 | 153827 | 111852 | 8437 | 588 | 5355 | 4204 | 7761 |
| 土木工程建筑业 | 48 | 200401 | 114931 | 2438 | 9416 | 20686 | 17465 | 625 |
| 建筑安装业 | 49 | 26886 | 9430 | 44 | 20 | 2260 | 14134 | 114 |
| 建筑装饰、装修和其他建筑业 | 50 | 5153 | 4135 | 62 | 35 | 304 | 107 | 15 |
| **批发和零售业** | **F** | **143894** | **96814** | **4648** | **3040** | **5903** | **5825** | **573** |
| 批发业 | 51 | 64813 | 34564 | 2530 | 1765 | 3908 | 4100 | 244 |
| 零售业 | 52 | 79081 | 62250 | 2118 | 1275 | 1995 | 1725 | 329 |
| **交通运输、仓储和邮政业** | **G** | **169038** | **106788** | **5824** | **4402** | **10789** | **8280** | **1401** |
| 铁路运输业 | 53 | | | | | | | |
| 道路运输业 | 54 | 95653 | 56788 | 3749 | 3768 | 7490 | 4802 | 810 |
| 水上运输业 | 55 | 9874 | 7654 | 903 | 9 | 478 | 188 | |
| 航空运输业 | 56 | 5278 | 4706 | | | | 215 | |
| 管道运输业 | 57 | 4085 | 4085 | | | | | |
| 多式联运和运输代理业 | 58 | 1436 | 1301 | 5 | | 18 | 23 | |
| 装卸搬运和仓储业 | 59 | 9538 | 4397 | 188 | 122 | 925 | 1146 | 278 |
| 邮政业 | 60 | 43174 | 27857 | 979 | 503 | 1878 | 1906 | 313 |
| **住宿和餐饮业** | **H** | **13769** | **8227** | **161** | **537** | **1159** | **651** | **96** |
| 住宿业 | 61 | 7777 | 3871 | 126 | 423 | 1131 | 461 | |
| 餐饮业 | 62 | 5992 | 4356 | 35 | 114 | 28 | 190 | 96 |
| **信息传输、软件和信息技术服务业** | **I** | **55139** | **34155** | **1482** | **1085** | **2829** | **2690** | **823** |
| 电信、广播电视和卫星传输服务 | 63 | 42254 | 22464 | 1415 | 948 | 2229 | 2653 | 823 |

| 荆门市 | 孝感市 | 荆州市 | 黄冈市 | 咸宁市 | 随州市 | 恩施州 | 仙桃市 | 潜江市 | 天门市 | 神农架 | 代码 |
|---|---|---|---|---|---|---|---|---|---|---|---|
| 173 | 151 | | 190 | 729 | | | | | | | 33 |
| 425 | | 799 | 93 | 1 | 2 | | 48 | 154 | | | 34 |
| 51 | 344 | 1575 | 3 | | 6 | | | | 149 | | 35 |
| 940 | 238 | 6 | 1 | 1044 | 2116 | | | | | | 36 |
| 2057 | 460 | 690 | 160 | | | | | | | | 37 |
| | 36 | | | 7 | 280 | | | | | | 38 |
| | 3741 | | 18 | | | | | | | | 39 |
| | 65 | | | 87 | | | | 44 | | | 40 |
| 8 | 106 | | | | | | | | | | 41 |
| | | | | 236 | 3 | | | | | | 42 |
| | | 13 | | | | | | | | | 43 |
| **4989** | **4433** | **1859** | **3405** | **1247** | **755** | **3974** | | **296** | **117** | **642** | **D** |
| 3667 | 2598 | 1208 | 1192 | 644 | 446 | 2603 | | 36 | 85 | 618 | 44 |
| 167 | 1 | 41 | 240 | | | 47 | | | | | 45 |
| 1155 | 1834 | 610 | 1973 | 603 | 309 | 1324 | | 260 | 32 | 24 | 46 |
| **8783** | **4337** | **7832** | **14211** | **6636** | **1275** | **2801** | **740** | **4469** | **427** | **338** | **E** |
| 2031 | 2694 | 2099 | 5325 | 1399 | | 865 | | 870 | 120 | 227 | 47 |
| 6347 | 1421 | 5188 | 8756 | 5208 | 1272 | 1932 | 740 | 3599 | 266 | 111 | 48 |
| 401 | 191 | 168 | 50 | 29 | | 4 | | | 41 | | 49 |
| 4 | 31 | 377 | 80 | | 3 | | | | | | 50 |
| **3372** | **4229** | **3221** | **6697** | **2292** | **2500** | **3414** | **491** | **503** | **271** | **101** | **F** |
| 2219 | 1707 | 2765 | 4045 | 1633 | 1089 | 3358 | 295 | 294 | 265 | 32 | 51 |
| 1153 | 2522 | 456 | 2652 | 659 | 1411 | 56 | 196 | 209 | 6 | 69 | 52 |
| **3703** | **4923** | **6557** | **4703** | **4144** | **1331** | **2383** | **1111** | **1836** | **723** | **140** | **G** |
| | | | | | | | | | | | 53 |
| 2346 | 2886 | 4128 | 2257 | 2817 | 334 | 1021 | 668 | 1525 | 246 | 18 | 54 |
| 3 | | 602 | 37 | | | | | | | | 55 |
| 56 | | 4 | | | | 225 | | | | 72 | 56 |
| | | | | | | | | | | | 57 |
| 51 | | 32 | 6 | | | | | | | | 58 |
| 338 | 290 | 868 | 467 | 134 | 193 | 111 | 9 | 20 | 52 | | 59 |
| 909 | 1747 | 923 | 1936 | 1193 | 804 | 1026 | 434 | 291 | 425 | 50 | 60 |
| **491** | **187** | **687** | **206** | **372** | **242** | **456** | | **5** | **10** | **282** | **H** |
| 152 | 68 | 564 | 14 | 304 | 76 | 305 | | 5 | 8 | 269 | 61 |
| 339 | 119 | 123 | 192 | 68 | 166 | 151 | | | 2 | 13 | 62 |
| **1278** | **2239** | **2082** | **2279** | **916** | **994** | **1490** | **77** | **320** | **291** | **109** | **I** |
| 1246 | 2227 | 1958 | 2163 | 887 | 994 | 1485 | 57 | 320 | 291 | 94 | 63 |

2-33 续表2

| 行业大类 | 代码 | 从业人员数(人) | 武汉市 | 黄石市 | 十堰市 | 宜昌市 | 襄阳市 | 鄂州市 |
|---|---|---|---|---|---|---|---|---|
| 互联网和相关服务 | 64 | 1164 | 904 | 47 | 102 | | | |
| 软件和信息技术服务业 | 65 | 11721 | 10787 | 20 | 35 | 600 | 37 | |
| **金融业** | **J** | **10833** | **10233** | **209** | | | **15** | **21** |
| 货币金融服务 | 66 | 238 | 176 | | | | 15 | |
| 资本市场服务 | 67 | 133 | 91 | 15 | | | | |
| 保险业 | 68 | | | | | | | |
| 其他金融业 | 69 | 10462 | 9966 | 194 | | | | 21 |
| **房地产业** | **K** | **43030** | **31574** | **805** | **1893** | **3034** | **1915** | **273** |
| 房地产业 | 70 | 43030 | 31574 | 805 | 1893 | 3034 | 1915 | 273 |
| **租赁和商务服务业** | **L** | **53163** | **24500** | **1748** | **2597** | **12418** | **2344** | **883** |
| 租赁业 | 71 | 229 | 164 | | | 11 | | |
| 商务服务业 | 72 | 52934 | 24336 | 1748 | 2597 | 12407 | 2344 | 883 |
| **科学研究和技术服务业** | **M** | **69520** | **57356** | **845** | **1342** | **2618** | **1726** | **723** |
| 研究和试验发展 | 73 | 2019 | 1642 | 3 | 29 | 4 | 34 | |
| 专业技术服务业 | 74 | 65117 | 54649 | 747 | 1237 | 2426 | 1501 | 723 |
| 科技推广和应用服务业 | 75 | 2384 | 1065 | 95 | 76 | 188 | 191 | |
| **水利、环境和公共设施管理业** | **N** | **19183** | **8242** | **309** | **393** | **4008** | **995** | **546** |
| 水利管理业 | 76 | 1514 | 382 | 24 | 121 | 50 | 484 | |
| 生态保护和环境治理业 | 77 | 2812 | 1490 | 25 | 79 | 781 | 2 | 158 |
| 公共设施管理业 | 78 | 13785 | 6221 | 131 | 193 | 2922 | 279 | 388 |
| 土地管理业 | 79 | 1072 | 149 | 129 | | 255 | 230 | |
| **居民服务、修理和其他服务业** | **O** | **2420** | **1479** | **252** | **52** | **242** | **139** | |
| 居民服务业 | 80 | 1492 | 1220 | | | 134 | 26 | |
| 机动车、电子产品和日用产品修理业 | 81 | 396 | 83 | 56 | 52 | 67 | 99 | |
| 其他服务业 | 82 | 532 | 176 | 196 | | 41 | 14 | |
| **教育** | **P** | **3015** | **1799** | **38** | **53** | **124** | **25** | |
| 教育 | 83 | 3015 | 1799 | 38 | 53 | 124 | 25 | |
| **卫生和社会工作** | **Q** | **3504** | **376** | **2242** | **635** | **35** | **75** | **2** |
| 卫生 | 84 | 3452 | 367 | 2242 | 635 | 35 | 53 | 2 |
| 社会工作 | 85 | 52 | 9 | | | | 22 | |
| **文化、体育和娱乐业** | **R** | **15852** | **10926** | **278** | **568** | **1393** | **701** | **180** |
| 新闻和出版业 | 86 | 6514 | 5703 | 96 | 335 | 64 | 132 | 28 |
| 广播、电视、电影和录音制作业 | 87 | 2712 | 1230 | 125 | 38 | 58 | 327 | 52 |
| 文化艺术业 | 88 | 3232 | 2291 | 38 | 39 | 132 | 234 | 100 |
| 体育 | 89 | 236 | 24 | | | 6 | 8 | |
| 娱乐业 | 90 | 3158 | 1678 | 19 | 156 | 1133 | | |

| 荆门市 | 孝感市 | 荆州市 | 黄冈市 | 咸宁市 | 随州市 | 恩施州 | 仙桃市 | 潜江市 | 天门市 | 神农架 | 代码 |
|---|---|---|---|---|---|---|---|---|---|---|---|
| 32 | | 59 | | | | | 20 | | | | 64 |
| | 12 | 65 | 116 | 29 | | 5 | | | | 15 | 65 |
| **68** | **70** | **33** | | **106** | **52** | **26** | | | | | **J** |
| 40 | | | | 7 | | | | | | | 66 |
| 27 | | | | | | | | | | | 67 |
| | | | | | | | | | | | 68 |
| 1 | 70 | 33 | | 99 | 52 | 26 | | | | | 69 |
| **330** | **415** | **953** | **972** | **365** | **258** | **67** | **15** | **83** | **1** | **77** | **K** |
| 330 | 415 | 953 | 972 | 365 | 258 | 67 | 15 | 83 | 1 | 77 | 70 |
| **1236** | **630** | **1499** | **965** | **838** | **1734** | **857** | **192** | **447** | **183** | **92** | **L** |
| 10 | | 14 | 3 | | | | | | | 27 | 71 |
| 1226 | 630 | 1485 | 962 | 838 | 1734 | 857 | 192 | 447 | 183 | 65 | 72 |
| **686** | **936** | **1235** | **773** | **595** | **284** | **175** | **71** | **62** | **58** | **35** | **M** |
| 18 | 22 | 201 | 38 | 28 | | | | | | | 73 |
| 573 | 790 | 876 | 559 | 453 | 268 | 162 | 13 | 49 | 58 | 33 | 74 |
| 95 | 124 | 158 | 176 | 114 | 16 | 13 | 58 | 13 | | 2 | 75 |
| **530** | **330** | **1248** | **904** | **226** | **112** | **428** | **68** | **77** | **15** | **752** | **N** |
| | 134 | 148 | 138 | 22 | 11 | | | | | | 76 |
| 66 | 84 | | 24 | 47 | | 56 | | | | | 77 |
| 464 | 109 | 1039 | 583 | 106 | 101 | 372 | 68 | 42 | 15 | 752 | 78 |
| | 3 | 61 | 159 | 51 | | | | 35 | | | 79 |
| **13** | **44** | **63** | **88** | **20** | **20** | | **5** | | | **3** | **O** |
| 5 | 28 | 20 | 16 | 20 | 20 | | | | | 3 | 80 |
| 5 | 16 | 15 | 3 | | | | | | | | 81 |
| 3 | | 28 | 69 | | | | 5 | | | | 82 |
| **2** | **93** | **181** | **222** | **298** | **143** | **37** | | | | | **P** |
| 2 | 93 | 181 | 222 | 298 | 143 | 37 | | | | | 83 |
| **1** | **55** | | **60** | **16** | | **6** | | | | **1** | **Q** |
| | 45 | | 60 | 6 | | 6 | | | | 1 | 84 |
| 1 | 10 | | | 10 | | | | | | | 85 |
| **85** | **187** | **432** | **203** | **15** | **41** | **582** | **23** | **60** | | **178** | **R** |
| | | 8 | 1 | | | 127 | 20 | | | | 86 |
| 28 | 75 | 307 | 105 | 9 | 26 | 332 | | | | | 87 |
| 1 | 103 | 1 | 81 | | 2 | 97 | 3 | 60 | | 50 | 88 |
| 54 | | | | | 11 | 5 | | | | 128 | 89 |
| 2 | 9 | 116 | 16 | 6 | 2 | 21 | | | | | 90 |

# 2-34 按行业(大类)、地区分组的

| 行业大类 | 代码 | 法人单位数(个) | 武汉市 | 黄石市 | 十堰市 | 宜昌市 | 襄阳市 | 鄂州市 |
|---|---|---|---|---|---|---|---|---|
| **总　　计** | **00** | **665378** | **243331** | **25024** | **35045** | **55696** | **67301** | **12849** |
| **农、林、牧、渔业** | **A** | **4058** | **344** | **62** | **579** | **294** | **381** | **30** |
| 农业 | 01 | 8 | | | | | 1 | |
| 林业 | 02 | | | | | | | |
| 畜牧业 | 03 | 2 | | | | | | 1 |
| 渔业 | 04 | | | | | | | |
| 农、林、牧、渔专业及辅助性活动 | 05 | 4048 | 344 | 62 | 579 | 294 | 380 | 29 |
| **采矿业** | **B** | **2541** | **44** | **273** | **214** | **413** | **417** | **52** |
| 煤炭开采和洗选业 | 06 | 144 | | 2 | 3 | 54 | 11 | |
| 石油和天然气开采业 | 07 | 6 | 2 | | | 1 | | |
| 黑色金属矿采选业 | 08 | 227 | 3 | 90 | 28 | 11 | 19 | 22 |
| 有色金属矿采选业 | 09 | 102 | | 49 | 10 | 16 | 11 | |
| 非金属矿采选业 | 10 | 1866 | 35 | 120 | 164 | 299 | 342 | 25 |
| 开采专业及辅助性活动 | 11 | 57 | 1 | 4 | 1 | 5 | 5 | 1 |
| 其他采矿业 | 12 | 139 | 3 | 8 | 8 | 27 | 29 | 4 |
| **制造业** | **C** | **88657** | **18894** | **5312** | **6385** | **5501** | **10665** | **2327** |
| 农副食品加工业 | 13 | 6372 | 541 | 150 | 371 | 474 | 723 | 124 |
| 食品制造业 | 14 | 2544 | 471 | 98 | 85 | 168 | 340 | 74 |
| 酒、饮料和精制茶制造业 | 15 | 3266 | 125 | 75 | 379 | 519 | 267 | 22 |
| 烟草制品业 | 16 | 52 | 4 | | 42 | 3 | | |
| 纺织业 | 17 | 3524 | 371 | 70 | 45 | 106 | 695 | 20 |
| 纺织服装、服饰业 | 18 | 5901 | 864 | 690 | 96 | 184 | 310 | 137 |
| 皮革、毛皮、羽毛及其制品和制鞋业 | 19 | 899 | 70 | 100 | 19 | 18 | 99 | 15 |
| 木材加工和木、竹、藤、棕、草制品业 | 20 | 2575 | 353 | 94 | 151 | 110 | 370 | 23 |
| 家具制造业 | 21 | 1794 | 422 | 90 | 47 | 113 | 178 | 19 |
| 造纸和纸制品业 | 22 | 1396 | 370 | 69 | 54 | 88 | 113 | 30 |
| 印刷和记录媒介复制业 | 23 | 2436 | 691 | 87 | 92 | 268 | 241 | 37 |
| 文教、工美、体育和娱乐用品制造业 | 24 | 1873 | 293 | 174 | 198 | 115 | 206 | 18 |
| 石油、煤炭及其他燃料加工业 | 25 | 297 | 72 | 13 | 16 | 14 | 16 | 4 |
| 化学原料和化学制品制造业 | 26 | 4066 | 682 | 146 | 126 | 274 | 573 | 81 |
| 医药制造业 | 27 | 1456 | 277 | 44 | 95 | 104 | 98 | 33 |
| 化学纤维制造业 | 28 | 79 | 9 | 3 | 2 | 5 | 15 | 1 |
| 橡胶和塑料制品业 | 29 | 3585 | 859 | 159 | 129 | 237 | 356 | 109 |
| 非金属矿物制品业 | 30 | 11214 | 1672 | 646 | 518 | 862 | 1442 | 384 |
| 黑色金属冶炼和压延加工业 | 31 | 548 | 188 | 118 | 48 | 23 | 21 | 32 |
| 有色金属冶炼和压延加工业 | 32 | 569 | 94 | 74 | 36 | 19 | 54 | 23 |

# 小微企业法人单位数

| 荆门市 | 孝感市 | 荆州市 | 黄冈市 | 咸宁市 | 随州市 | 恩施州 | 仙桃市 | 潜江市 | 天门市 | 神农架 | 代码 |
|---|---|---|---|---|---|---|---|---|---|---|---|
| **24451** | **29859** | **36175** | **34547** | **27777** | **13923** | **29924** | **12304** | **7780** | **8191** | **1201** | **00** |
| **98** | **238** | **336** | **313** | **112** | **102** | **338** | **560** | **171** | **69** | **31** | **A** |
| | | 1 | 1 | 1 | 1 | | | 3 | | | 01 |
| | | | | | | | | | | | 02 |
| | | | | 1 | | | | | | | 03 |
| | | | | | | | | | | | 04 |
| 98 | 238 | 335 | 312 | 110 | 101 | 338 | 560 | 168 | 69 | 31 | 05 |
| **195** | **76** | **75** | **217** | **191** | **94** | **235** | **1** | **15** | **6** | **23** | **B** |
| 7 | 1 | 5 | | 14 | 1 | 45 | | 1 | | | 06 |
| | | 1 | | | 2 | | | | | | 07 |
| 9 | 1 | 2 | 19 | 2 | 13 | 8 | | | | | 08 |
| 2 | | | 3 | 5 | 4 | 2 | | | | | 09 |
| 160 | 70 | 62 | 173 | 160 | 68 | 161 | | | 5 | 22 | 10 |
| 2 | 1 | 5 | 1 | 6 | 1 | 9 | 1 | 13 | 1 | | 11 |
| 15 | 3 | | 21 | 4 | 5 | 10 | | 1 | | 1 | 12 |
| **4036** | **6625** | **7117** | **6372** | **4012** | **2474** | **2599** | **2804** | **1523** | **1935** | **76** | **C** |
| 559 | 520 | 912 | 558 | 222 | 262 | 439 | 180 | 140 | 178 | 19 | 13 |
| 160 | 218 | 226 | 179 | 152 | 63 | 99 | 75 | 64 | 65 | 7 | 14 |
| 86 | 245 | 220 | 331 | 218 | 83 | 586 | 23 | 32 | 38 | 17 | 15 |
| | 1 | 1 | | | | 1 | | | | | 16 |
| 82 | 281 | 417 | 292 | 167 | 73 | 36 | 645 | 88 | 135 | 1 | 17 |
| 112 | 1015 | 552 | 519 | 150 | 80 | 57 | 405 | 311 | 418 | 1 | 18 |
| 34 | 266 | 42 | 79 | 43 | 17 | 50 | 24 | 14 | 9 | | 19 |
| 105 | 191 | 310 | 161 | 278 | 54 | 96 | 61 | 102 | 115 | 1 | 20 |
| 71 | 151 | 138 | 172 | 131 | 29 | 93 | 24 | 46 | 70 | | 21 |
| 36 | 195 | 112 | 67 | 60 | 31 | 27 | 101 | 15 | 28 | | 22 |
| 120 | 165 | 185 | 172 | 122 | 59 | 77 | 57 | 38 | 22 | 3 | 23 |
| 73 | 182 | 80 | 238 | 78 | 27 | 111 | 32 | 19 | 21 | 8 | 24 |
| 30 | 33 | 33 | 14 | 18 | 4 | 11 | | 7 | 12 | | 25 |
| 396 | 296 | 468 | 193 | 254 | 137 | 83 | 150 | 98 | 107 | 2 | 26 |
| 69 | 75 | 77 | 302 | 56 | 30 | 70 | 58 | 24 | 41 | 3 | 27 |
| 5 | 4 | 5 | 6 | 10 | 2 | | 4 | 2 | 6 | | 28 |
| 153 | 406 | 311 | 150 | 161 | 113 | 49 | 258 | 45 | 90 | | 29 |
| 632 | 823 | 818 | 1293 | 826 | 465 | 335 | 156 | 170 | 161 | 11 | 30 |
| 12 | 22 | 15 | 19 | 18 | 8 | 12 | 8 | 1 | 3 | | 31 |
| 16 | 42 | 61 | 41 | 62 | 11 | 19 | 10 | 3 | 4 | | 32 |

2-34 续表1

| 行业大类 | 代码 | 法人单位数(个) | | | | | | |
|---|---|---|---|---|---|---|---|---|
| | | | 武汉市 | 黄石市 | 十堰市 | 宜昌市 | 襄阳市 | 鄂州市 |
| 金属制品业 | 33 | 6400 | 2128 | 499 | 282 | 467 | 511 | 312 |
| 通用设备制造业 | 34 | 6215 | 1818 | 655 | 369 | 325 | 888 | 376 |
| 专用设备制造业 | 35 | 5312 | 1792 | 710 | 247 | 246 | 463 | 156 |
| 汽车制造业 | 36 | 6087 | 983 | 66 | 2616 | 46 | 1260 | 23 |
| 铁路、船舶、航空航天和其他运输设备制造业 | 37 | 515 | 179 | 22 | 22 | 52 | 74 | 32 |
| 电气机械和器材制造业 | 38 | 3111 | 1064 | 112 | 90 | 198 | 572 | 62 |
| 计算机、通信和其他电子设备制造业 | 39 | 2485 | 992 | 132 | 69 | 117 | 282 | 90 |
| 仪器仪表制造业 | 40 | 1093 | 699 | 38 | 23 | 77 | 68 | 21 |
| 其他制造业 | 41 | 1234 | 216 | 53 | 38 | 111 | 295 | 37 |
| 废弃资源综合利用业 | 42 | 588 | 80 | 43 | 23 | 53 | 55 | 10 |
| 金属制品、机械和设备修理业 | 43 | 1171 | 515 | 82 | 57 | 105 | 80 | 22 |
| **电力、热力、燃气及水生产和供应业** | **D** | **5272** | **315** | **302** | **475** | **688** | **508** | **57** |
| 电力、热力生产和供应业 | 44 | 3324 | 150 | 233 | 359 | 478 | 308 | 20 |
| 燃气生产和供应业 | 45 | 344 | 35 | 19 | 10 | 34 | 24 | 8 |
| 水的生产和供应业 | 46 | 1604 | 130 | 50 | 106 | 176 | 176 | 29 |
| **建筑业** | **E** | **55683** | **23133** | **2336** | **2621** | **4400** | **6024** | **1589** |
| 房屋建筑业 | 47 | 13079 | 5237 | 587 | 820 | 837 | 1519 | 314 |
| 土木工程建筑业 | 48 | 12084 | 5560 | 492 | 610 | 762 | 1000 | 331 |
| 建筑安装业 | 49 | 8148 | 3505 | 367 | 353 | 670 | 996 | 223 |
| 建筑装饰、装修和其他建筑业 | 50 | 22372 | 8831 | 890 | 838 | 2131 | 2509 | 721 |
| **批发和零售业** | **F** | **225752** | **75261** | **7867** | **14252** | **20592** | **25837** | **3859** |
| 批发业 | 51 | 102571 | 38637 | 3506 | 5776 | 9566 | 9543 | 2499 |
| 零售业 | 52 | 123181 | 36624 | 4361 | 8476 | 11026 | 16294 | 1360 |
| **交通运输、仓储和邮政业** | **G** | **21877** | **6483** | **925** | **859** | **2302** | **2580** | **645** |
| 道路运输业 | 54 | 14595 | 3818 | 673 | 670 | 1456 | 1938 | 449 |
| 水上运输业 | 55 | 662 | 130 | 41 | 11 | 191 | 15 | 29 |
| 航空运输业 | 56 | 70 | 25 | | 2 | 4 | 7 | 1 |
| 管道运输业 | 57 | 11 | 5 | | | | 1 | |
| 多式联运和运输代理业 | 58 | 2189 | 1230 | 72 | 34 | 158 | 162 | 61 |
| 装卸搬运和仓储业 | 59 | 2973 | 889 | 98 | 81 | 375 | 322 | 79 |
| 邮政业 | 60 | 1377 | 386 | 41 | 61 | 118 | 135 | 26 |
| **住宿和餐饮业** | **H** | **17170** | **5489** | **685** | **986** | **1415** | **1988** | **205** |
| 住宿业 | 61 | 5110 | 1638 | 148 | 239 | 447 | 391 | 47 |
| 餐饮业 | 62 | 12060 | 3851 | 537 | 747 | 968 | 1597 | 158 |
| **信息传输、软件和信息技术服务业** | **I** | **38646** | **22797** | **973** | **997** | **2676** | **2690** | **348** |
| 电信、广播电视和卫星传输服务 | 63 | 1034 | 374 | 43 | 37 | 76 | 79 | 20 |

| 荆门市 | 孝感市 | 荆州市 | 黄冈市 | 咸宁市 | 随州市 | 恩施州 | 仙桃市 | 潜江市 | 天门市 | 神农架 | 代码 |
|---|---|---|---|---|---|---|---|---|---|---|---|
| 227 | 398 | 463 | 386 | 179 | 153 | 128 | 103 | 59 | 103 | 2 | 33 |
| 330 | 203 | 438 | 283 | 145 | 101 | 37 | 111 | 53 | 83 |  | 34 |
| 195 | 279 | 441 | 233 | 149 | 106 | 24 | 103 | 88 | 79 | 1 | 35 |
| 97 | 73 | 265 | 122 | 66 | 379 | 5 | 38 | 30 | 18 |  | 36 |
| 14 | 19 | 23 | 53 | 12 | 4 | 1 | 2 | 1 | 5 |  | 37 |
| 133 | 168 | 173 | 157 | 163 | 60 | 46 | 54 | 20 | 39 |  | 38 |
| 127 | 149 | 117 | 128 | 101 | 56 | 33 | 40 | 9 | 43 |  | 39 |
| 24 | 27 | 33 | 27 | 26 | 10 | 4 | 4 | 8 | 4 |  | 40 |
| 39 | 80 | 70 | 92 | 86 | 23 | 17 | 46 | 11 | 20 |  | 41 |
| 51 | 61 | 67 | 42 | 36 | 14 | 15 | 16 | 7 | 15 |  | 42 |
| 48 | 37 | 44 | 63 | 23 | 20 | 38 | 16 | 18 | 3 |  | 43 |
| **262** | **337** | **339** | **554** | **448** | **221** | **411** | **55** | **53** | **182** | **65** | **D** |
| 138 | 131 | 124 | 322 | 353 | 152 | 323 | 26 | 12 | 134 | 61 | 44 |
| 14 | 28 | 44 | 39 | 15 | 13 | 35 | 11 | 2 | 13 |  | 45 |
| 110 | 178 | 171 | 193 | 80 | 56 | 53 | 18 | 39 | 35 | 4 | 46 |
| **1413** | **825** | **2761** | **2968** | **2171** | **1320** | **2378** | **576** | **625** | **370** | **173** | **E** |
| 242 | 279 | 615 | 949 | 477 | 235 | 533 | 119 | 165 | 98 | 53 | 47 |
| 329 | 220 | 548 | 447 | 478 | 365 | 597 | 125 | 141 | 51 | 28 | 48 |
| 260 | 157 | 284 | 446 | 268 | 188 | 236 | 63 | 79 | 44 | 9 | 49 |
| 582 | 169 | 1314 | 1126 | 948 | 532 | 1012 | 269 | 240 | 177 | 83 | 50 |
| **8813** | **9577** | **12797** | **11728** | **7401** | **5142** | **11732** | **4403** | **2810** | **3403** | **278** | **F** |
| 4160 | 4601 | 6148 | 4048 | 2377 | 1402 | 4378 | 2363 | 1918 | 1594 | 55 | 51 |
| 4653 | 4976 | 6649 | 7680 | 5024 | 3740 | 7354 | 2040 | 892 | 1809 | 223 | 52 |
| **996** | **1118** | **1546** | **1298** | **860** | **617** | **833** | **324** | **233** | **201** | **57** | **G** |
| 662 | 784 | 1073 | 831 | 609 | 444 | 621 | 222 | 174 | 131 | 40 | 54 |
| 15 | 21 | 96 | 48 | 27 | 4 | 20 | 6 | 2 | 6 |  | 55 |
| 4 | 2 | 10 | 5 | 2 | 2 | 1 | 1 |  | 3 | 1 | 56 |
| 1 |  | 2 |  |  |  | 1 |  |  | 1 |  | 57 |
| 63 | 59 | 68 | 75 | 43 | 60 | 39 | 32 | 17 | 12 | 4 | 58 |
| 197 | 163 | 214 | 209 | 97 | 75 | 60 | 49 | 27 | 34 | 4 | 59 |
| 54 | 89 | 83 | 130 | 82 | 32 | 91 | 14 | 13 | 14 | 8 | 60 |
| **532** | **606** | **992** | **940** | **798** | **342** | **1347** | **288** | **144** | **327** | **86** | **H** |
| 153 | 174 | 286 | 313 | 249 | 102 | 620 | 146 | 42 | 45 | 70 | 61 |
| 379 | 432 | 706 | 627 | 549 | 240 | 727 | 142 | 102 | 282 | 16 | 62 |
| **886** | **1052** | **984** | **1087** | **1829** | **508** | **1149** | **262** | **166** | **220** | **22** | **I** |
| 21 | 41 | 38 | 81 | 42 | 27 | 109 | 12 | 13 | 17 | 4 | 63 |

2–34 续表2

| 行业大类 | 代码 | 法　人单位数(个) | 武汉市 | 黄石市 | 十堰市 | 宜昌市 | 襄阳市 | 鄂州市 |
|---|---|---|---|---|---|---|---|---|
| 互联网和相关服务 | 64 | 4922 | 1426 | 216 | 324 | 457 | 640 | 73 |
| 软件和信息技术服务业 | 65 | 32690 | 20997 | 714 | 636 | 2143 | 1971 | 255 |
| **金融业** | **J** | **2649** | **1342** | **90** | **81** | **170** | **137** | **33** |
| 货币金融服务 | 66 | 906 | 309 | 38 | 39 | 80 | 68 | 15 |
| 资本市场服务 | 67 | 814 | 712 | 4 | 5 | 27 | 11 | |
| 保险业 | 68 | 636 | 172 | 40 | 36 | 50 | 52 | 17 |
| 其他金融业 | 69 | 293 | 149 | 8 | 1 | 13 | 6 | 1 |
| **房地产业** | **K** | **26198** | **11034** | **1060** | **1187** | **1637** | **2135** | **836** |
| 房地产业 | 70 | 26198 | 11034 | 1060 | 1187 | 1637 | 2135 | 836 |
| **租赁和商务服务业** | **L** | **87916** | **38877** | **2437** | **2897** | **7842** | **6637** | **1618** |
| 租赁业 | 71 | 8115 | 2809 | 271 | 284 | 829 | 888 | 187 |
| 商务服务业 | 72 | 79801 | 36068 | 2166 | 2613 | 7013 | 5749 | 1431 |
| **科学研究和技术服务业** | **M** | **44540** | **24585** | **1010** | **1401** | **3420** | **2967** | **505** |
| 研究和试验发展 | 73 | 5750 | 4270 | 88 | 100 | 347 | 142 | 91 |
| 专业技术服务业 | 74 | 24833 | 14016 | 660 | 718 | 2146 | 1201 | 211 |
| 科技推广和应用服务业 | 75 | 13957 | 6299 | 262 | 583 | 927 | 1624 | 203 |
| **水利、环境和公共设施管理业** | **N** | **5155** | **1127** | **208** | **416** | **598** | **622** | **109** |
| 水利管理业 | 76 | 288 | 50 | 9 | 25 | 44 | 39 | 2 |
| 生态保护和环境治理业 | 77 | 735 | 201 | 31 | 44 | 80 | 81 | 21 |
| 公共设施管理业 | 78 | 3996 | 849 | 154 | 347 | 461 | 486 | 84 |
| 土地管理业 | 79 | 136 | 27 | 14 | | 13 | 16 | 2 |
| **居民服务、修理和其他服务业** | **O** | **18655** | **6444** | **725** | **901** | **1701** | **2104** | **318** |
| 居民服务业 | 80 | 7535 | 2620 | 318 | 372 | 694 | 720 | 92 |
| 机动车、电子产品和日用产品修理业 | 81 | 7247 | 2377 | 299 | 384 | 602 | 880 | 109 |
| 其他服务业 | 82 | 3873 | 1447 | 108 | 145 | 405 | 504 | 117 |
| **卫生和社会工作** | **Q** | **676** | **134** | **32** | **50** | **71** | **72** | **19** |
| 卫生 | 84 | 115 | 45 | 8 | 7 | 6 | 12 | 5 |
| 社会工作 | 85 | 561 | 89 | 24 | 43 | 65 | 60 | 14 |
| **文化、体育和娱乐业** | **R** | **19933** | **7028** | **727** | **744** | **1976** | **1537** | **299** |
| 新闻和出版业 | 86 | 246 | 160 | 6 | 2 | 7 | 11 | 3 |
| 广播、电视、电影和录音制作业 | 87 | 1571 | 542 | 33 | 51 | 219 | 101 | 11 |
| 文化艺术业 | 88 | 4081 | 1390 | 149 | 126 | 595 | 336 | 54 |
| 体育 | 89 | 1376 | 754 | 32 | 58 | 77 | 56 | 19 |
| 娱乐业 | 90 | 12659 | 4182 | 507 | 507 | 1078 | 1033 | 212 |

| 荆门市 | 孝感市 | 荆州市 | 黄冈市 | 咸宁市 | 随州市 | 恩施州 | 仙桃市 | 潜江市 | 天门市 | 神农架 | 代码 |
|---|---|---|---|---|---|---|---|---|---|---|---|
| 220 | 185 | 222 | 331 | 243 | 135 | 315 | 45 | 17 | 64 | 9 | 64 |
| 645 | 826 | 724 | 675 | 1544 | 346 | 725 | 205 | 136 | 139 | 9 | 65 |
| **103** | **110** | **130** | **96** | **110** | **45** | **125** | **27** | **20** | **26** | **4** | **J** |
| 43 | 55 | 52 | 45 | 37 | 19 | 65 | 16 | 7 | 14 | 4 | 66 |
| 10 | 4 | 17 | 1 | 12 | | 3 | 6 | 1 | 1 | | 67 |
| 39 | 34 | 49 | 43 | 29 | 20 | 35 | 3 | 12 | 5 | | 68 |
| 11 | 17 | 12 | 7 | 32 | 6 | 22 | 2 | | 6 | | 69 |
| **854** | **1260** | **1344** | **1388** | **1317** | **483** | **905** | **290** | **212** | **214** | **42** | **K** |
| 854 | 1260 | 1344 | 1388 | 1317 | 483 | 905 | 290 | 212 | 214 | 42 | 70 |
| **2929** | **3699** | **3725** | **3647** | **5416** | **1316** | **3845** | **1254** | **1029** | **594** | **154** | **L** |
| 337 | 291 | 550 | 447 | 269 | 180 | 463 | 110 | 129 | 61 | 10 | 71 |
| 2592 | 3408 | 3175 | 3200 | 5147 | 1136 | 3382 | 1144 | 900 | 533 | 144 | 72 |
| **1723** | **1814** | **1563** | **1341** | **1170** | **403** | **1353** | **788** | **284** | **170** | **43** | **M** |
| 130 | 119 | 166 | 83 | 70 | 21 | 47 | 25 | 32 | 15 | 4 | 73 |
| 920 | 1196 | 856 | 815 | 612 | 208 | 868 | 128 | 175 | 73 | 30 | 74 |
| 673 | 499 | 541 | 443 | 488 | 174 | 438 | 635 | 77 | 82 | 9 | 75 |
| **196** | **244** | **336** | **344** | **326** | **120** | **345** | **79** | **23** | **34** | **28** | **N** |
| 13 | 30 | 21 | 22 | 10 | 4 | 8 | 6 | 1 | 3 | 1 | 76 |
| 25 | 47 | 51 | 46 | 38 | 18 | 31 | 5 | 6 | 8 | 2 | 77 |
| 154 | 162 | 249 | 262 | 273 | 92 | 297 | 64 | 14 | 23 | 25 | 78 |
| 4 | 5 | 15 | 14 | 5 | 6 | 9 | 4 | 2 | | | 79 |
| **554** | **947** | **943** | **912** | **713** | **380** | **1286** | **304** | **168** | **186** | **69** | **O** |
| 216 | 383 | 377 | 383 | 323 | 140 | 605 | 99 | 77 | 80 | 36 | 80 |
| 232 | 401 | 344 | 347 | 267 | 148 | 546 | 149 | 59 | 83 | 20 | 81 |
| 106 | 163 | 222 | 182 | 123 | 92 | 135 | 56 | 32 | 23 | 13 | 82 |
| **38** | **60** | **54** | **40** | **42** | **16** | **30** | **7** | **8** | **3** | | **Q** |
| 7 | 10 | 5 | 5 | 1 | | | 1 | 2 | 1 | | 84 |
| 31 | 50 | 49 | 35 | 41 | 16 | 30 | 6 | 6 | 2 | | 85 |
| **823** | **1271** | **1133** | **1302** | **861** | **340** | **1013** | **282** | **296** | **251** | **50** | **R** |
| 19 | 5 | 10 | 2 | 10 | 3 | 6 | 2 | | | | 86 |
| 104 | 139 | 75 | 55 | 72 | 22 | 73 | 26 | 37 | 10 | 1 | 87 |
| 142 | 327 | 200 | 177 | 202 | 41 | 216 | 41 | 28 | 34 | 23 | 88 |
| 30 | 40 | 54 | 59 | 40 | 29 | 77 | 15 | 10 | 12 | 14 | 89 |
| 528 | 760 | 794 | 1009 | 537 | 245 | 641 | 198 | 221 | 195 | 12 | 90 |

## 2-35 按行业(大类)、地区分组的

| 行业大类 | 代码 | 从业人员数(人) | 武汉市 | 黄石市 | 十堰市 | 宜昌市 | 襄阳市 | 鄂州市 |
|---|---|---|---|---|---|---|---|---|
| **总　　计** | **00** | **6954721** | **1969129** | **322207** | **387873** | **583234** | **833849** | **193152** |
| **农、林、牧、渔业** | **A** | **21559** | **1800** | **394** | **2332** | **1659** | **2825** | **182** |
| 农业 | 01 | | | | | | | |
| 林业 | 02 | | | | | | | |
| 畜牧业 | 03 | | | | | | | |
| 渔业 | 04 | | | | | | | |
| 农、林、牧、渔专业及辅助性活动 | 05 | 21559 | 1800 | 394 | 2332 | 1659 | 2825 | 182 |
| **采矿业** | **B** | **66723** | **625** | **8777** | **3236** | **13584** | **9375** | **2038** |
| 煤炭开采和洗选业 | 06 | 6213 | | 15 | 29 | 1946 | 215 | |
| 石油和天然气开采业 | 07 | 110 | 4 | | | 59 | | |
| 黑色金属矿采选业 | 08 | 6814 | 212 | 2881 | 217 | 415 | 508 | 1481 |
| 有色金属矿采选业 | 09 | 3619 | | 2372 | 213 | 299 | 103 | |
| 非金属矿采选业 | 10 | 46972 | 269 | 3307 | 2715 | 10391 | 7900 | 513 |
| 开采专业及辅助性活动 | 11 | 1337 | 4 | 160 | | 63 | 274 | 8 |
| 其他采矿业 | 12 | 1658 | 136 | 42 | 62 | 411 | 375 | 36 |
| **制造业** | **C** | **2188300** | **400266** | **101971** | **125656** | **150712** | **261387** | **70053** |
| 农副食品加工业 | 13 | 168643 | 14497 | 3259 | 7873 | 11685 | 19115 | 2483 |
| 食品制造业 | 14 | 57302 | 9075 | 1741 | 1272 | 5699 | 6742 | 1544 |
| 酒、饮料和精制茶制造业 | 15 | 58451 | 2918 | 1297 | 5464 | 10603 | 5375 | 512 |
| 烟草制品业 | 16 | 871 | 513 | | 174 | 110 | | |
| 纺织业 | 17 | 135665 | 8883 | 838 | 1618 | 4072 | 31187 | 631 |
| 纺织服装、服饰业 | 18 | 176787 | 16832 | 12693 | 2268 | 4772 | 8230 | 4698 |
| 皮革、毛皮、羽毛及其制品和制鞋业 | 19 | 26641 | 1481 | 3562 | 590 | 199 | 2400 | 985 |
| 木材加工和木、竹、藤、棕、草制品业 | 20 | 50566 | 6463 | 810 | 1849 | 3186 | 6073 | 491 |
| 家具制造业 | 21 | 31808 | 5285 | 611 | 404 | 1787 | 2635 | 371 |
| 造纸和纸制品业 | 22 | 33593 | 6120 | 1095 | 625 | 4349 | 2396 | 861 |
| 印刷和记录媒介复制业 | 23 | 47656 | 10309 | 1366 | 922 | 5800 | 4801 | 1596 |
| 文教、工美、体育和娱乐用品制造业 | 24 | 43512 | 3986 | 2159 | 3217 | 3563 | 4073 | 471 |
| 石油、煤炭及其他燃料加工业 | 25 | 4923 | 1384 | 110 | 188 | 189 | 399 | 84 |
| 化学原料和化学制品制造业 | 26 | 114479 | 14671 | 3425 | 2362 | 11418 | 15943 | 2173 |
| 医药制造业 | 27 | 52481 | 11304 | 2645 | 2351 | 3730 | 2931 | 2019 |
| 化学纤维制造业 | 28 | 2932 | 261 | 17 | 24 | 306 | 431 | |
| 橡胶和塑料制品业 | 29 | 87567 | 18946 | 2843 | 2872 | 6673 | 7017 | 2775 |
| 非金属矿物制品业 | 30 | 272704 | 38504 | 13140 | 8920 | 27249 | 29617 | 11848 |
| 黑色金属冶炼和压延加工业 | 31 | 12206 | 3174 | 2774 | 797 | 952 | 807 | 1025 |
| 有色金属冶炼和压延加工业 | 32 | 15019 | 2328 | 2246 | 669 | 450 | 1547 | 433 |

# 小微企业法人单位从业人员数

| 荆门市 | 孝感市 | 荆州市 | 黄冈市 | 咸宁市 | 随州市 | 恩施州 | 仙桃市 | 潜江市 | 天门市 | 神农架 | 代码 |
|---|---|---|---|---|---|---|---|---|---|---|---|
| **250651** | **424482** | **413708** | **423296** | **317915** | **167221** | **210102** | **208904** | **125455** | **114598** | **8945** | **00** |
| **426** | **1471** | **1695** | **1668** | **1082** | **500** | **675** | **3516** | **831** | **454** | **49** | **A** |
| | | | | | | | | | | | 01 |
| | | | | | | | | | | | 02 |
| | | | | | | | | | | | 03 |
| | | | | | | | | | | | 04 |
| 426 | 1471 | 1695 | 1668 | 1082 | 500 | 675 | 3516 | 831 | 454 | 49 | 05 |
| **5644** | **1944** | **1495** | **4987** | **5686** | **2852** | **5542** | **17** | **243** | **111** | **567** | **B** |
| 473 | 5 | 84 | | 623 | 3 | 2810 | | 10 | | | 06 |
| | | 35 | | | 12 | | | | | | 07 |
| 21 | 5 | 119 | 604 | 21 | 290 | 40 | | | | | 08 |
| 130 | | | 86 | 239 | 177 | | | | | | 09 |
| 4905 | 1908 | 1218 | 3999 | 4661 | 2334 | 2194 | | | 91 | 567 | 10 |
| 2 | 5 | 39 | 5 | 93 | 6 | 414 | 17 | 227 | 20 | | 11 |
| 113 | 21 | | 293 | 49 | 30 | 84 | | 6 | | | 12 |
| **115520** | **186800** | **160517** | **172849** | **117920** | **76813** | **36798** | **97897** | **60596** | **51981** | **564** | **C** |
| 21364 | 13080 | 22627 | 13190 | 4532 | 9744 | 6258 | 6863 | 5794 | 6222 | 57 | 13 |
| 2857 | 5224 | 4386 | 4170 | 3668 | 2734 | 1123 | 2936 | 2687 | 1404 | 40 | 14 |
| 1571 | 5079 | 3203 | 6356 | 5374 | 1390 | 6579 | 885 | 1149 | 398 | 298 | 15 |
| | 9 | 4 | | | | 61 | | | | | 16 |
| 3737 | 11513 | 13388 | 11279 | 8528 | 3800 | 464 | 27693 | 3670 | 4364 | | 17 |
| 1555 | 10557 | 13199 | 16159 | 6910 | 2832 | 1296 | 12267 | 17327 | 11562 | | 18 |
| 1125 | 8145 | 875 | 2737 | 1059 | 914 | 1468 | 633 | 239 | 229 | | 19 |
| 2984 | 4380 | 4586 | 3789 | 7208 | 768 | 1175 | 1667 | 2678 | 2459 | | 20 |
| 1557 | 2656 | 2402 | 4587 | 3380 | 449 | 1448 | 751 | 2442 | 1043 | | 21 |
| 854 | 3987 | 3375 | 1838 | 1920 | 877 | 584 | 3171 | 1063 | 478 | | 22 |
| 2207 | 5405 | 2811 | 3702 | 3326 | 1544 | 622 | 1654 | 1049 | 530 | 12 | 23 |
| 2550 | 6987 | 1464 | 7814 | 2798 | 846 | 1481 | 903 | 548 | 608 | 44 | 24 |
| 517 | 664 | 504 | 165 | 217 | 24 | 121 | | 141 | 216 | | 25 |
| 12831 | 9877 | 9256 | 5077 | 7904 | 4113 | 1610 | 5446 | 5104 | 3234 | 35 | 26 |
| 2430 | 2934 | 2953 | 7419 | 2743 | 1353 | 1280 | 3244 | 1573 | 1536 | 36 | 27 |
| 293 | 220 | 67 | 60 | 749 | 3 | | 134 | 88 | 279 | | 28 |
| 5503 | 8615 | 7649 | 3952 | 4158 | 3759 | 789 | 8062 | 1297 | 2657 | | 29 |
| 16204 | 17162 | 15974 | 37562 | 22786 | 15641 | 5881 | 3712 | 4924 | 3544 | 36 | 30 |
| 341 | 532 | 177 | 543 | 481 | 166 | 81 | 313 | 5 | 38 | | 31 |
| 544 | 1585 | 1378 | 1221 | 1758 | 356 | 81 | 309 | 68 | 46 | | 32 |

2-35 续表1

| 行业大类 | 代码 | 从业人员数(人) | 武汉市 | 黄石市 | 十堰市 | 宜昌市 | 襄阳市 | 鄂州市 |
|---|---|---|---|---|---|---|---|---|
| 金属制品业 | 33 | 130979 | 37326 | 9056 | 4815 | 9317 | 10149 | 10773 |
| 通用设备制造业 | 34 | 122520 | 28165 | 10501 | 5774 | 8249 | 15962 | 9519 |
| 专用设备制造业 | 35 | 112853 | 32504 | 13580 | 4125 | 5936 | 10600 | 5785 |
| 汽车制造业 | 36 | 190498 | 42942 | 1894 | 60630 | 1489 | 42566 | 903 |
| 铁路、船舶、航空航天和其他运输设备制造业 | 37 | 18439 | 5208 | 1014 | 248 | 1828 | 2686 | 2248 |
| 电气机械和器材制造业 | 38 | 87861 | 27386 | 2858 | 2591 | 6967 | 13614 | 1813 |
| 计算机、通信和其他电子设备制造业 | 39 | 69843 | 29186 | 2973 | 1514 | 4589 | 6495 | 2290 |
| 仪器仪表制造业 | 40 | 20792 | 11273 | 719 | 419 | 1553 | 1574 | 418 |
| 其他制造业 | 41 | 17203 | 2479 | 669 | 374 | 1949 | 3847 | 570 |
| 废弃资源综合利用业 | 42 | 11356 | 2191 | 1257 | 263 | 783 | 705 | 223 |
| 金属制品、机械和设备修理业 | 43 | 12150 | 4672 | 819 | 444 | 1260 | 1470 | 511 |
| **电力、热力、燃气及水生产和供应业** | **D** | **76975** | **6851** | **3014** | **7918** | **9871** | **7199** | **980** |
| 电力、热力生产和供应业 | 44 | 40067 | 2421 | 1625 | 5554 | 6129 | 4206 | 206 |
| 燃气生产和供应业 | 45 | 8795 | 1428 | 559 | 217 | 861 | 412 | 172 |
| 水的生产和供应业 | 46 | 28113 | 3002 | 830 | 2147 | 2881 | 2581 | 602 |
| **建筑业** | **E** | **836403** | **259690** | **45213** | **51094** | **56773** | **98275** | **33604** |
| 房屋建筑业 | 47 | 338169 | 80918 | 18651 | 26670 | 16407 | 47590 | 14446 |
| 土木工程建筑业 | 48 | 177209 | 58822 | 12425 | 9504 | 12590 | 16055 | 6769 |
| 建筑安装业 | 49 | 96128 | 39091 | 4106 | 4194 | 6737 | 10331 | 3102 |
| 建筑装饰、装修和其他建筑业 | 50 | 224897 | 80859 | 10031 | 10726 | 21039 | 24299 | 9287 |
| **批发和零售业** | **F** | **1356328** | **348447** | **63852** | **98416** | **129410** | **198908** | **31805** |
| 批发业 | 51 | 686574 | 198950 | 29913 | 43570 | 66646 | 87085 | 22120 |
| 零售业 | 52 | 669754 | 149497 | 33939 | 54846 | 62764 | 111823 | 9685 |
| **交通运输、仓储和邮政业** | **G** | **278514** | **68073** | **13377** | **12353** | **31827** | **36293** | **10857** |
| 道路运输业 | 54 | 189611 | 40979 | 9753 | 10044 | 20058 | 27537 | 7161 |
| 水上运输业 | 55 | 12147 | 3197 | 932 | 132 | 3572 | 286 | 783 |
| 航空运输业 | 56 | 1637 | 527 |  | 4 | 9 | 252 | 10 |
| 管道运输业 | 57 | 517 | 403 |  |  |  | 2 |  |
| 多式联运和运输代理业 | 58 | 19250 | 10036 | 735 | 287 | 1715 | 1669 | 893 |
| 装卸搬运和仓储业 | 59 | 33870 | 8529 | 1288 | 1146 | 4794 | 4139 | 1318 |
| 邮政业 | 60 | 21482 | 4402 | 669 | 740 | 1679 | 2408 | 692 |
| **住宿和餐饮业** | **H** | **193622** | **55704** | **9048** | **12044** | **14650** | **21579** | **3357** |
| 住宿业 | 61 | 66557 | 17826 | 2446 | 4314 | 6059 | 6203 | 869 |
| 餐饮业 | 62 | 127065 | 37878 | 6602 | 7730 | 8591 | 15376 | 2488 |
| **信息传输、软件和信息技术服务业** | **I** | **224792** | **125342** | **8089** | **6224** | **13983** | **26012** | **1860** |
| 电信、广播电视和卫星传输服务 | 63 | 8681 | 3275 | 477 | 480 | 784 | 631 | 129 |

| 荆门市 | 孝感市 | 荆州市 | 黄冈市 | 咸宁市 | 随州市 | 恩施州 | 仙桃市 | 潜江市 | 天门市 | 神农架 | 代码 |
|---|---|---|---|---|---|---|---|---|---|---|---|
| 4375 | 8688 | 10997 | 8745 | 4321 | 3656 | 1091 | 3769 | 2010 | 1886 | 5 | 33 |
| 9300 | 3877 | 8315 | 7630 | 3632 | 3375 | 382 | 3374 | 1354 | 3111 |  | 34 |
| 5233 | 5716 | 9875 | 5095 | 3855 | 1996 | 152 | 3418 | 2349 | 2633 | 1 | 35 |
| 3452 | 2906 | 10787 | 5659 | 2796 | 10696 | 107 | 1916 | 1136 | 619 |  | 36 |
| 400 | 1341 | 726 | 1919 | 300 | 249 | 20 | 19 | 37 | 196 |  | 37 |
| 3845 | 7541 | 4615 | 4644 | 5749 | 2027 | 1071 | 1638 | 622 | 880 |  | 38 |
| 3334 | 4244 | 1633 | 3889 | 3927 | 2437 | 844 | 1045 | 314 | 1129 |  | 39 |
| 432 | 866 | 489 | 518 | 1320 | 535 | 244 | 233 | 145 | 54 |  | 40 |
| 436 | 1092 | 953 | 1508 | 1237 | 319 | 193 | 1088 | 152 | 337 |  | 41 |
| 476 | 1363 | 1120 | 756 | 887 | 114 | 129 | 509 | 312 | 268 |  | 42 |
| 213 | 555 | 429 | 566 | 367 | 96 | 163 | 245 | 319 | 21 |  | 43 |
| **3322** | **6278** | **5802** | **7296** | **6285** | **2399** | **5480** | **1067** | **1353** | **1218** | **642** | **D** |
| 1432 | 3056 | 2182 | 2935 | 4228 | 1136 | 3297 | 406 | 243 | 396 | 615 | 44 |
| 409 | 770 | 980 | 979 | 322 | 295 | 713 | 299 | 45 | 334 |  | 45 |
| 1481 | 2452 | 2640 | 3382 | 1735 | 968 | 1470 | 362 | 1065 | 488 | 27 | 46 |
| **19300** | **48059** | **48514** | **67042** | **32166** | **18093** | **24438** | **14508** | **8760** | **8012** | **2862** | **E** |
| 6873 | 23108 | 17151 | 39025 | 13577 | 6850 | 11232 | 4937 | 3434 | 5155 | 2145 | 47 |
| 7274 | 5975 | 12131 | 9020 | 7999 | 5547 | 6570 | 2468 | 2888 | 789 | 383 | 48 |
| 1751 | 9121 | 3478 | 5799 | 2607 | 1593 | 1146 | 1881 | 717 | 449 | 25 | 49 |
| 3402 | 9855 | 15754 | 13198 | 7983 | 4103 | 5490 | 5222 | 1721 | 1619 | 309 | 50 |
| **41443** | **64601** | **82924** | **64365** | **53567** | **30779** | **49919** | **41798** | **22855** | **32147** | **1092** | **F** |
| 20908 | 36052 | 44382 | 25783 | 21238 | 9228 | 21039 | 25783 | 16127 | 17359 | 391 | 51 |
| 20535 | 28549 | 38542 | 38582 | 32329 | 21551 | 28880 | 16015 | 6728 | 14788 | 701 | 52 |
| **9892** | **16315** | **18736** | **18696** | **12579** | **5804** | **9852** | **5451** | **4431** | **3429** | **549** | **G** |
| 6250 | 11260 | 12600 | 13038 | 9419 | 3951 | 7717 | 4050 | 3108 | 2322 | 364 | 54 |
| 163 | 537 | 1162 | 440 | 465 | 124 | 111 | 134 | 24 | 85 |  | 55 |
| 127 | 13 | 260 | 47 | 30 | 7 | 225 | 21 |  | 33 | 72 | 56 |
|  |  | 103 |  |  |  |  |  |  | 9 |  | 57 |
| 450 | 700 | 549 | 569 | 327 | 387 | 147 | 468 | 190 | 111 | 17 | 58 |
| 1961 | 2118 | 2451 | 2598 | 1030 | 710 | 423 | 512 | 462 | 384 | 7 | 59 |
| 941 | 1687 | 1611 | 2004 | 1308 | 625 | 1229 | 266 | 647 | 485 | 89 | 60 |
| **7363** | **9742** | **12470** | **12116** | **8763** | **5575** | **11994** | **3498** | **1758** | **3110** | **851** | **H** |
| 3038 | 3485 | 3963 | 4307 | 3621 | 1534 | 5497 | 1714 | 521 | 467 | 693 | 61 |
| 4325 | 6257 | 8507 | 7809 | 5142 | 4041 | 6497 | 1784 | 1237 | 2643 | 158 | 62 |
| **2985** | **6431** | **6486** | **5292** | **10218** | **2077** | **3843** | **2915** | **1644** | **1244** | **147** | **I** |
| 162 | 332 | 334 | 428 | 310 | 234 | 575 | 142 | 113 | 181 | 94 | 63 |

2–35 续表2

| 行业大类 | 代码 | 从业人员数(人) | 武汉市 | 黄石市 | 十堰市 | 宜昌市 | 襄阳市 | 鄂州市 |
|---|---|---|---|---|---|---|---|---|
| 互联网和相关服务 | 64 | 31405 | 9233 | 1899 | 1779 | 2793 | 6163 | 372 |
| 软件和信息技术服务业 | 65 | 184706 | 112834 | 5713 | 3965 | 10406 | 19218 | 1359 |
| **金融业** | **J** | **21114** | **15851** | **514** | **183** | **616** | **551** | **59** |
| 货币金融服务 | 66 | 5373 | 2228 | 186 | 160 | 419 | 459 | 38 |
| 资本市场服务 | 67 | 2239 | 1813 | 36 | 17 | 52 | 27 | |
| 保险业 | 68 | 126 | 45 | 19 | | 10 | 16 | |
| 其他金融业 | 69 | 13376 | 11765 | 273 | 6 | 135 | 49 | 21 |
| **房地产业** | **K** | **307395** | **128342** | **13799** | **13560** | **19193** | **30462** | **9405** |
| 房地产业 | 70 | 307395 | 128342 | 13799 | 13560 | 19193 | 30462 | 9405 |
| **租赁和商务服务业** | **L** | **755140** | **314765** | **28247** | **26803** | **80117** | **69994** | **18653** |
| 租赁业 | 71 | 53502 | 17551 | 2078 | 1744 | 5363 | 7397 | 1691 |
| 商务服务业 | 72 | 701638 | 297214 | 26169 | 25059 | 74754 | 62597 | 16962 |
| **科学研究和技术服务业** | **M** | **306305** | **153931** | **10131** | **11101** | **24781** | **28600** | **3961** |
| 研究和试验发展 | 73 | 34564 | 24189 | 716 | 856 | 1753 | 1606 | 731 |
| 专业技术服务业 | 74 | 191231 | 98686 | 7264 | 6695 | 17937 | 13589 | 1972 |
| 科技推广和应用服务业 | 75 | 80510 | 31056 | 2151 | 3550 | 5091 | 13405 | 1258 |
| **水利、环境和公共设施管理业** | **N** | **54285** | **11106** | **2460** | **4158** | **6745** | **8252** | **1083** |
| 水利管理业 | 76 | 2654 | 484 | 101 | 283 | 292 | 415 | 13 |
| 生态保护和环境治理业 | 77 | 6921 | 1784 | 371 | 318 | 780 | 871 | 328 |
| 公共设施管理业 | 78 | 42634 | 8534 | 1770 | 3557 | 5382 | 6717 | 715 |
| 土地管理业 | 79 | 2076 | 304 | 218 | | 291 | 249 | 27 |
| **居民服务、修理和其他服务业** | **O** | **127685** | **36754** | **6309** | **6235** | **12639** | **19867** | **2474** |
| 居民服务业 | 80 | 51027 | 14213 | 2940 | 2711 | 5056 | 6969 | 769 |
| 机动车、电子产品和日用产品修理业 | 81 | 45900 | 12666 | 2364 | 2468 | 4093 | 7562 | 640 |
| 其他服务业 | 82 | 30758 | 9875 | 1005 | 1056 | 3490 | 5336 | 1065 |
| **卫生和社会工作** | **Q** | **12693** | **3902** | **1003** | **798** | **1073** | **1166** | **454** |
| 卫生 | 84 | 7346 | 2988 | 590 | 421 | 288 | 643 | 333 |
| 社会工作 | 85 | 5347 | 914 | 413 | 377 | 785 | 523 | 121 |
| **文化、体育和娱乐业** | **R** | **126888** | **37680** | **6009** | **5762** | **15601** | **13104** | **2327** |
| 新闻和出版业 | 86 | 3975 | 2873 | 134 | 16 | 100 | 179 | 35 |
| 广播、电视、电影和录音制作业 | 87 | 14419 | 4788 | 471 | 566 | 1606 | 1331 | 177 |
| 文化艺术业 | 88 | 23953 | 6320 | 1242 | 822 | 3636 | 2990 | 302 |
| 体育 | 89 | 9071 | 4086 | 350 | 371 | 653 | 607 | 197 |
| 娱乐业 | 90 | 75470 | 19613 | 3812 | 3987 | 9606 | 7997 | 1616 |

| 荆门市 | 孝感市 | 荆州市 | 黄冈市 | 咸宁市 | 随州市 | 恩施州 | 仙桃市 | 潜江市 | 天门市 | 神农架 | 代码 |
|---|---|---|---|---|---|---|---|---|---|---|---|
| 678 | 1239 | 1881 | 1493 | 1281 | 535 | 1030 | 444 | 215 | 336 | 34 | 64 |
| 2145 | 4860 | 4271 | 3371 | 8627 | 1308 | 2238 | 2329 | 1316 | 727 | 19 | 65 |
| **319** | **626** | **479** | **226** | **399** | **146** | **678** | **248** | **109** | **108** | **2** | **J** |
| 170 | 347 | 277 | 119 | 111 | 88 | 479 | 142 | 93 | 55 | 2 | 66 |
| 76 | 10 | 92 | 12 | 14 |  |  | 73 | 16 | 1 |  | 67 |
| 4 |  | 23 | 1 |  |  | 5 |  |  | 3 |  | 68 |
| 69 | 269 | 87 | 94 | 274 | 58 | 194 | 33 |  | 49 |  | 69 |
| **8942** | **15206** | **14837** | **14761** | **12462** | **4656** | **10014** | **5585** | **2936** | **3008** | **227** | **K** |
| 8942 | 15206 | 14837 | 14761 | 12462 | 4656 | 10014 | 5585 | 2936 | 3008 | 227 | 70 |
| **17361** | **34547** | **29205** | **26232** | **33172** | **9783** | **29955** | **16734** | **14001** | **4926** | **645** | **L** |
| 1309 | 2208 | 3827 | 2767 | 1840 | 758 | 1758 | 1274 | 1262 | 612 | 63 | 71 |
| 16052 | 32339 | 25378 | 23465 | 31332 | 9025 | 28197 | 15460 | 12739 | 4314 | 582 | 72 |
| **8976** | **13595** | **12132** | **9656** | **8368** | **2561** | **6486** | **7756** | **2475** | **1638** | **157** | **M** |
| 393 | 799 | 1111 | 863 | 427 | 97 | 151 | 450 | 285 | 128 | 9 | 73 |
| 5535 | 9572 | 7580 | 6346 | 4992 | 1733 | 4999 | 2189 | 1369 | 637 | 136 | 74 |
| 3048 | 3224 | 3441 | 2447 | 2949 | 731 | 1336 | 5117 | 821 | 873 | 12 | 75 |
| **1674** | **2806** | **3183** | **4390** | **3483** | **1043** | **2165** | **801** | **314** | **394** | **228** | **N** |
| 141 | 254 | 265 | 216 | 57 | 40 | 15 | 51 | 8 | 19 |  | 76 |
| 179 | 481 | 396 | 498 | 404 | 88 | 200 | 52 | 55 | 109 | 7 | 77 |
| 1268 | 1946 | 2311 | 3421 | 2924 | 890 | 1859 | 645 | 208 | 266 | 221 | 78 |
| 86 | 125 | 211 | 255 | 98 | 25 | 91 | 53 | 43 |  |  | 79 |
| **3012** | **6434** | **7309** | **5737** | **4820** | **2328** | **6443** | **4363** | **1361** | **1434** | **166** | **O** |
| 1353 | 3017 | 2953 | 2552 | 2251 | 947 | 2695 | 1206 | 660 | 639 | 96 | 80 |
| 1102 | 2121 | 2483 | 1573 | 1708 | 768 | 3032 | 2309 | 410 | 551 | 50 | 81 |
| 557 | 1296 | 1873 | 1612 | 861 | 613 | 716 | 848 | 291 | 244 | 20 | 82 |
| **673** | **1236** | **634** | **542** | **437** | **108** | **143** | **188** | **188** | **148** |  | **Q** |
| 426 | 754 | 242 | 275 | 99 |  |  | 89 | 109 | 89 |  | 84 |
| 247 | 482 | 392 | 267 | 338 | 108 | 143 | 99 | 79 | 59 |  | 85 |
| **3799** | **8391** | **7290** | **7441** | **6508** | **1704** | **5677** | **2562** | **1600** | **1236** | **197** | **R** |
| 64 | 45 | 276 | 5 | 131 | 56 | 25 | 36 |  |  |  | 86 |
| 559 | 1256 | 950 | 724 | 635 | 172 | 511 | 334 | 265 | 71 | 3 | 87 |
| 514 | 2237 | 1197 | 1050 | 1388 | 209 | 1140 | 387 | 199 | 208 | 112 | 88 |
| 223 | 299 | 456 | 498 | 355 | 198 | 404 | 188 | 52 | 84 | 50 | 89 |
| 2439 | 4554 | 4411 | 5164 | 3999 | 1069 | 3597 | 1617 | 1084 | 873 | 32 | 90 |

# 第3篇

# 文化及相关产业篇

## A. 概况

# 3-A-01　文化及相关产业基本情况

| 分　组 | 法人单位 | | 个体户 | |
|---|---|---|---|---|
| | 法人单位数(个) | 从业人员期末人数(人) | 户数(户) | 从业人员期末人数(人) |
| **总　计** | **93665** | **983555** | **152782** | **412826** |
| **按单位性质分组** | | | | |
| 经营性 | 86154 | 923663 | | |
| 公益性 | 7511 | 59892 | | |
| **按产业类型分组** | | | | |
| 文化制造业 | 5045 | 186955 | 8315 | 22320 |
| 文化批发和零售业 | 11722 | 90083 | 59783 | 137098 |
| 文化服务业 | 76898 | 706517 | 84684 | 253408 |
| **按领域分组** | | | | |
| 文化核心领域 | 66505 | 702087 | | |
| 文化相关领域 | 27160 | 281468 | | |

# 3-A-02 分地区文化及相关产业基本情况

| 地区 | 法人单位 | | 个体户 | |
|---|---|---|---|---|
| | 法人单位数(个) | 从业人员期末人数(人) | 户数(户) | 从业人员期末人数(人) |
| **全省** | **93665** | **983555** | **152782** | **412826** |
| 武汉市 | 36461 | 408368 | 29753 | 94764 |
| 黄石市 | 3301 | 33509 | 4241 | 10951 |
| 十堰市 | 4641 | 38418 | 10632 | 27437 |
| 宜昌市 | 9264 | 107473 | 20116 | 43645 |
| 襄阳市 | 8793 | 99627 | 21507 | 64923 |
| 鄂州市 | 949 | 10517 | 2618 | 6037 |
| 荆门市 | 3933 | 29910 | 10053 | 24948 |
| 孝感市 | 4779 | 54248 | 12840 | 32079 |
| 荆州市 | 4367 | 37573 | 8885 | 25081 |
| 黄冈市 | 5161 | 55100 | 9773 | 24855 |
| 咸宁市 | 3436 | 34205 | 4976 | 14631 |
| 随州市 | 1237 | 11863 | 4371 | 9458 |
| 恩施州 | 4690 | 26951 | 7564 | 20291 |
| 仙桃市 | 940 | 14398 | 2315 | 5925 |
| 潜江市 | 868 | 9306 | 1322 | 3241 |
| 天门市 | 674 | 10589 | 1497 | 4021 |
| 神农架 | 171 | 1500 | 319 | 539 |

# 3-A-03　分地区文化及相关产业法人单位分布情况

| 地　区 | 法人单位数(个) | 文化服务业 | #规模以上 | 文化制造业 | #规模以上 | 文化批发和零售业 | #规模以上 |
|---|---|---|---|---|---|---|---|
| **全　省** | **93665** | **76898** | **1355** | **5045** | **795** | **11722** | **567** |
| 武汉市 | 36461 | 31118 | 722 | 1068 | 96 | 4275 | 117 |
| 黄石市 | 3301 | 2742 | 28 | 282 | 24 | 277 | 19 |
| 十堰市 | 4641 | 3298 | 50 | 347 | 25 | 996 | 40 |
| 宜昌市 | 9264 | 7378 | 181 | 491 | 112 | 1395 | 61 |
| 襄阳市 | 8793 | 6889 | 110 | 556 | 75 | 1348 | 89 |
| 鄂州市 | 949 | 805 | 29 | 58 | 17 | 86 | 7 |
| 荆门市 | 3933 | 3166 | 41 | 246 | 53 | 521 | 36 |
| 孝感市 | 4779 | 3781 | 19 | 405 | 103 | 593 | 32 |
| 荆州市 | 4367 | 3686 | 29 | 298 | 27 | 383 | 39 |
| 黄冈市 | 5161 | 4158 | 54 | 531 | 129 | 472 | 46 |
| 咸宁市 | 3436 | 2914 | 39 | 235 | 54 | 287 | 18 |
| 随州市 | 1237 | 1027 | 8 | 101 | 22 | 109 | 6 |
| 恩施州 | 4690 | 3746 | 26 | 206 | 19 | 738 | 42 |
| 仙桃市 | 940 | 725 | 9 | 96 | 13 | 119 | 7 |
| 潜江市 | 868 | 748 | 3 | 61 | 11 | 59 | 4 |
| 天门市 | 674 | 571 | 2 | 53 | 15 | 50 | 4 |
| 神农架 | 171 | 146 | 5 | 11 |  | 14 |  |

# 3-A-04 按类别分文化及相关产业法人单位基本情况

| 分　组 | 法人单位数（个） | 从业人员期末人数（人） | 资产总计（万元） |
|---|---|---|---|
| **总　计** | **93665** | **983555** | **98876023** |
| 文化核心领域 | 66505 | 702087 | 83066515 |
| 新闻信息服务 | 3427 | 89767 | 5199078 |
| 新闻服务 | 97 | 1814 | 820869 |
| 报纸信息服务 | 68 | 13135 | 1426388 |
| 广播电视信息服务 | 189 | 9687 | 1058212 |
| 互联网信息服务 | 3073 | 65131 | 1893610 |
| 内容创作生产 | 14698 | 201089 | 13574756 |
| 出版服务 | 252 | 5873 | 1703896 |
| 广播影视节目制作 | 1102 | 6812 | 291602 |
| 创作表演服务 | 5307 | 35054 | 1452715 |
| 数字内容服务 | 5517 | 88381 | 3976325 |
| 内容保存服务 | 1017 | 11850 | 1452453 |
| 工艺美术品制造 | 1397 | 43907 | 4304177 |
| 艺术陶瓷制造 | 106 | 9212 | 393589 |
| 创意设计服务 | 31489 | 237786 | 17623045 |
| 广告服务 | 17408 | 99599 | 4226911 |
| 设计服务 | 14081 | 138187 | 13396134 |
| 文化传播渠道 | 4482 | 58666 | 6803750 |
| 出版物发行 | 940 | 11579 | 1491069 |
| 广播电视节目传输 | 487 | 17204 | 3093011 |
| 广播影视发行放映 | 462 | 9030 | 1097588 |
| 艺术表演 | 49 | 1311 | 151171 |
| 互联网文化娱乐平台 | 23 | 295 | 4545 |
| 艺术品拍卖及代理 | 59 | 292 | 29999 |
| 工艺美术品销售 | 2462 | 18955 | 936366 |
| 文化投资运营 | 1259 | 13727 | 26524302 |
| 投资与资产管理 | 1023 | 10425 | 25793291 |
| 运营管理 | 236 | 3302 | 731011 |
| 文化娱乐休闲服务 | 11150 | 101052 | 13341584 |
| 娱乐服务 | 6932 | 41540 | 3431119 |
| 景区游览服务 | 1933 | 35102 | 7189034 |
| 休闲观光游览服务 | 2285 | 24410 | 2721432 |
| 文化相关领域 | 27160 | 281468 | 15809508 |
| 文化辅助生产和中介服务 | 18423 | 182535 | 10011818 |
| 文化服务用品制造 | 378 | 27011 | 3209971 |
| 印刷复制服务 | 3266 | 70033 | 4259678 |
| 版权服务 | 351 | 1910 | 49674 |
| 会议展览服务 | 2172 | 14027 | 777072 |
| 文化经纪代理服务 | 4966 | 27484 | 964573 |
| 文化设备(用品)出租服务 | 118 | 702 | 17213 |
| 文化科研培训服务 | 7172 | 41368 | 733639 |
| 文化装备生产 | 812 | 22138 | 1417459 |
| 印刷设备制造 | 55 | 3408 | 295205 |
| 广播电视电影设备制造及销售 | 151 | 4639 | 288050 |
| 摄录设备制造及销售 | 118 | 2680 | 152058 |
| 演艺设备制造及销售 | 230 | 5072 | 295526 |
| 游乐游艺设备制造 | 57 | 1823 | 58478 |
| 乐器制造及销售 | 201 | 4516 | 328142 |
| 文化消费终端生产 | 7925 | 76795 | 4380231 |
| 文具制造及销售 | 4126 | 21830 | 1052918 |
| 笔墨制造 | 18 | 370 | 22405 |
| 玩具制造 | 146 | 7611 | 199633 |
| 节庆用品制造 | 52 | 4913 | 294205 |
| 信息服务终端制造及销售 | 3583 | 42071 | 2811071 |

# 3-A-05　分地区文化及相关产业企业基本情况

| 地　区 | 法人单位数（个） | 从业人员期末人数（人） | 资产总计（万元） | 营业收入（万元） |
|---|---|---|---|---|
| **全　省** | **86154** | **923663** | **94204562** | **53206765** |
| 武汉市 | 35159 | 394418 | 42196860 | 24684259 |
| 黄石市 | 2950 | 30581 | 1327706 | 1079356 |
| 十堰市 | 4210 | 34842 | 7649796 | 1721114 |
| 宜昌市 | 8431 | 102838 | 12229370 | 5314563 |
| 襄阳市 | 7909 | 92471 | 4383662 | 5068995 |
| 鄂州市 | 849 | 9551 | 915787 | 883812 |
| 荆门市 | 3511 | 26712 | 8533327 | 2589740 |
| 孝感市 | 4271 | 50681 | 2739197 | 3411124 |
| 荆州市 | 3838 | 32955 | 2567957 | 1418335 |
| 黄冈市 | 4545 | 50129 | 4262926 | 2234022 |
| 咸宁市 | 3007 | 30928 | 1424759 | 1645841 |
| 随州市 | 1072 | 10451 | 554480 | 704657 |
| 恩施州 | 4027 | 24052 | 3498555 | 678780 |
| 仙桃市 | 873 | 13570 | 851985 | 718228 |
| 潜江市 | 772 | 8344 | 426297 | 533193 |
| 天门市 | 605 | 10052 | 415808 | 495067 |
| 神农架 | 125 | 1088 | 226090 | 25680 |

# 3-A-06 分地区文化及相关产业事业(社团)单位基本情况

| 地 区 | 法 人<br>单位数<br>(个) | 从业人员<br>期末人数<br>(人) | 资产总计<br>(万元) | 本年支出<br>(费用)合计<br>(万元) |
|---|---|---|---|---|
| **全 省** | **7511** | **59892** | **4671461** | **1368822** |
| 武汉市 | 1302 | 13950 | 1231608 | 510981 |
| 黄石市 | 351 | 2928 | 189486 | 51470 |
| 十堰市 | 431 | 3576 | 132466 | 62929 |
| 宜昌市 | 833 | 4635 | 309631 | 113034 |
| 襄阳市 | 884 | 7156 | 208253 | 117752 |
| 鄂州市 | 100 | 966 | 187779 | 23361 |
| 荆门市 | 422 | 3198 | 992154 | 94417 |
| 孝感市 | 508 | 3567 | 517944 | 42628 |
| 荆州市 | 529 | 4618 | 140834 | 66299 |
| 黄冈市 | 616 | 4971 | 315888 | 78931 |
| 咸宁市 | 429 | 3277 | 123123 | 64632 |
| 随州市 | 165 | 1412 | 81778 | 22257 |
| 恩施州 | 663 | 2899 | 119815 | 64886 |
| 仙桃市 | 67 | 828 | 18692 | 11502 |
| 潜江市 | 96 | 962 | 17152 | 10155 |
| 天门市 | 69 | 537 | 21457 | 8718 |
| 神农架 | 46 | 412 | 63402 | 24872 |

## B. 文化制造业

# 3-B-01　分地区文化制造业法人单位主要指标

| 地　区 | 法人单位数（个） | 规模以上 | 规模以下 | 从业人员期末人数（人） | 规模以上 | 规模以下 |
|---|---|---|---|---|---|---|
| **全　省** | **5045** | **795** | **4250** | **186955** | **138802** | **48153** |
| 武汉市 | 1068 | 96 | 972 | 25806 | 17308 | 8498 |
| 黄石市 | 282 | 24 | 258 | 6544 | 4254 | 2290 |
| 十堰市 | 347 | 25 | 322 | 5882 | 2732 | 3150 |
| 宜昌市 | 491 | 112 | 379 | 31695 | 27116 | 4579 |
| 襄阳市 | 556 | 75 | 481 | 20843 | 14743 | 6100 |
| 鄂州市 | 58 | 17 | 41 | 2991 | 2333 | 658 |
| 荆门市 | 246 | 53 | 193 | 9444 | 7927 | 1517 |
| 孝感市 | 405 | 103 | 302 | 20066 | 15698 | 4368 |
| 荆州市 | 298 | 27 | 271 | 7585 | 4163 | 3422 |
| 黄冈市 | 531 | 129 | 402 | 24097 | 19374 | 4723 |
| 咸宁市 | 235 | 54 | 181 | 8900 | 6037 | 2863 |
| 随州市 | 101 | 22 | 79 | 5345 | 4368 | 977 |
| 恩施州 | 206 | 19 | 187 | 3379 | 1675 | 1704 |
| 仙桃市 | 96 | 13 | 83 | 4423 | 2710 | 1713 |
| 潜江市 | 61 | 11 | 50 | 3001 | 1863 | 1138 |
| 天门市 | 53 | 15 | 38 | 6898 | 6501 | 397 |
| 神农架 | 11 |  | 11 | 56 |  | 56 |

# 3-B-02 按注册类型和控股情况分规模以上

| 分组 | 法人单位数(个) | 从业人员期末人数(人) | #女性 | 资产总计(万元) | 营业收入(万元) |
|---|---|---|---|---|---|
| **总计** | **795** | **138802** | **63662** | **11557761** | **16084867** |
| **按注册类型分组** | | | | | |
| 内资企业 | 758 | 126328 | 57612 | 9990669 | 14362256 |
| #国有企业 | 2 | 134 | 41 | 8672 | 29650 |
| 私营企业 | 544 | 85120 | 39117 | 5701811 | 9886371 |
| 港、澳、台商投资企业 | 25 | 9867 | 5233 | 1041026 | 1001225 |
| 外商投资企业 | 12 | 2607 | 817 | 526065 | 721386 |
| **按控股情况分组** | | | | | |
| 国有控股 | 20 | 6508 | 1967 | 880982 | 840564 |
| 集体控股 | 7 | 1034 | 385 | 91549 | 89984 |
| 私人控股 | 709 | 115425 | 54072 | 8798690 | 13038722 |
| 港澳台商控股 | 21 | 8837 | 4526 | 951928 | 948609 |
| 外商控股 | 7 | 1223 | 431 | 183843 | 294568 |
| 其他 | 31 | 5775 | 2281 | 650770 | 872420 |

# 文化制造业企业主要财务指标

| 营业成本(万元) | 税金及附加(万元) | 营业利润(万元) | 投资收益(万元) | 应付职工薪酬(万元) | 应交增值税(万元) |
|---|---|---|---|---|---|
| **13291329** | **155223** | **1325484** | **–16228** | **1198593** | **661433** |
| 11790303 | 142947 | 1268170 | –18140 | 1069051 | 595671 |
| 25649 | 125 | 3308 | | 1081 | 883 |
| 8179139 | 109709 | 854247 | –18869 | 702995 | 387958 |
| 878927 | 7511 | 29297 | 1417 | 77692 | 28095 |
| 622098 | 4765 | 28017 | 496 | 51850 | 37667 |
| 669396 | 5244 | 88925 | 923 | 71618 | 27223 |
| 75049 | 678 | 4782 | | 13000 | 2301 |
| 10714660 | 136249 | 1116948 | –18857 | 949915 | 545324 |
| 830614 | 6590 | 29593 | | 70914 | 26458 |
| 257701 | 668 | 24650 | | 39851 | 18200 |
| 743909 | 5794 | 60587 | 1706 | 53296 | 41926 |

# 3-B-03 分地区规模以上

| 地　区 | 法人单位数(个) | 从业人员期末人数(人) | #女性 | 资产总计(万元) | 营业收入(万元) |
|---|---|---|---|---|---|
| **全　省** | **795** | **138802** | **63662** | **11557761** | **16084867** |
| 武汉市 | 96 | 17308 | 6834 | 3021143 | 2911075 |
| 黄石市 | 24 | 4254 | 3040 | 211933 | 279097 |
| 十堰市 | 25 | 2732 | 949 | 191336 | 245210 |
| 宜昌市 | 112 | 27116 | 12778 | 2134420 | 2484896 |
| 襄阳市 | 75 | 14743 | 7342 | 955985 | 2053358 |
| 鄂州市 | 17 | 2333 | 1134 | 290208 | 654592 |
| 荆门市 | 53 | 7927 | 3178 | 898866 | 1128092 |
| 孝感市 | 103 | 15698 | 7484 | 962553 | 2312331 |
| 荆州市 | 27 | 4163 | 2084 | 370453 | 343431 |
| 黄冈市 | 129 | 19374 | 8069 | 1123547 | 1350834 |
| 咸宁市 | 54 | 6037 | 3146 | 431572 | 838997 |
| 随州市 | 22 | 4368 | 2215 | 196787 | 503435 |
| 恩施州 | 19 | 1675 | 811 | 70107 | 58844 |
| 仙桃市 | 13 | 2710 | 1417 | 277308 | 344406 |
| 潜江市 | 11 | 1863 | 932 | 205289 | 197941 |
| 天门市 | 15 | 6501 | 2249 | 216253 | 378327 |
| 神农架 | | | | | |

# 文化制造企业主要财务指标

| 营业成本(万元) | 税金及附加(万元) | 营业利润(万元) | 投资收益(万元) | 应付职工薪酬(万元) | 应交增值税(万元) |
|---|---|---|---|---|---|
| **13291329** | **155223** | **1325484** | **–16228** | **1198593** | **661433** |
| 2411727 | 15262 | 220090 | –22501 | 164796 | 105825 |
| 229342 | 2443 | 14422 | –832 | 30971 | 8084 |
| 175237 | 6716 | 35798 | | 15033 | 16684 |
| 2131740 | 18775 | 144397 | 4445 | 209150 | 118337 |
| 1675957 | 12091 | 228431 | 450 | 146811 | 74085 |
| 545410 | 4656 | 44914 | 242 | 80964 | 41483 |
| 964908 | 18772 | 83556 | 354 | 72531 | 61867 |
| 1933541 | 39245 | 125490 | 173 | 107602 | 88350 |
| 303495 | 2570 | 9138 | | 54526 | 11969 |
| 1073013 | 11054 | 186349 | 47 | 117409 | 45997 |
| 689263 | 6675 | 85072 | 1395 | 66534 | 24264 |
| 387614 | 4805 | 74812 | | 36439 | 26432 |
| 51955 | 709 | –610 | | 7021 | 3035 |
| 246792 | 4215 | 30726 | | 30355 | 12985 |
| 165340 | 6110 | 16378 | | 14550 | 14831 |
| 305994 | 1125 | 26522 | | 43902 | 7205 |

# 3-B-04 按注册类型和控股情况分规模

| 分组 | 法人单位数(个) | 从业人员期末人数(人) | #女性 | 资产总计(万元) | 营业收入(万元) |
|---|---|---|---|---|---|
| **总计** | **4250** | **48153** | **20108** | **2840460** | **1776819** |
| **按注册类型分组** | | | | | |
| 内资企业 | 4243 | 48049 | 20043 | 2834134 | 1773088 |
| #国有企业 | 29 | 628 | 267 | 18604 | 16994 |
| 私营企业 | 3494 | 38662 | 16314 | 1961277 | 1467978 |
| 港、澳、台商投资企业 | 2 | 40 | 30 | 1008 | 1137 |
| 外商投资企业 | 5 | 64 | 35 | 5318 | 2594 |
| **按控股情况分组** | | | | | |
| 国有控股 | 33 | 770 | 323 | 27900 | 20816 |
| 集体控股 | 84 | 945 | 408 | 31402 | 33669 |
| 私人控股 | 3955 | 43762 | 18376 | 2170698 | 1622244 |
| 港澳台商控股 | 2 | 28 | 20 | 872 | 876 |
| 外商控股 | 3 | 33 | 14 | 537 | 1263 |
| 其他 | 173 | 2615 | 967 | 609051 | 97950 |

# 以下文化制造业企业主要财务指标

| 营业成本(万元) | 税金及附加(万元) | 营业利润(万元) | 投资收益(万元) | 应付职工薪酬(万元) | 应交增值税(万元) |
| --- | --- | --- | --- | --- | --- |
| **1322008** | **17323** | **228185** | **2144** | **249917** | **82576** |
| 1319353 | 17257 | 227557 | 2144 | 249256 | 82416 |
| 12289 | 254 | 2414 | 3 | 3376 | 868 |
| 1092272 | 14077 | 192620 | 1608 | 198935 | 68194 |
| 787 | 7 | 124 | | 206 | 50 |
| 1867 | 60 | 504 | | 455 | 110 |
| 15517 | 319 | 2156 | 6 | 4438 | 920 |
| 23551 | 311 | 4590 | 25 | 4613 | 1511 |
| 1207126 | 15483 | 213110 | 1858 | 225200 | 75154 |
| 586 | 5 | 139 | | 144 | 38 |
| 778 | 36 | 327 | | 278 | 63 |
| 74449 | 1169 | 7864 | 255 | 15246 | 4890 |

# 3-B-05 分地区规模以下

| 地　区 | 法人单位数(个) | 从业人员期末人数(人) | #女性 | 资产总计(万元) | 营业收入(万元) |
|---|---|---|---|---|---|
| **全　省** | **4250** | **48153** | **20108** | **2840460** | **1776819** |
| 武汉市 | 972 | 8498 | 3290 | 348760 | 314390 |
| 黄石市 | 258 | 2290 | 987 | 45491 | 63191 |
| 十堰市 | 322 | 3150 | 1234 | 65957 | 108544 |
| 宜昌市 | 379 | 4579 | 1856 | 165986 | 196221 |
| 襄阳市 | 481 | 6100 | 2444 | 168581 | 276878 |
| 鄂州市 | 41 | 658 | 291 | 11760 | 16125 |
| 荆门市 | 193 | 1517 | 696 | 47403 | 38474 |
| 孝感市 | 302 | 4368 | 2139 | 162606 | 156814 |
| 荆州市 | 271 | 3422 | 1294 | 642902 | 116525 |
| 黄冈市 | 402 | 4723 | 1978 | 920719 | 193815 |
| 咸宁市 | 181 | 2863 | 1240 | 73351 | 111657 |
| 随州市 | 79 | 977 | 552 | 31354 | 26442 |
| 恩施州 | 187 | 1704 | 777 | 48456 | 43597 |
| 仙桃市 | 83 | 1713 | 677 | 67839 | 71590 |
| 潜江市 | 50 | 1138 | 463 | 9389 | 29600 |
| 天门市 | 38 | 397 | 160 | 24832 | 12605 |
| 神农架 | 11 | 56 | 30 | 5075 | 350 |

# 文化制造业企业主要财务指标

| 营业成本(万元) | 税金及附加(万元) | 营业利润(万元) | 投资收益(万元) | 应付职工薪酬(万元) | 应交增值税(万元) |
|---|---|---|---|---|---|
| **1322008** | **17323** | **228185** | **2144** | **249917** | **82576** |
| 254326 | 2015 | 19758 | 281 | 48962 | 12031 |
| 46051 | 298 | 11793 | 77 | 11460 | 2495 |
| 76712 | 948 | 18520 | 317 | 17057 | 6336 |
| 134433 | 1742 | 37015 | 154 | 24158 | 9151 |
| 199978 | 2179 | 30782 | 179 | 30282 | 12267 |
| 12758 | 167 | 1750 | 87 | 4000 | 729 |
| 28303 | 811 | 4931 | 11 | 9386 | 1852 |
| 123804 | 1077 | 17684 | 333 | 21661 | 9366 |
| 90441 | 1860 | 14678 | 282 | 20013 | 6058 |
| 138825 | 2592 | 30960 | 155 | 21365 | 9364 |
| 83711 | 758 | 14475 | 99 | 12453 | 4222 |
| 17580 | 435 | 6339 | 103 | 3870 | 1406 |
| 32599 | 460 | 5626 | 11 | 7426 | 1655 |
| 52143 | 731 | 7446 | 29 | 11010 | 3163 |
| 21479 | 1175 | 4495 | | 4506 | 1744 |
| 8654 | 64 | 1985 | 25 | 2118 | 685 |
| 211 | 10 | –51 | | 190 | 54 |

## C. 文化批零业

# 3-C-01 分地区文化批零业法人单位主要指标

| 地　区 | 法人单位数(个) | 规模以上 | 规模以下 | 从业人员期末人数(人) | 规模以上 | 规模以下 |
|---|---|---|---|---|---|---|
| **全　省** | **11722** | **567** | **11155** | **90083** | **27877** | **62206** |
| 武汉市 | 4275 | 117 | 4158 | 31160 | 12699 | 18461 |
| 黄石市 | 277 | 19 | 258 | 2388 | 486 | 1902 |
| 十堰市 | 996 | 40 | 956 | 6744 | 1093 | 5651 |
| 宜昌市 | 1395 | 61 | 1334 | 11375 | 2669 | 8706 |
| 襄阳市 | 1348 | 89 | 1259 | 11378 | 2036 | 9342 |
| 鄂州市 | 86 | 7 | 79 | 920 | 154 | 766 |
| 荆门市 | 521 | 36 | 485 | 2949 | 805 | 2144 |
| 孝感市 | 593 | 32 | 561 | 7207 | 2977 | 4230 |
| 荆州市 | 383 | 39 | 344 | 2707 | 916 | 1791 |
| 黄冈市 | 472 | 46 | 426 | 3617 | 1493 | 2124 |
| 咸宁市 | 287 | 18 | 269 | 2531 | 456 | 2075 |
| 随州市 | 109 | 6 | 103 | 858 | 177 | 681 |
| 恩施州 | 738 | 42 | 696 | 3900 | 1260 | 2640 |
| 仙桃市 | 119 | 7 | 112 | 1275 | 241 | 1034 |
| 潜江市 | 59 | 4 | 55 | 544 | 209 | 335 |
| 天门市 | 50 | 4 | 46 | 501 | 206 | 295 |
| 神农架 | 14 |  | 14 | 29 |  | 29 |

# 3-C-02　按注册类型和控股情况分限额以上文化批零业企业主要财务指标

| 分　组 | 法　人单位数(个) | 从业人员期末人数(人) | #女性 | 资产总计(万元) | 营业收入(万元) |
|---|---|---|---|---|---|
| **总　　计** | **567** | **27877** | **16781** | **3581427** | **6054259** |
| **按注册类型分组** | | | | | |
| 内资企业 | 558 | 25332 | 14898 | 2956562 | 4939091 |
| #国有企业 | 13 | 605 | 262 | 48717 | 67390 |
| 私营企业 | 384 | 10411 | 6491 | 674518 | 1837010 |
| 港、澳、台商投资企业 | 6 | 1517 | 1212 | 491081 | 872967 |
| 外商投资企业 | 3 | 1028 | 671 | 133784 | 242200 |
| **按控股情况分组** | | | | | |
| 国有控股 | 24 | 5194 | 2419 | 1301531 | 1362730 |
| 集体控股 | 8 | 1986 | 987 | 403282 | 632757 |
| 私人控股 | 476 | 13778 | 8705 | 938341 | 2343426 |
| 港澳台商控股 | 6 | 1517 | 1212 | 491081 | 872967 |
| 外商控股 | 2 | 47 | 18 | 19530 | 128763 |
| 其他 | 51 | 5355 | 3440 | 427662 | 713616 |

3-C-02　续表

| 分　组 | 营业成本(万元) | 税金及附加(万元) | 营业利润(万元) | 投资收益(万元) | 应付职工薪酬(万元) | 应交增值税(万元) |
|---|---|---|---|---|---|---|
| **总　　计** | **5151041** | **30200** | **290736** | **1525** | **208794** | **129293** |
| **按注册类型分组** | | | | | | |
| 内资企业 | 4252391 | 22510 | 231164 | 645 | 180975 | 94993 |
| #国有企业 | 56216 | 449 | 4008 | | 4278 | 1677 |
| 私营企业 | 1601695 | 10852 | 114956 | 206 | 57348 | 42033 |
| 港、澳、台商投资企业 | 687331 | 6352 | 50809 | 880 | 20303 | 31252 |
| 外商投资企业 | 211320 | 1337 | 8763 | | 7516 | 3048 |
| **按控股情况分组** | | | | | | |
| 国有控股 | 1229271 | 2212 | 45372 | 161 | 54394 | 3145 |
| 集体控股 | 514998 | 2918 | 28869 | | 18575 | 11155 |
| 私人控股 | 2019991 | 13967 | 143427 | 277 | 80588 | 56518 |
| 港澳台商控股 | 687331 | 6352 | 50809 | 880 | 20303 | 31252 |
| 外商控股 | 121179 | 163 | 102 | | 1007 | 673 |
| 其他 | 578271 | 4588 | 22158 | 206 | 33927 | 26550 |

# 3-C-03 分地区限额以上文化

| 地　区 | 法人单位数(个) | 从业人员期末人数(人) | #女性 | 资产总计(万元) | 营业收入(万元) |
|---|---|---|---|---|---|
| **全　省** | **567** | **27877** | **16781** | **3581427** | **6054259** |
| 武汉市 | 117 | 12699 | 7303 | 2220859 | 3521831 |
| 黄石市 | 19 | 486 | 286 | 31624 | 93896 |
| 十堰市 | 40 | 1093 | 487 | 58929 | 113593 |
| 宜昌市 | 61 | 2669 | 1584 | 267658 | 392699 |
| 襄阳市 | 89 | 2036 | 1227 | 162608 | 353072 |
| 鄂州市 | 7 | 154 | 117 | 5663 | 11190 |
| 荆门市 | 36 | 805 | 427 | 376007 | 783088 |
| 孝感市 | 32 | 2977 | 2305 | 94011 | 210328 |
| 荆州市 | 39 | 916 | 523 | 65272 | 147414 |
| 黄冈市 | 46 | 1493 | 947 | 84399 | 137536 |
| 咸宁市 | 18 | 456 | 300 | 18774 | 83705 |
| 随州市 | 6 | 177 | 147 | 2150 | 9173 |
| 恩施州 | 42 | 1260 | 736 | 90966 | 110881 |
| 仙桃市 | 7 | 241 | 155 | 14803 | 21640 |
| 潜江市 | 4 | 209 | 132 | 33291 | 36775 |
| 天门市 | 4 | 206 | 105 | 54416 | 27439 |
| 神农架 | | | | | |

# 批零业企业主要财务指标

| 营业成本(万元) | 税金及附加(万元) | 营业利润(万元) | 投资收益(万元) | 应付职工薪酬(万元) | 应交增值税(万元) |
|---|---|---|---|---|---|
| **5151041** | **30200** | **290736** | **1525** | **208794** | **129293** |
| 3111730 | 11551 | 88170 | 380 | 118815 | 44320 |
| 76502 | 355 | 10156 | 0.2 | 2642 | 3423 |
| 93148 | 762 | 8769 | 1 | 5968 | 3865 |
| 316593 | 2839 | 29247 | | 17843 | 10405 |
| 274835 | 5218 | 42700 | 3 | 11947 | 11411 |
| 9950 | 28 | –16 | | 737 | 1174 |
| 618826 | 4048 | 51772 | 884 | 9467 | 34196 |
| 178023 | 1088 | 17601 | 86 | 15306 | 6495 |
| 123296 | 928 | 9270 | 45 | 5897 | 3138 |
| 114519 | 922 | 10805 | | 7982 | 5125 |
| 69172 | 874 | 7863 | | 2466 | 1669 |
| 6037 | 120 | 1605 | | 779 | 375 |
| 87458 | 856 | 5776 | 11 | 5697 | 2268 |
| 15559 | 268 | 3467 | 102 | 1373 | 337 |
| 32452 | 153 | 1531 | 12 | 1158 | 590 |
| 22942 | 193 | 2021 | | 718 | 500 |

# 3-C-04 按注册类型和控股情况分限额

| 分组 | 法人单位数(个) | 从业人员期末人数(人) | #女性 | 资产总计(万元) | 营业收入(万元) |
|---|---|---|---|---|---|
| **总计** | **11155** | **62206** | **27024** | **2419114** | **3009473** |
| **按注册类型分组** | | | | | |
| 内资企业 | 11143 | 62021 | 26945 | 2409134 | 2998386 |
| #国有企业 | 37 | 286 | 137 | 20204 | 9290 |
| 私营企业 | 9200 | 49653 | 21686 | 1833289 | 2357682 |
| 港、澳、台商投资企业 | 5 | 34 | 16 | 728 | 2397 |
| 外商投资企业 | 7 | 151 | 63 | 9253 | 8690 |
| **按控股情况分组** | | | | | |
| 国有控股 | 55 | 1017 | 533 | 103157 | 114403 |
| 集体控股 | 49 | 274 | 130 | 16740 | 10270 |
| 私人控股 | 10428 | 56844 | 24782 | 2155180 | 2747158 |
| 港澳台商控股 | 5 | 35 | 17 | 732 | 2387 |
| 外商控股 | 2 | 82 | 48 | 6699 | 3838 |
| 其他 | 616 | 3954 | 1514 | 136607 | 131417 |

# 以下文化批零业企业主要财务指标

| 营业成本(万元) | 税金及附加(万元) | 营业利润(万元) | 投资收益(万元) | 应付职工薪酬(万元) | 应交增值税(万元) |
|---|---|---|---|---|---|
| **2246455** | **23012** | **370282** | **3347** | **334262** | **115509** |
| | | | | | |
| 2237764 | 22956 | 369829 | 3331 | 333181 | 115282 |
| 5504 | 40 | 1468 | 2 | 1329 | 330 |
| 1749808 | 18207 | 306975 | 2415 | 262493 | 93823 |
| 1908 | 36 | 172 | 16 | 206 | 18 |
| 6784 | 19 | 281 | | 875 | 209 |
| | | | | | |
| 85534 | 1226 | 8158 | 186 | 7617 | 2702 |
| 7686 | 118 | 1298 | | 1405 | 369 |
| 2049225 | 20595 | 344936 | 3050 | 303107 | 106715 |
| 1903 | 36 | 167 | 16 | 209 | 17 |
| 2565 | 11 | 159 | | 494 | 97 |
| 99541 | 1025 | 15565 | 95 | 21429 | 5609 |

# 3-C-05 分地区限额以下

| 地区 | 法人单位数(个) | 从业人员期末人数(人) | #女性 | 资产总计(万元) | 营业收入(万元) |
|---|---|---|---|---|---|
| **全省** | **11155** | **62206** | **27024** | **2419114** | **3009473** |
| 武汉市 | 4158 | 18461 | 7879 | 1093330 | 1200207 |
| 黄石市 | 258 | 1902 | 818 | 62910 | 71271 |
| 十堰市 | 956 | 5651 | 2349 | 158382 | 187949 |
| 宜昌市 | 1334 | 8706 | 3505 | 286396 | 304847 |
| 襄阳市 | 1259 | 9342 | 4131 | 235261 | 455860 |
| 鄂州市 | 79 | 766 | 256 | 19843 | 24626 |
| 荆门市 | 485 | 2144 | 892 | 65218 | 81909 |
| 孝感市 | 561 | 4230 | 1851 | 139909 | 157758 |
| 荆州市 | 344 | 1791 | 797 | 61314 | 134234 |
| 黄冈市 | 426 | 2124 | 1142 | 49025 | 76952 |
| 咸宁市 | 269 | 2075 | 972 | 47286 | 70501 |
| 随州市 | 103 | 681 | 321 | 44724 | 71114 |
| 恩施州 | 696 | 2640 | 1369 | 86721 | 85410 |
| 仙桃市 | 112 | 1034 | 439 | 44382 | 56144 |
| 潜江市 | 55 | 335 | 141 | 11428 | 18681 |
| 天门市 | 46 | 295 | 148 | 9498 | 11366 |
| 神农架 | 14 | 29 | 14 | 3487 | 644 |

# 文化批零业企业主要财务指标

| 营业成本(万元) | 税金及附加(万元) | 营业利润(万元) | 投资收益(万元) | 应付职工薪酬(万元) | 应交增值税(万元) |
|---|---|---|---|---|---|
| **2246455** | **23012** | **370282** | **3347** | **334262** | **115509** |
| 998602 | 6654 | 52719 | 384 | 104287 | 25989 |
| 48332 | 341 | 14829 | 88 | 10353 | 2686 |
| 118767 | 1720 | 31688 | 482 | 32524 | 9350 |
| 201668 | 2588 | 74797 | | 45876 | 13764 |
| 314750 | 3720 | 62199 | 747 | 49619 | 22241 |
| 17151 | 384 | 4676 | | 6090 | 2278 |
| 59796 | 1406 | 13164 | 68 | 13416 | 4522 |
| 97250 | 1697 | 38566 | 28 | 20948 | 11407 |
| 111997 | 1154 | 12731 | 11 | 9747 | 5264 |
| 56418 | 697 | 9751 | 56 | 8724 | 4497 |
| 46446 | 567 | 11530 | 266 | 9047 | 2993 |
| 53222 | 622 | 10985 | | 4115 | 3435 |
| 64273 | 369 | 18631 | 419 | 9830 | 3033 |
| 37332 | 416 | 7207 | 731 | 6009 | 2129 |
| 13026 | 460 | 3578 | 14 | 1983 | 1231 |
| 6963 | 187 | 3151 | 55 | 1527 | 592 |
| 462 | 29 | 82 | | 169 | 98 |

## D. 文化服务业

# 3-D-01 分地区文化服务业法人单位主要指标

| 地区 | 法人单位数（个） | 规模以上 | 规模以下企业 | 事业单位 | 社会团体 | 从业人员期末人数（人） | 规模以上 | 规模以下企业 | 事业单位 | 社会团体 |
|---|---|---|---|---|---|---|---|---|---|---|
| **全省** | **76898** | **1355** | **68032** | **2299** | **5212** | **706517** | **232141** | **414484** | **38523** | **21369** |
| 武汉市 | 31118 | 722 | 29094 | 368 | 934 | 351402 | 189679 | 147773 | 10056 | 3894 |
| 黄石市 | 2742 | 28 | 2363 | 101 | 250 | 24577 | 1752 | 19897 | 1607 | 1321 |
| 十堰市 | 3298 | 50 | 2817 | 138 | 293 | 25792 | 3618 | 18598 | 2306 | 1270 |
| 宜昌市 | 7378 | 181 | 6364 | 260 | 573 | 64403 | 14518 | 45250 | 2618 | 2017 |
| 襄阳市 | 6889 | 110 | 5895 | 234 | 650 | 67406 | 5947 | 54303 | 3829 | 3327 |
| 鄂州市 | 805 | 29 | 676 | 29 | 71 | 6606 | 1188 | 4452 | 755 | 211 |
| 荆门市 | 3166 | 41 | 2703 | 128 | 294 | 17517 | 2833 | 11486 | 2187 | 1011 |
| 孝感市 | 3781 | 19 | 3254 | 163 | 345 | 26975 | 1076 | 22332 | 2240 | 1327 |
| 荆州市 | 3686 | 29 | 3128 | 145 | 384 | 27281 | 2003 | 20660 | 2895 | 1723 |
| 黄冈市 | 4158 | 54 | 3488 | 231 | 385 | 27386 | 3490 | 18925 | 3573 | 1398 |
| 咸宁市 | 2914 | 39 | 2446 | 141 | 288 | 22774 | 2182 | 17315 | 1863 | 1414 |
| 随州市 | 1027 | 8 | 854 | 62 | 103 | 5660 | 380 | 3868 | 1034 | 378 |
| 恩施州 | 3746 | 26 | 3057 | 212 | 451 | 19672 | 2045 | 14728 | 1616 | 1283 |
| 仙桃市 | 725 | 9 | 649 | 28 | 39 | 8700 | 539 | 7333 | 608 | 220 |
| 潜江市 | 748 | 3 | 649 | 27 | 69 | 5761 | 106 | 4693 | 524 | 438 |
| 天门市 | 571 | 2 | 500 | 19 | 50 | 3190 | 54 | 2599 | 413 | 124 |
| 神农架 | 146 | 5 | 95 | 13 | 33 | 1415 | 731 | 272 | 399 | 13 |

# 3-D-02 按注册类型和控股情况分规模以上文化服务业企业主要财务指标

| 分组 | 法人单位数(个) | 从业人员期末人数(人) | #女性 | 资产总计(万元) | 营业收入(万元) |
|---|---|---|---|---|---|
| **总计** | **1355** | **232141** | **93226** | **36995358** | **14118940** |
| **按注册类型分组** | | | | | |
| 内资企业 | 1322 | 187705 | 71613 | 35489273 | 13022890 |
| #国有企业 | 48 | 18070 | 6529 | 2689209 | 1102990 |
| 私营企业 | 577 | 38442 | 17182 | 3359744 | 2736437 |
| 港、澳、台商投资企业 | 13 | 40259 | 20025 | 1326111 | 941836 |
| 外商投资企业 | 20 | 4177 | 1588 | 179974 | 154213 |
| **按控股情况分组** | | | | | |
| 国有控股 | 261 | 65510 | 21577 | 24108950 | 6630647 |
| 集体控股 | 15 | 1888 | 605 | 124819 | 69013 |
| 私人控股 | 897 | 92029 | 38160 | 6882939 | 4813599 |
| 港澳台商控股 | 15 | 40535 | 20225 | 1339302 | 949058 |
| 外商控股 | 15 | 2479 | 992 | 98346 | 66524 |
| 其他 | 152 | 29700 | 11667 | 4441003 | 1590099 |

3-D-02 续表

| 分组 | 营业成本(万元) | 税金及附加(万元) | 营业利润(万元) | 投资收益(万元) | 应付职工薪酬(万元) | 应交增值税(万元) |
|---|---|---|---|---|---|---|
| **总计** | **9852498** | **187764** | **1767127** | **93799** | **3061225** | **583213** |
| **按注册类型分组** | | | | | | |
| 内资企业 | 9304005 | 183323 | 1522675 | 93285 | 2716204 | 519381 |
| #国有企业 | 852698 | 27504 | 52615 | -211 | 266569 | 32174 |
| 私营企业 | 1886885 | 17741 | 195934 | 9581 | 308452 | 109357 |
| 港、澳、台商投资企业 | 438865 | 3793 | 238080 | 653 | 276595 | 58062 |
| 外商投资企业 | 109627 | 649 | 6372 | -139 | 68426 | 5770 |
| **按控股情况分组** | | | | | | |
| 国有控股 | 4797601 | 119352 | 909454 | 67002 | 1212703 | 261567 |
| 集体控股 | 37094 | 778 | 6394 | 137 | 23431 | 3950 |
| 私人控股 | 3388909 | 32940 | 375465 | 26676 | 1118093 | 202614 |
| 港澳台商控股 | 442746 | 3828 | 237299 | 653 | 279382 | 58310 |
| 外商控股 | 39263 | 207 | 4745 | | 37235 | 3378 |
| 其他 | 1146886 | 30659 | 233769 | -669 | 390382 | 53394 |

## 3-D-03 分地区规模以上文化

| 地区 | 法人单位数(个) | 从业人员期末人数(人) | #女性 | 资产总计(万元) | 营业收入(万元) |
|---|---|---|---|---|---|
| **全省** | **1355** | **232141** | **93226** | **36995358** | **14118940** |
| 武汉市 | 722 | 189679 | 73671 | 27393467 | 12624497 |
| 黄石市 | 28 | 1752 | 686 | 160137 | 56223 |
| 十堰市 | 50 | 3618 | 1665 | 546540 | 113093 |
| 宜昌市 | 181 | 14518 | 6598 | 2941124 | 598828 |
| 襄阳市 | 110 | 5947 | 2915 | 708984 | 190606 |
| 鄂州市 | 29 | 1188 | 484 | 157614 | 37476 |
| 荆门市 | 41 | 2833 | 1165 | 3151850 | 131619 |
| 孝感市 | 19 | 1076 | 580 | 108112 | 29516 |
| 荆州市 | 29 | 2003 | 829 | 137228 | 79702 |
| 黄冈市 | 54 | 3490 | 1689 | 623293 | 76688 |
| 咸宁市 | 39 | 2182 | 1106 | 90531 | 48980 |
| 随州市 | 8 | 380 | 162 | 28423 | 11814 |
| 恩施州 | 26 | 2045 | 947 | 726072 | 77932 |
| 仙桃市 | 9 | 539 | 318 | 25746 | 15444 |
| 潜江市 | 3 | 106 | 56 | 3423 | 2588 |
| 天门市 | 2 | 54 | 36 | 3293 | 2343 |
| 神农架 | 5 | 731 | 319 | 189521 | 21592 |

# 服务业企业主要财务指标

| 营业成本 (万元) | 税金及附加 (万元) | 营业利润 (万元) | 投资收益 (万元) | 应付职工薪酬 (万元) | 应交增值税 (万元) |
|---|---|---|---|---|---|
| **9852498** | **187764** | **1767127** | **93799** | **3061225** | **583213** |
| 8964401 | 157211 | 1501102 | 88654 | 2747844 | 513221 |
| 33963 | 760 | 7206 | 33 | 15055 | 3232 |
| 65371 | 3725 | 17292 | 492 | 24817 | 6082 |
| 377451 | 11918 | 98068 | 291 | 121734 | 32759 |
| 109366 | 6420 | 45416 | 271 | 35626 | 6334 |
| 22021 | 918 | 5378 | | 12790 | 1752 |
| 88295 | 1103 | 20039 | 60 | 22895 | 3670 |
| 15168 | 588 | 3508 | 196 | 5434 | 1289 |
| 54558 | 979 | 9005 | 579 | 15565 | 3721 |
| 48870 | 1091 | 16361 | 2020 | 19428 | 3525 |
| 25211 | 951 | 6120 | 3 | 12686 | 2025 |
| 6582 | 30 | 2891 | 181 | 1846 | 640 |
| 31003 | 1771 | 24260 | 538 | 16333 | 3014 |
| 5818 | 183 | 5138 | 5 | 3188 | 1006 |
| 2352 | 32 | 362 | | 682 | 51 |
| 1742 | 8 | 322 | | 352 | 100 |
| 326 | 75 | 4659 | 477 | 4952 | 794 |

# 3-D-04 按注册类型和控股情况

| 分组 | 法人单位数(个) | 从业人员期末人数(人) | #女性 | 资产总计(万元) | 营业收入(万元) |
|---|---|---|---|---|---|
| **总计** | **68032** | **414484** | **164382** | **36810442** | **12162408** |
| **按注册类型分组** | | | | | |
| 内资企业 | 67957 | 413735 | 164030 | 36486269 | 12121394 |
| #国有企业 | 293 | 3915 | 1501 | 571611 | 89306 |
| 私营企业 | 53315 | 306687 | 121266 | 11725930 | 8521236 |
| 港、澳、台商投资企业 | 40 | 392 | 183 | 301024 | 18342 |
| 外商投资企业 | 35 | 357 | 169 | 23150 | 22672 |
| **按控股情况分组** | | | | | |
| 国有控股 | 563 | 12550 | 5346 | 11980983 | 558985 |
| 集体控股 | 225 | 2378 | 876 | 789088 | 79659 |
| 私人控股 | 62348 | 366128 | 143866 | 21743337 | 10564822 |
| 港澳台商控股 | 57 | 829 | 333 | 389094 | 16350 |
| 外商控股 | 29 | 291 | 143 | 16403 | 20701 |
| 其他 | 4810 | 32308 | 13818 | 1891538 | 921892 |

# 分规模以下文化服务业企业主要财务指标

| 营业成本(万元) | 税金及附加(万元) | 营业利润(万元) | 投资收益(万元) | 应付职工薪酬(万元) | 应交增值税(万元) |
|---|---|---|---|---|---|
| **8018532** | **135557** | **2122021** | **57706** | **2353838** | **564356** |
| 7982802 | 135271 | 2117965 | 57554 | 2348286 | 563171 |
| 59066 | 893 | 13101 | 1166 | 30020 | 4386 |
| 5561721 | 90431 | 1485525 | 26697 | 1675732 | 398544 |
| 13815 | 135 | 3667 | | 2651 | 688 |
| 21915 | 151 | 389 | 153 | 2901 | 497 |
| 326295 | 18381 | 191124 | 7163 | 115312 | 10450 |
| 53778 | 795 | 17488 | 181 | 14566 | 3772 |
| 7011743 | 107325 | 1761584 | 37670 | 2022240 | 509427 |
| 15634 | 583 | −1624 | 485 | 5341 | 645 |
| 17956 | 143 | 102 | 23 | 2620 | 454 |
| 593126 | 8329 | 153347 | 12185 | 193759 | 39609 |

# 3-D-05 分地区规模以下

| 地　区 | 法人单位数(个) | 从业人员期末人数(人) | #女性 | 资产总计(万元) | 营业收入(万元) |
|---|---|---|---|---|---|
| **全　省** | **68032** | **414484** | **164382** | **36810442** | **12162408** |
| 武汉市 | 29094 | 147773 | 55749 | 8119301 | 4112259 |
| 黄石市 | 2363 | 19897 | 8108 | 815612 | 515678 |
| 十堰市 | 2817 | 18598 | 7052 | 6628652 | 952725 |
| 宜昌市 | 6364 | 45250 | 17921 | 6433786 | 1337072 |
| 襄阳市 | 5895 | 54303 | 22729 | 2152244 | 1739222 |
| 鄂州市 | 676 | 4452 | 1837 | 430698 | 139803 |
| 荆门市 | 2703 | 11486 | 5013 | 3993983 | 426558 |
| 孝感市 | 3254 | 22332 | 8905 | 1272006 | 544377 |
| 荆州市 | 3128 | 20660 | 7874 | 1290788 | 597029 |
| 黄冈市 | 3488 | 18925 | 7912 | 1461944 | 398198 |
| 咸宁市 | 2446 | 17315 | 6884 | 763246 | 492001 |
| 随州市 | 854 | 3868 | 1850 | 251042 | 82678 |
| 恩施州 | 3057 | 14728 | 6382 | 2476233 | 302115 |
| 仙桃市 | 649 | 7333 | 2947 | 421908 | 209004 |
| 潜江市 | 649 | 4693 | 1947 | 163478 | 247609 |
| 天门市 | 500 | 2599 | 1147 | 107517 | 62986 |
| 神农架 | 95 | 272 | 125 | 28006 | 3094 |

# 文化服务业企业主要财务指标

| 营业成本(万元) | 税金及附加(万元) | 营业利润(万元) | 投资收益(万元) | 应付职工薪酬(万元) | 应交增值税(万元) |
|---|---|---|---|---|---|
| **8018532** | **135557** | **2122021** | **57706** | **2353838** | **564356** |
| 2847229 | 29594 | 408475 | 20904 | 910212 | 144703 |
| 330223 | 3046 | 121119 | 1201 | 110403 | 19482 |
| 700963 | 7794 | 128670 | 738 | 98419 | 64281 |
| 870621 | 12377 | 298701 | 10650 | 270763 | 72387 |
| 983674 | 18539 | 417698 | 6930 | 293496 | 91925 |
| 81228 | 1192 | 35116 | 126 | 28414 | 6452 |
| 222237 | 20959 | 153120 | 517 | 67632 | 12329 |
| 369740 | 6250 | 100200 | 483 | 119320 | 32757 |
| 414263 | 12624 | 105187 | 1465 | 130169 | 33541 |
| 248051 | 3868 | 88039 | 1221 | 83911 | 24150 |
| 329469 | 4866 | 85110 | 2979 | 75897 | 19528 |
| 51131 | 787 | 18715 | 99 | 19003 | 4465 |
| 221463 | 3140 | 66864 | 9276 | 63469 | 11389 |
| 145219 | 3147 | 27592 | 791 | 41225 | 8333 |
| 163178 | 6820 | 56572 | 188 | 28398 | 15703 |
| 37810 | 435 | 10624 | 111 | 12134 | 2834 |
| 2035 | 118 | 221 | 25 | 974 | 100 |

# 3-D-06 分地区文化服务业行政事业单位主要财务指标

| 地 区 | 法人单位数(个) | 从业人员期末人数(人) | #女性 | 资产总计(万元) | 本年支出合计(万元) |
|---|---|---|---|---|---|
| **全 省** | **2299** | **38523** | **17121** | **4332545** | **1166312** |
| 武汉市 | 368 | 10056 | 4311 | 1174530 | 480157 |
| 黄石市 | 101 | 1607 | 728 | 168736 | 38089 |
| 十堰市 | 138 | 2306 | 960 | 113986 | 48025 |
| 宜昌市 | 260 | 2618 | 1215 | 267320 | 79868 |
| 襄阳市 | 234 | 3829 | 1786 | 166551 | 90148 |
| 鄂州市 | 29 | 755 | 364 | 186275 | 21455 |
| 荆门市 | 128 | 2187 | 1130 | 975636 | 81038 |
| 孝感市 | 163 | 2240 | 965 | 511198 | 36074 |
| 荆州市 | 145 | 2895 | 1282 | 113873 | 52194 |
| 黄冈市 | 231 | 3573 | 1619 | 267939 | 67122 |
| 咸宁市 | 141 | 1863 | 755 | 89513 | 49479 |
| 随州市 | 62 | 1034 | 478 | 78840 | 20974 |
| 恩施州 | 212 | 1616 | 720 | 106250 | 52751 |
| 仙桃市 | 28 | 608 | 260 | 15866 | 7939 |
| 潜江市 | 27 | 524 | 239 | 14068 | 8586 |
| 天门市 | 19 | 413 | 171 | 18650 | 7573 |
| 神农架 | 13 | 399 | 138 | 63318 | 24840 |

# 3-D-07　分地区文化服务业社团单位主要财务指标

| 地　区 | 法人单位数(个) | 从业人员期末人数(人) | #女性 | 资产总计(万元) | 本年支出合计(万元) |
|---|---|---|---|---|---|
| **全　省** | **5212** | **21369** | **10001** | **338915** | **202510** |
| 武汉市 | 934 | 3894 | 1991 | 57078 | 30824 |
| 黄石市 | 250 | 1321 | 672 | 20750 | 13380 |
| 十堰市 | 293 | 1270 | 665 | 18481 | 14904 |
| 宜昌市 | 573 | 2017 | 810 | 42311 | 33166 |
| 襄阳市 | 650 | 3327 | 1767 | 41703 | 27604 |
| 鄂州市 | 71 | 211 | 97 | 1504 | 1905 |
| 荆门市 | 294 | 1011 | 467 | 16519 | 13379 |
| 孝感市 | 345 | 1327 | 575 | 6745 | 6554 |
| 荆州市 | 384 | 1723 | 708 | 26961 | 14105 |
| 黄冈市 | 385 | 1398 | 517 | 47949 | 11809 |
| 咸宁市 | 288 | 1414 | 626 | 33610 | 15153 |
| 随州市 | 103 | 378 | 187 | 2939 | 1283 |
| 恩施州 | 451 | 1283 | 604 | 13565 | 12135 |
| 仙桃市 | 39 | 220 | 60 | 2826 | 3563 |
| 潜江市 | 69 | 438 | 210 | 3084 | 1569 |
| 天门市 | 50 | 124 | 39 | 2807 | 1144 |
| 神农架 | 33 | 13 | 6 | 85 | 33 |

## E. 文化产业个体经营户

# 3-E-01 文化产业个体经营户清查情况

| 分　组 | 户数<br>(户) | 从业人员<br>期末人数<br>(人) | |
|---|---|---|---|
| | | | #女性 |
| **总　计** | **152782** | **412826** | **223476** |
| **按产业类型分组** | | | |
| 文化制造业 | 8315 | 22320 | 9978 |
| 文化批发和零售业 | 59783 | 137098 | 73880 |
| 文化服务业 | 84684 | 253408 | 139618 |
| **按地区分组** | | | |
| 武汉市 | 29753 | 94764 | 57654 |
| 黄石市 | 4241 | 10951 | 6261 |
| 十堰市 | 10632 | 27437 | 13096 |
| 宜昌市 | 20116 | 43645 | 22644 |
| 襄阳市 | 21507 | 64923 | 31932 |
| 鄂州市 | 2618 | 6037 | 3262 |
| 荆门市 | 10053 | 24948 | 12242 |
| 孝感市 | 12840 | 32079 | 17612 |
| 荆州市 | 8885 | 25081 | 14110 |
| 黄冈市 | 9773 | 24855 | 12563 |
| 咸宁市 | 4976 | 14631 | 7877 |
| 随州市 | 4371 | 9458 | 5274 |
| 恩施州 | 7564 | 20291 | 11757 |
| 仙桃市 | 2315 | 5925 | 3025 |
| 潜江市 | 1322 | 3241 | 1852 |
| 天门市 | 1497 | 4021 | 2033 |
| 神农架 | 319 | 539 | 282 |

说明：根据《个体经营户清查情况》中标识为文化产业的单位进行汇总。

# 3-E-02　文化产业个体经营户抽样调查基本情况

| 分　组 | 个体经营户数(户) | 从业人员期末人数(人) | #女性 | 全年雇员支出(万元) | 全年缴纳税费(万元) | 全年缴纳房租(万元) | 全年总支出(万元) | 全年营业收入(万元) |
|---|---|---|---|---|---|---|---|---|
| **总　计** | **10973** | **41032** | **24181** | **137187** | **13867** | **51194** | **616411** | **903197** |
| **按产业类型分组** | | | | | | | | |
| 文化制造业 | 755 | 2796 | 1476 | 11135 | 1109 | 2048 | 43096 | 64146 |
| 文化批发和零售业 | 4893 | 15164 | 9290 | 50591 | 6790 | 23106 | 315982 | 447773 |
| 文化服务业 | 5325 | 23072 | 13415 | 75462 | 5968 | 26041 | 257334 | 391278 |
| **按地区分组** | | | | | | | | |
| 武汉市 | 1675 | 5865 | 3303 | 20732 | 1379 | 13379 | 72062 | 114175 |
| 黄石市 | 450 | 2160 | 1246 | 8321 | 650 | 2876 | 43083 | 61337 |
| 十堰市 | 825 | 2833 | 1484 | 10508 | 1711 | 3368 | 46072 | 68675 |
| 宜昌市 | 1679 | 5280 | 2793 | 23377 | 2391 | 5714 | 86881 | 129193 |
| 襄阳市 | 1681 | 7404 | 4533 | 22773 | 3395 | 6721 | 109247 | 157992 |
| 鄂州市 | 152 | 537 | 352 | 1509 | 36 | 558 | 6112 | 8772 |
| 荆门市 | 667 | 2515 | 1483 | 9182 | 366 | 3119 | 43451 | 61689 |
| 孝感市 | 776 | 3005 | 1755 | 7066 | 773 | 2405 | 29812 | 48250 |
| 荆州市 | 681 | 2511 | 1551 | 9966 | 904 | 2768 | 53939 | 73174 |
| 黄冈市 | 530 | 2639 | 1841 | 7721 | 951 | 3653 | 44533 | 60398 |
| 咸宁市 | 494 | 2228 | 1272 | 6335 | 647 | 2604 | 40418 | 57302 |
| 随州市 | 246 | 772 | 486 | 1809 | 147 | 907 | 9524 | 14559 |
| 恩施州 | 719 | 2025 | 1346 | 2954 | 170 | 1420 | 13406 | 21695 |
| 仙桃市 | 66 | 361 | 211 | 1753 | 200 | 371 | 5247 | 7142 |
| 潜江市 | 134 | 440 | 291 | 1768 | 37 | 925 | 7937 | 11902 |
| 天门市 | 70 | 251 | 127 | 1008 | 74 | 186 | 3833 | 4981 |
| 神农架 | 128 | 206 | 107 | 405 | 36 | 222 | 856 | 1962 |

说明：根据四经普《个体经营户抽样调查表》中标识为文化产业的单位进行汇总。

# 附　录

# 主要指标解释及分类规定

# 主要指标解释

**法人单位**　是指有权拥有资产、承担负债，并独立从事社会经济活动（或与其他单位进行交易）的组织。法人单位应同时具备以下条件：

1. 依法成立，有自己的名称、组织机构和场所，能够独立承担民事责任；

2. 独立拥有（或受权使用）资产，有权与其他单位签订合同；

3. 会计上独立核算，能够编制资产负债表等会计报表。

在统计实践中，法人单位包括：企业法人、事业单位法人、机关法人、社会团体法人、民办非企业单位、基金会、居委会、村委会、其他法人。

**企业法人**　是指依据《中华人民共和国公司登记管理条例》《中华人民共和国企业法人登记管理条例》等国家法律和法规，经各级市场监管机关登记注册，领取《企业法人营业执照》的企业。包括：

1. 公司制企业法人；

2. 非公司制企业法人。

不具有法人资格、但依法成立的个人独资企业、合伙企业在统计上视同法人。

**事业单位法人**　是指经国务院或地方县级以上机构编制管理部门批准、经国家或地方县级以上事业单位登记管理部门登记或备案，领取《事业单位法人证书》，取得法人资格的事业单位。包括：

1. 各级党委、政府直属事业单位；

2. 中共中央、国务院直属事业单位举办的事业单位；

3. 各级人大、政协机关，监察委员会、人民法院、人民检察院和各民主党派机关举办的事业单位；

4. 各级党委部门和政府部门举办的事业单位；

5. 使用财政性经费的群众团体举办的事业单位；

6. 国有企业及其他组织利用国有资产举办的事业单位；

7. 依照法律或有关规定，应当由各级登记管理机关登记的其他事业单位。

**机关法人**　是指各级政党机关和国家机关。包括：

1. 县级以上各级中国共产党委员会及其所属各工作部门；

2. 县级以上各级人民代表大会机关；

3. 县级以上各级人民政府及其所属各工作部门，以及地区行政行署；

4. 县级以上各级政治协商会议机关；

5. 县级以上各级监察委员会、人民法院、检察院机关；

6. 县级以上各民主党派和工商联机关；

7. 乡、镇中国共产党委员会和人民政府。

**社会团体法人**　是指依据《社会团体登记管理条例》，经国家或县级以上民政部门登记注册或备案，领取《社会团体法人登记证书》的各类社会团体，以及由机构编制管理部门管理其编制的群众团体。

**民办非企业单位**　指企业单位、事业单位、社会团体和其他社会力量以及公民个人利用非国有资产举办的，从事非营利性社会服务的社会组织。民办非企业法人指经各级民政部门核准登记，领取《民办非企业单位登记证书》的民办非企业单位。

**基金会**　指民政部、省级、地级或市级民政部门核准登记的，颁发《基金会法人登记证书》的基金会。

**居委会**　由不设区的市、市辖区的人民政府决定设立的社区（居委会）。

**村委会**　由乡、民族乡、镇的人民政府提出，经村民会议讨论同意后，报县级人民政府批准，设立的村民委员会。

**其他法人**　是指除上述类型以外的法人。具体是指依据《中华人民共和国农民专业合作社法》及其他法律、法规成立，具备法人条件的单位。

**单产业法人**　是指仅包含一个产业活动单位的法人单位，称为单产业法人单位，该法人单位同时也是一个产业活动单位。

**多产业法人**　是指由两个及以上产业活动单位组成的法人单位，称为多产业法人单位，这些产业活动单位接受法人单位的管理和控制。

**从业人员期末人数**　指报告期最后一日在本单位工作，并取得工资或其他形式劳动报酬的人员数。该指标为时点指标，不包括最后一日当天及以前已经与单位解除劳动合同关系的人员，是在岗职工、劳务派遣人员及其他从业人员之和。从业人员不包括：

1. 离开本单位仍保留劳动关系，并定期领取生活费的人员；

2. 在本单位实习的各类在校学生；

3. 本单位因劳务外包而使用的人员，如：建筑业整建制使用的人员。

**营业收入**　指企业经营主要业务和其他业务所确认的收入总额。营业收入包括“主营业务收入”和“其他业务收入”。根据会计“利润表”中“营业收入”项目的本年累计数填报。

**资产总计**　指企业过去的交易或者事项形成的、由企业拥有或者控制的、预期会给企业带来经济利益的资源。资产一般按流动性（资产的变现或耗用时间长短）分为流动资产和非流动资产。其中流动资产可分为货币资金、交易性金融资产、应收票据、应收账款、预付款项、其他应收款、存货等；非流动资产可分为长期股权投资、固定资产、无形资产及其他非流动资产等。

# 分类规定

**登记注册类型** 指企业或企业产业活动单位的登记注册类型，市场监管部门对企业（单位）登记注册的类型分为以下几种：

1. 国有企业：指企业全部资产归国家所有，并按《中华人民共和国企业法人登记管理条例》规定登记注册的非公司制的经济组织。不包括有限责任公司中的国有独资公司。

2. 集体企业：指企业资产归集体所有，并按《中华人民共和国企业法人登记管理条例》规定登记注册的经济组织。

3. 股份合作企业：指以合作制为基础，由企业职工共同出资入股，吸收一定比例的社会资产投资组建，实行自主经营，自负盈亏，共同劳动，民主管理，按劳分配与按股分红相结合的一种集体经济组织。

4. 联营企业：指两个及两个以上相同或不同所有制性质的企业法人或事业单位法人，按自愿、平等、互利的原则，共同投资组成的经济组织。联营企业包括国有联营企业、集体联营企业、国有与集体联营企业和其他联营企业。

**国有联营企业** 指所有联营单位均为国有。

**集体联营企业** 指所有联营单位均为集体。

**国有与集体联营企业** 指联营单位既有国有也有集体。

**其他联营企业** 指上述三种联营企业之外的其他联营形式的企业。

5. 有限责任公司：指根据《中华人民共和国公司登记管理条例》规定登记注册，由两个以上，五十个以下的股东共同出资，每个股东以其所认缴的出资额对公司承担有限责任，公司以其全部资产对其债务承担责任的经济组织。有限责任公司包括国有独资公司以及其他有限责任公司。

**国有独资公司** 指国家授权的投资机构或者国家授权的部门单独投资设立的有限责任公司。

**其他有限责任公司** 指国有独资公司以外的其他有限责任公司。

6. 股份有限公司：指根据《中华人民共和国公司登记管理条例》规定登记注册，其全部注册资本由等额股份构成并通过发行股票筹集资本，股东以其认购的股份对公司承担有限责任，公司以其全部资产对其债务承担责任的经济组织。

7. 私营企业：指由自然人投资设立或由自然人控股，以雇佣劳动为基础的营利性经济组织。包括按照《公司法》《合伙企业法》《私营企业暂行条例》以及《个人独资企业法》规定登记注册的私营独资企业、私营合伙企业、私营有限责任公司、私营股份有限公司和个人独资企业。

**私营独资企业** 指按《私营企业暂行条例》的规定，由一名自然人投资经营，以雇佣劳动为基础，投资者对企业债务承担无限责任的企业。

**私营合伙企业** 指按《合伙企业法》或《私营企业暂行条例》的规定，由两个以上自然人按照协议共同投资、共同经营、共负盈亏，以雇佣劳动为基础，对债务承担无限责任的企业。

**私营有限责任公司** 指按《公司法》《私营企业暂行条例》的规定，由两个以上自然人投资或由单个自然人控股的有限责任公司。

**私营股份有限公司** 指按《公司法》的规定，由五个以上自然人投资，或由单个自然人控股的股份有限公司。

8. 其他企业：指上述第1条至第7条之外的其他内资经济组织。

9. 合资经营企业（港或澳、台资）：指港澳台地区投资者与内地的企业依照《中华人民共和国中外合资经营企业法》及有关法律的规定，按合同规定的比例投资设立，分享利润和分担风险的企业。

10. 合作经营企业（港或澳、台资）：指港澳台地区投资者与内地企业依照《中华人民共和国中外合作经营企业法》及有关法律的规定，依照合作合同的约定进行投资或提供条件设立，分配利润、分担风险和亏损的企业。

11. 港、澳、台商独资经营企业：指依照《中华人民共和国外资企业法》及有关法律的规定，在内地由港澳台地区投资者全额投资设立的企业。

12. 港、澳、台商投资股份有限公司：指根据国家有关规定，经商务部（原外经贸部）批准设立，并且其中港、澳、台商的股本占公司注册资本的比例达25%以上的股份有限公司。凡其中港、澳、台商的股本占公司注册资本的比例小于25%的，属于内资中的股份有限公司。

13. 其他港、澳、台商投资企业：指在中国境内参照《外国企业或个人在中国境内设立合伙企业管理办法》和《外商投资合伙企业登记管理规定》，依法设立的港、澳、台商投资合伙企业。

14. 中外合资经营企业：指外国企业或外国人与中国内地企业依照《中华人民共和国中外合资经营企业法》及有关法律的规定，按合同规定的比例投资设立，分享利润和分担风险的企业。

15. 中外合作经营企业：指外国企业或外国人与中国内地企业依照《中华人民共和国中外合作经营企业法》及有关法律的规定，依照合作合同的约定进行投资或提供条件设立，分配利润、分担风险和亏损的企业。

16. 外资企业：指依照《中华人民共和国外资企业法》及有关法律的规定，在中国内地由外国投资者全额投资设立的企业。

17. 外商投资股份有限公司：指根据国家有关规定，经商务部（原外经贸部）批准设立，并且其中外资的股本占公司注册资本的比例达25%以上的股份有限公司。凡其中外资股本占公司注册资本的比例小于25%的，属于内资中的股份有限公司。

18. 其他外商投资企业：指在中国境内依照《外国企业或个人在中国境内设立合伙企业管理办法》和《外商投资合伙企业登记管理规定》，依法设立的外商投资合伙企业。

**企业控股情况**　根据企业实收资本中某种经济成分的出资人的实际投资情况，或出资人对企业资产的实际控制、支配程度进行分类。具体分为国有控股、集体控股、私人控股、港澳台商控股、外商控股和其他六类。

**国有控股**　包括：(1) 在企业的全部实收资本中，国有经济成分的出资人拥有的实收资本（股本）所占企业全部实收资本（股本）的比例大于50%的国有绝对控股。(2) 在企业的全部实收资本中，国有经济成分的出资人拥有的实收资本（股本）所占比例虽未大于50%，但相对大于其他任何一方经济成分的出资人所占比例的国有相对控股；或者虽不大于其他经济成分，但根据协议规定拥有企业实际控制权的国有协议控股。(3) 投资双方各占50%，且未明确由谁绝对控股的企业，若其中一方为国有经济成分的，一律按国有控股处理。

**集体控股**　包括：(1) 在企业的全部实收资本中，集体经济成分的出资人拥有的实收资本（股本）所占企业全部实收资本（股本）的比例大于50%的集体绝对控股。(2) 在企业的全部实收资本中，集体经济成分的出资人拥有的实收资本（股本）所占比例虽未大于50%，但相对大于其他任何一方经济成分的出资人所占比例的集体相对控股；或者虽不大于其他经济成分，但根据协议规定拥有企业实际控制权的集体协议控股。

**私人控股**　包括：(1) 在企业的全部实收资本中，私人经济成分的出资人拥有的实收资本（股本）所占企业全部实收资本（股本）的比例大于50%的私人绝对控股。(2) 在企业的全部实收资本中，私人经济成分的出资人拥有的实收资本（股本）所占比例虽未大于50%，但相对大于其他任何一方经济成分的出资人所占比例的私人相对控股；或者虽不大于其他经济成分，但根据协议规定拥有企业实际控制权的私人协议控股。

**港澳台商控股**　包括：(1) 在企业的全部实收资本中，港澳台商经济成分的出资人拥有的实收资本（股本）所占企业全部实收资本（股本）的比例大于50%的港澳台商绝对控股。(2) 在企业的全部实收资本中，港澳台商经济成分的出资人拥有的实收资本（股本）所占比例虽未大于50%，但相对大于其他任何一方经济成分的出资人所占比例的港澳台商相对控股；或者虽不大于其他经济成分，但根据协议规定拥有企业实际控制权的港澳台商协议控股。

**外商控股**　包括：(1) 在企业的全部实收资本中，外商经济成分的出资人拥有的实收资本（股本）所占企业全部实收资本（股本）的比例大于50%的外商绝对控股。(2) 在企业的全部实收资本中，外商经济成分的出资人拥有的实收资本（股本）所占比例虽未大于50%，但相对大于其他任何一方经济成分的出资人所占比例的外商相对控股；或者虽不大于其他经济成分，但根据协议规定拥有企业实际控制权的外商协议控股。

**其他控股情况**　除上述五类以外的企业控股情况。

# 统计上大中小微型企业划分办法（2017）

一、根据工业和信息化部、国家统计局、国家发展改革委、财政部《关于印发中小企业划型标准规定的通知》（工信部联企业〔2011〕300号），以《国民经济行业分类》（GB/T4754-2017）为基础，结合统计工作的实际情况,制定本办法。

二、本办法适用对象为在中华人民共和国境内依法设立的各种组织形式的法人企业或单位。个体工商户参照本办法进行划分。

三、本办法适用范围包括：农、林、牧、渔业，采矿业，制造业，电力、热力、燃气及水生产和供应业，建筑业，批发和零售业，交通运输、仓储和邮政业，住宿和餐饮业，信息传输、软件和信息技术服务业，房地产业，租赁和商务服务业，科学研究和技术服务业，水利、环境和公共设施管理业，居民服务、修理和其他服务业，文化、体育和娱乐业等15个行业门类以及社会工作行业大类。

四、本办法按照行业门类、大类、中类和组合类别，依据从业人员、营业收入、资产总额等指标或替代指标，将我国的企业划分为大型、中型、小型、微型等四种类型。具体划分标准见附表。

五、企业划分由政府综合统计部门根据统计年报每年确定一次，定报统计原则上不进行调整。

六、本办法自印发之日起执行，国家统计局2011年印发的《统计上大中小微型企业划分办法》（国统字〔2011〕75号）同时废止。

**附表：**

**统计上大中小微型企业划分标准**

| 行业名称 | 指标名称 | 计量单位 | 大型 | 中型 | 小型 | 微型 |
|---|---|---|---|---|---|---|
| 农、林、牧、渔业 | 营业收入(Y) | 万元 | Y≥20000 | 500≤Y<20000 | 50≤Y<500 | Y<50 |
| 工业* | 从业人员(X) | 人 | X≥1000 | 300≤X<1000 | 20≤X<300 | X<20 |
|  | 营业收入(Y) | 万元 | Y≥40000 | 2000≤Y<40000 | 300≤Y<2000 | Y<300 |
| 建筑业 | 营业收入(Y) | 万元 | Y≥80000 | 6000≤Y<80000 | 300≤Y<6000 | Y<300 |
|  | 资产总额(Z) | 万元 | Z≥80000 | 5000≤Z<80000 | 300≤Z<5000 | Z<300 |
| 批发业 | 从业人员(X) | 人 | X≥200 | 20≤X<200 | 5≤X<20 | X<5 |
|  | 营业收入(Y) | 万元 | Y≥40000 | 5000≤Y<40000 | 1000≤Y<5000 | Y<1000 |
| 零售业 | 从业人员(X) | 人 | X≥300 | 50≤X<300 | 10≤X<50 | X<10 |
|  | 营业收入(Y) | 万元 | Y≥20000 | 500≤Y<20000 | 100≤Y<500 | Y<100 |
| 交通运输业* | 从业人员(X) | 人 | X≥1000 | 300≤X<1000 | 20≤X<300 | X<20 |
|  | 营业收入(Y) | 万元 | Y≥30000 | 3000≤Y<30000 | 200≤Y<3000 | Y<200 |
| 仓储业* | 从业人员(X) | 人 | X≥200 | 100≤X<200 | 20≤X<100 | X<20 |
|  | 营业收入(Y) | 万元 | Y≥30000 | 1000≤Y<30000 | 100≤Y<1000 | Y<100 |
| 邮政业 | 从业人员(X) | 人 | X≥1000 | 300≤X<1000 | 20≤X<300 | X<20 |
|  | 营业收入(Y) | 万元 | Y≥30000 | 2000≤Y<30000 | 100≤Y<2000 | Y<100 |
| 住宿业 | 从业人员(X) | 人 | X≥300 | 100≤X<300 | 10≤X<100 | X<10 |
|  | 营业收入(Y) | 万元 | Y≥10000 | 2000≤Y<10000 | 100≤Y<2000 | Y<100 |
| 餐饮业 | 从业人员(X) | 人 | X≥300 | 100≤X<300 | 10≤X<100 | X<10 |
|  | 营业收入(Y) | 万元 | Y≥10000 | 2000≤Y<10000 | 100≤Y<2000 | Y<100 |
| 信息传输业* | 从业人员(X) | 人 | X≥2000 | 100≤X<2000 | 10≤X<100 | X<10 |
|  | 营业收入(Y) | 万元 | Y≥100000 | 1000≤Y<100000 | 100≤Y<1000 | Y<100 |
| 软件和信息技术服务业 | 从业人员(X) | 人 | X≥300 | 100≤X<300 | 10≤X<100 | X<10 |
|  | 营业收入(Y) | 万元 | Y≥10000 | 1000≤Y<10000 | 50≤Y<1000 | Y<50 |
| 房地产开发经营 | 营业收入(Y) | 万元 | Y≥200000 | 1000≤Y<200000 | 100≤Y<1000 | Y<100 |
|  | 资产总额(Z) | 万元 | Z≥10000 | 5000≤Z<10000 | 2000≤Z<5000 | Z<2000 |
| 物业管理 | 从业人员(X) | 人 | X≥1000 | 300≤X<1000 | 100≤X<300 | X<100 |
|  | 营业收入(Y) | 万元 | Y≥5000 | 1000≤Y<5000 | 500≤Y<1000 | Y<500 |
| 租赁和商务服务业 | 从业人员(X) | 人 | X≥300 | 100≤X<300 | 10≤X<100 | X<10 |
|  | 资产总额(Z) | 万元 | Z≥120000 | 8000≤Z<120000 | 100≤Z<8000 | Z<100 |
| 其他未列明行业* | 从业人员(X) | 人 | X≥300 | 100≤X<300 | 10≤X<100 | X<10 |

**说明：**

1. 大型、中型和小型企业须同时满足所列指标的下限，否则下划一档；微型企业只须满足所列指标中的一项即可。

2. 附表中各行业的范围以《国民经济行业分类》（GB/T4754-2017）为准。带*的项为行业组合类别，其中，工业包括采矿业，制造业，电力、热力、燃气及水生产和供应业；交通运输业包括道路运输业，水上运输业，航空运输业，管道运输业，多式联运和运输代理业、装卸搬运，不包括铁路运输业；仓储业包括通用仓储，低温仓储，危险品仓储，谷物、棉花等农产品仓储，中药材仓储和其他仓储业；信息传输业包括电信、广播电视和卫星传输服务，互联网和相关服务；其他未列明行业包括科学研究和技术服务业，水利、环境和公共设施管理业，居民服务、修理和其他服务业，社会工作，文化、体育和娱乐业，以及房地产中介服务，其他房地产业等，不包括自有房地产经营活动。

3. 企业划分指标以现行统计制度为准。(1) 从业人员，是指从业人员期末人数，没有从业人员期末人数的，采用从业人员平均人数代替。(2) 营业收入，工业、建筑业、限额以上批发和零售业、限额以上住宿和餐饮业以及其他设置主营业务收入指标的行业，采用主营业务收入；限额以下批发与零售业企业采用商品销售额代替；限额以下住宿与餐饮业企业采用营业额代替；农、林、牧、渔业企业采用营业总收入代替；其他未设置主营业务收入的行业，采用营业收入指标。(3) 资产总额，采用资产总计代替。

# 文化及相关产业分类(2018)

**一、目的和作用**

（一）为深化文化体制改革和持续推进社会主义文化强国建设提供统计保障，建立科学可行的文化及相关产业统计制度，制定本分类。

（二）本分类为反映我国文化及相关产业生产活动提供标准分类依据，为文化及相关产业统计提供统一的定义和范围，为发展文化产业、推进社会主义文化繁荣兴盛提供统计服务。

**二、定义和范围**

（一）定义

本分类规定的文化及相关产业是指为社会公众提供文化产品和文化相关产品的生产活动的集合。

（二）范围

根据以上定义，我国文化及相关产业的范围包括：

1.以文化为核心内容，为直接满足人们的精神需要而进行的创作、制造、传播、展示等文化产品（包括货物和服务）的生产活动。具体包括新闻信息服务、内容创作生产、创意设计服务、文化传播渠道、文化投资运营和文化娱乐休闲服务等活动。

2.为实现文化产品的生产活动所需的文化辅助生产和中介服务、文化装备生产和文化消费终端生产（包括制造和销售）等活动。

**三、分类原则**

（一）以《国民经济行业分类》为基础

本分类以《国民经济行业分类》（GB/T 4754-2017）为基础，根据文化生产活动的特点，将行业分类中相关的类别重新组合，是《国民经济行业分类》的派生分类。

（二）兼顾文化管理需要和可操作性

根据我国文化体制改革和发展的实际，本分类在考虑文化生产活动特点的同时，兼顾文化主管部门管理的需要；同时立足于现行统计制度和方法，充分考虑分类的可操作性。

（三）与国际分类标准相衔接

本分类借鉴了联合国教科文组织的《文化统计框架—2009》的分类方法，在定义和覆盖范围上与其衔接。

**四、分类方法**

本分类采用线分类法和分层次编码方法，将文化及相关产业划分为三层，分别用阿拉伯数字编码表示。第一层为大类，用01-09数字表示，共有9个大类；第二层为中类，用3位数字表示，共有43个中类；第三层为小类，用4位数字表示，共有146个小类。

**五、有关说明**

(一)本分类建立了与《国民经济行业分类》（GB/T 4754-2017）的对应关系。在本分类中，如国民经济某行业小类仅部分活动属于文化及相关产业，则在行业代码后加“*”做标识，并对属于文化生产活动的内容进行说明；如国民经济某行业小类全部纳入文化及相关产业，则小类类别名称与行业类别名称完全一致。

（二）本分类全部小类对应或包含在《国民经济行业分类》（GB/T 4754-2017）相应的行业小类中，具体范围和说明可参见《2017国民经济行业分类注释》。

（三）本分类01-06大类为文化核心领域，07-09大类为文化相关领域。

**六、文化及相关产业分类表**

**表1　文化及相关产业的类别名称和行业代码**

| 类 别 名 称 | 国民经济行业代码 |
| --- | --- |
| 第一部分　文化核心领域 | |
| 一、新闻信息服务 | |
| （一）新闻服务 | |
| 新闻业 | 8610 |
| （二）报纸信息服务 | |
| 报纸出版 | 8622 |
| （三）广播电视信息服务 | |
| 广播 | 8710 |
| 电视 | 8720 |
| 广播电视集成播控 | 8740 |
| （四）互联网信息服务 | |
| 互联网搜索服务 | 6421 |
| 互联网其他信息服务 | 6429 |
| 二、内容创作生产 | |
| （一）出版服务 | |
| 图书出版 | 8621 |
| 期刊出版 | 8623 |
| 音像制品出版 | 8624 |
| 电子出版物出版 | 8625 |
| 数字出版 | 8626 |
| 其他出版业 | 8629 |
| （二）广播影视节目制作 | |
| 影视节目制作 | 8730 |
| 录音制作 | 8770 |
| （三）创作表演服务 | |
| 文艺创作与表演 | 8810 |
| 群众文体活动 | 8870 |
| 其他文化艺术业 | 8890 |
| （四）数字内容服务 | |
| 动漫、游戏数字内容服务 | 6572 |
| 互联网游戏服务 | 6422 |
| 多媒体、游戏动漫和数字出版软件开发 | 6513* |
| 增值电信文化服务 | 6319* |
| 其他文化数字内容服务 | 6579* |
| （五）内容保存服务 | |
| 图书馆 | 8831 |
| 档案馆 | 8832 |
| 文物及非物质文化遗产保护 | 8840 |
| 博物馆 | 8850 |
| 烈士陵园、纪念馆 | 8860 |
| （六）工艺美术品制造 | |
| 雕塑工艺品制造 | 2431 |
| 金属工艺品制造 | 2432 |
| 漆器工艺品制造 | 2433 |
| 花画工艺品制造 | 2434 |

续表1

| 类 别 名 称 | 国民经济行业代码 |
|---|---|
| 天然植物纤维编织工艺品制造 | 2435 |
| 抽纱刺绣工艺品制造 | 2436 |
| 地毯、挂毯制造 | 2437 |
| 珠宝首饰及有关物品制造 | 2438 |
| 其他工艺美术及礼仪用品制造 | 2439 |
| （七）艺术陶瓷制造 | |
| 陈设艺术陶瓷制造 | 3075 |
| 园艺陶瓷制造 | 3076 |
| 三、创意设计服务 | |
| （一）广告服务 | |
| 互联网广告服务 | 7251 |
| 其他广告服务 | 7259 |
| （二）设计服务 | |
| 建筑设计服务 | 7484* |
| 工业设计服务 | 7491 |
| 专业设计服务 | 7492 |
| 四、文化传播渠道 | |
| （一）出版物发行 | |
| 图书批发 | 5143 |
| 报刊批发 | 5144 |
| 音像制品、电子和数字出版物批发 | 5145 |
| 图书、报刊零售 | 5243 |
| 音像制品、电子和数字出版物零售 | 5244 |
| 图书出租 | 7124 |
| 音像制品出租 | 7125 |
| （二）广播电视节目传输 | |
| 有线广播电视传输服务 | 6321 |
| 无线广播电视传输服务 | 6322 |
| 广播电视卫星传输服务 | 6331 |
| （三）广播影视发行放映 | |
| 电影和广播电视节目发行 | 8750 |
| 电影放映 | 8760 |
| （四）艺术表演 | |
| 艺术表演场馆 | 8820 |
| （五）互联网文化娱乐平台 | |
| 互联网文化娱乐平台 | 6432* |
| （六）艺术品拍卖及代理 | |
| 艺术品、收藏品拍卖 | 5183 |
| 艺术品代理 | 5184 |
| （七）工艺美术品销售 | |
| 首饰、工艺品及收藏品批发 | 5146 |
| 珠宝首饰零售 | 5245 |
| 工艺美术品及收藏品零售 | 5246 |
| 五、文化投资运营 | |
| （一）投资与资产管理 | |
| 文化投资与资产管理 | 7212* |

续表4

| 类 别 名 称 | 国民经济行业代码 |
|---|---|
| 文具用品批发 | 5141 |
| 文具用品零售 | 5241 |
| （二）笔墨制造 | |
| 笔的制造 | 2412 |
| 墨水、墨汁制造 | 2414 |
| （三）玩具制造 | |
| 玩具制造 | 2451–2456 |
| | 2459 |
| （四）节庆用品制造 | |
| 焰火、鞭炮产品制造 | 2672 |
| （五）信息服务终端制造及销售 | |
| 电视机制造 | 3951 |
| 音响设备制造 | 3952 |
| 可穿戴智能文化设备制造 | 3961* |
| 其他智能文化消费设备制造 | 3969* |
| 家用视听设备批发 | 5137 |
| 家用视听设备零售 | 5271 |
| 其他文化用品批发 | 5149 |
| 其他文化用品零售 | 5249 |

## 表2 带"*"行业分类文化生产活动内容的说明

| 序号 | 国民经济行业分类及代码 | 文化及相关产业类别名称及小类代码 | 文化生产活动的内容 |
|---|---|---|---|
| 1 | 应用软件开发（6513*） | 多媒体、游戏动漫和数字出版软件开发（0243） | 包括应用软件开发中的多媒体软件、游戏动漫软件、数字出版软件开发活动。 |
| 2 | 其他电信服务（6319*） | 增值电信文化服务（0244） | 仅指固定网增值电信、移动网增值电信、其他增值电信中的文化服务，包括手机报、个性化铃音等业务服务。 |
| 3 | 其他数字内容服务（6579*） | 其他文化数字内容服务（0245） | 仅指文化宣传领域数字内容服务。 |
| 4 | 工程设计活动（7484*） | 建筑设计服务（0321） | 仅包括房屋建筑工程，体育、休闲娱乐工程，室内装饰和风景园林工程专项设计服务。 |
| 5 | 互联网生活服务平台（6432*） | 互联网文化娱乐平台（0450） | 仅包括互联网演出购票平台、娱乐应用服务平台、音视频服务平台、读书平台、艺术品鉴定拍卖平台和文化艺术平台。 |
| 6 | 投资与资产管理（7212*） | 文化投资与资产管理（0510） | 指政府主管部门转变职能后，成立的国有文化资产管理机构和文化行业管理机构的活动；文化投资活动，不包括资本市场的投资。 |
| 7 | 企业总部管理（7211*） | 文化企业总部管理（0521） | 指不具体从事对外经营业务，只负责文化企业的重大决策、资产管理，协调管理下属各机构和内部日常工作的文化企业总部的活动，其对外经营业务由下属的独立核算单位或单独核算单位承担，还包括派出机构的活动（如办事处等）。 |
| 8 | 园区管理服务（7221*） | 文化产业园区管理（0522） | 仅指非政府部门的文化产业园区管理服务。 |
| 9 | 机制纸及纸板制造（2221*） | 文化用机制纸及纸板制造（0711） | 包括未涂布印刷书写用纸制造、涂布类印刷用纸制造、感应纸及纸板制造。 |
| 10 | 知识产权服务（7520*） | 版权和文化软件服务（0730） | 版权服务包括版权代理服务，版权鉴定服务，版权咨询服务，著作权登记服务，著作权使用报酬收转服务，版权交易、版权贸易服务和其他版权服务。文化软件服务指与文化有关的软件服务，包括软件代理、软件著作权登记、软件鉴定等服务。 |
| 11 | 婚姻服务（8070*） | 婚庆典礼服务（0754） | 指婚庆礼仪服务。包括婚礼策划、组织服务，婚礼租车服务，婚礼用品出租服务，婚礼摄像服务和其他婚姻服务。 |
| 12 | 贸易代理（5181*） | 文化贸易代理服务（0755） | 包括文化用品、图书、音像、文化用家用电器和广播电视器材等国际国内贸易代理服务。 |
| 13 | 专业性团体（9521*） | 学术理论社会（文化）团体（0772） | 学术理论社会团体包括党的理论研究、史学研究、思想工作研究、社会人文科学研究等团体的服务。文化团体包括新闻、图书、报刊、音像、版权、广播、电视、电影、演员、作家、文学艺术、美术家、摄影家、文物、博物馆、图书馆、文化馆、游乐园、公园、文艺理论研究、民族文化等团体的服务。 |
| 14 | 其他未列明教育（8399*） | 文化艺术辅导（0774） | 包括美术、舞蹈、音乐、书法和武术等辅导服务。 |
| 15 | 智能无人飞行器制造（3963*） | 娱乐用智能无人飞行器制造（0832） | 指按照国家有关安全规定标准，经允许生产并主要用于娱乐的智能无人飞行器的制造。 |
| 16 | 电气设备批发（5175*） | 舞台照明设备批发（0842） | 包括各类舞台照明设备的批发。 |
| 17 | 可穿戴智能设备制造（3961*） | 可穿戴智能文化设备制造（0953） | 指由用户穿戴和控制，并且自然、持续地运行和交互的个人移动计算文化设备产品的制造。 |
| 18 | 其他智能消费设备制造（3969*） | 其他智能文化消费设备制造（0954） | 仅指虚拟现实设备制造活动。 |